Charles L. Mee

Das Ende des Zweiten Weltkrieges

Die Potsdamer Konferenz 1945

Aus dem Amerikanischen
von Renata Mettenheimer

WILHELM HEYNE VERLAG
MÜNCHEN

HEYNE SACHBUCH
Nr. 19/365

Titel der amerikanischen Originalausgabe:
MEETING AT POTSDAM

Printed in Germany 1995
Umschlagillustration: Archiv für Kunst und Geschichte, Berlin
Umschlaggestaltung: Atelier Adolf Bachmann, Reischach
Gesamtherstellung: Presse-Druck Augsburg

ISBN 3-453-08752-6

Inhalt

IN MEMORIAM
Allie Pratt Lowe,
der eine gute Story schätzte

Dank des Autors

Mein besonderer Dank gilt dem verstorbenen Charles Bohlen, Robert Murphy, W. Averell Harriman, Eugene List, James Tuthill, Lord Avon, Joan Bright Astley, Lord Gladwyn und Sir William Hayter für ihre Hilfe bei der Klärung sowohl der Ergebnisse als auch der speziellen Fragen in Potsdam; meinem Herausgeber Herb Katz, ferner Kaethe Ellis für ihre Hilfe bei der Forschung in den Vereinigten Staaten; Sarah Waters für ihre Arbeit in den britischen Archiven und die lebendigen Berichte über ihre Unterhaltungen mit Mitgliedern der britischen Delegation sowie deren Freunden und mit englischen Journalisten; den Angestellten der Archive des britischen Außenministeriums, der nationalen Archive in Washington und der Truman-Bibliothek in Missouri; J. Muriel Vrotsos für ihre Unterstützung in der Forschung und auch in der Organisation der Forschung und aller meiner Reisen nach Moskau, London, Washington und Potsdam; Suzi Mee, die mich hilfreich von den frühesten Stadien der Entstehung dieses Buches Kapitel für Kapitel geführt hat; Lounsbury Bates, dem Bibliothekar des Harvard Clubs in New York City, Professor Harold Poor von der Rutgers University und E. M. Halliday von der Zeitschrift American Heritage für ihre gewissenhafte Kritik an dem ursprünglichen Entwurf des Manuskriptes; Priscilla Flood, deren Einfühlungsvermögen für Nuancen mich vor manchen Fehlern gerettet hat und Audre Proctor, der die Schreibfehler verbesserte.

C.L.M.

Vorwort

Im Sommer 1945 kamen Harry Truman, Winston Churchill und Josef Stalin vom 17. Juli bis zum 2. August für zwei Wochen zusammen, um die Welt aus den Ruinen, die der Zweite Weltkrieg hinterlassen hatte, wieder aufzubauen. Sie trafen sich, wie Präsident Truman notierte, „nur einige Meilen von dem durch Krieg zerstörten Sitz der Nazi-Macht entfernt", im Schloß Cecilienhof in Potsdam bei Berlin. Sie sollten sich später an diesen Ort seiner hartnäckigen Mückenplage und seiner dumpfen Hitze wegen lebhaft erinnern.

Die „Großen Drei" kamen natürlich mit unterschiedlichen Interessen, einander widersprechenden Zielen und grundsätzlich verschiedenen politischen Systemen und Auffassungen nach Potsdam. Natürlich – vielleicht sogar unvermeidlich – haben die meisten Nationen zu fast allen Zeiten unterschiedliche Interessen, geformt durch ihre Geschichte, ihre wirtschaftlichen Bedürfnisse, ihre militärische Macht, ihre politischen Ideale und ihre Furcht. Es ist Aufgabe der Diplomatie, diese Schwierigkeiten abzubauen oder zu verschärfen, je nachdem ob das Ziel Zusammenarbeit oder Feindschaft ist.

Während des Krieges hielten die Großen Drei zwei wichtige Konferenzen, im November 1943 in Teheran und im Februar 1945 in Jalta. Beide Konferenzen werden gewöhnlich als erfolgreich betrachtet. Roosevelt, Churchill und Stalin, vereint im Bemühen, einander freundschaftlich übers Ohr zu hauen, bewahrten ihr militärisches Bündnis, um den Krieg gegen Deutschland zu führen. Es ist Roosevelt später vorgeworfen worden, er sei in Jalta zu großzügig gegenüber Stalin gewesen, dennoch erreichte das Treffen von Jalta sein grundsätzliches Ziel. Es schien sogar, daß die Harmonie, die sich in den

Konferenzen der Kriegsjahre unter den Alliierten entwickelt hatte, auch in der Nachkriegswelt andauern und sich positiv auf die Erhaltung des Weltfriedens auswirken würde. Zu den Beschlüssen der Konferenz von Jalta schrieb das Nachrichtenmagazin *Time:* „Alle Zweifel über die Fähigkeit der Großen Drei, sowohl im Frieden als auch im Krieg zusammenzuarbeiten, scheinen hinweggefegt zu sein."

In Potsdam hingegen kehrten die Zweifel mit Nachdruck zurück. Die meisten Fragen waren dieselben wie bei den vorhergehenden Konferenzen – Fragen, wie man Deutschland behandeln sollte, Interessengegensätze in Osteuropa, Gespräche über Gebietsansprüche –, aber die Verhandlungsart war eine andere. Im Verlauf dieser letzten Konferenz der Großen Drei wurden die Schwierigkeiten nicht gelöst, sondern eher intensiviert. Die übliche diplomatische Leichtigkeit verschwand, es kam zu Wortgefechten, Hartnäckigkeit und Aggressivität wurden auf die Ebene nationaler Politik emporgehoben.

Weil die Harmonie zwischen den Alliierten in Potsdam endete und weil die Konferenz nicht ein Zeitalter des Friedens sicherte, wird sie gewöhnlich als ein Fehlschlag oder auch als eine untergeordnete Episode der internationalen Diplomatie betrachtet. Die meisten von uns stellen sich vor, daß die Sieger am Ende eines Krieges zusammenkommen, um den zukünftigen Frieden zu garantieren. Deshalb können wir uns nicht vorstellen, warum die Architekten der politischen Nachkriegszeit uns mit einer solchen Hinterlassenschaft bedacht haben: Streitigkeiten über ein fast fünfundvierzig Jahre lang geteiltes Deutschland und über Osteuropa; ein russisch-amerikanischer Konflikt, der sich fast über die ganze Erde ausdehnte; die Drohungen und Ängste eines Atomwettrüstens; und gelegentlich kleine Kriege, die große Verluste mit sich brachten. Irgendwie, so scheint es, muß Potsdam doch ein Fehlschlag gewesen sein.

Um zu erklären, warum die Großen Drei die Welt so unfehlbar in neue Feindseligkeiten geführt haben, verweisen manche Historiker auf die weltweite russische Aggressivität; linke Kritiker wieder vermuten einen aggressiven Imperialismus, der dem amerikanischen Kapitalismus eigen ist; Wirtschaftswissenschaftler sehen da die natürliche Konkurrenz um Handelsanteile und Rohstoffe; Strategen haben über die Kraft des Vakuums geschrieben, das die Verwüstung von Mitteleuropa hinterlassen hat, und über die unvermeidbare Tendenz der Großmächte, diese leeren Räume aufzufüllen; andere Beobachter entdecken eine Naivität im amerikanischen Charakter, das Unvermögen, mit der bösen Machtpolitik der Alten Welt zu Rande zu kommen, und den Wunsch nach Sicherheit, indem man die provinziell-amerikanische Vorstellung von demokratischem Liberalismus auf die ganze Welt ausdehnt.

Keine dieser Erklärungen ist völlig befriedigend; und jede von ihnen krankt an der Annahme, daß die Menschen zwar den Frieden wollten, aber Mächten unterlagen, über die sie keinerlei Gewalt hatten. Leider bringt auch die Geschichte der Potsdamer Konferenz keinesfalls die Bestätigung der bequemen Hypothese, daß da gute Absichten von unwiderstehlichen Kräften durchkreuzt wurden.

Stattdessen zeigt die Konferenz drei Männer, die auf die Stärkung der Macht ihrer Länder wie ihrer eigenen Macht bedacht waren; und dies konnten sie eher in einer Welt der Uneinigkeit als einer des Friedens erreichen. Das geht aus den Protokollen der offiziellen Treffen, den Notizen über die privaten Unterhaltungen, den Erinnerungen an die Abendessen, den Witzen und den scherzhaften Gesprächen, den Berichten von Churchills Träumen und Alpträumen, den unüberlegten Bemerkungen Harry Trumans und Stalins eiskalten Heucheleien hervor; wir begegnen drei Männern, die aus dem Reservoir historischer Kräfte, natürlicher internationaler Konflikte, unterschiedlicher politischer und wirtschaftlicher Bedürfnisse einen *casus belli* konstruiert haben. Am Ende der Konferenz stand nicht die von der Presse erwartete Einigung über den Frieden; das Dokument, das sie unterzeichneten, wurde letztlich zu einer dreiseitigen Ausrufung des Kalten Krieges. Wie sie die Zwietracht vor dem drohenden Ausbruch des Friedens retteten, ist der Inhalt dieses Buches.

1. KAPITEL

Truman

„Ich bin jetzt auf dem Weg zu Stalin und Churchill“, schrieb Präsident Truman am 3. Juli an seine Mutter, „und es ist eine Plage. Ich muß meinen Smoking und meinen Frack mitnehmen, Zylinder, steifen Hut und andere Sachen. Meine Aktenmappe ist voll mit Unterlagen über die früheren Konferenzen und Vorschlägen, was ich tun und sagen soll. Am liebsten würde ich überhaupt nicht fahren, aber ich muß; ein Zurück gibt es nicht mehr.“

Am 7. Juli um 6 Uhr morgens stieg Truman munter aus einem Sonderzug auf den Pier Nummer 6 in Newport News, Virginia, und wurde an Bord des Kreuzers *S.S. Augusta* gebracht. Der Präsident war umringt von Ratgebern, alten Freunden und Geheimdienstleuten. Zuerst ging es in den Speisesaal zum Frühstück. Nachher – er trug eine leichte Mütze, eine gepunktete Fliege und braun-weiße Sommerschuhe – kletterte der Präsident mit seiner Gesellschaft auf die Brücke. Um 6 Uhr 55 gab er Befehl, in See zu stechen, und das Schiff lief unter einem klaren Himmel bei ruhiger See und einer sanften Brise mit 23 Knoten Geschwindigkeit nach Antwerpen aus.

„Der erste Eindruck, den man von einem Herrscher und von seinem Verstande bekommt“, schrieb Machiavelli, „kommt von den Männern, die ihn umgeben. Sind sie tüchtig und treu, kann man ihn für weise halten, da er ihre Fähigkeiten erkannt hat und imstande ist, sich ihre Treue zu erhalten. Sind sie aber das Gegenteil, dann wird man zu einer ungünstigen Meinung über ihn kommen, denn der erste Fehler, den er gemacht hat, ist diese seine Wahl.“ Direkt neben Truman standen auf der Brücke sein neuer Außenminister James F. Byrnes und sein militärischer Berater, Admiral William D. Leahy.

Jimmy Byrnes wurde laut *Time* als „ein Politiker für die Politiker“ betrachtet. Joseph Alsop und Robert Kintner beschrieben ihn als einen „kleinen, drahtigen, gut gebauten Mann mit einem scharfkantigen Gesicht, aus dem seine scharfen Augen mit einem Ausdruck von spöttischer Freundlichkeit herausguckten“. Seine Feinde hielten ihn für verschlagen, seine Freunde für geschickt. 1879 im alten Viertel von Charleston geboren, hatte er nach einer Kindheit, die er in Armut in einem Holzhaus mit windschiefen Balkons verbrachte, seinen Weg gemacht. Knapp über 30 Jahre alt, kam er in den Kongreß. „Ich habe meine Wahlkampagne ausschließlich auf Frechheit abgestimmt, und Frechheit gewann mit einem Vorsprung von 57 Stimmen.“ Seine erste Leistung im Kongreß war sein Eintreten für die Errichtung des Ausschusses für Straßenbau („House Committee on Roads“), einer der größten Umschlagplätze politischer Zuwendungen, die unser Jahrhundert gekannt hat. Bei Ausbruch des Ersten Weltkrieges saß er im Finanzausschuß („House Appropriations Committee“) als einer der wenigen Auserwählten, die das Geld der Nation kontrollierten. 1930 wurde er in den Senat gewählt, und *Time* bemerkt, Roosevelt habe „im Senat keine einzige wichtige Gesetzesvorlage verloren, wenn Senator Byrnes auf seiner Seite war; jedoch hat er fast nie gewonnen, wenn Senator Byrnes gegen ihn war“.

Wie Alsop und Kintner sagten: „Wenn man ihn in Höchstform sehen will, muß man ihn beobachten, wie er McNary das Versprechen abnimmt, keine Einwände zu erheben, wie er die stolzen Fraktionsführer versöhnlich stimmt und geschickt den richtigen Augenblick abwartet, eines der größten Verteidigungsbudgets durchzubringen.“

„Byrnes ist ein extrovertierter Kraftlackel, der an den frischfröhlichen Schlagabtausch in Süd-Carolina gewöhnt war“, sagte Dean Acheson. „Er ist weder empfindlich, noch mangelt es ihm an Selbstvertrauen.“ Zu diesem unempfindlichen Selbstvertrauen kam eine große Unkenntnis fremder Länder. Das Ergebnis war, daß die Karrierediplomaten im Außenministerium ihm diesen Mangel an Bildung vorwarfen und dabei seine außerordentlichen Fähigkeiten vergaßen, Angelegenheiten unter dem Tisch zu arrangieren.

Byrnes und Truman waren bis zum Sommer 1944 recht gute

Freunde gewesen. Damals hatte Präsident Roosevelt der Verbreitung des Gerüchts zugestimmt, daß er gegen eine Wiederwahl von Henry Wallace als Vizepräsident sei. Byrnes kämpfte sich als Vizepräsidentschaftskandidat nach vorne. Kurz vor dem Parteikonvent der Demokraten in Chicago, auf dem über die Nominierung der Kandidaten für die Ämter des Präsidenten und Vizepräsidenten abgestimmt werden sollte, rief er Truman an und bat diesen, ihn, Byrnes, öffentlich als Kandidaten vorzuschlagen. Truman sagte zu; später behauptete er dann hartnäckig, er habe keine Ahnung gehabt, daß seine Freunde Roosevelt bedrängen würden, ihn selbst, Truman, zu nominieren. Als Byrnes in Chicago erschien, war er überzeugt, die Nominierung in der Tasche zu haben. Truman kam an und wurde zu einem Treffen mit Robert Hannegan gerufen, einem politischen Manager aus Trumans Heimatstaat Missouri, der in diesem Jahr – mit Trumans Hilfe – zum Vorsitzenden der Demokratischen Partei gewählt worden war. Ferner waren anwesend Frank Walker, „verschwiegen wie ein Regenwurm", Generalpostmeister und Hannegans Vorgänger als Vorsitzender der Parteizentrale, sowie drei der großen Parteibosse – Hague aus Jersey City, Kelly aus Chicago und Flynn aus der Bronx. Es heißt, daß am Ende der Sitzung Hannegan sich mit Präsident Roosevelt verbinden ließ und ihn bat, den widerstrebenden Truman zu überreden, die Nominierung anzunehmen. „Sagen Sie ihm", soll Roosevelt den Parteichefs gesagt haben, „wenn er mitten im Krieg die Demokratische Partei spalten will, dann tut er das auf seine Verantwortung."

Byrnes floh aus Chicago, verwirrt, gedemütigt und wütend. Als Truman nach Roosevelts Tod am 12. April 1945 Byrnes als Außenminister nach Washington holte, dachte der neue Präsident, dieses Entgegenkommen würde die Dinge irgendwie ins Lot bringen. Wahrscheinlich sah Byrnes die Sache nicht ganz so. Manche meinten, Byrnes habe sich um die Präsidentschaft betrogen gefühlt; Acheson behauptete, Byrnes habe Truman so behandelt – oder Truman meinte, Byrnes behandle ihn so –, wie „der Vorsitzende des Senats einen Neuling". Aber Byrnes selbst behauptete steif und fest, er trage Truman, „dessen Position er vollkommen verstehe", nichts nach. Wie auch immer ihre Gefühle füreinander gewesen sein mögen, Truman und Byrnes sprachen dieselbe Sprache und hatten dieselbe Vorstellung von politischer Arbeit.

Admiral William D. Leahy wurde 1875 in Iowa geboren und absolvierte 1897 die Marineakademie von Annapolis. Seine Karriere erinnert seltsamerweise an die eines Admirals des britischen Empires. Sein erster Einsatz war im Spanisch-amerikanischen Krieg auf den Philippinen. Dann war er Stabschef bei der Besetzung von Nicaragua 1912 und im Haiti-Feldzug 1916. Er führte das Kommando der *U.S.S. Dolphin* bei der Strafexpedition nach Mexiko 1916. Als er 1939 seinen Abschied nahm, ernannte ihn Roosevelt zum Gouverneur von Puerto Rico.

Leahy war ein hochgewachsener, aufrechter Mann mit einer Glatze und buschigen Augenbrauen, streng im Dienst, locker und umgänglich im privaten Verkehr. Er nannte seine Memoiren *I Was There* – Ich war dabei. Und wie er dabeigewesen war! Auf allen Bildern ist er zu sehen: Er steht direkt hinter Präsident Roosevelt und Präsident Truman bei Konferenzen, Empfängen, Abendessen, in Kartenzimmern und Flugzeugen und an Bord von Schiffen. Trotz seiner Allgegenwart schien Leahy kaum wahrzunehmen, was um ihn herum vorging. Er war der letzte Mann im ganzen Weißen Haus, der erfuhr, wie es mit Byrnes stand. Zur Zeit des Demokratischen Parteikonvents war Leahy wie immer dabei, als Roosevelt erwähnte, Truman würde sich um die Vizepräsidentschaft bewerben. „Wer, zum Teufel, ist Harry Truman?“, fragte der Admiral.

Wenn Leahy auch nicht immer der erste war, der etwas mitbekam, so war er doch der letzte, der etwas vergaß, und so diente er während der ganzen Kriegsjahre als Umschlagplatz für militärische Informationen. Auch wenn Leahy manchmal als komische Figur erschien, seine Kenntnis der Fakten war verläßlich und nützlich. Er hatte eine Vorliebe für geradlinige militärische Lösungen, und da diese voraussehbar waren, wußte Truman auch immer, woran er mit ihm war. Der Admiral besaß eine weitere Fähigkeit, die Politiker besonders hoch schätzen: Leahy war seinem Oberbefehlshaber absolut ergeben. Andere Männer – sie mochten kultivierter, wagemutiger oder auch nur auffallender sein – kamen und gingen: Leahy wich nie von Trumans Seite.

Auf der Brücke stand ferner Brigadegeneral Harry Vaughan, des Präsidenten persönlicher Hofnarr. Vaughan, ein derber, korpulenter, schulterklopfender, pokerspielender Possenreißer, kam nie über das Niveau der Provinzpolitik hinaus. Im Weißen Haus verhökerte er Einfluß auf so kleinkarierte, naive Weise, daß es schon wieder charmant war. Während auf allen Seiten Milliarden-Dollar-Aufträge vergeben wurden, machte er Parfumfabrikanten den Hof. Wann immer eine kleine Peinlichkeit von den Zeitungen aufgegriffen wurde, hieß es im Weißen Haus: „Cherchez le Vaughan."

Im Augenblick hatte Vaughan zwei Sachen laufen. Am 1. Mai schrieb er – auf dem offiziellen Briefpapier des Weißen Hauses – ein Einführungsschreiben für David A. Bennett, den Besitzer der Firma Albert Verley & Co., Parfumhersteller, in dem Mr. Bennett „der Unterstützung der offiziellen Organe Amerikas im Ausland empfohlen" wurde. Mr. Bennett brachte mit Hilfe eines Freifluges der Lufttransportkommandostelle 41 Kilogramm Parfumessenz aus dem Ausland nach Hause.

Ein Freund eines Freundes von Bennett dachte an die Zukunft und wollte sich ein bißchen Wohlwollen für sein Tiefkühlobstgeschäft einhandeln. Im Juni schickte er Tiefkühlschränke im Wert von 390 Dollar das Stück an Harry Vaughan und an Trumans Frau nach Independence in Missouri. Während Vaughan und der Präsident auf der Brücke der *S.S. Augusta* standen, waren Tiefkühlschränke unterwegs an die Assistenten des Präsidenten, James K. Vardaman und Matthew Connelly. Mehrere Tage später, als sich die *Augusta* dem Ende ihrer Reise näherte, flogen hoch über ihr in einer Maschine der Lufttransportkommandostelle noch einige Leute von Albert Verley & Co. nach Europa, um ein Geschäft über Orangenessenz für die Parfumfabrik abzuschließen.

Truman lernte Vaughan kennen, als sie zusammen im Ersten Weltkrieg dienten, und 1940 schloß der zum Obersten aufgerückte Vaughan sich der Kampagne für die Wiederwahl Trumans in den Senat an. „Wir suchten als Schatzmeister jemanden mit einem Namen oder Rang", sagte einer der Wahlkampfmanager, „so stießen wir auf Harry Vaughan, er hatte den Rang eines Obersten und verkaufte damals Abheftermaterial in Illinois . . ." Von da an waren Vaughan und Truman unzertrennlich. Vaughan war der erste, der den Präsidenten morgens sah, er war bei den täglichen Stabskonferenzen dabei, aß oft mit dem Präsidenten zu Mittag, schwamm mit ihm am Nachmittag und hielt den Präsidenten bei Stimmung, wie ein richtiger Hofnarr. Wenn die Stimmung nachließ, zog Vaughan die Pokerkarten heraus und traktierte den inneren Zirkel mit Erinnerungen an die alte Zeit, als er einen Stier in der Halle des Baltimore-Hotels im fernen Kansas City losließ oder den Verkehr an der Ecke der Zwölften und der Baltimore-Straße stoppte, indem er mitten auf der Kreuzung ein gewaltiges Würfelspiel veranstaltete. Der gute alte Harry Vaughan war ein verdammt netter Bursche. Wie Vaughan von einem seiner Busenfreunde und Geschäftspartner (der einige Jahre später wegen Meineid verurteilt wurde) sagte: „Maragon ist ein liebenswerter Kerl, man kann ihm wirklich nicht böse sein."

Ein weiterer naher Freund des Präsidenten an Bord der *Augusta* war Matthew J. Connelly (einer der nächsten Empfänger eines Tiefkühlschranks), Chef des Untersuchungsstabes eines Truman-Ausschusses zur Überprüfung von Rüstungsaufträgen; James K. Vardaman (ebenfalls auf der Tiefkühlschrankliste) stammte aus der Zeit der Missouri-Politik; auch Fred Canfil, ein Geheimdienstmann, kam aus Missouri und war später für einen Untersuchungsausschuß des Kongresses tätig. Charlie Ross, der Pressesekretär des Präsidenten, ein Freund aus Kinderzeiten, kam aus Independence – ein grauhaariger, gebeugter Mann mit würdigem Benehmen, den Truman aus einem Redaktionssessel beim *Post Dispatch* in St. Louis weggelockt hatte. Eines stand außer Frage: Sie alle waren Pokerspieler.

Selten bringt einer, der emporsteigt, es fertig, den Anhang aus früheren Tagen loszuwerden wie Shakespeares Prinz Heinz seine Sauf- und Raufkumpane mit Falstaff an der Spitze. Gewiß waren nicht alle Vertrauten Trumans komische Figuren. Es ist umstritten, wie groß der Einfluß war, den sie auf Entscheidungen des Präsidenten ausübten. „Ich glaube nicht, daß es jemanden gibt, der ihm mehr Ratschläge gibt als ich", sagte Vaughan, „und von denen weniger Gebrauch gemacht wird." Der Präsident hatte seine Experten – Berufsdiplomaten, Nationalökonomen, Sachverständige für bestimmte Gebiete –, und er studierte deren Ratschläge eifrig. Er war ein unersättlicher Leser. Er konnte schon mit vier Jahren lesen, wie er selbst behauptete, und las die Familienbibel gleich zweimal durch. Man erzählte sich, er habe alle 3000 Bände in der öffentlichen Bibliothek in Independence gelesen, „die Enzyklopädien mit inbegriffen". Leahy meinte, „er war erstaunlich gut über Militärgeschichte informiert, von den Feldzügen des Altertums, wie etwa die Hannibals oder Cäsars, bis zu dem großen Weltkrieg, wo er plötzlich in die Position des eigentlichen Oberkommandierenden katapultiert worden war. Er erfaßte den Kern der Ausführungen in den täglichen Lageberichten sehr schnell und ging oft in den Kartenraum, um besondere Entwicklungen zu besprechen."

Dennoch: Wenn man wissen will, was der Präsident über seine Experten dachte, muß man die Memoiren eines Berufsdiplomaten wie Charles Bohlen studieren. Bohlen befand sich auch an Bord der *Augusta.* Der gutaussehende, geschmeidige Diplomat, Sohn eines bekannten Sportsmannes, war in New York geboren, er ging in eine Privatschule und später nach Harcard, wo er Mitglied des Porcellian Clubs war. Er trat in das Außenministerium ein und wurde 1929 nach Prag und 1934 nach Moskau geschickt, wo er Russisch lernte „wie ein Moskowiter". Roosevelt nahm im Krieg Bohlen als Dolmetscher zu den Konferenzen der Großen Drei mit. An Bord der *Augusta* war Bohlen zweifellos der bestinformierte Mann über Rußland und Osteuropa. Aber Bohlen nahm selten an Besprechungen mit dem Präsidenten teil. Das aufregendste Geschehen auf der Reise war für ihn die Beobachtung der Zielübungen, die die Besatzung der *Augusta* machte. „Truman und Staatssekretär Byrnes standen auf einem Dreierturm, als eine Salve abgefeuert wurde. Zwei der Geschütze funktionierten normal. Das dritte gab eine Art Rülpsen von sich, und das Geschoß plumpste ungefähr hundert Yards vom Schiff entfernt ins Wasser. Es bestand aber keine Gefahr, denn die Geschosse hatten keinen Sprengsatz."

Bei wichtigen Fragen, wenn es um politische Ratschläge ging, wandte sich Truman an Männer wie Byrnes, Connelly, Ross, Vardaman, Canfil und sogar Vaughan. Bohlen war kein Pokerspieler. Wahrscheinlich auch H. Freeman Matthews nicht, der

Chef der europäischen Abteilung im Außenministerium. Matthews war 46 Jahre alt, hatte eine Privatschule, dann Princeton und die Ecole Libre des Sciences Politiques in Paris absolviert; an Bord der *Augusta* fiel seine Gegenwart so wenig auf, daß manche Berichte sagen, er sei separat im Flugzeug nach Potsdam gekommen.

Truman selbst war im Lande Huckleberry Finns und Jesse James' aufgewachsen, wo Fragen der Ehre und des Anstandes, gebrochene und gehaltene Versprechen, politische Macht und Einfluß keine Abstraktionen waren, sondern Fragen, an denen sich entschied, ob die Bank die hypothekenbelastete Farm der Familie übernehmen, ob seine 88jährige Mutter samt ihrem Mobiliar auf die Straße gesetzt würde. Dazu kam in etwa der Gesichtsausdruck eines ehemaligen Partners im Spar- und Kreditgeschäft, den ins Zuchthaus zu bringen Truman geholfen hatte sowie das Einkommen aus dem Betrieb von Glücksspielautomaten unter der „Protektion" von Tom Pendergast, dem Boß der Demokraten von Kansas City, von dem Jonathan Daniels gesagt hat, er habe den einzigen Mann k. o. geschlagen, der Jack Dempsey k. o. geschlagen hatte.

Es ist niemals irgendein Beweis erbracht worden, daß Truman persönlich in die verschiedenen Verbrechen der Kansas-City-Maschinerie verwickelt war. Aber, als ein Politiker aus Missouri, als „der Senator von Pendergast", hat er gewiß das ganze Repertoire dieses Mannes miterlebt. Wir sollten uns aber nicht von all den Geschichten über Glücksspiel, Korruption, Rackets, Alkoholschmuggel, Bordelle und Erpressung ablenken lassen. All dies ist ein Nebenschauplatz der Politik; das Wesen der Politik liegt darin, die Macht zu gewinnen, zu halten und zu verteilen. So wie Pendergast es betrieben hat, ist die Politik die Kunst, mit Nichtigkeiten zu handeln – Geld, Alkohol oder leichte Mädchen –, um dafür etwas an Macht einzutauschen.

Aus alter Tradition war Missouri in zwei Einflußsphären geteilt – eine östliche in der Hand des Bürgermeisters von St. Louis, Bernard Dickmann, und eine westliche Sphäre, die Tom Pendergast von Kansas City aus beherrschte. Im Jahr 1934 stellte Dickmann einen Kandidaten für den Senat im Einflußgebiet von Pendergast auf. Pendergasts Parteimaschinerie hatte kurz zuvor eine schlechte Presse gehabt. Im letzten Sommer waren der Gangster Frank Nash und drei FBI-Männer auf dem Weg nach Fort Leavenworth einem Maschinengewehranschlag zum Opfer gefallen. Inmitten der Vorwahlen des Jahres 1934 wurde Johnny Lazia, König der Rackets in Kansas City, dessen Aufgabe es war, Big Toms Willen unter allen Umständen durchzusetzen, beim Verlassen seines Wagens durch eine Schrotladung ermordet. Niemand kann genau sagen, was der ganze Lärm zu bedeuten hatte oder was damals entschieden wurde. Big Tom überlebte jedenfalls den Konflikt und die damit zusammenhängende schlechte Presse, und er erreichte, daß sein Mann in den Senat gewählt wurde: Harry Truman.

Niemand konnte Tom Pendergast einen Idealisten, Ideologen oder Altruisten nennen. Niemand nahm an, daß er jemals anderen Interessen gedient hätte als seinen eigenen. Niemand kam auf die Idee, Big Tom könnte Skrupel haben, er könne die Absicht hegen, ein Abkommen einzuhalten oder zu seinem Wort auch nur eine Sekunde länger zu stehen, als es seinem persönlichen Vorteil entsprach. Niemand glaubte daran, daß man durch persönliche Verhandlungen mit Big Tom einen Cent gewinnen oder daß es mit ihm so etwas wie „Zusammenarbeit" geben könnte. Niemand dachte, daß Tom Pendergast ein friedliches Leben dem endlosen Gerangel, dem Geschäftemachen und der Zwietracht vorziehen könnte, durch die er seine politische Macht ausweitete.

Andererseits aber hielt niemand Big Tom für einen bösen oder gottlosen Mann. Ein Einflußbereich und nichts weiter: das war kein moralischer Kreuzzug oder eine Verschwörung gegen die Welt. Es war von seiner Seite einfach die Basis für eine Politik der Macht, und diese Basis mußte um jeden Preis gehalten und, wenn möglich, vergrößert werden. Big Tom hielt sein Wort auf seine Weise. Er war ein Kirchgänger. Und er war ein harter Verhandlungsgegner, und wenn es ihm einen Vorteil einbrachte, stand er zu seinem Wort.

„Von allen Menschen, die ich je kennengelernt habe, war keiner Tom Pendergast so ähnlich wie Josef Stalin", sagte Truman, nachdem er in Potsdam den Generalissimus kennengelernt hatte.

Fast jede Nacht wurde auf der *Augusta* Poker gespielt. Jeden

Abend nach dem Essen gab es für die Marineoffiziere und die Bürokraten Filme in der Offiziersmesse. Das offizielle Logbuch bemerkte taktvoll, der Präsident sei „vor Ende des Films herausgerufen worden und nicht zurückgekehrt“, oder: „Der Präsident nahm nicht teil, sondern zog sich, wie geplant, früh zurück.“

Während des Tages spazierte Truman flott über die Decks; inspizierte das Schiff, wie Admiral Leahy erzählt, „von der Brücke bis zu den Bilgen“. Truman war seit dem Ersten Weltkrieg, als er in Frankreich stationiert war, nicht mehr im Ausland gewesen, und auf den Schnappschüssen vom Präsidenten an Bord der *Augusta* sieht man das zufriedene Lachen eines Mannes, der sich prächtig unterhält. Entsprechend seinen politischen Gewohnheiten speiste er abends abwechselnd in der Offiziersmesse, in der Deckoffiziersmesse, mit den Unteroffizieren und mit der Besatzung. Ansonsten, so berichtet Leahy, „quetschte der Präsident den ganzen Tag Tatsachen und Meinungen aus uns heraus“. Als Ausgangspunkt benutzte Truman eine Mappe, die aus Akten des Außenministeriums zusammengestellt war. Die Besprechungen, manchmal zweimal täglich, waren gewöhnlich auf Truman, Leahy und Byrnes beschränkt. Byrnes mag zwischendurch Bohlen oder Matthews konsultiert oder Truman seine Abende mit Harry Vaughan und James Vardaman beim Poker verbracht haben, aber die Konferenzen fanden im kleinsten Kreis statt. Man erörterte Fragen wie diese:

„Die Außenpolitik eines jeden Landes“, so schrieb Roosevelts alter Berater Joseph Davies in einer Note an James Byrnes, „besteht im wesentlichen darin, Regeln aufzustellen, nach denen die Beziehungen zu Nationen und Völkern außerhalb der eigenen Grenzen geführt werden sollen. Der Sinn dieser Regeln ist . . . der Schutz des eigenen Volkes vor der Außenwelt und außerdem, den Wohlstand der Welt im allgemeinen zu heben und der Gerechtigkeit im Einklang mit dem eigenen Wohlbefinden zum Sieg zu verhelfen. Wichtigste Aufgabe ist es, Invasionen, Angriffe oder Versklavung zu verhindern . . . Der nächste Zweck ist es, den Lebensstandard und die Lebensgewohnheiten seines eigenen Volkes zu erhalten.“ Diese Meinung scheint bescheiden genug, sie tritt für reinen Selbstschutz ein;

trotzdem ist es nicht klar, warum gerade der Selbstschutz „es verlangt, den allgemeinen Wohlstand der Welt zu fördern". In diesem Memorandum heißt es weiter: „Wir sollten erklären, daß die Vereinigten Staaten nicht versuchen werden, ihre politischen, religiösen oder sozialen Ideologien anderen Völkern aufzuzwingen." Als Davies seine Note noch einmal durchlas, wurde ihm bewußt, daß der letzte Satz ein potentieller Verzicht auf amerikanische Einmischung in den übrigen Teilen der Welt war. Er fügte nun handschriftlich hinzu, die amerikanische Politik verlange jedoch, daß kein Aggressor durch interne oder externe Angriffe seine Ideologien anderen Völkern aufzwingen dürfe.

Davies' Postskriptum enthielt die Grundlage der amerikanischen Außenpolitik für künftige Jahrzehnte.

Die Amerikaner haben sich traditionsgemäß als Menschen guten Willens verstanden, als ein neues, junges Volk, eine Nation, die auf dem Prinzip der Freiheit und Gerechtigkeit für alle begründet ist und die kein Opfer an Geld oder Blut um kommerzieller Vorteile willen zuläßt. Sie betrachten sich als Volk besonderer Art; die Ideale, die sie beseelen, trennen sie, stärker als Ozeane und große Entfernungen es könnten, von der intriganten Politik der Alten Welt, aus der sie geflohen waren. Sie halten nichts von Eroberungskriegen und nichts davon, daß die Menschen für das Gedeihen guter Handelsbeziehungen oder zum Gewinn von Rohstoffen Blut vergießen sollten, sie glauben nicht, daß es der Erhaltung ihrer Freiheit und ihres Charakters zuträglich sei, Bündnisse mit fremden Mächten einzugehen oder an der schäbigen, aber zweckmäßigen Politik des Gleichgewichts und der Einflußsphären teilzunehmen.

Als die Vereinigten Staaten aber nach dem Krieg die Rolle einer Weltmacht übernahmen, schufen sie die Vereinten Nationen, eine freiheitliche demokratische Versammlung all der kleinen und großen Nationen der Welt, der friedlichen Schlichtung von Meinungsverschiedenheiten gewidmet, mit Freiheit und Gerechtigkeit für alle. Die Vereinten Nationen waren für die USA das perfekte Instrument, um als Weltmacht aufzutreten. Der Jammer mit den Vereinten Nationen war nur der, daß ihre auf dem Papier bestehenden Ideale sofort mit der bedauerlichen Realität konfrontiert wurden. Die Amerikaner versuchten zum Beispiel die alten Rivalitäten um Einflußsphären abzubauen. Aber das State Department wußte natürlich, daß eine „besondere Beziehung“ zu Südamerika bestand. Andererseits wollte man natürlich auch nicht durch eine betonte Solidarität innerhalb der Hemisphäre den Sowjets einen Vorwand geben, auf eine „besondere Beziehung“ zu ihren Nachbarstaaten in Osteuropa zu pochen. Gleichzeitig – die Amerikaner hatten die Engländer ebenso im Auge wie die Russen – war es wesentlich, englische Versuche zu stoppen, einen westeuropäischen Block zu bilden. Die amerikanische Delegation löste das Dilemma zuerst durch einen Entwurf, der jegliche politische oder wirtschaftliche Blockbildung untersagte, und dann durch die Formulierung von Artikel 51 der Charta der Vereinten Nationen, der kollektive Verteidigungsbündnisse zuließ. Roosevelt hatte sich als erster für die Organisation der Vereinten Nationen eingesetzt. Während Truman in Potsdam war, wurde die UN-Charta vom Senat ratifiziert; doch war sie so konzipiert, daß sie in keiner Weise mit der Machtpolitik kollidieren würde – sie war vom Entwurf her schon tot geboren.

Truman sah – wie die meisten Politiker – Geschichte als Resultat des Wirkens von Persönlichkeiten, nicht als ein abstraktes Zusammenspiel von Ideen, Kräften oder Institutionen. Er verstand einen Tom Pendergast; er begriff das politische Kräftespiel; er verstand, daß es schön ist, mehr anstatt weniger Macht zu besitzen, und er zog Männer heran und ließ sie fallen, so wie er ihre Ideen benutzte oder fallen ließ. Es ist interessant, daß Byrnes und Leahy an allen Instruktionsbesprechungen auf der *Augusta* teilnahmen; aber es ist fast interessanter, daß andere Berater nicht einmal unter den Passagieren der *Augusta* waren.

Truman ließ nicht nur manche Berater links liegen, er schloß andere vollkommen von Potsdam aus oder versuchte doch, sie auszuschließen. Um Henry Morgenthau fernzuhalten, hatte der Präsident „seinen Rücktritt angenommen“, ein paar Tage bevor die *Augusta* in See stach. James Forrestal, der Marineminister, wurde nicht in die Delegation aufgenommen, doch nahm er einen „Europaurlaub“ und erschien eines Morgens als ungebetener Gast in Potsdam. Sowohl Henry Stimson, der Kriegsminister, als auch Averell Harriman, der damals – dies muß betont werden – Botschafter in Moskau war, mußten sich selbst einladen. Die Behandlung dieser Männer durch Truman gibt Hinweise auf seine Vorstellungen von Außenpolitik. Jeder dieser Männer befürwortete eine Politik, die Truman abzulehnen entschlossen war.

Morgenthau hatte vorgeschlagen, Deutschland solle, um jede neue Kriegsplanung zu verhindern, vollständig zerstückelt, „entindustrialisiert“ und in eine schwache, wenn nicht sogar untergeordnete Nation verwandelt werden, deren Hauptbeschäftigung die Landwirtschaft wäre. Der Vorschlag entsprach der Meinung vieler Leute in jener Zeit, in der Menschen haßten und sich rächen wollten. Hätte man diesen Morgenthau-Plan durchgeführt, so wäre ein ewiger Herd der Unzufriedenheit entstanden, geradezu eine Aufforderung an die Sowjets, in das Herz Europas vorzudringen. In Wirklichkeit ging es darum, einen Weg zu finden, Deutschland einerseits so schwach zu halten, daß es den anderen Mächten keinen Ärger bereiten konnte, und andererseits so stark zu lassen, daß es als Puffer gegen die Sowjets dienen konnte, beziehungsweise, vom russischen Standpunkt aus gesehen, als Puffer gegen den Westen. Um dieses delikate Gleichgewicht zu erreichen, hatte jeder der Großen Drei ein eigenes Konzept, das aus einer komplizierten Kombination von Entwürfen über Reparationen, Kriegsbeute, zulässige Industrieproduktion, Zoneneinteilung, Zonenregierung und andere Mechanismen bestand.

Rache an Deutschland war keine praktische Politik. Das besiegte Deutschland sollte für die Nachkriegspläne der Großen Drei nützlich gemacht werden. Truman sagte nicht ohne Hintersinn: „Wir wollten es Deutschland ermöglichen, sich zu einer anständigen Nation zu entwickeln und seinen Platz in der zivilisierten Welt einzunehmen“; Morgenthau, der nicht begreifen wollte, daß der Krieg vorbei war, demissionierte.

All die Männer, die Truman zu ignorieren beliebte, hatten vornehme Privatschulen und die Elite-Universitäten der USA besucht. Aber der Präsident ignorierte auch James V. Forrestal, der zwar in Princeton studiert hatte, aber als Werkstudent, und auch vorher ganz gewöhnliche öffentliche Schulen besucht hatte. Forrestal war entsetzt über das Vertrauen, das Roosevelt

Stalin entgegenbrachte. Forrestal, der den Verfechtern des „New Deal“, diesen Predigern sozialer Wohlfahrt, mißtraute und intellektuelle „Einmischer“ verachtete, lebte mit dem Alptraum, der Kapitalismus selbst werde überall auf der Welt angegriffen. Während des Krieges wuchsen seine persönlichen Aktenablagen in besorgniserregender Weise an – sie waren voll mit Namen von Zeitungen, Organisationen und Personen „unter kommunistischem Einfluß“. Forrestal war ein verbissener, fast übertrieben antikommunistischer Ideologe und wirtschaftlich ein Imperialist. Da Truman später zum Vorkämpfer einer Ideologie und zum Führer wirtschaftlichen Imperialismus wurde, sollte man sich daran erinnern, daß er zur Zeit der Potsdamer Konferenz Forrestal zu Hause gelassen hatte.

Averell Harriman war in fast jeder Hinsicht makellos. Ein Filmstar von beträchtlichem Charme, Madeleine Carroll, setzte ihn auf ihre Liste der zehn bestaussehenden Männer Amerikas, er war ein sehr guter Polospieler und sammelte französische Maler. Seine Geschäftskarriere begann damit, daß er 100 Millionen Dollar von seinem Vater erbte, einem Eisenbahnmagnaten, „der weder Gott noch Morgan fürchtete“. Averell nahm sich der Geschäftsinteressen seines Vaters mit sichtbarem Geschick an. Er wurde 1932 Vorsitzender des Aufsichtsrates der „Union Pacific Railroad“, im selben Jahr, in dem er Roosevelts Ratgeber in Eisenbahnfragen wurde. 1941, knapp nach dem Angriff der Deutschen auf die Sowjetunion, stattete er Rußland seinen ersten offiziellen Besuch ab, um über amerikanische Hilfe zu verhandeln.

Nach seinem Treffen mit Stalin schrieb Harriman an Roosevelt: „Ich fuhr ab mit dem Gefühl, daß er mit uns offen war. Wenn wir unsere Zusagen halten und der persönliche Kontakt mit Stalin aufrechterhalten wird, könnte das Mißtrauen, das zwischen der Sowjetregierung und unseren beiden Regierungen (Großbritannien und Amerika) bestanden hat, sehr wohl beseitigt werden.“ Auf dieser Basis persönlicher Diplomatie und wirtschaftlicher Hilfe – und dem Versprechen, eine „zweite Front“ in Westeuropa zu eröffnen, wurde die Allianz zwischen den USA und Sowjetrußland begründet. Nach Kriegsende hörte die „Zweite Front“ (die Anwesenheit der Amerikaner in Europa) natürlich auf, eine Hilfe für die UdSSR zu sein.

Was die wirtschaftliche Unterstützung anlangt, stellte Truman vier Tage nach der Kapitulation Deutschlands ohne Vorwarnung die Leih- und Pachthilfe an die Sowjetunion ein: bereits beladene Schiffe wurden entladen, Schiffe mit Kurs auf die Sowjetunion wurden zurückgerufen. Was die persönliche Diplomatie betraf, so hatte Stalin nach dem Tode Roosevelts Harriman mit Nachdruck versichert, daß Rußland seine Beziehungen zu den Vereinigten Staaten „auf der Basis der Zusammenarbeit" fortzusetzen wünsche. Wenn das der Fall sei, sagte Harriman, so möge Stalin doch eine frühere Entscheidung überdenken, nämlich seinen Außenminister Wjatscheslaw Molotow nicht zur Konferenz der Vereinten Nationen nach San Francisco zu schicken. Stalin überdachte seine Entscheidung noch einmal und schickte Molotow nach San Francisco. Auf dem Weg dorthin unterbrach Molotow seine Reise in Washington, um dem neuen Präsidenten einen Besuch abzustatten. Der Präsident sprach mit Molotow, wie Truman selbst sich erinnert, „offen und hart", und beklagte sich über die Art, wie die polnische Regierung gebildet worden sei. „In diesem Ton hat noch nie jemand zu mir gesprochen", sagte Molotow zu Truman. „Halten Sie sich an die Abkommen", sagte der Präsident, „und der Ton wird nicht mehr vorkommen." Harriman brauchte eine Weile, bevor er Trumans Absichten durchschaute. Und so mußte der Botschafter in Moskau sich selbst nach Potsdam einladen.

Harriman gab sich nicht der Illusion hin, daß Stalin Amerikas guter Freund sei. Daher waren in allen seinen Vorschlägen für die Zusammenarbeit mit der Sowjetunion auch Klauseln enthalten, die als Gegenleistung russische Konzessionen vorsahen. Seine Politik der Zusammenarbeit mit der Sowjetunion basierte jedoch im Augenblick nur auf den zwei verbliebenen schwachen Faktoren: wirtschaftlicher Hilfe und persönlicher Diplomatie.

Die Schwierigkeit mit Henry Stimson war, daß er sich nicht entscheiden konnte. Vielleicht merkte er, daß eine neue Politik im Entstehen war, aber er wußte nicht, welche. Stimson gehörte damals schon zur Klasse der „älteren Staatsmänner": Er war 78 Jahre alt, auch einer von denen, die eine Privatschule an der Ostküste besucht hatten, ein „Ivy-League-Mann", Absolvent einer der Elite-Universitäten; sein Hobby waren Fuchsjagden. Er war bekannt als der ursprüngliche Gegner der Beschwichtigungspolitik – ein Interventionist, bevor die meisten Amerikaner überhaupt wußten, daß irgendwo interveniert werden konnte. Er war Außenminister unter Herbert Hoover (übrigens der erste Außenminister, der einen militärischen Berater hatte), im Jahre 1940 wurde er Kriegsminister, nachdem er Unterstützung für England gefordert hatte – die „durch unsere eigenen Schiffe, falls notwendig, mit militärischem Schutz" zu leisten war. Im Lauf seiner langen Karriere galt Stimson als Liberaler und als Konservativer, als Militarist und als Pazifist, manchmal alles zur selben Zeit. Erst riet er Roosevelt, gegenüber den Sowjets in Mitteleuropa eine nachgiebige Haltung einzunehmen, dann empfahl er Truman, eine harte Politik zu verfolgen, aber kaum hatte er Festigkeit anempfohlen, als er sich schon, wie Harriman, Gedanken über eine Zusammenarbeit machte.

Stimson war nicht nach Potsdam eingeladen worden; er lud sich selbst ein, fuhr – voller Gedanken und Zweifel – zur selben Zeit wie der Präsident, an Bord eines anderen Schiffes. Kaum traf er auf der Konferenz ein, als er auch schon begann, den Präsidenten mit gründlichen und noch gründlicheren Gedanken zu verfolgen. Stimson in Potsdam: eine sympathische und bewegende Figur. Umgeben von Männern, die so sicher waren oder zu sein schienen, wie das Schicksal der großen und kleinen Nationen zu gestalten sei, wem man das Leben retten und wen man opfern, wen man der Tyrannei überliefern und wen als Schachfigur im politischen Spiel benützen solle: in dieser Atmosphäre irrte Stimson voller Zweifel umher – wie es die meisten von uns getan hätten. Er bezog keine eindeutige Stellung, spielte keine heroische Rolle, er machte nicht Politik, er rettete kein Leben. Vielleicht war er durch die Schrecklichkeit von allem einfach überwältigt.

Als Roosevelt starb, waren seine Berater und die Beamten im Außenministerium so eifrig dabei, den neuen Präsidenten über die zu fällenden Entscheidungen zu informieren, daß sie keine Zeit, vielleicht auch keine Lust hatten, darauf zu hören, welche Politik der neue Präsident in Zukunft einschlagen würde. Es scheint ihnen niemals in den Sinn gekommen zu sein, daß Truman eigene Gedanken haben könnte. Es ist nicht klar, ob

Truman es überflüssig fand, seine Gedanken den Herren der vornehmen „Ivy League“ mitzuteilen, oder ob sie – falls er es getan hat – ihn nicht verstehen konnten oder wollten. Jedenfalls begriffen einige dieser Männer überhaupt nicht, was Truman in Potsdam zu erreichen hoffte.

In internationalen Beziehungen besteht immer die Gefahr – wie unwahrscheinlich es auch erscheinen mag –, daß die Gegenseite zusammenbricht und allen Forderungen nachgibt. In solchen Fällen sind alle Probleme gelöst, und eine Konferenz garantiert tatsächlich für etwa eine Generation den Frieden. Wahrscheinlicher – wenn auch noch immer recht unwahrscheinlich – ist, daß alle Partner zum Schluß kommen, erreicht zu haben, was sie erwartet hatten. Jede Seite gibt ein bißchen nach, „Handelsobjekte“ werden, wie in Teheran und Jalta, ausgetauscht, Kompromisse werden erreicht, alle Parteien stimmen überein, zu den Beschlüssen zu stehen – und wieder ist für fast eine Generation der Frieden gesichert, und jeder kann nach Hause gehen.

Ist da aber eine starke Nation, die aller Wahrscheinlichkeit nach in Zukunft noch stärker werden wird, so ist man sehr abgeneigt, Probleme zu lösen und sich dann durch die getroffenen Abmachungen gebunden zu fühlen. Die Strategie verlangt dann, mehr Probleme zu konstruieren, als man Lösungen vorzuweisen hat. Dieses Vorgehen, so kann man sagen, gehört schon in den Bereich der „großen Strategie“ der Außenpolitik. Trumans Grundtaktik war zu offensichtlich, um völlig unbemerkt zu bleiben. Alle drei Teilnehmer der Potsdamer Konferenz sprachen von dem Treffen als einer wesentlichen Vorbereitung für die richtige Friedenskonferenz, die dem Ende des Zweiten Weltkrieges folgen sollte. Truman erinnerte Stalin und Churchill oft an diese Annahme, speziell dann, wenn es zu Diskussionen über die Festlegung der Friedensgrenzen kam. Truman wollte damit ausdrücken, daß die Behandlung dieser Frage vertagt werden sollte, weil sie eigentlich zur Tagesordnung der „Großen Friedenskonferenz“ gehöre. Stalin und Churchill wußten nicht, daß in Trumans Notizbuch stand: „Es scheint klar, daß es wünschenswert wäre, die Einberufung einer endgültigen Friedenskonferenz zur Behandlung der großen politischen Probleme, die als Ergebnis des Kriegsendes in

Europa entstanden sind, zu vermeiden." Kurzum, Truman verschob Probleme auf eine Friedenskonferenz, die nie stattfinden sollte.

1941 hatte Henry Luce das zwanzigste Jahrhundert zum „amerikanischen Jahrhundert" erklärt. Die Männer an Bord der *Augusta* gingen nach Potsdam im Bewußtsein der historischen Möglichkeiten dieses „amerikanischen Jahrhunderts" und der Chancen, die man nach so großspurig formulierten Begriffen nützen oder verpassen konnte, im Wissen um die gewaltige Stärke ihres Landes. Die Russen verfügten gewiß über eine große und erprobte Armee. Die Engländer hatten ihr Commonwealth. Aber die Amerikaner waren von den grauenhaften materiellen Verwüstungen des Krieges verschont geblieben. Die amerikanische Wirtschaft war sehr stark und versprach bei richtiger Pflege noch stärker zu werden. Amerika beherrschte die Ozeane und die Luft. Zu Beginn eines Zeitalters, das wesentlich von der Technik geformt werden würde, besaß Amerika diese Technik. Die folgenschwerste, unwiderlegbare Tatsache, der Grundton aller Unterhaltungen in diesen Tagen auf hoher See, war der „Countdown" der Atombombe in Alamogordo, Neu-Mexiko. „Admiral Leahy und ich sprachen ziemlich viel über das Manhattan-Projekt", berichtet Charles Bohlen. „Er hatte den Eindruck, daß die neunmalklugen Intellektuellen die amerikanische Regierung um fünf Milliarden erleichtern würden; es würde sich nämlich herausstellen, daß die Bombe nicht viel mehr wert ist als Dynamit, einfach ein rauchloses Pulver." „Das ist die größte Dummheit, die wir je gemacht haben", sagte Leahy zu Truman, „die Bombe wird nie hochgehen, und ich spreche als Sprengstoffexperte."

Truman und die meisten Militärs setzten größere Hoffnungen in die Bombe. Die beunruhigende Frage war, welchen Gebrauch man von der Bombe machen sollte. Es herrschte durchaus keine Klarheit darüber, ob die Bombe noch gebraucht würde. Manche hofften zwar, sie könnte schnell und wirkungsvoll eingesetzt werden, um Japan zu besiegen, bevor die Russen in den Krieg im Fernen Osten eintraten und dort Kriegsbeute machten, wie sie es in Europa getan hatten. Aber laut Leo

Szilard (einem der Wissenschaftler, die vergeblich versucht hatten, die Aufmerksamkeit des Präsidenten auf ihre prinzipiellen Argumente gegen den Gebrauch der Bombe zu lenken) hatte Jimmy Byrnes gemeint, der große Vorteil der Bombe liege nicht in ihrer Wirkung auf Japan; sie habe einen anderen Zweck: die Sowjetunion in Europa gefügiger zu machen.

In Japan argumentierten und intrigierten die Falken und die Tauben Tag und Nacht. Die japanische Regierung war gespalten in der Frage, ob man bis zum Ende kämpfen oder um Frieden bitten solle, einen Frieden, wie man damals hoffte, unter besseren Bedingungen als bedingungslose Kapitulation.

Die Amerikaner hatten seit einiger Zeit eingesehen, daß die Formel der bedingungslosen Kapitulation die Japaner zu einem Widerstand herausfordern könnte, der weit über jenen Punkt hinausging, an dem sie sonst unter ausgehandelten Bedingungen kapitulieren würden. Viele meinten, daß die Forderung nach bedingungsloser Kapitulation der Deutschen den Krieg in Europa unnütz verlängert habe. Henry Stimson war besonders bestrebt, den Japanern die Chance zu geben, noch vor Abwurf der Atombombe zu kapitulieren. Bevor die *Augusta* in See stach, arbeiteten Stimsons Assistenten an dem Entwurf einer Proklamation der Vereinigten Staaten und Englands, die von Potsdam aus die Japaner ein letztes Mal zur Kapitulation auffordern und im Falle der Weigerung die „völlige Zerstörung des japanischen Kernlandes“ androhen sollte.

Der entscheidende Faktor für die Japaner war, nach der Meinung Stimsons und anderer Experten, der Tenno. Sie glaubten, die Japaner wären bereit, „ehrenvoll“ zu kapitulieren, wenn ihnen nur der Kaiser erhalten bliebe. Deshalb schrieben sie in der Potsdamer Proklamation, die alliierten Streitkräfte würden sich nach der Kapitulation aus Japan zurückziehen, sobald eine „friedlich gesinnte und verantwortungsvolle Regierung“, die mit dem Willen des Volkes übereinstimme, gebildet worden sei. „Das schließt eine konstitutionelle Monarchie unter der gegenwärtigen Dynastie ein . . .“ Nach Stimsons Auffassung war die Aussage klar genug, daß die Alliierten Japan erlauben würden, seinen Kaiser zu behalten. Doch an Bord der *Augusta* überprüften Truman und Byrnes die Proklamation – und entfernten die Passage über den Kaiser.

In Tokio rief der Tenno am 12. Juli den Fürsten Fuminaro Konoye, den früheren Premierminister von Japan, von seinem Sommersitz zu einer privaten Besprechung. Der Tenno war allein – eine bemerkenswerte Verletzung des Protokolls. Er sah erschöpft und blaß aus. Er fragte Konoye nach seiner Meinung über den Verlauf des Krieges. Konoye antwortete: „Es ist notwendig, den Krieg so schnell wie möglich zu beenden", und der Tenno sagte ihm, er solle sich für eine Reise nach Moskau vorbereiten.

Shigenori Togo, Japans Außenminister, sandte einen Funkspruch an den Botschafter Naotaki Sato in Moskau: „Seiner Majestät liegt äußerst viel daran, den Krieg so bald wie möglich zu beenden, in der tiefen Sorge, daß jede weitere Fortsetzung der Feindseligkeiten das unsagbare Elend von Abermillionen unschuldiger Männer und Frauen in den kriegführenden Ländern noch verschlimmere. Sollten die Vereinigten Staaten und Großbritannien dennoch auf bedingungsloser Kapitulation bestehen, würde Japan gezwungen, bis zum bitteren Ende zu kämpfen." Der Kaiser wollte Fürst Konoye als Sonderbotschafter entsenden, um mit der Sowjetregierung zu reden. Den Funkspruch sollte Sato dem russischen Außenminister Molotow mitteilen. Die Nachricht wurde abgehört, von Technikern des amerikanischen Überwachungsdienstes dechiffriert und an Truman durchgegeben.

Am 12. Juli wurde in Alamagordo der Plutoniumkern für die Atombombe auf dem Rücksitz eines Armeewagens zum Versuchsturm transportiert.

Drei Tage später, am Sonntag, den 15. Juli, legte die *Augusta* am Stadtdock von Antwerpen an. Truman fuhr im Auto nach Brüssel, wo er das Präsidentenflugzeug („Die heilige Kuh") nach Berlin bestieg. Dort angekommen, zwängte er sich mit seinen Freunden Byrnes, Vardaman und Harry Vaughan für die kurze Fahrt nach Babelsberg, einem Berliner Vorort direkt neben Potsdam, in einen Wagen. Nach dem Abendessen zogen sich Truman und seine Reisegefährten früh zurück. Der Präsident war schon fest eingeschlafen, als in Alamagordo die Techniker ein letzten Mal das Ding auf der Spitze des Stahlturmes kontrollierten, ehe sie sich auf die Suche nach vierblättrigem Klee und glückbringenden Hasenpfoten machten.

2. KAPITEL

Churchill

Am 12. Juli erwachte Premierminister Winston Churchill, der damals 70 Jahre alt war, im Schloß Bordaberry in Hendaye, an der Grenze zwischen Frankreich und Spanien, mit einer Magenverstimmung – wie er sagte, das Resultat seiner Malerei. Er hatte tagelang an dem Bild eines Hauses gearbeitet, das über dem Bidassoa-Fluß lag, aber das Haus kapitulierte nicht vor seinen Angriffen. Er hatte eine Photographie dieses Hauses gemacht, die er mit seiner Arbeit verglich. Seine Gastgeberin im Schloß, Margaret Nairn, versuchte ihre Kunst an derselben Szene: Churchill blickte schweigend lange Zeit auf die beiden Gemälde. Das Licht auf dem Haus, auf dem Wasser und in den Baumwipfeln zeigte sich anders, als Churchill es malen wollte. Landschaften widersetzten sich oft dem Willen Churchills, aber solche Schwierigkeiten entmutigten ihn nie.

Die Baronin Asquith hatte einmal das Vergnügen, Churchill mit der Palette in der Hand zu beobachten: „Als wir beide in einem Landhaus zu Gast waren, das in einer eintönigen, düsteren, flachen, langweiligen Landschaft lag, ging ich hinaus, um ihn malen zu sehen, gespannt darauf, was er daraus machen würde. Ihm über die Schulter blickend, sah ich auf seinem Bild einen Gebirgszug nach dem anderen, die sich dramatisch hinter dem tatsächlichen Vordergrund auftürmten. Ich durchforschte den Himmel nach einer Fata Morgana und fragte dann, woher denn die Berge gekommen seien, worauf er antwortete: ‚Ja, sehen Sie, ich konnte es nicht so langweilig lassen, wie es ist.'"

Churchill begriff schon früh, daß Bilder, „wie jeder sehen kann, sich nicht wehren können", und nahm daher ein Bild nach dem anderen mit Genuß und Mut in Angriff. „Ich kann nicht vorgeben, den Farben gegenüber unvoreingenommen zu sein", sagte er. „Ich freue mich über die leuchtenden Farben und bedaure ehrlich die armen Brauntöne. Wenn ich in den Himmel komme, werde ich einen bedeutenden Teil meiner ersten Million Jahre auf die Malerei verwenden und so auf den Grund der Sache kommen. Aber dann brauche ich eine noch fröhlichere Palette, als ich sie hier unten bekommen kann."

Während seines Urlaubes in Hendaye vor der Potsdamer Konferenz schienen die Gemälde sich von Zeit zu Zeit doch zu rächen. „Ich bin sehr deprimiert", sagte er eines Tages vor dem Mittagessen, als er sich in einen Lehnstuhl fallen ließ. „Ich habe keine Lust, etwas zu tun. Ich habe keine Energie. Ich frage mich, ob meine Kraft zurückkommen wird." So saß er nachdenklich da, in Trübsinn versunken.

Mit Kriegsende hatte Churchill sein Kabinett aufgelöst und allgemeine Wahlen ausschreiben lassen. Er hielt am 30. Juni seine letzte Ansprache der Wahlkampagne. Während die Wähler zu den Urnen gingen und die Politiker darauf warteten, daß die Zählung abgeschlossen würde, reiste Churchill nach Frankreich, um dort Landschaften zu malen. Die Resultate der Wahl würden nicht vor Mitte der Potsdamer Konferenz bekannt sein: es brauchte lange Zeit, bis aus der ganzen Welt die Stimmen der Soldaten eingetroffen waren. „Bis zu den Ergebnissen der Stimmzählung werde ich nur ein halber Mensch sein", sagte Churchill aus der Tiefe des Lehnstuhls. „Ich werde mich bei der Konferenz im Hintergrund halten."

Nach dem Mittagessen, nach seinen Cocktails und seinem Wein, sprang der Premierminister von der Tafel auf und ging weg, um seinen Malkasten zu suchen. Er marschierte durch das Zimmer seiner Frau Clemmie, die er bei einem Nickerchen störte, und hinaus auf den kleinen Balkon, wo seine Farben für ihn ausgelegt worden waren.

Sein Arzt, Sir Charles Wilson (später Lord Moran), ging ihm nach, um ihn zu beobachten, und bemerkte, daß der Premierminister „über den Boden schlurfte, als ob er zu müde wäre, die Füße zu heben".

„Wo sind die anderen Farben?" brummte der Premierminister seinen Diener Sawyers an. „Ich habe keine Reserven hier", murrte er, lauter werdend, als ob er sich auf eine Schlacht vorbereiten wollte. „Sie haben eine Menge vergessen. Warum haben Sie das getan? Wer hat Ihnen gesagt, nur diese mitzunehmen?"

Sawyers schob die Verantwortung von sich.

„Wo ist das Kobalt? Sie hätten nicht alles zu Hause lassen dürfen. Ah, hier ist es", sagte der Premierminister nachgiebiger werdend, „bringen Sie mir einen Stuhl. Ich will sitzen."

Und so saß er, still und zufrieden, und malte – völlig gefangen von dieser Aufgabe, alles andere vergessend, in Frieden mit der Welt, die seine Farben und Pinsel verwandelten.

„Mr. Churchill sieht die Geschichte und das Leben", schrieb Isaiah Berlin einmal, „als ein großes Renaissance-Schauspiel ... Er sieht lebendige historische Bilder – so etwas zwischen viktorianischen Illustrationen im Geschichtsbuch für Kinder und dem Gemälde der großen Prozession von Benozzo Gozzoli im Riccardi-Palast. Das zentrale organisierende Prinzip seines moralischen und intellektuellen Universums ist eine geschichtliche Vorstellung – so stark, so umfassend, daß sie die gesamte Welt der Gegenwart und Zukunft in das Gerüst einer reichen und farbigen Vergangenheit einschließt ..."

Was Isaiah Berlin nicht sagte – aber hätte sagen können –, war, daß der Premierminister sich seiner eigenen Rolle in diesem Schauspiel der Geschichte voll bewußt war: er war ein Teil von Gozzolis Prozession, untrennbar von ihr. Er hatte sich selbst während der Kriegsjahre einen Platz in dem großen Schaustück der britischen Geschichte erworben; wenn er von der Herausforderung an England sprach, von seinen besten Stunden, von seinen Triumphen und Tragödien, fühlten viele seiner Landsleute – und er mit ihnen – nicht nur, daß Churchill sprach, sondern daß durch ihn die Geschichte Großbritanniens und dieses unbezwingbare Volk sprachen. Sein Leben und die Geschichte seines Landes waren in seiner Vorstellung verschmolzen. Während der Potsdamer Konferenz – ob durch Zufall, oder weil das Schicksal von England so sehr ein Teil seines Lebens und seiner Seele geworden waren – konnten England und Churchill letzten Endes mit denselben Worten beschrieben werden: beide, er und Großbritannien, waren erschöpft; beide waren am Zusammenbrechen und beide waren besiegt – obwohl es noch keiner von ihnen wußte.

Nach dem Malen ging er zurück in sein Schlafzimmer, Lord Moran auf seinen Fersen. „Ich werde mich jetzt nur ausruhen. Ich werde keine Berichte lesen."

„Er denkt sehr viel an die Wahlen in diesen Tagen", notierte Lord Moran aufmerksam am 9. Juli in sein Tagebuch. „Einmal sieht er sich als Sieger, im nächsten Augenblick sieht er sich geschlagen ... Er findet diesen Zustand der Ungewißheit unangenehm und wendet sich zur Erleichterung anderen Gedanken zu."

Churchill suchte Zuflucht vor seiner Angst, indem er jeden Gedankenfetzen aufgriff und seine Redegewandtheit an jedem Gegenstand übte, der sich ihm präsentierte. „Zwei Dinge sind zu meinen Lebzeiten verschwunden", sagte er eines Tages während eines Mittagessens. „Die Menschen studieren die alten Klassiker nicht mehr. Es war von Vorteil, als es eine allgemeine Bildung gab und jede Nation die Taten zweier Staaten studierte. Heute lernen sie, Autos zu reparieren. Die andere Sache ist – können Sie sich vorstellen, woran ich denke?" fragte er einen Zuhörer aus der Tafelrunde. „Nein? Nun, das Pferd. Wir haben viel mit diesen beiden Dingen verloren."

Wie die Gedanken eines Ertrinkenden, so huschten Erinnerungen an sein ganzes Leben durch seinen Kopf. „Ich glaube", sagte er, „ich habe eine Menge gewonnen, indem ich meinen Verstand in meiner Jugend nicht überanstrengt habe. Ich habe nie etwas getan, was ich nicht mochte." Das Gespräch kam auf die russischen Säuberungen. Eduard Beneš, Chef der tschechoslowakischen Exilregierung, hatte Stalin „vor der Verschwörung hoher russischer Offiziere, die sich mit Deutschland verbünden wollten, gewarnt. Die Pläne gingen über die russische Botschaft in Prag. Stalin handelte, und 4000 oder mehr Offiziere der russischen Armee wurden liquidiert."

„Stalin war völlig im Recht", sagte Churchill nebenbei, „diese Offiziere handelten gegen ihr Land."

Am Mittagstisch hielt er endlose Reden und kramte in Erinnerungen. Eines Nachmittags veranstalteten die Basken im Ort Spiele und Tänze. Man schickte einen Abgesandten zu Churchill, um ihn früh genug vom Essen wegzuholen, damit die Hausangestellten der Unterhaltung beiwohnen konnten. Viertel vor vier wurde Churchill vom Tisch weggeführt und beklagte sich, daß er seinen Kaffee nicht habe austrinken können.

Die örtlichen Würdenträger wurden dem Premierminister vorgestellt, man überreichte ihm Blumen und baskische Becher. Endlich begannen die Spiele, der Premierminister stand ganz plötzlich von seinem Platz in der ersten Reihe auf und stapfte hinaus, gefolgt von Lord Moran und Tommy Thompson, seinem persönlichen Adjutanten. Als sie weit genug von den Leuten entfernt waren, wandte sich Churchill zu Thomson und sagte: „Ich weiß nicht, warum sie das arrangiert haben, sie wissen doch, daß ich Spiele hasse."

Ein Mann wurde geschickt, um den launenhaften Premierminister zu den Festlichkeiten zurückzuholen. „Man ist sehr bestürzt über Ihr Weggehen", sagte der Bote.

„Gehen Sie zum Teufel."

Fünfundvierzig Minuten später führte ein anderer Abgesandter Churchill zu den Tänzen und Spielen zurück, und als es zu Ende war, stand Churchill auf und hielt eine reizende kleine Ansprache in einem „sehr Churchillschen Französisch".

Als er zum Haus zurückkehrte, sagte er zu Lord Moran: „Es hätte mich umgebracht, wenn ich die ganze Zeit geblieben wäre." Es war, so gab Moran an, ziemlich lähmend. „Heiß und langweilig", äußerte sich der Premierminister.

Er sang Schlager aus „Der Mikado", machte Wortspiele und erzählte allerlei. England hatte den Franzosen staatlichen Zusammenschluß angeboten, nachdem die britische Expeditionsstreitmacht aus Dünkirchen geflohen war. Churchill erinnerte sich an das Sonntagstreffen des Kabinetts, als die Idee einer gemeinschaftlichen Staatsangehörigkeit vorgeschlagen worden war: „Dieses widerborstige Kabinett, dessen Angehörige so verschieden waren, war überwältigt. Es war wie ein religiöses Erwachen. Es war ein *cri de coeur* aus dem rauhen Herzen Englands."

Tränen kamen in die Augen des Premierministers. Die ganze Skala der Gefühle überkam ihn, wie es sehr erschöpften Menschen passiert, er ließ allem freien Lauf, er dirigierte sie manchmal mehr oder weniger, indem er sie ausbaute, einen Moment anhielt und seine eigene Ausdruckskraft genoß. Seine Ausdruckskraft war zu einem Phänomen an sich geworden;

fein abgestimmt, empfindsam und kraftvoll, reichte sie über die Geschichte, Vergangenheit, Gegenwart und Zukunft, entwikkelte ihre eigenen quälenden und leidenschaftlichen Weisen und Variationen, die oft keine Berührung mit der wirklichen Welt hatten, wie die Werke von Puccini oder Verdi.

Er staunte über Amerikas Interesselosigkeit. Es sei in den Krieg eingetreten und „habe seinen Reichtum für eine Idee weggeworfen", sagte Churchill, wohl vergessend, daß die Vereinigten Staaten dauernd am Sterling-Block knabberten, auch in diesem Augenblick. „Wenn mein Vater Amerikaner gewesen wäre, wie meine Mutter", sagte er, „ich weiß nicht, ob ich ihnen geraten hätte, in diesen Krieg einzutreten."

„Der Premierminister hatte mit großer Lebhaftigkeit gesprochen", schrieb Moran. „Die dichten Augenbrauen, die direkt über den Augen liegen, waren zusammengezogen, so daß sich eine tiefe Linie senkrecht in die Stirn eingrub. Die Augenlider schienen durch das Gewicht der Brauen auf die Augen gedrückt zu sein, die dünnen Lippen waren schmollend zusammengepreßt. Am Scheitel hatten sich zwei Haarsträhnen selbständig gemacht und vermittelten den Eindruck, daß er mehr Haare hatte, als es eigentlich der Fall war. Er schwieg, und keiner sprach. Schließlich blickte er auf und teilte seine Gedanken mit: ‚Ich höre, daß die Frauen für mich sind, aber die Männer sich gegen mich wenden.'"

Wanderten seine Gedanken von den Wahlen zu der kommenden Potsdamer Konferenz und der Zukunft Großbritanniens, so fand er wenig Trost. „Ich habe einfach die Zügel hingeworfen und lasse die Dinge laufen", sagte der Premierminister. „Das habe ich nie vorher getan." Er hatte während seines Malurlaubs keine Akten studiert. Er hatte keine Briefe diktiert. Was er bis jetzt nicht wußte, schien kaum wissenswert, noch konnte er das bewältigen, was er wußte und fürchtete. „Das Mädchen brachte Kaffee, wir saßen um den Tisch und hörten dem Premierminister zu, der Schwierigkeiten hatte, wach zu bleiben. Er stützte den Kopf in seine Hände und schien eine Zeitlang seine Umgebung zu vergessen. Dann schaute er auf: ‚Tommy, können Sie mir etwas Brandy bringen?' "

Tatsache ist, wie der revisionistische Historiker Gabriel Kolko geschrieben hat, daß „zwischen 1938 und 1945 der britische Export von 471 Millionen Pfund auf 258 Millionen fiel und daß der Import sich in derselben Zeitspanne von 858 Millionen auf 1299 Millionen Pfund erhöhte. Die Überseeschulden stiegen beinahe um ein Fünffaches auf 3355 Millionen ... Im folgenden Jahr war die ausländische Verschuldung wesentlich größer als die von ganz Westeuropa zusammen und, die Schulden an die Vereinigten Staaten ausgenommen, dreimal so hoch wie jene Frankreichs. Den Engländern zerrannen das Erbe und die Macht des Imperialismus des neunzehnten Jahrhunderts unter den Händen."

England war auf dem Weg zu einem langen Abstieg, ohne die Kraft zur Umkehr zu haben oder den eigenen Verfall aufzuhalten. Seine einzigen Hoffnungen richteten sich auf Churchillsche Rhetorik über die naturgegebene Einheit der englischsprechenden Völker, auf das vage Gefühl der Dankbarkeit, das die Amerikaner gegenüber einer Nation empfinden mochten, die Hitler allein standhielt, „um des Dienstes der Menschheit und der Ehre willen, die jenen gebührt, die einer großen Sache dienen". Churchill hatte den Amerikanern wie zuvor den Franzosen eine gemeinsame Staatsangehörigkeit angeboten. Jetzt, da der Krieg zu Ende war, versuchte er eine allgemeine Furcht vor Rußland und dem Kommunismus zu wecken, um Amerika näher an England zu binden. Er spielte ein verzweifeltes Spiel und benutzte jede Art von Schmeichelei und Drohung und was ihm noch an Handelsobjekten geblieben war, um die Vereinigten Staaten zur Unterstützung Englands zu gewinnen, ohne es in einem neuen amerikanischen Imperium aufgehen zu lassen.

Churchill hatte Truman nur „im Vorübergehen" kennengelernt, als er während des Krieges mehrmals Roosevelt in Washington besuchte, und wußte nicht genau, wie er mit dem neuen Präsidenten umgehen sollte. In Vorbereitung der Potsdamer Konferenz hatte Truman Joseph E. Davies Ende Mai nach London geschickt. Davies war der Sohn walisischer Einwanderer, ein armer Junge, der seinen Weg in eine lukrative politische Rechtsanwaltspraxis gemacht hatte. Er besaß natürlichen Charme, war überschwenglich und ein naiver Idealist, der sich Woodrow Wilsons und Josef Stalins Träume mit gleichem Enthusiasmus zueigen machte. Roosevelt hatte Davies als

Botschafter nach Moskau geschickt, und schon nach einer kurzen Zeit in Moskau jubelte der Rechtsanwalt: „Meine Frau und ich danken Gott, daß Franklin uns für das größte Experiment in der Geschichte der Menschheit Logenplätze gegeben hat ... Amerikaner und Russen sind beide Pioniere, jung und kräftig. Beide haben wir die Tugenden von Pionieren, dieselbe Auffassung von Frieden, Gerechtigkeit und der Brüderlichkeit der Menschheit." Daß Truman von allen Leuten Davies aussuchte, um ihn nach London zu schicken, muß Churchill zumindest erstaunt haben; vielleicht betrachtete es der Premierminister als Warnsignal.

Während seines ersten Treffens mit Churchill, das von Samstag 11 Uhr abends bis 4 Uhr 30 des nächsten Morgens dauerte, trug Davies die Sorge des Präsidenten vor „über die ernsthafte Zerrüttung der Beziehungen der Sowjetunion mit England und den Vereinigten Staaten." „Es war klar", so sagte Davis, „daß es ohne fortdauernde Einheit der Großen Drei keine glaubwürdige Aussicht auf Frieden geben konnte. Die Ursachen ihrer gefährlichen Situation waren ebenfalls klar. Es bestanden Meinungsverschiedenheiten darüber, was wirklich der Inhalt der in Jalta erzielten Abkommen sei, ferner über neue Probleme, die durch die Schnelligkeit des militärischen Sieges in Europa entstanden waren, alle hervorgerufen und genährt durch Angst, Mißtrauen und Verdächtigungen auf beiden Seiten." Dieser natürliche Argwohn, so fuhr Davies fort, werde noch verschlimmert durch den Glauben der Sowjets, daß England und Amerika sich gegen Rußland „zusammengetan" hätten. Wegen dieser falschen Ansicht und weil er Stalin noch nie persönlich kennengelernt habe, wünsche der Präsident „eine Gelegenheit, dem Marschall noch kurz vor dem geplanten Treffen zu begegnen".

Bereitwillig stimmte Churchill mit Davies' allgemeiner Betrachtung und der Absicht überein, daß Truman Stalin vor der Konferenz treffen sollte, und dann begann der Premierminister die Situation in Europa, wie er sie sah, zu schildern. Er war verbittert über Frankreich und de Gaulle, der sich sehr eigenmächtig zeigte und „scharf zurechtgewiesen" werden müßte; verbittert war er auch über Tito, der unter der Herrschaft Moskaus zu stehen schien; ebenso über das Verhalten der Sowjets in den Balkanländern. Je länger der Premierminister sprach, desto leidenschaftlicher wurde er. Er fürchtete den Einfall der Kommunisten in Europa „wie die Heuschrekken". Er fürchtete die Folgen eines Abzuges der amerikanischen Truppen aus Europa. Die amerikanischen Truppen sollten in Deutschland so weit vorgeschobene Stellungen als nur möglich beibehalten. Um frühere Abkommen über die Besatzungszonen brauche man sich nicht zu kümmern. Die Russen, so sagte er, hätten einen „stählernen Vorhang" vor Osteuropa herabgelassen und stellten eine große Gefahr für Westeuropa dar. Der Premierminister hatte schon früher von einem „eisernen Vorhang" gesprochen; er benutzte abwechselnd solche Ausdrücke – bei einer Gelegenheit sprach er von einem „eisernen Zaun". Doch blieb er dann bei dem Ausdruck „Eiserner Vorhang" und wiederholte ihn so oft, daß er sich schließlich in der westlichen Welt einbürgerte.

Doch plötzlich kam Churchill zu Bewußtsein, wie merkwürdig der Wunsch Trumans war, Stalin zuerst allein zu treffen. Schließlich war ja auch er Truman nur flüchtig begegnet. Er war „erstaunt und verletzt", daß er von dem ersten Treffen mit Stalin nach dem Siege ausgeschlossen sein sollte. Hatte Churchill nicht die Vereinigten Staaten während des ganzen Krieges unterstützt? Und war das der Dank für seine Unterstützung? Hatte er sich nicht für die amerikanische Formel der bedingungslosen Kapitulation eingesetzt, während er doch mit Hitler einen Separatfrieden hätte schließen können? Was bedeutete das alles? Solch ein Treffen schmeckte nach „einem Handel", er würde „nie, nie zustimmen". Der Premierminister war zutiefst beunruhigt. Es schien, daß die Vereinigten Staaten gegenüber ihrem alten Verbündeten nicht mehr loyal waren. Der Rückzug der Truppen, die kühle Haltung gegenüber dem alten Freund und Verbündeten, was bedeutete das, wenn nicht die Entscheidung, England in seiner Stunde der Existenznot fallenzulassen? „Wollen Sie im Namen des Präsidenten sagen, daß sich die Vereinigten Staaten von der Teilnahme an den europäischen Angelegenheiten zurückziehen?", fragte Churchill Davies kalt.

Davies antwortete unverbindlich, und der Premierminister erklärte mit einem etwas abgenutzten und matten Pathos, daß England allein dastehen würde, wenn die Amerikaner die

Bedrohung Europas durch die Russen nicht verstünden, was Davies unbeeindruckt aufnahm und in seinem Bericht mit einigen beiläufigen „etceteras" festhielt. England sei kein zu „vernachlässigender Faktor" im Weltgeschehen, sagte der Premierminister klagend. Es könne sich noch immer selbst verteidigen. England könne sich allein erhalten. „Das hat es schon früher getan." Der Niederschlag dieser Ausführungen des Premiers in Davies' Bericht waren wieder nur einige „etc.".

Als Antwort wurde Davies nun deutlich und versuchte, die Beredsamkeit Churchills mit Pathetik aufzuwiegen. Er schilderte den großen russischen Beitrag zum Krieg, die Erbschaft an Mißtrauen und – wie Churchill nun notiert haben könnte – im übrigen „etc.". Abschließend sagte Davies: „Viele glauben, daß England, da es in Europa keine große Macht mehr findet, die der neu aufsteigenden Macht Rußlands entgegengestellt werden könnte, nun versucht, die militärische und wirtschaftliche Kraft der USA zu benutzen, um seine traditionelle Politik der ‚Führung' Europas fortzusetzen."

Der Premierminister antwortete auf Davies' Rede nicht – vielleicht, weil sie der Wahrheit so nahe kam. Er wollte vom Präsidenten selbst „gehört" werden, sagte Churchill und schlug vor, daß er und Davies ein *Aides-Mémoire* austauschen sollten. In der Note, die Churchill an Truman schrieb, sagte der erschreckte und beunruhigte Premierminister:

„Es muß daran erinnert werden, daß England und die Vereinigten Staaten einander jetzt in derselben Ideologie, nämlich der Freiheit, verbunden sind und auch in den Grundsätzen, die in der amerikanischen Verfassung dargelegt sind und – mit der heutigen Zeit entsprechenden Veränderungen – in der Atlantikcharta getreu wiederholt werden. Die Sowjetregierung hat eine andere Philosophie, nämlich den Kommunismus, und benutzt ohne Einschränkung die Methoden eines Polizeiregimes, welche sie in jedem Staat anwendet, der ihren befreienden Waffen zum Opfer gefallen ist. Es fällt dem Premierminister nicht leicht, zu glauben, daß die Position der Vereinigten Staaten darin besteht, Großbritannien und Rußland seien einfach zwei fremde Mächte, mit denen die Probleme des letzten Krieges ausdiskutiert werden müssen ... Die Prinzipien, für die England und die Vereinigten Staaten gelitten und gesiegt haben, sind nicht nur eine Angelegenheit des Mächtegleichgewichts. Es geht vielmehr um die Rettung der gesamten Welt.“

Ohne Zweifel waren diese Gefühle Churchills echt, genauso wie die Amerikaner glaubten, demokratische Prinzipien seien der russischen Tyrannei vorzuziehen. Davies zog den Schluß, Churchill „hätte sich selbst überzeugt, daß er dem Frieden am besten diene, indem er England diene“. Truman glaubte, indem er für die amerikanischen Interessen sorgte, für das Wohlergehen der ganzen Welt zu sorgen. Wenn in diesen Anschauungen ein gewisses Maß von Selbsttäuschung liegt, so war das nicht anders zu erwarten. Es gehörte zum Geschäft des Premiers und des Präsidenten, kühl genug zu bleiben, damit ihre selbstlosen Gefühle für die Wohlfahrt der Welt nicht mit den selbstsüchtigen Zielen kollidierten, die sie für ihre Länder und für sich selbst anpeilten.

Während der Konferenz von Jalta setzte sich Feldmarschall Alexander dafür ein (wie Sir Alexander Cadogan in seinem Tagebuch schreibt), daß „wir unser Möglichstes tun müssen, um den Italienern zu helfen. Der Premierminister widersprach dem, worauf Alexander sagte, daß wir mehr oder weniger in diesem Krieg dafür kämpften: den Völkern Europas die Freiheit und eine anständige Existenz zu sichern. Doch der Premierminister sagte: ‚Davon kann keine Rede sein: Wir kämpfen, um dem britischen Volk den gebührenden Respekt zu sichern.‘ “

Wenn die „große Strategie“ einer aufsteigenden Nation bedeutet, Bindungen zu vermeiden, so heißt die „große Strategie“ einer Nation im Abstieg, so viele Bindungen wie möglich festzuhalten, um ihre Position zu stützen. Das kleinste Anzeichen dafür, daß die USA eine Verpflichtung rückgängig machen oder nicht einhalten wollten, oder daß der Präsident das „Mißtrauen“ der Sowjets zu beschwichtigen trachtete, erschien Churchill als ein tödlicher Schlag. Da Europa in Trümmern lag, gab es auf dem Kontinent auch kein Gleichgewicht der Mächte. Churchill hoffte, die Sowjetunion durch die USA auszubalancieren und mit dem Segen seines natürlichen Verbündeten, wie Davies gesagt hatte, selbst die Führung in Europa zu übernehmen. Es war eine außerordentlich schwierige Strategie. Da

Englands Kraft erschöpft war, mußte er Rußlands und Amerikas Stärke im Gleichgewicht erhalten – ein Jongleurkunststück auf dem Hochseil –, während er mit schönen Worten und den wenigen Resten von militärischem und wirtschaftlichem Einfluß, die ihm geblieben waren, den „Preis von Europa" stahl. Es war ein Plan, der nichts weniger als ein neues britisches Empire anvisierte, aber das war, nach Churchills Ansicht, Englands rechtmäßige Kriegsbeute.

Die Quintessenz von Churchills Strategie war deshalb, Mißtrauen zu säen, um die Vereinigten Staaten und Rußland in einen Konflikt zu verwickeln. „Sie haben einen Eisernen Vorhang vor ihre Front gezogen", telegraphierte Churchill an Truman. „Wir wissen nicht, was dahinter vorgeht. Es besteht wenig Zweifel daran, daß das ganze Gebiet östlich der Linie Lübeck–Triest–Korfu bald ganz in ihrer Hand sein wird." Während die Aufmerksamkeit der Engländer und der Amerikaner sich anderswohin richtete, stünde es den Russen frei, „wenn sie wollen, zu den Gewässern der Nordsee und zum Atlantik vorzurücken", warnte der Premierminister.

Churchill hatte nicht etwa einen Teufel erfunden, der nicht existierte. Denn Stalin war in jeder Hinsicht einer der bösartigsten Männer der Geschichte, und die russische Außenpolitik war alles andere als selbstlos und friedfertig. Churchill aber übertrieb die Bedrohung durch Stalin eifrig, um die Differenzen zwischen Rußland und Amerika zu verschärfen, während er den westeuropäischen Block gewann. Er spielte höchst leichtfertig mit dem Feuer.

Tatsächlich gebrauchte Churchill nicht nur Worte, um Streit zu entfachen, er war auch bereit, gefangene deutsche Truppen gegen die Russen kämpfen zu lassen. Wie Gabriel Kolko schrieb: „Am 17. Mai befahl Churchill seinen Offizieren, keine deutschen Flugzeuge zu zerstören . . . und diskutierte zehn Tage später den Einsatz der Luftwaffe, um ‚die Nachschublinien der russischen Armeen zu treffen, sollten sie weiter vorrücken als abgemacht'. Die Engländer hielten in ihrer Zone ungefähr 700.000 Mann deutsche Truppen in militärischen Formationen bereit . . ."

Das alles mag als unredlich gegenüber Rußland und Amerika erscheinen, aber Machiavelli hat gesagt, ein Fürst muß „lernen, nicht gut zu sein, und dieses Wissen zu nutzen oder nicht zu nutzen, je nachdem, wie der Fall es erfordert", denn „die Erfahrung unserer Zeit lehrt, daß Fürsten Großes zustande gebracht haben, die wenig von Treue hielten und imstande waren, durch ihre Schlauheit die Gedanken der Menschen zu verwirren, so daß sie schließlich über jene obsiegten, die Treu und Glauben als ihr Fundament gewählt hatten".

Während Churchill in Südfrankreich malte, führte Miss Joan Bright das „British Civilian Hospitality Corps" nach Potsdam, um das Gelände zu überprüfen, das die Russen für die Konferenz gewählt hatten. Potsdam liegt einige Meilen südwestlich von Berlin, jenseits des schmalen Griebnitzsees. Ziemlich unberührt von den Bomben gab es dort eine Anzahl von verlassenen Privathäusern – einst Sommersitze von deutschen Filmproduzenten und Stars –, wo die Diplomaten untergebracht werden konnten, und ein Schloß für die Konferenzsitzungen. Es hatte den zusätzlichen Vorzug, in relativer Nähe der westlichen Besatzungszonen zu sein und doch in der russischen Zone zu liegen.

Die offiziellen Sitzungen sollten in Cecilienhof stattfinden, Europas letztem großen Palast, der erst 1917 für den deutschen Kronprinzen fertiggestellt worden war, knapp vor Deutschlands vernichtender Niederlage im Ersten Weltkrieg.

Cecilienhof ist ein Landsitz im Pseudo-Tudorstil mit 176 Räumen, die Fassade überladen mit Stukkatur, unterbrochen von falschen elisabethanischen Fenstern und von Steinportalen, die irgendwie verlegen schienen über das Fehlen von Burggräben und Ziehbrücken. Die Krone von allem ist die Ansammlung von Schornsteinen, einige inspiriert vom islamischen Stil, einige an die Säulen des Baldachins in der Peterskirche erinnernd. Alle zusammen ähnelten sie am ehesten noch den Dächern Nottinghams im neunzehnten Jahrhundert. In diesen unerfreulichen Neo-Tudor-Palast, den ein wahnsinniger Kinderbuchillustrator hätte entworfen haben können, hatten die Russen Möbel gebracht, die aus ganz Potsdam zusammengeholt waren. Massive altdeutsche Armstühle, verziert mit geschnitzten Löwenköpfen, standen gebieterisch auf französischen Teppichen. Muranogläser für Champagnertoasts waren in Glasschränke getürmt, die Wände waren verunstaltet mit Bildern, wunderlichen Seestücken und eintönigen kleinen Dorfstraßenszenen. Miss Bright geisterte durch das Schloß; in die Bibliothek gelangt, stibitzte sie instinktiv zwei Bücher.

Der Hauptkonferenzraum war im Erdgeschoß, wo sich die Fenster auf einen Rasen öffneten, der sich zum Griebnitzsee hinunterzog. Die Fenster ließen auch die Stechmücken herein, um die Diplomaten zu plagen. Der Raum war quadratisch, dunkel getäfelt, und der solide runde Tisch gerade groß genug für fünfzehn Stühle, zwölf kleine mit geraden Lehnen und drei große Fauteuils, mit rotem Plüsch gepolstert. Jede Delegation hatte eine Reihe von Räumen zugewiesen bekommen, wohin sie sich für private Besprechungen zurückziehen konnte. Churchills Suite befand sich im ersten Stock, und Miss Bright bemerkte, daß der einfachste Weg für den Premierminister zum Konferenzzimmer die Haupttreppe war und durch die große Flügeltür führte. Die Flügeltür war jedoch abgeschlossen. Könnte sie aufgeschlossen werden, fragte sie den russischen Kommandanten. „Nicht möglich. Sie benutzen die drei kleineren Türen, jeder eine." Die drei kleineren Türen waren gleich groß. Churchill mußte über die Treppe herunter und einen Umweg durch den Korridor machen, um seine Tür zu erreichen – aber seine Tür war nicht größer als die der beiden anderen. „Der Kommandant sah mich an und sagte etwas – ‚Er fragt, ob Sie zufrieden sind', sagte der Dolmetscher. Ja? Nein? ‚Ja', sagte ich. Es war ein heißer Tag."

Die Häuser, in denen die Delegationen während der Konferenz wohnten, lagen einige Meilen entfernt am Ufer des Griebnitzsees in dem benachbarten Vorort Babelsberg. Die Häuser waren kräftige Vorstadtvillen aus Ziegeln und Stukkatur mit massiven, dunklen Einfassungen um die Türen und Fenster und soliden Vorhallen, mehr imponierend als einladend, standen aber an lindengesäumten Straßen inmitten von angenehmen, kleinen, wenn auch etwas vernachlässigten Rasenflächen und Gärten. Die Briten hatten sich auf eine Delegation von 260 Personen vorbereitet, plus wechselnden Besuchern, und man hatte ihnen 50 Häuser zugewiesen, jedes mit einem Steinway- oder Bechsteinflügel. „Die allgemeine Atmosphäre in Babelsberg", schrieb Miss Bright fröhlich, „im britischen und amerikanischen Sektor war die eines Gemeinschaftsgeländes, wo die Menschen in selbständigen Arbeitseinheiten lebten, einander in ihre Häuser einluden und auf der Straße grüßten". Es war eine nette, große Party, mit vielem Essen und Trinken und einer Menge alter Freunde. „Es war einfach jeder da", erzählte Miss Bright später. „Es war das letzte große Fest des Krieges."

Der liebe, kahlköpfige General Karanadze war da, strahlend machte er alles gemütlich" – oder beinahe gemütlich. Russen kamen auf einen Sprung zu Besuch in das amerikanische und britische Gelände, aber man brauchte eine Erlaubnis, um die Wache vor dem russischen Gebiet zu passieren. Wie einer der Engländer ungalant bemerkte, „war das ganze Gebiet natürlich von der russischen Armee besetzt, und die vielen Meilen Straße, die den Flughafen von Babelsberg trennten, waren gesäumt von russischen Soldaten. Sie standen – so schien es – Schulter an Schulter, bäurisch, unaufmerksam, ungelenk, aber sie erzeugten im Geist sofort die Vorstellung von den nie versiegenden Quellen des russischen Menschenmaterials. Die Verkehrskontrollpunkte waren zum größten Teil besetzt von Frauen, starke, robuste Amazonentypen, gänzlich frei von weiblichem Charme."

Miss Bright und ihre Zivilkollegen konnten auf die unermüdliche Hilfe durch die Männer der britischen Armee für die Vorbereitung der Konferenz bauen. Die Armee begann sofort Anordnungen herauszugeben. Nr. 53 sagte: „Die Wäscherei für VIPs befindet sich im Delegationsgelände." Am nächsten Tag hieß es unter Nr. 87: „Siehe unter Nr. 53: Miss Bright hat zu bestimmen, wer die Erlaubnis bekommt, die besondere Wäschereianlage zu benutzen."

Für einige Zeit schien es, daß Miss Bright die Konferenz fest unter Kontrolle hatte – aber acht Tage später wehrte sich die Armee-Feldzeugmeisterei gegen sie: „Nr. 253 (siehe Nr. 87) Feldzeugmeisterei hat ein Abkommen mit den Russen erzielt, eine deutsche Wäscherei für die VIPs zu benutzen. Diese Wäscherei ist in der Lage, alle Truppen zu versorgen, wenn Material (Seife und Kohle) geliefert wird."

Miss Bright konterte mit allen Mitteln, die sie hatte. Sie telegraphierte nach England zurück: „Klingel-Transformer 230 Volt, Klingeln, Klingeldraht, baumwollbezogen, fünfhundert

Yards. Holzschrauben, ein zu sechs Inches, Holzschrauben eineinhalb zu sechs Inches, Klammern, isoliert, vier Dutzend."

Nachdem sie die Kontrolle über die Kommunikation erobert hatte, stürzte sie sich auf die Ausweispapiere und telegraphierte um „zweitausend Konferenzpässe", dann kam die Beförderung an die Reihe, indem sie „einhundert Union Jacks* für Autos, Größe sechs Inches zu vier" bestellte.

Die Armee antwortete mit neuen Anweisungen:

18. Möbel, die aus den Häusern gebracht werden, müssen ordentlich gestapelt und dürfen nicht auf einen Haufen geworfen werden. Gegenstände, wie Schreibtische, Tische, Stühle usw., die anderswo gebraucht werden könnten, werden an der Straße und auf Bürgersteigen abgestellt und sogleich geordnet.

29. Russische Methode wird befolgt, d. h. Zivilarbeiter werden nicht von uns verköstigt.

48. (siehe Nr. 29) Streichen Sie das Wort „nicht".

Der schwerste Schlag wurde Miss Bright wahrscheinlich durch die Anweisung Nr. 59 zuteil, er traf sie mitten in die Brust: „Trotzdem eine gewisse Menge Flaggenstoff herübergeflogen worden ist, wird er wahrscheinlich nicht angefordert werden. Die Dekoration der zentralen Konferenzhalle unterliegt der Verantwortung der Russen."

Miss Bright telegraphierte nach „sechzig Kehrrichtschaufeln, Bürsten und Besen, Eimern und Schrubbern, zweihundert Staubtüchern, sechzig Mops, vierundzwanzig Kochtopfbürsten, einhundert Tassen und Untertassen, weiß, zwei großen Federbesen, dreißig dreistöckigen Schlafkojen mit Strohsäcken und Kissen, einhundert Pfund Soda und einhundert Dosen Bad- und Abwaschreiniger, zweihundert Bettlaken" – und zum Schluß: „Könnten Sie Winnie bitten, einen kostbaren Taschenkamm mitzubringen, den ich in meinem Büro vergessen habe?"

Aber zweifellos war es das Meisterstück von Miss Bright, den Obermaat Pinfield der Königlichen Marine anzufordern, der in Teheran „die Herstellung des persischen Eispuddings überwacht hatte" und sich nun hier der Küche des Premierministers annehmen sollte.

Danach war die Armee, die für die Feuerwehr, die Friseure

* Union Jack: britische Fahne

und die Fußpfleger gesorgt hatte, wieder auf die Aufgabe verwiesen, sich um die eigene Truppe zu kümmern: „336. Neue Hemden werden an die Leibwache des Premierministers ausgegeben, wenn notwendig. Die Truppenbekleidung im Delegationsbereich muß sofort verbessert werden."

Als die Vorbereitungen beendet, aber die Delegierten noch nicht eingetroffen waren, begaben sich Miss Bright und ihre Freundin Betty Gibbs zum „Tee" mit dem lieben, kahlköpfigen General Karanadze und seinen Gehilfinnen Nina Alexandrowna und Gala. Sie wurden mit „dem üblichen Marathon-Wodka" bewirtet und entfernten sich zum Schluß in einem Armeewagen. „Wir sagten dem Fahrer, er solle irgendwohin fahren, während wir am offenen Fenster saßen und versuchten, den Alkoholgeruch und den Zigarettenrauch aus unseren Körpern zu bringen" – zwei junge englische Frauen, die munter durch einen linden Sommerabend gleiten, am ruhigen klaren See entlang, der im Licht der Dämmerung immer noch das Grün der Bäume und die langsam ziehenden Wolken widerspiegelte. Potsdam war, wie Miss Bright sinnierte, „eine Oase des materiellen Komforts in einer Wüste der Zerstörung".

In Sussex, England, stieg der Außenminister Anthony Eden auf dem Tangmere-Flughafen in ein Flugzeug; auf dem Northolt-Flughafen in Middlesex nahm ein anderes Flugzeug Clement R. Attlee auf, den Führer der Opposition; in Frankreich wurde Winston Churchill von St. Jean-de-Lur zum Flughafen in Bordeaux gebracht.

„Wir flogen über Antwerpen und einen Teil des Ruhrgebietes", schrieb Cadogan nach Hause an seine Frau. „Wir flogen recht hoch und man konnte nicht viele Details am Boden erkennen. Es gab ziemlich große Flecken der Zerstörung, aber es gab auch manche Städte und sogar große Fabriken, die kein Zeichen der Zerstörung zu zeigen schienen. Ich sah in Deutschland kaum einen Zug fahren und auf den Straßen nichts als Militärkolonnen.

... Hier leben wir inmitten dieses zerstörten und entblößten Landes, in einer eigenen kleinen Stadt, bestehend aus Villen, umringt von Bäumen (nicht unähnlich Le Touquet), mit mehr oder weniger jedem Komfort von einer ins Grobe gearbeiteten Art. Mein Schlafzimmer hat einen großen Balkon mit Blick auf einen Garten, der sich zu einem schmalen See neigt – mehr wie ein breiter Fluß –, das gegenüberliegende Ufer ist mit Föhren bestanden. Mein Haus, das ich mit fünf oder sechs anderen teile, ist bequem genug, obwohl es nur ein Badezimmer gibt. Mein Bursche von der Marine aber sieht zu, daß es frei ist, wenn ich es benutzen will.

Das nächste Haus auf der einen Seite ist eine Messe, wo wir unsere Mahlzeiten bekommen, von der ATS betrieben und nicht besonders gut, aber auch nicht zu schlecht.

Das Haus auf der anderen Seite ist ein niedliches, kleines, modernes Haus, für Anthony reserviert. Als nächstes kommt der Premierminister, wirklich ein reizendes Haus, trotz teilweise sehr moderner deutscher Einrichtung. Dann, einige Häuser weiter, gibt es ein düsteres und trauriges kleines Gebäude, für Attlee bestimmt. Sehr passend – es ist genau wie Attlee selbst!

... Massenhaft Leute sind schon angekommen, Anthony und der Premierminister kommen heute irgendwann.

Ich glaube, diese Villen gehörten den deutschen UFA-Leuten. Alle Deutschen sind natürlich hinausgeworfen worden. Niemand weiß, wo sie hingegangen sind. Kannst du Dir vorstellen, wie wir uns fühlen würden, wenn die Deutschen und die Japaner so etwas in England täten und wir uns davonstehlen müßten, um Platz zu machen für Hitler und Co., die in unseren Häusern wohnen und unser Schicksal entscheiden würden, während wir in Höhlen in den Schutthaufen von London lebten? Es ist ein schönes Land – sandig, mit Kiefern und Birken und einer Kette von Seen."

Sir Alexander Cadogan, 61 Jahre alt, war der jüngste Sohn des fünften Earl of Cadogan, dessen Familie im achtzehnten Jahrhundert berühmt geworden war. Der fünfte Earl, der Unterstaatssekretär in Disraelis Kabinett gewesen war, prägte seinem Sohn die Gewohnheiten ein, reserviert zu bleiben, sich den Pflichten zu widmen, die Öffentlichkeit zu scheuen, peinlich genau in der Arbeit zu sein und gewisse ästhetische Neigungen zu haben, so daß die Kunst Freude bereitete, aber doch keine Ablenkung von Staatsaffären bedeutete. Obwohl es ein Cadogan war, der gesagt hatte: „Gehen Sie nicht ins Ausland, dort ist es schrecklich", war der junge Cadogan schon von frühester Jugend an dazu bestimmt, Unterstaatssekretär für Auslandsangelegenheiten zu werden und sich zu stählen, um die Entbehrungen, die ein Engländer im Ausland zu erleiden hatte, zu ertragen. Er besuchte selbstverständlich Eton, wo er Herausgeber des *Eton College Chronicle* war, Kapitän der Oppidans und Präsident der Eton Society. Nachdem er das Balliol College in Oxford absolviert hatte, bereitete er sich zwei Jahre auf sein Examen für den diplomatischen Dienst vor. Als ständiger Unterstaatssekretär für die Außenpolitik während des Zweiten Weltkrieges hatte Cadogan das gesamte Außenministerium zu leiten und dessen Arbeit und Ratschläge entsprechend den Wünschen und Eigenarten des Außenministers und des Premiers zu gestalten. Vielleicht wäre es richtiger zu sagen, daß Cadogan es als seine Pflicht ansah, die Wünsche und Eigenarten des Außenministers und des Premierministers nach der Arbeitsweise und dem Rat des Außenministeriums zu formen.

„Wie haben wir diesen Krieg geführt", fragte sich Cadogan einmal in seinem Tagebuch, „da der Premierminister Stunden seiner und anderer Leute Zeit verschwatzte, jeder kleinste Anlaß freudig begrüßt wurde, um noch mehr belangloses, überflüssiges Zeug zu reden?" Cadogan hatte oft den Eindruck, daß Churchill – wie auch die anderen Welt-Führer – dazu neigte, alles durcheinander zu bringen, was sonst sehr ordentlich unter der Kontrolle seines Außenministeriums und der Bürokratie des amerikanischen Außenministeriums stand. Im allgemeinen hatte er trotzdem die optimistische Ansicht, daß „wir nachher Ordnung in das Chaos bringen können".

Cadogan haßte es vor allem, zu sehen, wenn die Politik und die reale Welt des Machtverlangens sich in die sanften Verfahren des Außenministeriums eindrängten. Kurz vor der Konferenz in Potsdam explodierte er in seinem Tagebuch: „Wie ich die Mitglieder des Parlaments hasse! Sie verkörpern alles, was man mich zu vermeiden gelehrt hat – Ehrgeiz, Vorurteil, Unaufrichtigkeit, Selbstsucht, Leichtfertigkeit gegenüber Verantwortung, bösartige Verlogenheit."

Mit Churchill und Eden zu reisen, die beide nach den Massen und dem Applaus hungerten und nach der Gelegenheit, Reden zu halten, war, wie Cadogan sagte, „als ob man mit der

Melba und Tetrazzini in einer Gruppe zusammen reisen würde". Cadogan sah es so: Anthony Eden – ständig darauf erpicht, aus dem Schatten des Premierministers herauszutreten und etwas allein zu unternehmen, um „Beifall der Truppen zu sammeln" – hatte eine sehr gefährliche Neigung: „etwas zu tun, unabhängig vom Sinn dieser Tat".

Anthony Eden, 48 Jahre alt, war in Eton gewesen, wo er es vermied, irgendwie aufzufallen, „sei es durch überragendes Können, sei es durch Missetaten". 1922 schloß er seine Studien in Christ Church in Oxford ab und wurde 1923 ins Parlament gewählt. Er kam aus einer guten Familie, hatte die richtigen Schulen besucht, war gut angezogen, besaß Privatvermögen und sowohl Taktgefühl als auch Geduld. Vielleicht war er zu hübsch. Er war letzten Endes ein konventioneller Mensch, dem das Brillante abging, der im Innersten einen weichen Kern hatte. Voller Ungeduld blieb er viel zu lange in Churchills Schatten und brannte dort vor frustriertem Ehrgeiz. Churchill förderte seine Karriere und kontrollierte sie. „Anthony und ich flogen heute früh nach Athen", berichtete Cadogan zur Zeit der Konferenz von Jalta. „Anthony war natürlich entzückt über die Idee, allein eine Reise zu machen und nicht als Mitglied des Gefolges des Premierministers. Aber dem Premierminister waren sichtlich bei näherer Überlegung Zweifel gekommen, ob er Anthony erlauben sollte, Lorbeeren für sich allein zu ernten, und so kündigte er an, daß er uns morgen nachkommen würde, zu Anthonys Wut und Schrecken ..."

Clement Attlee war nicht besonders beliebt. Er war ein kleiner schmächtiger Mann, ein Jahr älter als Cadogan, mit dem Aussehen eines „fest bestallten Lehrers". Als Sohn eines Londoner Anwalts besuchte er das University College in Oxford und widmete sich nach seinem Geschichtsstudium der Sozialarbeit – und verdiente seinen Lebensunterhalt in Ostlondon mit Arbeiten auf den Docks. Er gehörte nicht der richtigen Klasse an und, was fast genau so schlimm war, er war Sozialist, offen, aber nicht beredt, ehrlich, aber nicht eindrucksvoll. Nach Kriegsende war es Attlee, der in Reden mit seiner hohen Stakkato-Stimme behauptete, England werde ein sozialistisches Land sein, „mit Kuchen für keinen, bis alle Brot hätten". Attlee war einer der nachdrücklichsten Kritiker des

Münchner Abkommens, es war auch Attlee, der Chamberlain 1940 als Versager brandmarkte, und ebenso war es auch Attlee, der den Sturz der Chamberlain-Regierung provozierte, indem er eine Labour-Beteiligung an einem Koalitionskabinett unter Chamberlain ablehnte.

Daraufhin war Churchill an der Reihe: Ihm gelang es, ein Koalitionskabinett zu bilden, und Attlee trat als Lordsiegelbewahrer in die Regierung ein. Diese Koalitionsregierung blieb bis zum Ende des Krieges in Europa im Amt. Attlee war auch der Mann, der die Labour-Partei bei den allgemeinen Wahlen gegen Churchills Konservative in den Kampf führte. Wenige Leute – außer Churchill – glaubten, daß Attlee eine Chance habe.

„Sein Denken erschien mir als ein lang hingezogener Seufzer", sagte Dean Acheson von Attlee. Er war, wie Churchill sagte, „ein Schaf im Schafspelz". Während des Krieges führte Attlee den Vorsitz bei den Kabinettssitzungen, wenn Churchill auf Reisen war. Cadogan schrieb einmal: „Attlee führte den Vorsitz wie eine säuerliche und quengelnde Maus." Einmal verfaßte Attlee einen Protest an Churchill über den unorganisierten Stil der Kabinettssitzungen des Premierministers. Es schien, als ob jeder etwas gegen Churchills weitschweifende Monologe einzuwenden hätte. Der Premierminister brütete im Bett über diese Kritik bis vier Uhr nachmittags. Dann warf er plötzlich die Decken von sich und sagte ganz fröhlich zu einem Anwesenden: „Laßt uns nicht mehr an Hitler oder Attlee denken; wir wollen uns einen Film ansehen." So unwahrscheinlich es auch schien, daß Attlee Premierminister werden könnte, so lud ihn Churchill doch ein, an der Potsdamer Konferenz teilzunehmen, für den Fall, daß er nach einem Labour-Wahlsieg die Führung der englischen Delegation übernehmen müsse.

Neben Churchill schienen alle anderen in der britischen Delegation mit Takt und guten Manieren in den Hintergrund zu treten. Durch die Kraft seiner Persönlichkeit war Churchill so sehr Anziehungspunkt seiner Zeit und seines Landes, daß er schließlich selbst ein historisches Ereignis wurde. Seine Minister dienten ihm genauso wie sie England dienten. Natürlich gab es Beamte des Außenministeriums und Militärs, die ihn mit Ratschlägen und Ideen bedrängten. Doch war es nicht möglich, auf diesen Staatsmann oder jenen General – wie man es mit den Männern, die Truman umgaben, tun konnte – als eine Verkörperung der Churchillschen Politik zu verweisen. Denn der Premierminister verursachte, wie sich Cadogan beklagte, dauernd ein großes Durcheinander in allen Dingen.

Churchill und seine Begleiter landeten auf dem Gatower Flughafen außerhalb Berlins am Nachmittag des 15. Juli. „Die Sonne brannte herunter", wie Lord Moran sagte, „und Konferenzteilnehmer, die lange auf diesem Flugplatz außerhalb Berlins gewartet hatten, sahen verschwitzt und in ihre Uniformen gezwängt aus. Russische Soldaten waren überall, längs der Straße, hinter Büschen, knietief im Getreide. Wir fuhren zu einem geräumigen Haus, das für Churchill reserviert war und von dem es hieß, es hätte dem Bankier Schacht gehört. Ich folgte ihm durch zwei kahle Räume mit großen Kronleuchtern auf die andere Seite des leeren Hauses, wo sich französische Fenster, die lange nicht geputzt worden waren, auf einen Balkon öffneten. Dort warf sich Churchill, ohne den Hut abzunehmen, in einen Gartenstuhl, der von zwei Hortensiensträuchern in blau, rosa und weiß flankiert war. Er schien zu müde, um sich zu bewegen. Kurz darauf blickte er auf: „Wo ist Sawyers?", wandte er sich an Tommy Thompson. „Bringen Sie mir einen Whisky."

„Lange saßen wir schweigend", erzählte Moran, „und sahen auf den Rasen, der sich zum See neigte, in den die Russen, wie man sagte, deutsche Soldaten geworfen hatten, die wegen ihrer Verwundungen nicht gehen konnten. Jenseits des Sees zog sich ein scharf umgrenztes Feld zu einem Wald hinauf. Das einzige Lebenszeichen, das wir sehen konnten, war ein russischer Posten, der aus dem Wald trat, sich umblickte und wieder zwischen den Bäumen verschwand. Als es dunkel wurde, hörte man einen Schuß, der aus dem Wald zu kommen schien und die über allem liegende Stille unterbrach."

3. KAPITEL

Stalin

Kurz bevor Stalin fahrplanmäßig zur Potsdamer Konferenz starten sollte, erlitt er einen leichten Herzanfall. Die Krankheit schien ihn nicht anzugreifen, niemand bemerkte den geringsten Unterschied in seiner Gesundheit oder Vitalität, aber die Herzattacke verzögerte seine Reise und den Beginn der Konferenz der Großen Drei um einen Tag. Der Mann aus Stahl fürchtete sich vor dem Fliegen, und so bestiegen er und seine Begleiter einen Extrazug für die Reise nach Potsdam, der aus elf Eisenbahnwagen bestand, einschließlich vier Luxuswaggons, die man aus einem Museum geholt und für diese Gelegenheit hergerichtet hatte. Diese vier fabelhaften Wagen hatten einst einen Teil des Hofzuges des Zaren gebildet. Der Zug fuhr langsam durch die kriegszerstörte Landschaft des westlichen Rußlands, durch Litauen und Ostpreußen. Der direkte Weg hätte durch Polen nach Berlin geführt, aber Stalin wollte nur durch Länder fahren, die total unterworfen und gesichert waren. Der Zug selbst und die Strecke, die er durchfuhr, waren aufs schärfste bewacht. Aus dem Fenster eines der bequemen kaiserlichen Waggons überblickte Rußlands kommunistischer Zar seine neueroberten Gebiete.

Milovan Djilas schildert Stalin als „von sehr kleiner Statur und plumpem Körperbau. Sein Rumpf war kurz und schmal, während Arme und Beine zu lang waren. Sein linker Arm und die Schulter schienen fast steif zu sein. Er hatte einen ziemlich dicken Bauch, sein Haar war spärlich, trotzdem hatte er keine Glatze. Seine Gesichtsfarbe war blaß, mit rötlichen Wangen. Später erfuhr ich, daß diese Färbung, charakteristisch für Leute, die lange in Büros sitzen, in hohen Sowjetkreisen als die ‚Kremlgesichtsfarbe' bekannt war. Seine Zähne waren schwarz und unregelmäßig, sie standen nach innen. Nicht einmal sein Schnurrbart war üppig oder fest. Aber die Kopfform war nicht schlecht, er hatte etwas Volkstümlich-Bäuerliches, etwas von einem Familienvater an sich, mit seinen gelben Augen und einer Mischung aus Ernsthaftigkeit und Spitzbüberei."

Er war Kettenraucher, nur wenn er Eindruck machen wollte, zog er eine Pfeife hervor, die durch den kleinen weißen Punkt als englische Dunhill-Pfeife erkennbar war. Er hatte eine sonderbare Bewunderung für Churchill, für die Engländer und für das britische Empire. Die Briten gaben die Uniformen für ihre Diplomaten auf, gerade als Stalin seinen Diplomaten befahl, Uniformen zu tragen. Und die Briten verloren ihr Empire in dem Augenblick, als Stalin überlegte, was für eine schöne Sache es doch sei, ein Weltreich zu haben.

Er war in bitterer Armut geboren, im Jahre 1879 in Tiflis in Georgien. Obwohl es sein Stolz war, nicht nur der Führer der Sowjetunion zu sein, sondern besonders auch der Rußlands, so war doch die Sprache seiner Kindheit Georgisch; Russisch sprach er immer mit einem Akzent. Sein Vater war ein trinkender, gescheiterter Schuhmacher, seine Mutter eine Wäscherin. Die Steifheit, die Djilas an seinem linken Arm bemerkte, war die Folge einer Krankheit oder eines Unfalls in seiner Kindheit. Als kleiner Junge war er energisch, sprunghaft und sportlich, aufgeweckt, empfindlich und tief beleidigt, wenn jemand auf ihm herumhackte. Er beantwortete dumme Scherze mit den Fäusten.

Laut seinem Biographen Adam Ulam begann Stalin sich für marxistische Versammlungen im Alter von 16 oder 17 Jahren zu interessieren, während er Student am Priesterseminar von Tiflis war. Marxismus war in Georgien keine anspruchsvolle intellektuelle Beschäftigung, wie etwa in den europäischen Hauptstädten. Ein georgischer Theoretiker erklärte: „Unser Leben zeigt uns zwei einander feindliche Klassen, die eine repräsentiert die körperliche und die geistige Arbeit, die andere die ‚Bourgeois' und die Kapitalisten." Es schien eher unbillig zu sein und wert, es übelzunehmen; Stalin nahm es übel. Er war kein Theoretiker, er war von Anfang an Aktivist, und feine Rücksichtnahme spielte in seiner Karriere nie eine Rolle. Noch bevor er 22 Jahre alt war, fanden seine Genossen im Tifliser

Untergrund ihn „anmaßend", wie Adam Ulan schreibt, „und schlugen eine Übersiedlung an einen anderen Ort vor".

Als Heranwachsender und als junger Mann war er ein Revolutionär in einem Polizeistaat. Er war umgeben von Mitverschwörern, Spionen, Gegenspionen, Verschwörungen und Gegenverschwörungen. Er wurde festgenommen, eingekerkert; er sah Freunde gefangen und ermordet; er war Teil einer Bewegung, die sich mit Streik, Aufruhr, Schlägereien, Steinigung, Folter, Mord und Bürgerkrieg befaßte. Man hat auch gesagt, daß er selbst ein Doppelagent für die zaristische Polizei gewesen sei, und ob er das war oder nicht, einige seiner Freunde waren sicher Doppelagenten. Er war von allen Seiten umgeben von der Drohung mit Verrat und Mord, und er selbst verriet und mordete.

Die entscheidende Frage in der Beurteilung Stalins im Jahre 1945 war die, ob er der Diktator einer Nation war, mit persönlichen und nationalen Interessen, oder ein kommunistischer Ideologe, der auf die Weltrevolution hinarbeitete. Den ersten Hinweis für eine Antwort auf diese Frage gab Stalin schon im Jahr 1906. Ein Jahr früher hatte er eine Flugschrift verfaßt: „Kurze Darlegung der Meinungsverschiedenheiten in der Partei", in der er die Menschewiken wild angriff und Lenin ausführlich zitierte. Zufällig brauchte Lenin einen gebildeten, aber echten Bauern in seinem Zirkel, und so unterstützte er Stalins Karriere. 1906 wurde Stalin auf dem Parteikongreß in Stockholm als der Delegierte der Bolschewiken aus dem Kaukasus vorgestellt.

Der Kongreß war über die Bauernfrage gespalten. Nach Marx waren die Bauern Kleinbürger, die nichts so sehr wünschten, als das Land zu besitzen, das sie bearbeiteten. Persönlicher Besitz von Ackerland war jedoch tabu. Für einen Marx, der im Leseraum des Britischen Museums saß, war es leicht ein solches Tabu aufzustellen. Aber für die Praktiker der Revolution, besonders für jene, die wußten, daß die Revolution ohne die Unterstützung der Bauern nicht erfolgreich sein konnte und daß diese Unterstützung nur mit dem Versprechen auf Landbesitz zu erreichen war, stellte sich die Sache anders dar. Die Bolschewiken schlugen einen Kompromiß vor, wie Ulam es schildert: „Verstaatlichung: alles Land in die Hände des Staates. Die Bauern würden verstehen, sagte Lenin, daß ihr Recht auf das Land unbestritten bleibe und nur der Boden der Großgrundbesitzer enteignet würde. Darüber aber beschwerten sich die Menschewiken: das hieße, daß der bourgeoise demokratische Staat das Land besitzt, und würde nicht die Bourgeoisie daran arbeiten, den privaten Besitz zu fördern? Sie entschieden sich für die Kommunalisierung: alles Land in die Hände der Kommunalverwaltungen. Aha, erwiderten die Bolschewiken, die lokalen Autoritäten würden aber durch die Bauern kontrolliert . . ." und so weiter. Stalin durchschlug den gordischen Knoten: Wenn die Revolution ohne die Bauern scheitert, gebt den Bauern das Land! Im Jahre 1917 formulierte Lenin die Idee zu einem Slogan: „Alles Land den Bauern." So wurde das Modell etabliert, ideologischen Marxismus fallen zu lassen, wann immer er sich mit machtpolitischen Forderungen nicht vertrug.

Nachträglich betrachtet scheint die erfolgreiche Karriere eines Revolutionärs stets einen Hauch von Unvermeidlichkeit an sich zu haben. Nimmt man den Charakter eines Individuums und die Ereignisse der Zeit, so scheint kein anderes Ergebnis möglich zu sein. Stalin hat es wohl nicht in so tröstlichem Licht gesehen. Er wurde festgenommen, entlassen, wieder festgenommen; er floh, wurde eingesperrt und nach Sibirien verschickt, wo viele politische Gefangene umkamen, wenn die Temperaturen unter 40 Grad Celsius fielen. Manche begingen Selbstmord in der langen und einsamen Winterfinsternis der arktischen Öde. Sie starben auch an Krankheiten und Vernachlässigung oder wurden verrückt. Aus seiner frühen revolutionären Zeit brachte Stalin die lebenslange Gewohnheit mit, nachts zu arbeiten und tagsüber liegen zu bleiben. Seit seiner vierjährigen Verbannung nach Sibirien, die im August 1913 begann, schien er einen Hang zur Kargheit und Einsamkeit entwickelt zu haben.

Kurz vor seiner Verbannung, im April 1912, begegnete Stalin Wjatscheslaw Molotow, dem Sekretär des Redaktionsausschusses der *Prawda*. Im selben Jahr war Stalin in das bolschewistische Zentralkomitee gewählt worden. Zu seinen Pflichten gehörte auch die Überwachung der politischen Linie der *Prawda*. Eine von Stalins mühsamsten Alltagsarbeiten war, wie sich zeigte, die Zensur von Lenins Artikeln. Aus seinem Exil im Ausland schreibend, bestand Lenin auf einer Lösung von den Menschewiken, denen Stalin nur ein paar Jahre vorher schon eine Tracht Prügel verabreicht hatte. Doch die Zeiten hatten sich geändert; die Menschewiken besaßen viel Einfluß unter den Arbeitern; die Bolschewiken mußten sich daher um Anpassung bemühen; und so kam es, daß Stalin Lenins Artikel zensurierte.

Im Jahre 1917 wurde Stalin aus seiner Verbannung zurückgerufen, um in der zaristischen Armee zu dienen. Seine Karriere war kurzlebig. Er wurde wegen seines steifen Armes ausgemustert. Am Beginn dieses Jahres verfiel die zaristische Regierung, erschüttert durch einige kleine Streiks und Unruhen, in eine Lähmung. Die Revolutionäre, darunter Stalin, eilten nach St. Petersburg. Dort fand Stalin seine alten Kollegen, die ihrerseits jedoch eine Resolution verfaßten, wonach „im Hinblick auf bestimmte persönliche Eigenschaften Stalins das Büro entschieden hatte, ihm nur eine beratende Befugnis zuzubilligen“.

Offenbar war es Molotow, der Anlaß dieser Zurückweisung war – der größte Verrat in Stalins Karriere –, und es ist eine Ironie der Geschichte, daß unter den Millionen, die Stalins Verdacht erweckten und von seinen Säuberungsaktionen betroffen waren, Molotow allein niemals berührt war. Molotow war das einzige Mitglied in Stalins Politbüro, das der Diktator sein Leben lang mit dem familiären „ty“ (Du) und nicht mit dem formellen „wy“ (Sie) anredete.

Stalin reagierte damals sofort. Innerhalb von zwei Tagen riß er die Kontrolle der *Prawda* an sich, feuerte alle Redakteure, einschließlich Molotow. Ulam schreibt darüber: „Er (Stalin) wurde nicht nur ein ständiges Mitglied des Redaktionsausschusses, sondern ersetzte Molotow als dessen Vorsitzenden und wurde der bolschewistische Repräsentant in dem Exekutivausschuß des St. Petersburger Sowjets. In ihm hatte Molotow seinen Meister gefunden. Von da an diente er ihm – der abgedroschene Vergleich ist hier am Platz – mit hündischer Treue, ertrug Schläge, Spott und Ungerechtigkeiten jenen gegenüber, die ihm am nächsten standen, mehr als dreißig Jahre lang.

„Molotow ist kein sehr gesprächiger Mann“, sagte Djilas

Jahre später von ihm. Vielleicht schwieg er auch deshalb, weil er stotterte. „In Gegenwart von Stalin, wenn dieser guter Laune war, und mit Menschen, die wie Molotow dachten, war der Kontakt mit ihm einfach und geradeheraus. Sonst blieb er teilnahmslos, auch bei einem privaten Gespräch." Wenn er lachte, lachte er lautlos und „nicht nur seine Gedanken, sondern auch der Prozeß ihrer Entstehung waren unergründlich. In gleicher Weise blieb seine Mentalität verschlossen und undurchsichtig." Molotow schien alles „als relativ zu betrachten, wie etwas, dem er sein eigenes Schicksal unterordnen mußte und keineswegs freiwillig. Es war, als ob es für ihn nichts Dauerhaftes gäbe, nur eine vorübergehende und unvollkommene Realität, die sich jeden Tag verschieden darstellte." Er war „gründlich, vorsichtig, gelassen und hartnäckig. Er trank mehr als Stalin, aber seine Trinksprüche waren kürzer und dazu bestimmt, spezielle politische Wirkungen zu erzeugen ... Als ich seine Frau kennenlernte, ein bescheidenes und angenehmes Wesen, hatte ich den Eindruck, daß auch jede andere diese gewohnheitsmäßige und notwendige Funktion hätte erfüllen können." Churchill beschreibt Molotow kurz und bündig als den vollkommenen modernen Roboter. Am Anfang der Revolution im Jahre 1917 in seinem Willen gebrochen, war er der erste der neuen „Stalinisten".

Alle die Männer, mit denen Stalin in den folgenden Jahren gearbeitet hatte, waren verschwunden, als die Potsdamer Konferenz begann: Leo Trotzkij wurde 1928 deportiert; Sergej Kirow wurde 1934 ermordet; Lew Kamenew 1936 verurteilt und erschossen, ebenso Gregorij Sinowiew; Maxim Gorkij starb unter mysteriösen Umständen im Jahre 1936; Karl Radek ist bei einer Säuberungsaktion 1937 umgekommen, ebenso Nikolai Bucharin im Jahre 1938; Michail Tomskij beging Selbstmord 1938; Alexej Rykow verschwand 1938 bei einer Säuberungsaktion.

Jene, die Stalins Terrorregime lange genug überlebten, um ihn nach Potsdam zu begleiten, waren sehr vorsichtige Leute. Im Jahr 1938 wurde Nikolaj Jeschow, der Chef des NKWD, der die intensivste Phase der großen Säuberungsaktion geleitet hatte, durch Lawrentij Berija ersetzt. Jeschow erlag keiner Säuberungsaktion, wurde auch keines Verbrechens bezichtigt oder auch nur angeklagt, er verschwand einfach, ohne eine Spur zu hinterlassen.

Berija wurde wie Stalin in Georgien geboren. Im Jahre 1922, im Alter von 23 Jahren, wurde er zum Chef der Geheimen Operationsabteilung der Tscheka von Georgien ernannt. Die Tscheka wurde nach der Revolution mit der Unterdrückung der subversiven und „abweichlerischen" Elemente beauftragt, später hieß sie GPU, noch später NKWD. Berija war ein großer, schwerfälliger Mann mit dunklem Teint und beginnender Glatze; dem Magazin *Life* zufolge „präzise, selbstbeherrscht und von kühlem Benehmen". Er trug einen Kneifer, machte wenige Gesten beim Sprechen und benutzte selten Notizen. Berija erschien Djilas als „ziemlich plump, olivfarben und mit feuchten, weichen Händen ... Sein Ausdruck zeigte eine bestimmte Selbstzufriedenheit und Ironie, gemischt mit der Unterwürfigkeit und Besorgnis eines Angestellten". Ein westlicher Journalist beobachtete, ohne schwarzen Humor zu beabsichtigen, daß nicht lange, nachdem Berija die russische politische Polizei als Chef übernommen hatte, „der NKWD der größte Arbeitgeber in der Welt wurde".

Molotow hatte überlebt und es geschafft, Außenminister zu werden. Ihm direkt untergeordnet war Andrej Wyschinskij, den man einmal (auch ohne Humor) „einen der Väter des sowjetischen Justizwesens" genannt hatte. Es war Wyschinskij, der zum Aufbruch für die große Säuberung blies: „Erschießt sie wie die tollen Hunde, die sie sind." Wyschinskij war während der Jahre der großen Säuberung als der oberste Staatsanwalt tätig. Er glaubte, daß die Gerichte eine „erzieherische wie auch eine korrektive" Funktion haben. Die New Yorker *Sun* nannte ihn „einen der gerechten Männer, von denen unparteiische Gesetze geschrieben werden". Dean Acheson beschrieb ihn als „klein und schmächtig, mit schnellen, abrupten Gesten und einer hastigen Sprache, er vermittelte den Eindruck von nervöser Spannung ... Ich war auf einen gefährlichen und gewandten Gegner vorbereitet, aber ... er erwies sich als ein langatmiger und langweiliger Sprecher, wie es so viele Russen sind."

Georgij Malenkow war „noch kleiner und plumper" als Berija, schrieb Djilas, „aber ein typischer Russe mit mongolischem Einschlag – dunkel, mit starken Backenknochen und leichten Pockennarben. Er machte den Eindruck eines in sich zurückgezogenen Mannes, vorsichtig und nicht sehr eindrucksvoll. Man glaubte, unter den Schichten und Polstern von Fett würde sich noch ein anderer Mann bewegen, lebhaft und geschickt, mit intelligenten und wachsamen schwarzen Augen ... Er war derjenige, der die ‚Kaderlisten' erfunden hatte – detaillierte Biographien und Autobiographien aller Mitglieder und Kandidaten einer Partei, die aus vielen Millionen Menschen bestand." Wie Berija den Terror studierte und Wyschinskij das Argumentieren, so studierte Malenkow das Volk. In Potsdam war Stalin fraglos der am besten informierte der Großen Drei. Er kannte die westlichen Demokratien und die Charaktere seiner Gegner rund um den Konferenztisch. Wahrscheinlich war es Malenkow, der die Unterlagen über die Personen lieferte.

Der Vorsitzende der Staatlichen Planwirtschaft war Nikolaj Wosnesenskij, „ein ordentlicher, kultivierter und zudem auch noch zurückhaltender Mann", sagte Djilas, „der wenig sagte und immer ein glückliches inneres Lächeln auf dem Gesicht hatte". Die anderen obersten Wirtschaftsleute waren Anastas Mikojan, aus Sowjet-Armenien, verantwortlich für den Außenhandel, und Lazar Kaganowitsch, der einzige überlebende Jude im Politbüro, der für die russische Schwerindustrie zuständig war.

Andrej Schdanow war der Hüter der kommunistischen Propaganda. Ein lebhafter, schlagfertiger, komischer Erzähler, wußte er immer neue Anekdoten aus der russischen Geschichte und den russischen Sagen zu erzählen. Er war der „Hausintellektuelle", wie Djilas schreibt: „Obwohl er von allem etwas wußte, sogar von Musik, gab es kein einziges Gebiet, das er wirklich beherrschte." Djilas schätzte seinen geistlosen Humor nicht und schilderte Stalins Public-Relation-Mann als „eher klein mit einem braunen, gestutzten Schnurrbart, hoher Stirn, spitzer Nase und einer krankhaft roten Gesichtsfarbe".

Es fällt auf, daß sich nirgendwo in dieser Gruppe ein Mann befindet, der als marxistischer Theoretiker beschrieben werden kann oder als ein verwegener Abenteurer.

Zu Kriegsende, angesichts eines verwüsteten Rußland und der Notwendigkeit härtester Arbeit und Opfer für den Wiederaufbau, waren Stalins Bedrängnisse die eines Tyrannen, der in ganz besonderen Schwierigkeiten steckt. Er entdeckte eine neue und wesentliche Gefahr: Millionen von russischen Soldaten hatten fremde Länder gesehen, ausländischen Reichtum, ausländische Freiheit. Tausende und Abertausende hatten alles, was sie besaßen, bei britischen und amerikanischen Soldaten gegen Armbanduhren eingetauscht. Armbanduhren, vergoldet, versilbert, mit 17 Steinen: was für einen unvorstellbaren Reichtum stellten sie doch dar! Und jeder britische und amerikanische Soldat schien eine zu besitzen und sie gleichgültig zu behandeln, als ob sie ein reiner Gebrauchsgegenstand wäre.

„Sie fürchten unsere Freundschaft mehr als unsere Feindschaft", sagte Churchill von den russischen Führern. Stalin fürchtete in der Tat, daß das russische Volk durch den Kontakt mit dem Westen angesteckt würde, infiziert von seinen Armbanduhren und seinen Ideen. Er brauchte den Eisernen Vorhang dringend und auch den von Monarchen lang erprobten Schmied innerer Einheit: den äußeren Feind. Er sperrte viele Tausende zurückkehrender Soldaten ein; er schob den Westen mit Hilfe der Pufferstaaten in Osteuropa immer weiter und weiter weg – nicht um den Kommunismus auf die ganze Welt auszudehnen, sondern um den Stalinismus in Rußland zu erhalten.

Dazu benutzte er den internationalen Kommunismus, und wann immer Kommunismus – ob französischer oder italienischer Kommunismus oder britischer Sozialismus – den Stalinismus beeinträchtigte, dann liquidierte er ihn.

Stalins persönliche Bedürfnisse stimmten auch mit Rußlands historischer Erfahrung und seinen Neigungen überein. Louis Halle schrieb in seinem Buch „Der Kalte Krieg als Geschichtserfahrung": „Seit dem Beginn des neunten Jahrhunderts, und sogar heute, war und ist die eigentliche Triebkraft in Rußland die Angst. Angst, mehr als Ehrgeiz, ist die hauptsächliche Ursache für die Gestaltung und die Ausbreitung der russischen Gesellschaft. Angst, mehr als Ehrgeiz an sich, war die große treibende Kraft. Die Russen, wie wir sie heute kennen, haben die Erfahrung von zehn Jahrhunderten ständiger tödlicher Angst hinter sich. Es ist keine besänftigende Erfahrung gewesen, keine Erfahrung, die darauf angelegt war, ein einfaches, offenes, unschuldiges und argloses Volk hervorzubringen." Ausgedehnt über ein weites Gebiet, ohne natürliche Grenzen als Schutz, wurde Rußland, wie Halle sagt, „Generation nach Generation von neuen Wellen von Eindringlingen überrannt, von den Hunnen, den Bulgaren, den Awaren, den Khazaren, den Magyaren, den Petschenegen und so weiter, bis zu den Tataren, der ‚Goldenen Horde', die bis zum Ende des fünfzehnten Jahrhunderts aus Europa nicht mehr verschwand . . . Schutzlos lebten sie auf ihrer Ebene, wurden abgeschlachtet, unterjocht und von den Eroberern gedemütigt." Hatte irgendein Russe mangelhafte historische Vorstellungen, so hatten ihn die Deutschen erst vor kurzem an die offenen Grenzen und an die schreckliche Verwundbarkeit erinnert.

Die Außenpolitik Stalins war in keiner Weise neu. Robert Strausz-Hupé, ein Professor an der Pennsylvania-Universität, sagte dazu: „Die Westgrenzen der sowjetischen Einflußsphäre stimmen so sehr mit jenen überein, die das zaristische Rußland nach dem Sieg über die Mittelmächte zu ziehen plante, daß die Politik der Zaren und die der Sowjets nur in bezug auf die Methoden unterschiedlich zu sein scheinen . . . Die Gesamtheit aus annektierten Gebieten, Protektoraten, Bündnissen und der Angliederung aller Slawen hätte den russischen Einfluß bis zur Oder, den Alpen, der Adria und der Ägäis ausgedehnt. Dieses zaristische Projekt, gereinigt von dynastischen und sozialen Vorstellungen des Zarentums, nahm die Gestalt des Systems der annektierten Gebiete, besetzten Zonen, befreundeten Regierungen und ideologischen Anschlüsse an, das die sowjetische Einflußsphäre in Europa ausmacht. Nur im Falle der Dardanellen erreichte die Sowjetregierung die von ihren Vorgängern gesetzten Ziele nicht."

Gegen Ende Mai 1945 sandte Präsident Truman Harry Hopkins in den Kreml, um den Weg für die Potsdamer Konferenz zu bahnen. Das *Fortune*-Magazin schrieb einmal, Hopkins mache „den Eindruck von hastigem Zigarettenrauchen, spärlichem Haar, knappem Sarkasmus und abgewetzten Anzügen", aber Hopkins hatte begonnen, alt zu werden, er rauchte weniger, war erschöpft von der ständigen Arbeit in der Kriegszeit und war krank.

Die Wahl von Hopkins für diese Vorkonferenz-Mission sollte als Beruhigung für Stalin verstanden werden. Hopkins war Roosevelts alter Freund und ein Repräsentant der engen Zusammenarbeit während der Kriegsjahre. Die Nachricht, die er brachte, war jedoch keineswegs beruhigend. Es gehe nicht um Einzelheiten, sagte er Stalin; er wolle sich mit ihm über eine Reihe von Dingen unterhalten; aber der „wirkliche Grund" seines Kommens nach Moskau war, Stalin zu sagen, daß das amerikanische Volk so ernsthaft über Rußland beunruhigt sei, „daß davon die Beziehungen zwischen unseren beiden Ländern negativ beeinflußt werden". Wo genau Hopkins diese Zeichen einer dramatischen Wandlung in der amerikanischen öffentlichen Meinung sah, die so ernsthaft waren, daß sie die amerikanische Außenpolitik beeinflußten, ist strittig. Die Hearst-Zeitungen und die Chicagoer *Tribune* setzten ihre lang andauernden Klagen über Rußland fort, aber es gab keine Beweise für einen steigenden Widerhall. Stalin wußte, was in den amerikanischen Zeitungen stand, und zog ohne Zweifel die richtige Folgerung, als Hopkins von der öffentlichen Meinung sprach, daß es nur eine Redensart war. Der Kern des Problems war, wie er Stalin sagte, „unser Unvermögen, das Jalta-Abkommen über Polen auszuführen".

In Jalta waren die Großen Drei übereingekommen, daß die polnische Regierung neu gebildet werden müsse. Russische Truppen hatten Polen auf ihrem Weg nach Deutschland einfach überrollt, und ganz Polen stand unter russischer Kontrolle. Die Russen hatten die Bildung einer provisorischen Regierung herbeigeführt, die den Sowjets selbstverständlich „freundlich gesinnt" war. Zur selben Zeit erhob eine andere Gruppe, nämlich die Exilregierung in London, den Anspruch, die rechtmäßige Regierung von Polen zu sein. Die Großen Drei einigten sich in Jalta darauf, die zwei Regierungen zu kombinieren, aber unvermeidlich tauchte die Frage auf, wer die größere Anzahl von Ministern, wer den Haupteinfluß in der neuen Regierung haben sollte – wer sollte die Macht in Polen ausüben?

Charles Bohlen saß daneben und machte sorgfältige Aufzeichnungen von dieser Unterhaltung:

„Marschall Stalin erwiderte, die polnische Frage sei bis jetzt deshalb nicht gelöst, weil die Sowjetunion ein ihr freundlich gesinntes Polen wünsche, aber Großbritannien das System des Cordon sanitaire an den Sowjetgrenzen wiederherstellen wolle.

Mr. Hopkins versicherte, weder die Regierung noch das Volk der Vereinigten Staaten hegten solche Absichten.

Marschall Stalin erwiderte, die britischen Konservativen wünschten kein mit Rußland befreundetes Polen.

Mr. Hopkins stellte fest, die Vereinigten Staaten seien durchaus mit einem mit der Sowjetunion befreundeten Polen einverstanden und wünschten überhaupt, daß die Sowjets an ihren Grenzen befreundete Nachbarn hätten.

Marschall Stalin erwiderte, wenn dem so sei, würden wir uns über Polen mit Leichtigkeit verständigen."

Es besteht kein Zweifel darüber, daß Hopkins die Fortsetzung der freundschaftlichen Beziehungen zwischen Amerika und Rußland wünschte und immer wieder versicherte, daß die Frage von großer Wichtigkeit sei; es war ihm ein persönliches Anliegen. Er fühlte, daß es sich um ein dringendes, lebenswichtiges Problem handelte: Er wollte Stalins Zweifel an der amerikanischen Haltung gegenüber Rußland beseitigen. Die Amerikaner wollten mit Rußland zusammenarbeiten. Polen war zum entscheidenden Punkt geworden, ob die Zusammenarbeit gedeihen oder fehlschlagen würde.

Am folgenden Tage äußerte Stalin, er fühle tatsächlich „eine gewisse Beunruhigung, was die Haltung der Regierung der Vereinigten Staaten anlangt", er wolle nicht „versuchen, die sowjetische öffentliche Meinung als Vorwand zu benutzen", er spreche aufrichtig über das, was ihn bedrücke. Die Art, in der die Leih- und Pachtlieferungen gekündigt wurden, war „bedauerlich und sogar brutal". Wenn es dazu dienen sollte, „die Russen unter Druck zu setzen, um sie gefügig zu machen, dann sei das ein fundamentaler Fehler". Die Art, wie die Vereinigten Staaten Argentinien in die UNO gebracht hätten, spreche dem Sinn der Abkommen zwischen den Großen Drei hohn, wenn ihre Entscheidungen durch die Stimmen solcher Länder wie Honduras oder Puerto Rico annulliert werden könnten. Für ihn sei es keine notwendige Folgerung, äußerte Stalin, daß „ein Land schon deshalb ‚tugendhaft' ist, weil es klein ist".

Stalin warf aber noch andere Fragen auf, ärgerliche Fragen,

und Hopkins beantwortete sie, aber sowohl Stalin als auch Hopkins wußten, daß Polen die zentrale Frage war. In Jalta, sagte Stalin, sei man übereingekommen, „daß die existierende Regierung neu gebildet werden sollte, und jeder mit gesundem Menschenverstand mußte begreifen, daß es bedeutete, daß die augenblickliche Regierung die Basis der neuen bilden sollte ... Auch wenn die Russen ein einfaches Volk seien, so sollte man sie nicht als Narren betrachten ... auch seien sie nicht blind und könnten sehr gut sehen, was sich vor ihren Augen abspielte.

Mr. Hopkins erklärte, er wolle seine Haltung so klar und eindringlich wie nur möglich darlegen. Er sagte, die polnische Frage sei an und für sich nicht so wichtig wie die Tatsache, daß sie zu einem Symbol unserer Fähigkeit geworden sei, die Probleme gemeinsam mit der Sowjetunion zu regeln ... Wir würden jede Regierung in Polen akzeptieren, die vom polnischen Volk gewünscht werde, und die gleichzeitig der Sowjetunion freundlich gesinnt sei ... Polen ... stehe in direkter Beziehung zur Bereitschaft der Vereinigten Staaten, an internationalen Fragen mitzuarbeiten ... Unser Volk muß glauben können, daß es seine Macht mit jener der Sowjetunion und Großbritanniens zur Förderung des internationalen Friedens und des Wohlergehens der Menschheit verbindet.

Stalin antwortete ... im Laufe von fünfundzwanzig Jahren hätten die Deutschen Rußland via Polen zweimal überfallen. Weder das englische noch das amerikanische Volk habe eine deutsche Invasion miterlebt, die erdulden zu müssen schrecklich war und deren Folgen nicht leicht vergessen werden könnten. Er sagte, diese deutschen Überfälle seien keine Kriegshandlungen gewesen, sondern dem Eindringen der Hunnen vergleichbar ... Deutschland sei dazu in der Lage gewesen, weil Polen als ein Teil des Cordon sanitaire rund um die Sowjetunion betrachtet wurde und die vorangegangene europäische Politik darauf basiert hätte, daß Polen eine feindliche Haltung gegen Rußland einnehmen müsse. Unter diesen Umständen sei Polen entweder zu schwach gewesen, sich Deutschland zu widersetzen, oder habe die Deutschen einfach durchgelassen. Auf diese Weise habe Polen als Korridor für die deutschen Angriffe auf Rußland gedient ... Es gehöre daher zu

Rußlands lebenswichtigen Interesse, daß Polen stark und befreundet sei."

Hopkins sprach von Amerikas Interesse an demokratischen Freiheiten in einem Land, das Tausende Meilen entfernt von den eigenen Grenzen lag. Stalin sprach von der Notwendigkeit, sein Land vor Angriffen zu schützen, die zweimal durch diese Nation an Rußlands Grenzen vorgetragen worden waren. Was hatte das zu bedeuten? Waren die Amerikaner wirklich so unbeugsame Ideologen?

Stalin machte ein erstes Angebot zu einem Kompromiß. Es gab 18 oder 20 Ministerien in der polnischen Regierung. Amerika und England könnten vier oder fünf davon haben. (Molotow flüsterte mit Stalin.) Stalin berichtigte sich: die Amerikaner und die Briten könnten vier Portefeuilles haben. Wie wäre es mit Professor Lange, einem amerikanischen Bürger, als Mitglied der polnischen Regierung?

Hopkins erwiderte trocken, daß Lange wahrscheinlich seine amerikanische Staatsbürgerschaft nicht aufzugeben wünsche.

Beim dritten Treffen wurde Polen nicht erwähnt. Hopkins wartete offensichtlich auf eine Reaktion aus Washington. Bei der vierten Begegnung brachte Hopkins die Sache wieder zur Sprache. Es gäbe gewisse grundlegende Rechte, „deren Verletzung oder Verweigerung eine Beunruhigung in den Vereinigten Staaten verursachen würden". Es seien dies Redefreiheit, Versammlungsfreiheit, Bewegungsfreiheit und Freiheit des religiösen Bekenntnisses. Dazu sollte allen polnischen Parteien, „ohne Unterschied, der freie Gebrauch der Presse, des Radios, Versammlungsfreiheit und andere Möglichkeiten der politischen Äußerung zur Verfügung stehen". Weiterhin müßten alle Bürger „Anspruch auf ein öffentliches Gerichtsverfahren, auf Verteidigung durch einen Anwalt ihrer eigenen Wahl und das Recht des Habeas corpus* haben".

Nach dieser Aufzählung der westlichen politischen Prinzipien log Stalin gelassen, „diese Grundsätze der Demokratie sind ganz bekannt und es bestehe gegen sie kein Einwand von seiten der Sowjetunion". Er versicherte, die polnische Regierung

* D. h. Verhaftung nur auf richterlichen Befehl bzw. Vorführung eines Verhafteten vor den Richter binnen kurzer Frist.

würde sie „willkommen heißen“. Selbstverständlich, sagte er, „in Hinsicht auf die speziellen Freiheiten, die Mr. Hopkins erwähnte, könnten diese nur in Friedenszeiten voll angewandt werden und selbst dann nur mit bestimmten Einschränkungen“.

Mit diesem Wort „speziell“ wurde das Schicksal von Osteuropa besiegelt. Entweder hat Hopkins es nicht gehört oder sich entschieden, es zu ignorieren. Hopkins war der Meinung, die Großen Drei könnten die polnische Debatte freundschaftlich abschließen. Stalin stimmte zu – aber es ist keineswegs klar, wozu er zustimmte. Sicherlich gab er seine Zustimmung nicht für eine Garantie der „speziellen Freiheiten“ in Polen. Er mag geglaubt haben, den demokratischen Prinzipien mit Lippenbekenntnissen Tribut zu zollen und seiner Herrschaft über Polen einen demokratischen Anstrich zu geben. Er äußerte etwas unbestimmt, „alle drei Regierungen müßten den aufrichtigen Wunsch hegen, sich über die Sache zu einigen. Wenn eine von ihnen die Frage heimlich nicht lösen wolle, dann gäbe es echte Schwierigkeiten“.

Hopkins hatte noch ein Gespräch mit Stalin, bei dem er auf Polen zurückkam. Da die beiden Männer übereingekommen waren, daß sie sich geeinigt hatten, muß Stalin sich gewundert haben, warum Hopkins die Frage weiterverfolgte. Hopkins schrieb an Truman: „Ich bat ihn sehr eindringlich, mir zu glauben, daß unsere gesamte Beziehung durch die ‚Sackgasse‘ Polen gefährdet sei . . . Ich sagte Stalin weiterhin, daß ich persönlich diese Beziehung tatsächlich für gefährdet halte und daß ich offen gestanden ein sehr ungutes Gefühl hätte und mit meiner genauen Kenntnis der Lage über manches, das sich da abspielte, bestürzt sei.“

Stalin war auch verwundert. Averell Harriman telegraphierte an den Präsidenten: „Ich fürchte, Stalin versteht nicht und wird auch nie unser prinzipielles Interesse an einem freien Polen verstehen. Er ist ein Realist in all seinen Handlungen, und es ist schwer für ihn, unseren Glauben an abstrakte Prinzipien einzusehen. Es ist schwierig für ihn, zu verstehen, warum wir uns in die sowjetische Politik in einem Land wie Polen einmischen, das er für so wichtig für Rußlands Sicherheit hält, es sei denn, wir hätten Hintergedanken.“

Eines von Stalins Hauptzielen für Potsdam war durch sein Gespräch mit Hopkins festgelegt: Er erfand wohldurchdachte diplomatische Aussagen, um zu prüfen, ob die Amerikaner naiv waren oder linientreue ideologische Kreuzritter oder irgendwelche weiterreichende Motive hatten.

Mitten in seinen Gesprächen mit Hopkins testete Stalin die Angelegenheit probeweise in einem Telegramm an Truman, in dem er darauf drängte, daß die Großen Drei diplomatische Beziehungen mit Finnland, Rumänien, Bulgarien und Ungarn aufnehmen sollten, alles Rußland freundlich gesinnte Regierungen. Truman erwiderte positiv für Finnland, „denn die Finnen haben ihre echte demokratische Einstellung durch ihre Wahlen und andere politische Anpassungen bezeugt". Die Finnen hatten sich tatsächlich eine einigermaßen demokratische Regierung gerettet – hauptsächlich durch Reparationslieferungen an Moskau, wie Andrej Schdanow bei einem Abendessen im Kreml sagte: „Pünktlich, fachmännisch verpackt und von vorzüglicher Qualität." Jedoch fügte Schdanow hinzu: „Wir haben einen großen Fehler gemacht, indem wir Finnland nicht besetzten. Alles wäre glatt gegangen, wenn wir es getan hätten."

„Ach Finnland", sagte Molotow, „das ist nur ein kleiner Fisch."

Stalin meinte, da er ein demokratisches System in einem Land zugelassen hatte, das nur ein kleiner Fisch für ihn war, habe er sich nachsichtig genug gegenüber Churchills und Trumans Launen gezeigt. Truman äußerte: „In Ungarn, Rumänien und Bulgarien sehe ich nicht dieselben ermutigenden Symptome ... Ich bin beunruhigt, Regierungen dort zu sehen, die den demokratischen Elementen des Volkes das Recht auf Meinungs- und Redefreiheit keineswegs zugestehen."

„Ich sehe keinen Grund", telegraphierte Stalin zurück, „Finnland in dieser Angelegenheit zu bevorzugen, das nicht wie Rumänien oder Bulgarien auf der alliierten Seite am Krieg gegen Hitler teilgenommen hat." Dann kam der Test: „Und was die politischen Regime anbelangt, so sind die Möglichkeiten für eine demokratische Entwicklung in Rumänien und Bulgarien nicht geringer als zum Beispiel in Italien, mit dem die Regierungen der Vereinigten Staaten und der Sowjetunion bereits diplomatische Beziehungen aufgenommen haben." In seiner

Antwort erwähnt Truman Italien nicht; er erwidert versöhnlich: „Ich werde diese Angelegenheit weiter studieren."

Ein noch besserer Prüfstein für die amerikanischen Absichten bot sich am 12. Juli, als Meldungen aus Madrid darauf hinwiesen, daß Francos Diktatur in Schwierigkeiten war. Mehrere Minister hatten ihren Rücktritt angeboten, für demokratische Grundsätze wurde offen und eifrig geworben, Franco schien ins Schwanken zu geraten. Wenn Truman der linientreue Ideologe war, als der er sich darstellte, mußte er Stalins Verdammung des Faschisten Franco beipflichten und das spanische Volk ermutigen, den Diktator zu stürzen. Es war ein Prüfstein für Amerikas Absichten, und Stalin setzte Spanien auch auf die Liste der Themen für die Potsdamer Tagesordnung.

Abgesehen von dieser Erprobung der amerikanischen Absichten wollte Stalin vor allem konkrete, greifbare Dinge. Er wollte Schiffe, Fabriken, Länder und Basen. Hopkins gegenüber äußerte er, er wolle ein Drittel der deutschen Kriegsflotte, ebenso ein Drittel der Handelsmarine. Mit der Auslieferung dieser Schiffe schien es nicht zum besten zu stehen, und Stalin erwähnte, sollte Amerika und England diesen „Wunsch" der Sowjets ablehnen, so würde das unangenehme Folgen haben.

Des weiteren sagte Stalin, Rußland werde zu seiner Verpflichtung stehen und drei Monate nach Beendigung des Krieges in Europa die Feindseligkeiten gegen Japan eröffnen. Das wäre der 8. August gewesen. (In der Tat verbrachte Stalin viele seiner Nachtstunden damit, russische Truppen im Fernen Osten aufmarschieren zu lassen.) Als Gegenleistung erwartete er von Amerika, daß es seine Verpflichtungen von Jalta einhalten werde. Oft ist gesagt worden, Roosevelt hätte die amerikanischen Interessen in Jalta „ausverkauft". Ob er es getan hat oder nicht – jedenfalls glaubte man in Amerika damals die russische Unterstützung im Fernen Osten dringend zu benötigen –, Stalin verkaufte damals eindeutig die chinesischen Kommunisten. In einer Note Molotows an Harriman in Jalta versicherte Rußland „seine Bereitwilligkeit, mit der nationalchinesischen Regierung einen Freundschafts- und Bündnispakt zwischen der UdSSR und China zu schließen". Zu Hopkins sagte Stalin, seiner Meinung nach sei Tschiang Kai-schek ein guter Führer und „er glaube nicht, daß die kommunistischen chinesischen Führer ebenso gut seien oder in der Lage wären, die Einigung Chinas zu bewerkstelligen". Dafür wurden Stalin Port Arthur, Dairen, die Kurilen, das mandschurische Eisenbahnnetz, die Beibehaltung des Status quo in der Äußeren Mongolei und noch andere Kleinigkeiten zugesagt. Diese Zusagen mußten eingelöst werden, sagte er zu Hopkins, und rieb ihm das Interesse der Amerikaner an der öffentlichen Meinung unter die Nase, indem er hinzufügte, daß er sonst „den Eintritt in den Pazifik-Krieg in den Augen des sowjetischen Volkes nicht rechtfertigen könne", das natürlich nie vom Jalta-Abkommen gehört hatte. Was Japan selbst betraf, meinte er beiläufig, es sei notwendig, ernsthafte Gespräche über „Okkupationszonen" zu führen. Stalin wäre nicht abgeneigt gewesen, selbst eine Besatzungszone zu übernehmen.

Neben der deutschen Flotte gab es die allgemeinere Frage der Reparationen. In Jalta hatte Stalin Roosevelt und Churchill mit dem Vorschlag verblüfft, Deutschland solle um Reparationen in Höhe von 20 Milliarden Dollar erleichtert werden, einschließlich vier Fünftel der deutschen Schwerindustrie. Die Hälfte, im Wert von 10 Milliarden Dollar, sollte an Rußland gehen, meinte Stalin gelassen. Tatsächlich sollte Deutschland den Wiederaufbau Rußlands bezahlen.

Sein Weg hatte ihn im Osten bis nach Japan geführt, längs der Westgrenze hatte er angefangen, eine solide Phalanx abhängiger Staaten zu bilden, jetzt wandte Stalin seinen Blick nach Süden. Er wünschte, daß Rußland eine Mittelmeermacht werde. Was ihn vom Mittelmeer trennte, waren die Dardanellen. Die Türkei kontrollierte diese Meerenge gemäß der Abmachung von Montreux, die 1936 in Kraft getreten war. Stalin wollte zumindest eine internationale Garantie des Rechtes Rußlands, die Meerenge frei zu benutzen und – als Maximalforderung – dort eine eigene Militärbasis, um dieses Recht zu sichern.

Da sich Stalin also vorstellte, Anteil am Mittelmeer zu haben, sah er sich nach Gebieten längs der Küste um; er wollte etwa über Syrien sprechen, das die Hauptpipeline der irakischen Ölfelder kontrollierte, dann wieder über den Libanon; in Übereinstimmung mit den Plänen der Vereinten Nationen, verschiedenen Mächten „Treuhandgebiete" zuzuweisen, meinte er, daß Rußland mit Libyen gedient sein könnte. Weiter südlich entlang der Küsten fiel sein Blick auf die internationale Zone von Tanger, die die Ein- und Ausfahrt ins Mittelmeer, die Straße von Gibraltar, kontrollierte. Stalin wünschte, daß Rußland der internationalen Organisation, die Tanger verwaltete, beitreten solle.

Um die wichtigsten Punkte seiner Liste durchzusetzen, war Stalin bereit, eine Reihe von anderen Dingen im Tauschverfahren herzugeben. Er hatte schon in Finnland demokratische Empfindlichkeiten berücksichtigt, und er würde rasch bereit sein, Ansprüche auf Tanger, Libyen, Syrien und den Libanon fallenzulassen. Die meisten davon waren nur Tauschobjekte, die für einen wirklichen Gewinn geopfert werden konnten oder einfach aufgegeben wurden, um Stalins Vernunft und Mäßigung zu demonstrieren. Doch stets wenn Stalin eine seiner phantastischen Forderungen nach der anderen fallenließ, betonte er pathetisch das Recht Rußlands auf einen übergroßen Anteil an der Kriegsbeute, weil es so viele Soldaten verloren habe. Seine Bedachtnahme auf die Kostbarkeit des menschlichen Lebens war zeitweise bewegend und ist ein Beweis seiner ungewöhnlichen Schauspielkunst – seiner Genialität –, daß er andere mit solch einfacher „Aufrichtigkeit" beeindrucken konnte. „Die Größe von Stalins Heuchelei", schrieb George Kennan, „war ein Teil seiner Größe als Staatsmann. Ebenso auch seine Gabe für einfache, plausible, oft offensichtlich unschuldige Äußerungen ... Die Neuzeit kennt keinen größeren Meister der Kunst der Taktik. Die bescheidene, ruhige Fassade, unschuldig entwaffnend wie der erste Zug eines großen Schachmeisters, war nur ein Teil dieser brillanten, furchterregenden taktischen Meisterschaft."

Stalin war außerdem ein extremer Realist in der Außenpolitik. Er verstieß die Kommunisten in China, respektierte die Demokraten in Finnland und stellte Forderungen auf, nur um sie wieder preiszugeben. Laut seinem Biographen Adam Ulam glaubte er, daß „der Kommunismus schließlich die ganze Welt erobern werde, aber nicht zu seinen Lebzeiten ... Weltherrschaft? Er war kein Hitler und dachte nicht in solchen Terminologien, glaubte nicht, der Hauptschlüssel zur Macht liege in militärischen Gewaltstreichen. Wenn die Sowjetunion alle übrigen Länder in der Stahlproduktion und auf anderen Gebieten der Industrie überflügeln könnte – wieder etwas, was nicht zu seinen Lebzeiten stattfinden würde –, dann mochte ein gewisser Sinn in solchen Spekulationen liegen.

. . . Hätte ihn irgend etwas ändern, ihn zu Vertrauen und zur Zusammenarbeit mit dem Westen bringen können? Er hätte diese Frage komisch gefunden: er wäre nicht dorthin gelangt, wo er nun stand, wenn er den Menschen vertraut hätte. Wenn der Westen offener gewesen wäre, hätte man natürlich viel Unerfreuliches vermeiden können. Er verstand die Amerikaner, aber ihre Art war aufreizend. Sie gaben Geschenke und erwarteten Gegenleistungen und waren Wichtigtuer. Sie überließen ihm in Teheran Polen und fingen dann an, Unsinn über Wahlen und Demokratie zu reden. Er hätte Maos Charakterisierung der amerikanischen Imperialisten beigestimmt: ‚Neurotische Emporkömmlinge.' "

Churchill war es gewesen, der auf ein Treffen der Großen Drei gedrungen hatte. Es lag ihm daran, diese Konferenz zu veranstalten, bevor Stalin sich einfach nahm, was er wollte, und jede Chance für einen Handel verloren war. Truman bestimmte das Datum für die Begegnung. Er verschob es, vielleicht um mehr Zeit für den Atombombentest zu gewinnen. Stalin war es, der den Ort für die Konferenz auswählte.

Potsdam war ein zweckdienlicher Ort, und das war ohne Zweifel Stalins Grund, ihn auszusuchen. Aber der Ort hatte für ihn auch eine Bedeutung, die Churchill und Truman entging. Potsdam ist nicht durch Cecilienhof, wo die Konferenz stattfand, berühmt geworden, sondern durch Sanssouci, erbaut von Friedrich dem Großen 1745. Hier, in den kleinen und elegant proportionierten Räumen von Sanssouci, in der Gesellschaft Voltaires, umgeben von den neuesten, zweitklassigen französischen Gemälden und einer Meute von schlanken Windhunden, schuf Friedrich die preußische Armee und gab ihr die selbstlosen Ideale der Disziplin und der Opferwilligkeit mit.

Einer der Offiziere in Friedrichs Armee war der Vater von Karl von Clausewitz. Karl selbst trat 1792 im Alter von 12 Jahren in die preußische Armee ein, stieg bis zum General auf und ging nach der Kapitulation Preußens in russische Dienste. Er machte den Feldzug von 1812/13 gegen Napoleon als russischer Offizier mit. Er ist nicht als General, sondern als

Verfasser des Buches „Vom Kriege" berühmt geworden, ein unvollendetes, dreibändiges Werk über Kunst und Politik der Kriegführung. Er wird meist seines Ausspruches wegen „Der Krieg ist eine Fortsetzung der Politik mit anderen Mitteln" zitiert. Clausewitz lehrte, daß politische und militärische Waffen austauschbar sind; wie der „Krieg" eine Fortführung der Auseinandersetzungen in Friedenszeiten ist, so kann „Frieden" als eine Fortsetzung des Krieges gesehen werden. Der Krieg „ist eine Handlung des gesellschaftlichen Lebens", und das gesellschaftliche Leben, hätte er sagen können, ist eine Art von Krieg. Diese Einsicht war dazu bestimmt, bei den Marx-Bewunderern Anklang zu finden, und Lenin füllte seine Notizbücher mit langen Auszügen von Clausewitz neben Passagen von Marx und Engels. 1933 ließ Stalin Lenins Notizen über Clausewitz herausgeben. Deshalb war Potsdam für Stalin ein Denkmal des Beginns des preußischen Militarismus, des Endes der deutschen Militärmacht und des dauernden Kampfes um die Macht, in Friedens- wie in Kriegszeiten. Potsdam war ein passender Ort für die Absichten der drei Staatsmänner, die sich hier zu Gesprächen trafen, aber nur Stalin war sich klar darüber.

4. KAPITEL

Montag, 16. Juli

In der Morgenfrühe des 16. Juli war Babelsberg so ruhig wie eine kleine Stadt in Missouri. Es war ein kühler Morgen, der See lag glatt da, und kein Windhauch störte die Blätter der Bäume, die die Straßen der Stadt beschatteten. Stalin war noch auf seinem umständlichen Weg zur Konferenz in dem kaiserlichen Zug, er sollte erst spät am Tag eintreffen. Churchill lag noch im Bett. Truman war zu der üblichen frühen Stunde auf. Der Präsident bewohnte eine Zimmerflucht im zweiten Stock des „Kleinen Weißen Hauses" (mit gelbem Verputz) in Babelsberg. Von der Veranda, die vor seinen Räumen lag, konnte er über den Rasen hinunter auf den stillen See blicken. „Liebe Mama und Mary", schrieb er nach Hause, „wir sind in einem schönen Haus an einem See in Potsdam, es gehörte früher dem Chef der Filmleute. Man sagt, er sei zurück nach Rußland geschickt worden – zu welchem Zweck, weiß ich nicht."

Jimmy Byrnes hatte man in einer Suite im ersten Stock des Hauses untergebracht, andere Räume waren Leahy, Vaughan, Vardaman, Charlie Ross, Charles Bohlen und „anderen", wie Truman sich in seinen Memoiren erinnert, zugewiesen worden. Unter den „anderen" befand sich H. Freeman Matthews, der immer noch versuchte, die Aufmerksamkeit des Präsidenten auf sich zu ziehen, ein Absolvent der École Libre des Sciences Politiques.

Der Präsident zog ein weißes Hemd an, eine gepunktete Masche, einen dunklen Zweireiher und zweifarbige Sommerschuhe. Jeder auf der Konferenz sollte von seiner lebhaften, geschäftsmäßigen Art beeindruckt sein. Er wirkte wie der Vorsitzende eines Verwaltungsrates.

Der Vorsitzende machte seinen Morgenspaziergang in der

amerikanischen „Nachbarschaft" von Babelsberg, frühstückte um acht Uhr und zog sich sofort danach zu einer vertraulichen Unterhaltung mit Byrnes und Leahy zurück. Der Eindruck von einem verschlafenen Städtchen täuschte: Telephonleitungen ermöglichten dem Präsidenten direkte Verbindung mit Washington und über das militärische Nachrichtenzentrum in Frankfurt mit der übrigen Welt. Die Postsäcke, die in das Kleine Weiße Haus hinein- und herausgetragen wurden, brachten Briefe von zu Hause, Unterlagen zur Gesetzgebung, die durchgesehen und unterschrieben werden mußten, laufende Geheimdienstberichte aus dem Außenministerium und vom Militär.

Besonders aufmerksam verfolgte Truman die Debatte im Kongreß über die Charta der Vereinten Nationen. Drei unbequeme Senatoren drohten die Ratifizierung des Abkommens über die Vereinten Nationen zu verhindern: Hiram Johnson aus Kalifornien, Henrik Shipstead aus Minnesota, beides Republikaner, und James Murray, ein Demokrat aus Montana. Die Verabschiedung der Sicherheitscharta der Vereinten Nationen, so argumentierten sie, würde dem UN-Sicherheitsrat die Macht verleihen, amerikanische Truppen in den Krieg zu schicken. Auf diese Weise würde der Kongreß durch sein Votum sich das eigene Vorrecht, Krieg zu erklären, nehmen. Am 16. Juli veröffentlichte das Senatskomitee für Auswärtige Angelegenheiten seinen Mehrheitsbericht: „Jeder Versuch, dem Kongreß die Entscheidungsgewalt zu übertragen, amerikanische Truppen, wann immer die neue Weltsicherheitsorganisation dies für nützlich hält, gegen Widerspenstige einzusetzen, würde sowohl die Charta von San Francisco wie auch die Verfassung der USA verletzen."

Diese Interpretation sollte dem Kongreß im Lauf der Zeit alle Vollmachten in bezug auf Krieg und Frieden abnehmen, bis diese Vollmachten eines Tages, die notwendige Entschlossenheit des Präsidenten vorausgesetzt, ausschließlich dem Weißen Haus zustehen würden. Bald genug sollte Präsident Truman Truppen nach Korea senden – noch bevor eine UN-Resolution um diese Maßnahme ersuchte, und noch bevor der Kongreß überhaupt davon informiert worden war, daß Amerika sich im Krieg befand. Der Anfang dieser unbeschränkten Macht des

Präsidenten wurde am 16. Juli 1945 gemacht, als der Senat beschloß, die Befugnis des Kongresses, den Krieg zu erklären, zu beschränken – zum ersten Mal in der Geschichte der Vereinigten Staaten.

In Babelsberg bemerkte fast jeder eine gewisse Beschwingtheit in Trumans Gang. Um elf Uhr vormittag erschien Winston Churchill, begleitet von Anthony Eden und Sir Alexander Cadogan. Churchill und Truman hatten Noten und Telegramme ausgetauscht, miteinander telephoniert und sich sogar einmal flüchtig kennengelernt, als Churchill sich zu Besuch bei Roosevelt in Washington aufhielt, aber dies war das erste Mal, daß sie als Regierungschefs ihrer beiden Länder zusammentrafen. Churchill war von Trumans „fröhlicher, scharfsinniger und geistreicher Art" angezogen. Seinerseits empfand Truman „sofort Sympathie für diesen Mann . . . Es war etwas sehr Offenes und Echtes in der Weise, in der er mich begrüßte." Cadogan notierte in seinem Tagebuch: „P. M. entzückt über Präs."

Etwas später sollte Lord Moran Churchill nach seiner Meinung über Truman fragen. Moran wollte wissen, ob der Präsident wirkliche Fähigkeit besitze . . . „Als der P. M. mir antwortete, sah er auf mich herunter, als ob er etwas sagen wollte, das er nicht wiederholt zu haben wünschte: ‚Ich glaube, er hat sie. Auf jeden Fall ist er ein Mann von großer Entschiedenheit. Er nimmt keine Rücksicht auf schwieriges Gelände, er setzt einfach seinen Fuß darauf.'

Und um das zu illustrieren, machte der P. M. einen kleinen Sprung und setzte seinen nackten Fuß klatschend auf."

Das erste Treffen zwischen Präsident und Premierminister war ein durchschlagender Erfolg – obwohl Charles Bohlen eine leichte Veränderung im Gegensatz zu den vergangenen Konferenzen feststellte: „Wo Roosevelt Churchill und Stalin herzliche Freundschaft entgegenbrachte, war Truman liebenswürdig distanziert."

Sie zogen sich in einen Salon des Kleinen Weißen Hauses zurück, wo sich Jimmy Byrnes zu ihnen setzte, und ihre Unterhaltung wandte sich gleich Japan zu. Churchill konnte Truppen für den japanischen Krieg bereitstellen; die Briten waren in der Tat eifrig darauf aus, zu helfen. Die Amerikaner schätzten dieses großzügige Hilfsangebot, aber es zeigte sich dann, daß der Krieg im Fernen Osten auch ohne britische Hilfe erfolgreich verlief ... Tatsächlich war damals Truman bestrebt, die Sache mit Japan allein ins reine zu bringen und keinen anderen an dem „Fangstoß" zu beteiligen.

Bei einem Treffen des Präsidenten mit den Stabschefs der Streitkräfte vor der Abreise nach Potsdam meinte Admiral Leahy, die Forderung nach bedingungsloser Kapitulation sollte fallengelassen werden. Solch ein Verlangen, sagte Leahy, „hätte zur Folge, die Japaner zur Verzweiflung zu treiben und dadurch unsere Verluste zu steigern". Die Japaner stünden knapp vor der Niederlage; würde nur die Forderung nach bedingungsloser Kapitulation fallengelassen, so wäre es gut möglich, daß sie zu kämpfen aufhörten. Auf jeden Fall war es klar, daß die britische Hilfe nur lästig wäre, und es sah auch so aus, als ob die russische Hilfe nicht notwendig wäre. Flottenadmiral E. J. King versicherte, daß die Russen „nicht unentbehrlich seien ... Selbst wenn der Preis für Japans Niederkämpfung größer sein sollte, so gäbe es für ihn keine Frage, daß wir es allein schaffen können".

Dieser Eindruck wurde verstärkt durch die Berichte, die den Präsidenten in Babelsberg erreichten. Am 15. Juli: „Guam HQ meldet, US-Kriegsschiffe beschossen Ziele auf den japanischen Heimatinseln und Flugzeugträger waren wieder aktiv. Das gestrige Bombardement zerstörte die Kaiserlichen Eisen- und Stahlwerke in Kamaishi, auf der Insel Honshu. Trägerflugzeuge über Honshu und Hokkaido vernichteten 25 und beschädigten 62 japanische Flugzeuge, alle außer einem wurden am Boden getroffen." Die Japaner konnten ihre Flugzeuge nicht einmal starten: Amerikanische Flugzeuge bewegten sich frei über Japan und bombardierten, soviel sie wollten, ohne die geringste Abwehr. Am 16. Juli: „Guam HQ meldet, Superfestungen (schwere Bomber) von den Marianen attackierten gestern nacht die Nippon-Öl-Co. bei Kudamatsu im Süden der Insel Honshu." Die Superfestungen wurden nicht angegriffen. Japan konnte sich nicht länger verteidigen.

Die Amerikaner hatten Kenntnis von den dringenden Botschaften, die die japanische Regierung an ihren Botschafter in Moskau schickte. Man brauchte die Engländer im Fernen Osten wirklich nicht und ebensowenig die Russen. Stalin hatte versprochen, am 8. August in den Krieg einzutreten, und es gab keine Möglichkeit, ihn davon abzuhalten. Aber Truman würde sich nicht besonders bemühen, die Russen zum Eintritt in den Krieg zu bewegen. Er würde den Russen auch keine Zugeständnisse machen, sollten sie in den Krieg eintreten. Vielleicht war der japanische Krieg noch vor dem 8. August beendet.

Truman spielte ein gewagtes Spiel. Er mußte den Krieg gewinnen, „bevor zu viele unserer Verbündeten sich dort engagieren und gewichtige Beiträge zur Niederwerfung Japans leisten", wie es in einer seiner Unterlagen heißt. Er besaß zwei Waffen – eine von beiden mußte wirksam sein –, entweder die Forderung nach bedingungsloser Kapitulation aufzugeben, oder, falls die Tests erfolgreich waren, die Atombombe abzuwerfen. Die Forderung der bedingungslosen Kapitulation fallen zu lassen, wäre für viele gleichbedeutend mit einem „appeasement" gewesen. Die Bombe zu benutzen, hatte auf der anderen Seite den doppelten Vorteil, die Japaner zu erledigen und vielleicht – nach Byrnes Formulierung – die Russen verhandlungsbereiter in Europa zu machen. Ohne Zweifel war es wichtig, auf die Nachrichten über den Alamogordo-Test zu warten.

In der Zwischenzeit machte Truman Churchill klar, daß die Amerikaner die Russen nicht „bitten" würden (wie Flottenadmiral King sagte), in den japanischen Krieg einzugreifen. Wenn also den Engländern auch nicht erlaubt wurde, am Endkampf gegen Japan teilzunehmen, so konnte sich doch Churchill beruhigen, denn auch die Russen wurden nicht zugelassen. Churchill verließ die Versammlung außergewöhnlich fröhlich und tief beeindruckt von Trumans „offensichtlicher Kraft zur Entscheidung". Es war kurz nach ein Uhr mittag in Babelsberg.

In „Trinity", dem Kode-Namen der Testanlage in Neu-Mexiko, war es frühmorgens, 5 Uhr 10 Ortszeit. Als der endgültige Countdown begann, bezogen die Wissenschaftler und andere Beobachter Stellung in Gräben und setzten Schweißerschutzbrillen auf. Edward Teller trug noch Sonnenbrillen unter seinen Schutzbrillen, als Extramaßnahme. Hans Bethe von der Münchner Universität hatte das Gesicht mit Sonnencreme eingeschmiert. J. Robert Oppenheimer stand am Türeingang der Kontrollbaracke und beobachtete das Wetter. „Allen wurde gesagt, sie sollten sich mit dem Gesicht auf die Erde legen", erzählte General Leslie Groves, der militärische Koordinator des Projekts, „mit den Füßen in Richtung der Druckwelle, die Augen schließen und sie mit den Händen bedecken, wenn der Countdown die Ziffer Null erreichte. Sobald man den Blitz gewahr wurde, konnte man sich umdrehen und sitzen oder stehen, die Augen mit dem geschwärzten Glas abgedeckt, mit dem jeder versorgt worden war." Groves selbst lag am Boden neben James B. Conant und Vannevar Bush. Die Nacht zuvor war Enrico Fermi zwischen seinen wissenschaftlichen Arbeitskollegen herumgewandert und hatte Wetten angeboten, „ob die Bombe die Atmosphäre entzünden würde, und wenn, ob sie nur Neu-Mexiko zerstören oder die ganze Welt vernichten würde". Als der Countdown sich Null näherte, benahm er sich sonderbar oder vielleicht verrückt; er stand da und zerriß gleichmütig Papier in kleine Stücke. (Wenn die Bombe explodierte, wollte er die Papierstücke fallen lassen und den Abstand messen, den sie vom Luftzug weggetragen wurden, um die Stärke der Druckwelle zu messen.) In der Nähe stand Klaus Fuchs, ein russischer Spion. Er hatte genaue Berechnungen über die Explosionskraft der Bombe angestellt und wußte, daß es nicht notwendig sein würde, sich auf den Boden zu legen. Starkes Flutlicht erhellte den Turm, auf dem die Anlage montiert war. William Laurence, der einzige Zeitungsreporter, der die Erlaubnis hatte, Zeuge bei dem Versuch zu sein, fror in der kalten Dämmerung und zog seinen Bleistift heraus. Oppenheimer sagte zu einem Offizier im Kontrollgebäude: „Ach du lieber Gott, diese Dinge legen sich einem aufs Gemüt."

In der Bucht von San Francisco steuerte der Kreuzer *Indianapolis* unter der Golden-Gate-Brücke durch und dampfte in Richtung Hawaii und der Insel Tinian, die US-Flieger „Garten des Paradieses" nannten. Seine Fracht war gering, sie bestand nur aus einigen Bombenteilen. Andere Teile wurden von Lufttransportmaschinen vom Typ C-54 von Albuquerque nach Tinian geflogen.

Zur selben Zeit trafen sich in Potsdam die amerikanischen Stabschefs, um über den Krieg in Japan zu sprechen. H. H. „Hap" Arnold meinte, konventionelle Bombardierung könnte den Krieg beenden. General Marshall war der Ansicht, man sollte den Japanern wenigstens eine Vorwarnung geben, damit sie eine Chance hätten, sich zu ergeben, bevor man die Bombe abwerfen würde. Admiral King glaubte, eine Marineblockade würde den Krieg beenden und die Japaner durch Hunger zwingen, sich zu ergeben. Eisenhower hatte zu Stimson geäußert, Japan sei endgültig besiegt. Es sei „vollständig unnötig", die Bombe zu werfen, es würde nur die Meinung der Welt gegen die Vereinigten Staaten aufbringen, eine so grauenhafte Waffe zu benutzen, „die keineswegs länger eine notwendige Maßnahme zur Rettung amerikanischer Leben war". Leahy war verlegen um eine Erklärung, warum man entschlossen war, die Bombe einzusetzen und meinte, vielleicht „weil so riesige Summen für das Projekt ausgegeben worden seien". Als Enrico Fermi in Alamogordo Papierfetzen verstreute, bereiteten sich die britischen Stabschefs auf eine Zusammenkunft mit den amerikanischen Stabschefs vor. Sir Alan Brooke drängte Leahy bei dem Treffen, sich die „bedingungslose Kapitulation" nochmals zu überlegen. Leahy erwiderte, die Frage „sei eindeutig eine politische".

Es wurde kein endgültiger Beschluß über den Einsatz der Bombe gefaßt. Aber ob sie nun eine politische oder eine militärische Waffe war, das 509. Geschwader war jedenfalls bereit, die Bombe abzuwerfen. Von Tinian aus unternahmen die Besatzungen Übungsflüge nach Iwo Jima und warfen dort 1000- und 500-Pfund-Bomben auf Rota und Guguan, um ihre Zielgenauigkeit zu verbessern.

Genau um 5 Uhr 30 in „Trinity" war General Groves' „erster Eindruck ein ungeheures Licht, und als ich mich umblickte, sah ich den nun schon bekannten Feuerball. Bush, Conant und ich saßen auf der Erde und betrachteten dieses Phänomen; unsere erste Reaktion war, daß wir einander schweigend die Hände schüttelten. Wir erhoben uns und standen daher schon, als uns die Druckwelle erreichte.

Als sie fünfzig Sekunden später eintraf, war ich von ihrer relativen Schwäche überrascht, der Schock war zwar sehr eindrucksvoll, aber das Licht war ein so viel stärkeres gewesen, stärker als es je ein menschliches Auge erblickt hatte oder als wir erwartet hatten, daß wir diese Erfahrung nicht so schnell loswerden konnten.“ Die Helligkeit war so groß, daß, wie Lansing Lamont geschrieben hat, „man es von einem anderen Planeten hätte sehen können. Die Temperatur im Zentrum war viermal so hoch wie jene des Sonneninneren und mehr als 10.000mal höher als jene auf der Oberfläche der Sonne.“ Die Männer in „Trinity“ spürten plötzlich eine Hitzewelle, innerhalb von acht Zehnteln einer Sekunde hatte sich der Feuerball ausgedehnt, bis er einer halb aufgegangenen Sonne gleich war – aber größer und rein weiß. Einige rissen sich die Schutzbrillen herunter, um besser zu sehen, und waren augenblicklich geblendet, wenn auch nur für kurze Zeit. Tonnen von Sand wurden hochgesaugt in eine „wirbelnde Säule von Orange und Rot, dunkler werdend beim Aufsteigen, bis sie aussah wie Flammen von brennendem Öl. Plötzlich erhob sich eine schmälere Säule und bildete einen pilzförmigen, wogenden Schirm aus weißem Rauch, umgeben von einem gespenstischen blauen Schimmer. Im Laufe von ein oder zwei Sekunden verschwand das Blau und hinterließ einen Rand von grauem Rauch, schwach erleuchtet vom Gelb der Morgendämmerung.“

„Mein Gott“, rief einer der Männer von „Trinity“, „das verdammte Ding hat funktioniert!“

In 235 Meilen Entfernung barsten Fensterscheiben in Gallup, Neu-Mexiko. Erschütterungen wurden in El Paso wahrgenommen. Mrs. H. E. Wieselman, die an der Grenze Arizona–Neu-Mexiko lebte, sah „die Sonne auf- und wieder untergehen“.

General Grove gab einen Pressebericht frei:

„Alamogordo, N. M., 16. Juli:

Der Befehlshaber des Alamogordo Armee Flugstützpunktes gab heute die folgende Erklärung ab:

‚Es sind verschiedene Anfragen eingetroffen, betreffs einer schweren Explosion, die sich auf dem Gebiet des Alamogordo-Flugstützpunktes ereignete.

Ein entferntliegendes Munitionsmagazin, das eine beträchtliche Menge von hochexplosivem und pyrotechnischem Material enthielt, ist explodiert . . .

Wetterverhältnisse, die auf den Inhalt explodierter Granaten Einfluß haben, könnten es wünschenswert erscheinen lassen, daß die Armee einige Zivilisten aus ihren Wohnstätten zeitweise evakuiert.‘ “

In Wilmington in Delaware las Dr. R. M. Evans von der Du-Pont-Company die Pressenotiz und wußte, daß die Atombombe erfolgreich gezündet worden war, denn er wußte, daß hochexplosive Sprengstoffe, Feuerwerkskörper und Chemikalien niemals in ein und demselben Magazin aufbewahrt werden.

„Eine halbe Meile jenseits des Kraters“, laut Lansing Lamonts Schätzung, „. . . lag ein siebzig Fuß hoher Stahlturm zertrümmert auf der Erde, die verkümmerten Träger von einander so sauber getrennt wie dünner Draht durch eine Zange.“ Der Turm hatte einem sechsstöckigen Stahlgebäude entsprochen. Als Groves später die Trümmer sah, kam er zu dem Schluß, daß das neuerrichtete Pentagon kein sicherer Schutz mehr vor der Bombe war.

Einige Jahre später meinte Oppenheimer: „Auf eine grausame Art, die keine Vulgarität, kein Humor, keine Übertreibung ganz auslöschen kann, begriffen die Physiker das Wesen der Sünde . . .“

In Babelsberg war es 15 Uhr 40. Truman, Jimmy Byrnes und Admiral Leahy bestiegen ein großes Chrysler-Cabriolet, um die Ruinen von Berlin zu besichtigen. Sie fuhren von Potsdam entlang der Avus, einer breiten Autostraße, auf der es keinen Verkehr gab mit Ausnahme der Scharen von deutschen Nomaden, die ihre geretteten Habseligkeiten in irgendetwas, das Räder hatte, dahinrollten. „Auf halbem Weg zur Stadt“, berichtete Truman, „fanden wir die gesamte amerikanische 2. Panzerdivision, die auf einer Seite der Straße aufmarschiert war, um von mir besichtigt zu werden. Wir hielten, die Ehrenbezeugung wurde von einer Musikkapelle und einer Ehrengarde erwiesen, ich verließ den Wagen und bestieg einen offenen Panzerspähwagen. In diesem fuhr ich die lange Reihe der Männer und Fahrzeuge entlang. Es war die zur Zeit größte Panzerdivision der Welt. Männer und Tanks waren in Reih und Glied die Straße entlang aufgestellt, soweit das Auge reichte. Wir brauchten zweiundzwanzig Minuten, um die Aufstellung vom Anfang bis zum Ende abzufahren.“

Als sie in dem Ruinenchaos einfuhren, das Berlin gewesen war, überfiel sie sofort der Gestank von Leichen und zerstörten Kloaken und der scharfe Brandgeruch. Fast alle Gebäude waren zerstört, es war merkwürdig befriedigend, jene herauszufinden, die zerbombt waren, und jene, die durch das letzte Sperrfeuer der Artillerie zerschossen waren. Die zerbombten Häuser waren von oben her zerstört. Bei den beschossenen Häusern, die von der Seite getroffen waren, stand oft noch eine Mauer oder der Teil einer Mauer. Verkümmerte und verbrannte Bäume, verbogene Lampenmaste, gewundene Träger – alles erregte für einen Augenblick die Aufmerksamkeit der Touristen; die Bomben und die Geschosse hatten viele neue, sonderbare Formen geschaffen.

„Ein noch deprimierender Anblick als die kaputten Gebäude", meinte Truman, „war die lange, nicht endende Prozession alter Männer, Frauen und Kinder, die ziellos herumwanderten ... den Rest ihrer Habe tragend, ziehend oder schiebend."

In den Überbleibseln des Tiergartens suchte eine alte Vogelscheuche von Frau unter dem Schutt nach Holz, um Feuer für die Suppe zu machen, die sie für ihre Kinder wärmen wollte. In feuchten Erdgeschossen in der Nähe winkten den Soldaten Nachtlokale zu hohen Inflationspreisen. In der Siegesallee, wo die Statuen durch Schüsse beschädigt waren, stand eine übriggebliebene Parkbank mit der Aufschrift: „Nicht für Juden". Unweit war ein schwarzes Brett gegen eine Wand gelehnt. Angenagelte und angeklebte Papierstücke zeigten Angebote von Verkauf und Tausch, Suchwünsche über Verwandte. Ein Mann befestigte sein Angebot auf dem Brett und trat zurück, um es anzuschauen. Er wollte nach Hamburg, im Austausch für Essen bot er an, Nachrichten an Verwandte weiterzugeben. Eine alte Frau hängte ihre Antwort zu der Nachricht des Mannes und nachdem sie weg war, trat er zu dem Brett, nahm seinen Bleistift und änderte seine Mitteilung, indem er sie weniger großzügig machte.

Churchill überkam plötzlich dieselbe Laune, die Truman nach Berlin geführt hatte. Der Premierminister bestieg mit Lord Moran, Cadogan und Eden einen geschlossenen Wagen und fuhr zu den Ruinen. Trumans Cabriolet und Churchills geschlossene Limousine kreisten langsam durch die Stadt, ihre Pfade kreuzten sich hie und da, ohne daß sie sich begegnet wären.

Churchill trug eine leichte Militäruniform und behielt die

Zigarre während der ganzen Fahrt im Mund. Am Reichstag lungerte eine Menge von Deutschen herum, die Tauschhandel trieben. Den Russen wurden Stiefel, Schuhe, Kleider, Unterwäsche, Füllfedern, Kameras, Uhren und Armbanduhren angeboten. Ein Fernglas war für 2000 Mark zu haben.

Churchill stieg zum Entsetzen seiner Leibwache aus dem Wagen und ging langsam die Stufen durch die Menge hinauf. Die Deutschen erkannten die Zigarre, viele schauten weg, andere beobachteten ihn mit leeren Gesichtern. Eine gutgewachsene Blondine in einem grellbunten Kleid fiel in Schritt und schaute ihn dabei gespannt an. Einer der Wächter schob sie sanft, aber entschieden beiseite.

Als die Briten durch die Straßen fuhren, befiel Lord Moran mehr und mehr „ein Gefühl von Übelkeit; ähnlich als ich zum ersten Mal einen Chirurgen einen Bauch öffnen und die Eingeweide herausquellen sah".

Als sie die Reichskanzlei erreichten, erinnert sich Churchill in seinen Memoiren, „begannen die Leute ‚Hoch' zu rufen. Mein Haß war mit ihrer Kapitulation gestorben und ich war durch die Demonstration sehr bewegt". In Wirklichkeit kamen die Beifallsrufe nicht von den Deutschen, sondern von einer Gruppe britischer Matrosen und Marinesoldaten.

Inzwischen war das Gefolge Churchills durch Scharen von Reportern, britischen und russischen Soldaten zu einer großen Menschenmenge angewachsen. „Es war wahnsinnig heiß", erzählte Cadogan, „im Gedränge dieser Menschenmenge, die über staubige Trümmer stolperte, mit denen alle Räume und Korridore übersät waren." Die Reichskanzlei, so berichtet Lord Ismay, „war zerschmettert, die Russen hatten keine Anstrengung gemacht, Ordnung in das Chaos zu bringen. Vielleicht war das Absicht, als warnendes Beispiel." Zerbrochenes Fensterglas, Reste von Kronleuchtern waren über den Boden verstreut, zusammen mit Papieren und Bändern und Eisernen Kreuzen und Hitlers umgestürztem Schreibtisch mit der in tausend Stücke zerbrochenen Marmorplatte. Churchill blieb in Hitlers Eßzimmer stehen, blickte an die Decke, auf die Stelle, wo eine Bombe durch das Glasdach eingeschlagen hatte. Eden äußerte nebenbei, er sei seit 1936 nicht mehr dagewesen.

Jenseits des Hofes und der Wüstenei, die einst der Garten

gewesen war, lag der Eingang zum Bunker, wo Hitler seine letzte Zuflucht gefunden hatte. Ein Führer geleitete Churchill und seine Gesellschaft die dunklen Stufen hinunter, beschädigte Stufen mit der Taschenlampe beleuchtend. „Die feuchte, beißende, stinkende Luft einatmend, tappte ich viele Stufen hinunter zu einer Zelle, übersät, soweit ich beim Licht einer Taschenlampe sehen konnte, mit Kleidungsstücken, Gasmasken und aller Art von Kram. Ich hob einen verbrannten Handschuh auf", erinnerte sich Lord Moran.

Das Wasser war in die untersten Räume eingedrungen, die drei Stockwerke tiefer lagen. Auf dem Tisch eines Raumes, der Eva Brauns Zimmer gewesen sein sollte, stand eine Vase mit einem Zweig, der offensichtlich Blüten getragen hatte. Churchill konnte es nicht ertragen, ganz in Hitlers Bunker hinabzusteigen. Am Ende des ersten Treppenabsatzes drehte er um und stieg langsam wieder nach oben, wo er einen alten, vergoldeten Stuhl fand, auf den er sich setzte und sich den Schweiß von der Stirn wischte. „Hier muß Hitler herausgekommen sein, um Luft zu schnappen", murmelte er vor sich hin, „und hörte, wie der Geschützdonner näher und näher kam."

Einer der Führer zeigte auf einen Fleck mitten unter verrosteten Kanistern und erzählte Churchill, dort habe man die Körper von Hitler und Eva Braun brennen gesehen. Churchill schaute für einen Augenblick hin und drehte sich dann mit Abscheu weg. Schweigend kehrte er zu seinem Auto zurück.

Auf ihrer Fahrt durch Berlin hatten die Sieger einige Beute gemacht. Moran hatte zwei Eiserne Kreuze aufgesammelt. Cadogan nahm ein Eisernes Kreuz mit, ein Stück Marmor als Papierbeschwerer von Hitlers zerbrochener Schreibtischplatte und eine kleine Rosette von einem kristallenen Kronleuchter. Einer der Adjutanten hatte einen deutschen Orden gefunden, der noch in seinem Etui lag. Ein anderer „stibitzte auch ein kleines Stück Marmor von Hitlers Schreibtischplatte, einen Teil seiner Weltkarte und eine Handvoll Trödelkram von Medaillen aus verstreuten Haufen auf dem Fußboden".

„Es tat mir leid, daß ich die Besichtigung mitgemacht hatte", sagte Lord Ismay. „In Babelsberg angekommen, stürzte ich mich als erstes in ein heißes Bad mit einer Menge Desinfektionsmittel, als zweites nahm ich einen sehr starken Drink, um den schlechten Geschmack aus dem Munde zu bekommen.“ Die Verwüstung von Berlin war, wie er sagte, „obszön“. Der ganze Nachmittag schien wie ein Traum zu sein. Im ganzen, beklagte sich Cadogan, sei die Fahrt schlecht organisiert gewesen. Churchill schreibt in seinen Memoiren: „Die moralischen Prinzipien der modernen Zivilisation scheinen zu fordern, daß die Führer einer im Kriege besiegten Nation von den Siegern getötet werden. Das wird sie bestimmt anspornen, in jedem zukünftigen Krieg bis zum bitteren Ende zu kämpfen, gleichgültig wie viele Menschen unnütz geopfert werden – sie kostet es ja um nichts mehr. Es sind die Massen der Bevölkerung, die so wenig zu bestimmen haben, wann Kriege begonnen werden oder wann sie enden, die die zusätzlichen Kosten bezahlen. Julius Cäsar folgte dem gegenteiligen Prinzip und er hatte seine Eroberungen fast ebenso seiner Milde wie seiner Klugheit zu verdanken.“

„So weit kommt es“, sagte Truman, nachdem er Berlin gesehen hatte, „wenn ein Mensch Maß und Ziel verliert“.

Ins Kleine Weiße Haus zurückgekehrt, wurde Truman von Henry Stimson begrüßt. Der Kriegsminister händigte dem Präsidenten ein Telegramm von George Harrison aus, der als Verbindungsmann zwischen Alamogordo und Potsdam in Washington geblieben war:

STRENG GEHEIM

DRINGEND

KRIEG 32887

VON HARRISON AN MR. STIMSON

HEUTE MORGEN OPERIERT. DIAGNOSE NOCH NICHT KOMPLETT. RESULTATE SCHEINEN BEFRIEDIGEND UND ÜBERTREFFEN ERWARTUNGEN. ÖRTLICHE PRESSEVERÖFFENTLICHUNGEN NOTWENDIG DA BREITES INTERESSE. DR. GROVES ZUFRIEDEN. KEHRT MORGEN ZURÜCK. ICH HALTE SIE AUF DEM LAUFENDEN.

„Ich sprach mit Winston, als er zu Bett ging“, notierte Lord Moran in seinem Tagebuch.

„ ‚Die Sozialisten sagen‘, meinte er, ‚daß ich eine absolute Mehrheit von 32 Sitzen haben werde.‘ Ich fragte ihn, ob das eine regierungsfähige Mehrheit sei. Er antwortete: ‚Wenn meine Regierung mehrere Abstimmungsniederlagen erleidet, kann ich zurücktreten. Das würde ich dann auch tun und im Frühling neue Wahlen ansetzen.‘

Das hört sich ganz anders an als seine Forderungen während des Wahlkampfes, daß er nur eine Mehrheit akzeptieren würde, die ihm eine wirkliche Verfügungsgewalt gäbe. Tatsache ist, daß er viel von seiner Zuversicht eingebüßt hat; ich glaube, er wäre mit jeder Mehrheit zufrieden, solange er nur gewinnt.

Bevor ich das Licht ausmachte, fragte ich ihn, was er über Berlin denke. Er erwiderte mit einem Lächeln: ‚Ziemlich zerstört.‘ “

Der Sonderkorrespondent der *Times* meldete nach London: Die Ankunft Marschall Stalins sei „offiziell“ noch nicht bestätigt worden, seine Reise unterliege strengster Geheimhaltung und schärfsten Sicherheitsmaßnahmen . . . man könne aber annehmen, daß er sich jetzt hier befinde.

Der diplomatische Korrespondent sandte eine andere Nachricht: „Abgesehen davon, daß Präsident Truman und Mr. Churchill plötzlich Potsdam verließen, um das zerstörte Berlin zu besichtigen, drang von der Konferenz der Großen Drei gestern kaum ein Lebenszeichen nach außen.“

5. KAPITEL

Dienstag, 17. Juli

Stimson hatte nun ein Stück Papier in der Hand, das die Aufmerksamkeit der ganzen Welt erregen konnte. Dienstag früh brachte er das streng geheime Telegramm zu Jimmy Byrnes und am Mittag zu Churchill. Er drängte Byrnes, einem Zwei-Phasen-Plan zuzustimmen: die Japaner nachdrücklichst vor der Bombe zu warnen und ihnen zu versichern, daß sie ihren Kaiser behalten dürften. Byrnes lehnte beide Vorschläge ab; er sprach offensichtlich im Namen des Präsidenten. Stimson meinte, daß er in beiden Punkten verloren hatte. Er ließ die Sache fallen und begann eine höfliche Konversation über die Mandschurei und andere Themen.

Ein paar Häuser weiter war Churchill in Hochstimmung. „Das war ein schnelles Ende für den Zweiten Weltkrieg", schrieb Churchill in seinen Memoiren, und dann, im Hinblick auf das russische Vorrücken in Europa, fügte er hinzu: „Vielleicht auch für vieles andere".

„Bis zu diesem Augenblick", sagte Churchill, „hatten wir damit gerechnet, einen Angriff auf das japanische Mutterland führen zu müssen, mit schweren Luftangriffen und einer Invasion gewaltiger Truppenkörper. Wir hatten verzweifelten Widerstand der Japaner erwartet, Kampf bis zum Tod, wie es der Samurai-Tradition entspricht, in jedem Keller und Bunker. Den Widerstand der Japaner im Kampf Mann gegen Mann zu brechen und das Land Meter für Meter zu erobern, könnte sehr wohl den Tod von einer Million amerikanischer Soldaten bedeuten und (falls Churchill Truman überzeugen konnte, die Briten in den Kampf eintreten zu lassen) etwa halb so viel britischer Truppen – oder auch mehr, wenn es uns gelang, sie hinzuschaffen; denn wir waren entschlossen, an diesem letzten

Kampf teilzunehmen. Jetzt war dieser Alptraum vorüber. An seine Stelle trat die Vision – strahlend und glückhaft, wie es schien –, den Krieg mit einem oder zwei gewaltigen Schlägen zu Ende zu bringen."

Churchills Gedanken waren im Augenblick gleichermaßen zwischen Japan und Europa geteilt: „Wir werden die Russen nicht brauchen", meinte er. „Plötzlich sieht es so aus, als seien uns eine gnädige Abkürzung des Schlachtens im Osten beschert und noch glücklichere Aussichten in Europa. Ich zweifle nicht, daß meine amerikanischen Freunde dieselben Gedanken hatten."

Stimson drängte Churchill, zuzustimmen, die Russen über die Bombe zu informieren. Doch Churchill wollte davon nichts wissen. „Ich", äußerte Stimson, „argumentierte einige Zeit", aber die Ansicht des Premierministers stand fest. Sosehr Stimson sich auch bemühte, das bewußte Stück Papier brachte ihn an diesem Dienstagmorgen keinen Schritt vorwärts.

Nachdem Stimson gegangen war, hatte Churchill plötzlich das Bedürfnis, Sanssouci, das Schloß Friedrichs des Großen, zu besichtigen. In Sanssouci lief er in einer Viertelstunde durch das ganze Schloß: „Er eilte mit schnellen, ungeduldigen Schritten durch die Räume, sah weder rechts noch links, seine Augen waren zu Boden gerichtet, sein Blick war abwesend. Die Gedanken wanderten weit weg zu der kommenden Konferenz – oder zählte er noch einmal die Wählerstimmen?", berichtete Moran.

Pünktlich 12 Uhr fuhr Stalins Wagen am Kleinen Weißen Haus vor. Harry Vaughan und James Vardaman traten hinaus auf die Freitreppe, um den Generalissimus zu begrüßen. Stalin trug eine rehbraune Uniform mit roten Epauletten, und die Amerikaner mußten sich bemühen, seinen neuen Titel im Kopf zu behalten: In Anerkennung der Erfolge der Roten Armee hatte Stalin sich selbst vom Marschall zum Generalissimus befördert. Molotow und ein Dolmetscher begleiteten ihn. Vaughan und Vardaman führten die Russen die Stiegen hinauf zu Trumans Arbeitszimmer, wo sie der Präsident mit Byrnes und seinem Übersetzer Charles Bohlen erwartete.

Stalin war gelassen, herzlich, sprach mit leiser Stimme. Seine Art war einfach und geradeheraus. Bohlen notierte hastig:

Stalin: „Spät."

Truman: „–"

Stalin: „Chinesen ... Verspätung ... Flug ... keine Ärzte ..."

Truman: „Erfreut zu ... lange gewünscht ..."

Stalin: „Persönliche Beziehung ..."

Das bedeutete, Marschall Stalin (Bohlen hatte sich noch nicht an den Generalissimus gewöhnt) entschuldigte sich wegen seines verspäteten Eintreffens. Trumans Antwort „–" war eine höfliche Erwiderung; und Stalin log, daß Verhandlungen mit den Chinesen seine Abfahrt verzögert und die Ärzte wegen einer Lungenaffektion „Nein" zum Fliegen gesagt hätten. Truman drückte sein Verständnis hiefür aus; er freue sich, Stalin persönlich kennenzulernen, was er schon seit langem gewünscht habe. Der Russe stimmte zu; persönliche Beziehungen und Kontakte seien sehr wichtig. Er fügte hinzu, seiner Meinung nach bestünden keine Schwierigkeiten, über die in Potsdam zu erörternden Fragen Übereinstimmung zu erzielen.

„Was mir besonders auffiel", erinnert sich Truman, „waren seine Augen und sein Gesichtsausdruck ... Er schien guter Laune zu sein. Er war außergewöhnlich höflich ..." Truman gefiel seine Direktheit. „Ich war von ihm beeindruckt und sprach ganz frei mit ihm. Er schaute mir in die Augen, wenn er sprach ..."

Sie besprachen die Tagesordnung für die Konferenz. Stalin hatte den Diskussionsthemen einige Punkte hinzuzufügen, so die Frage des Franco-Regimes. Truman überging die Erwähnung Francos und fragte, welche Zeit Stalin für den Beginn der ersten Plenarsitzung angenehm sei. Stalin sagte, Molotow und Eden hätten sich auf 5 Uhr nachmittag geeinigt. Byrnes machte einen schwachen Scherz über Stalins Gewohnheit, lange aufzubleiben und morgens spät aufzustehen. Stalin antwortete liebenswürdig, seine Gewohnheiten hätten sich seit dem Kriege geändert.

Stalin: „Bezüglich Franco ... Ich möchte dazu erklären: Francos Regime ist nicht die Folge der inneren Verhältnisse in Spanien, sie wurde Spanien aufgezwungen ... von Deut ... Italienern ... daher eine Gefahr für Ver. Nationen. Dieses Regime böse ... gibt Schutz verschiedenen faschistischen

Überresten . . . wir halten es für richtig, die Beziehungen zum gegenwärtigen Regime abzubrechen . . ."

Truman: „. . . Ich verteidige Franco nicht (wir werden die Angelegenheit weiter studieren)."

Die Unterhaltung lief gut, und so bemühte sich Truman um noch mehr Wärme und Herzlichkeit. In Bohlens Aufzeichnung klingt der Versuch recht verkrampft, und so kam er wohl auch in der Übersetzung ins Russische heraus.

Truman: „. . . Ich bin hier . . . um Ihr Freund zu werden . . . direkt zu verhandeln, ja oder nein (ich bin) kein Diplomat."

Stalin: „Gut . . . (Offenheit wird) helfen . . . arbeiten . . . UdSSR wird stets mit USA gemeinsam . . ."

Truman: „. . . Freunde . . . alle Themen Schwierigkeiten . . . beilegen . . . freimütig."

Stalin: „. . . Gut . . . natürlich Unterschiede . . . aber . . ."

Truman: „Churchill . . . gerufen . . ."

Stalin: (ein Wort unlesbar)

Stalin benützte diese Erwähnung Churchills zu einem Versuch, Engländer und Amerikaner zu entzweien. Er bemerkte, die Briten seien nicht wirklich daran interessiert, ihren Anteil am Krieg gegen Japan zu leisten. Nun seien Russen und Amerikaner Waffenbrüder. Die Briten hätten tapfer gekämpft, als ihre Interessen durch die Deutschen bedroht waren, aber:

Stalin: „. . . Eng weniger klar Jap Krieg . . . Russen & Amer . . . tun ihre Pflicht . . . Eng glauben Krieg hauptsächlich (beendet)"

Truman: „. . . P.M. bot (Unterstützung) an"

Stalin: „. . . sonderbare Mentalität . . . gebomht von Deut . . . nicht Japan . . . Krieg fur sie erledigt . . . diese Einstellung kann gegen P.M. ausschlagen."

Wie diese Einstellung gegen Churchill wirken sollte, ist nicht ersichtlich, noch machen Bohlens Aufzeichnungen über die weiteren Ausführungen Stalins die Sache verständlicher. War etwas durch die Übersetzung verlorengegangen, oder vermochte Bohlen dem Gespräch nicht zu folgen? Bohlen konnte sich in späteren Jahren nicht erinnern. Wie dem auch sei, Stalins Bemerkungen sollten in Truman Zweifel an der Verläßlichkeit der Briten wecken. Stalin fuhr fort:

„Am. Volk . . . gab die Macht Aufgabe zu beenden . . .

Können die Brit verlangen, daß ... sie glauben Krieg zu Ende ... wenig Interesse an Krieg gegen Japan ... vielleicht ..."

Truman hatte nicht die Absicht, Stalin zu gestatten, Churchill schlechtzumachen; doch gleichzeitig sollte aber Stalin wissen, daß die Vereinigten Staaten stark genug seien, um ohne jede Hilfe auszukommen. Er erwiderte beiläufig:

Truman: „... wir sind ... nicht in so großen Schwierigkeiten wie England durch Deutschland ..."

Stalin antwortete darauf unverzüglich, Rußland werde sich am Krieg gegen Japan beteiligen, wie versprochen:

Stalin: „... wir fertig Mitte Aug ..."

Wir müssen uns daran erinnern, daß Truman kein dringendes Bedürfnis an der Kriegsteilnahme Rußlands gegen Japan mehr hatte. Es war Stalin, der das Kriegsthema aufgebracht hatte. Und es war auch Stalin, der an sein altes Versprechen erinnerte. Genau wie die Amerikaner es sich vorgestellt hatten, wollten die Russen in den Krieg eintreten, ob sie gebraucht wurden oder nicht; man konnte sie nicht davon abhalten.

Stalin sprach ausführlich über seine Verhandlungen mit den Chinesen über die Abmachungen von Jalta. Der chinesische Unterhändler war über Stalins Forderungen gar nicht erfreut gewesen:

Stalin: „ ... nicht gut gegangen mit Chinesen ... darum fuhr er nach Hause."

Der Ärger mit den Chinesen war, wie Stalin sich äußerte, daß sie „kein Verständnis für harte Verhandlungen haben". Sie versuchten um jedes kleine Detail zu feilschen und verlören die große Linie aus den Augen – oder, wie Bohlen es wiedergibt: „versuchen immer zu mogeln ... große Bilder ..."

Truman verstand. Stalin schloß ab:

Stalin: „Mitte August ... wie in Jalta verabredet ... wir halten Wort."

Molotow und Truman gemeinsam: „Wort halten"

Und so trat Rußland in den Krieg gegen Japan ein, ob man es nun wollte oder nicht. Wenn Truman schon das Thema nicht zur Sprache brachte, er konnte es nicht vermeiden – und da er jetzt dasaß mit der russischen Hilfe, konnte er sie zumindest auf sein Konto buchen. In seinen Erinnerungen schreibt er: „Es gab viele Gründe für meine Reise nach Potsdam, aber meinem Gefühl nach der dringendste war, von Stalin persönlich bestätigt zu bekommen, daß Rußland in den Krieg gegen Japan eintreten werde, eine Angelegenheit, die unsere Generäle äußerst bestrebt waren, zum Abschluß zu bringen. Schon in den allerersten Tagen der Konferenz gelang es mir, Stalin darauf festzulegen."

Truman lud Stalin ein, zum Lunch zu bleiben, Stalin sagte, es sei ihm nicht möglich. Der Präsident – kein Diplomat – sagte frei heraus: „Wenn Sie nur wollten, könnten Sie." Stalin blieb, und sie sprachen über nichts besonderes. Stalin machte dem Präsidenten Komplimente über den Wein und wollte das Etikett sehen. „Ich freute mich darüber", erzählt Byrnes, „es war kalifornischer Wein." Byrnes erwähnte den Ausflug der Amerikaner nach Berlin und fragte Stalin, was er über den Tod Hitlers wisse. Tatsächlich hatten russische Soldaten Hitlers Leichnam gefunden und weggeschafft, damit russische Ärzte eine Autopsie machen konnten. Stalin erwiderte, seiner Meinung nach sei Hitler noch am Leben und halte sich in Spanien oder Argentinien auf.

Die Unterhaltung wanderte von Gegenstand zu Gegenstand und bot beiden Gesprächspartnern Gelegenheit, einander in Muße in die Augen zu schauen. Beide Männer glaubten, man könne an den Augen eines Menschen viel erkennen.

Nach dem Mittagessen traten sie alle auf den Balkon auf der Rückseite des Kleinen Weißen Hauses und ließen sich fotografieren. Alle blickten entspannt und gemütlich drein, wie alte Freunde im Sommerurlaub. Und wenn Byrnes oder Molotow zufällig auf die eine oder andere Seite blickten, um festzustellen, wo jeder stand, so blieben die Augen von Stalin und Truman immer selbstbewußt und geradeaus gerichtet.

Fünfzehn Minuten vor fünf fuhr Churchills Wagen vor dem Schloß Cecilienhof vor. Der Premier stieg aus, begleitet von einem Kriminalbeamten in Zivil, und schritt durch den Torbogen in den Schloßhof. Von Stalins gepanzertem, kugelsicherem Wagen war nichts zu sehen und ebensowenig von den russischen Militärpolizisten, die in Jeeps vor ihm herrasten und entlang der Straße Stellung bezogen, um einen waffenstarrenden Korridor zu bilden, durch den der Sowjetherrscher fuhr.

Truman und sein Gefolge kamen unter Sirenengeheul, Pfeifen und Rufen die Anfahrt herauf. Voran Militärpolizei auf Motorrädern, dann gepanzerte Jeeps, dann der Wagen des Präsidenten mit G-men auf den Trittbrettern, und zum Schluß eine Wagenladung von Bewaffneten, die absprangen und ausschwärmten, um mit entsichertem Gewehr den Eintritt des Präsidenten ins Schloß zu decken. Truman und Byrnes verließen das Auto mit einem breiten Lächeln.

Im Schloßhof hatten die Russen Hunderte und Aberhunderte leuchtender Geranien in Form eines großen roten Sterns gepflanzt. Die Amerikaner umschritten die Zacken des roten Sterns und gingen direkt in den Hauptkonferenzraum, wo sich Reporter, Fotografen und Kameraleute der Wochenschauen drängten, knipsten, blitzten und in jeder Ecke herumschwirrten. „Du sagst mir, ich soll meinen Kopf hochhalten, wenn ich fotografiert werde!" schrieb Cadogan an seine Frau nach Hause. „Aber stell Dir vor, es sind 15 zischende heiße Scheinwerfer auf uns gerichtet, zehn Minuten lang, und 40 Fotografen machen die ganze Zeit Aufnahmen. Unter diesen Umständen kann man nicht ständig posieren . . ."

Die Journalisten waren für zehn Minuten zugelassen, das war alles, dann wurden sie aus dem Raum gescheucht und von der Konferenz verbannt, zurück in die Berliner Bars, wo sie über die Geheimniskrämerei klagten, Gerüchte verbreiteten und die Nachrichten aus den anderen Teilen der Welt lasen. Admiral Chester W. Nimitz gab in Guam bekannt: „Wir haben den Kampfgeist und die Kampfbereitschaft der japanischen Marine gebrochen." Aus Washington wurde berichtet: „Das Außenministerium geht Zeitungsmeldungen aus Südamerika nach, die von Gerüchten berichten, wonach sich Adolf Hitler und Eva Braun in Patagonien aufhalten." Hatte Stalin vor seinem Lunch mit Truman amerikanische Zeitungen gelesen? Vielleicht fand er es sonderbar, daß Byrnes die Untersuchung des Außenministeriums nicht erwähnte. In diesem einen kleinen Punkt, dem Schicksal Hitlers, hatte Stalin den Amerikanern etwas voraus: Er kannte die Wahrheit, er wußte, was die Amerikaner argwöhnten und worüber sie nicht sprachen.

Als die Großen Drei sich um den mit grünem Filz überzogenen Tisch niederließen, machte Stalin den ersten Zug. Er schlug vor, Truman sollte den Vorsitz übernehmen, und brachte ihn dadurch in die Position des Vermittlers zwischen Rußland und England. Churchill unterstützte selbstverständlich den Vorschlag. „Ich führe den Vorsitz", schrieb Truman seiner Mutter. „Es ist genauso schwierig wie der Vorsitz über den Senat. Churchill redet die ganze Zeit, und Stalin grunzt nur, aber man weiß, was er meint . . . Sie sagen alle, daß ich sie aufs Glatteis geführt hätte, als ich den Vorsitz übernahm", prahlte der Präsident. „Es war nervenaufreibend, aber es mußte getan werden. Das Schlimmste kommt noch, aber ich habe Hoffnung. Ich halte mehrere Trümpfe in der Hand . . ."

Neben Truman saßen Byrnes, Leahy, Davies und Bohlen. Stalin war mit Molotow, Wyschynsky, dem Dolmetscher Pawlow und Gromyko gekommen, den Cadogan „Froschgesicht" nennt. Bei Churchill befanden sich Eden, Cadogan, Übersetzer Major Birse und Attlee, der Bohlen an ein „mechanisches Spielzeug" erinnerte, „das, sobald es aufgezogen und von Churchill auf den Tisch gestellt war, tat, was vorauszusehen war". In der zweiten Reihe hinter den Hauptakteuren befanden sich Harriman, Matthews und andere Amerikaner, Briten und Russen. Dort saß Fedor Gusew, Sowjet-Botschafter in Großbritannien. „Ganz dumm und unartikuliert", sagte Cadogan von Gusew. „Kann seine Unzulänglichkeit nur gutmachen, wenn er mit Donnerstimme ‚Wie geht es Ihnen' sagt."

Als die Konferenz begann, herrschte Stille im Raum, die Luft war warm, aber frisch, sie stieg vom See herauf. Allmählich verbreitete sich der Rauch von Stalins Zigaretten und Churchills Zigarre. Papiere knisterten, geflüsterte Gespräche nahmen an Lautstärke zu, die Stimmen der Dolmetscher durchschnitten den anschwellenden Lärm, manchmal hörte man ein klatschendes Geräusch; dann hatte ein ungeduldiger Diplomat sich gegen eine Mücke zur Wehr gesetzt.

Truman eröffnete die Sitzung mit dem Vorschlag, die Großen Drei sollten einer Tagesordnung für die Konferenz zustimmen; und er umriß dann die vier Hauptthemen, die einer dringenden Aufmerksamkeit bedurften. Die gesamte amerikanische Strategie hing an diesen vier Themen: als erstes die Errichtung eines Rates der Außenminister, „um die Friedenskonferenz vorzubereiten" – jene Friedenskonferenz, die Truman in Wirklichkeit gar nicht wünschte; zweitens Vollmacht für einen Kontrollrat für Deutschland im Sinne der amerikanischen Vorstellungen über Deutschlands Stärke und Fügsamkeit; drittens ein Angriff gegen die russische Politik in Osteuropa; und zum Schluß ein Vorschlag Italien betreffend, in dem die Pläne Amerikas für seine westeuropäische Einflußzone enthalten waren.

„Das Beispiel der Konferenz von Versailles nach dem Ersten Weltkrieg", äußerte Truman, „zeigt, daß eine Friedenskonferenz viele Fehler haben kann, wenn sie nicht von den Siegermächten vorbereitet wird ... deshalb schlage ich vor ... daß wir einen besonderen Rat der Außenminister schaffen und gleich einrichten sollten, bestehend aus den Ministern Großbritanniens, der UdSSR, der Vereinigten Staaten, Frankreichs und Chinas ... Dieser Rat der Außenminister zur Vorbereitung einer Friedenskonferenz sollte so bald wie möglich nach Beendigung unserer Konferenz zusammentreten ..."

Etwas an diesem Antrag erschien Stalin eigenartig. Er zog an seiner Zigarette, blies den Rauch aus und ließ seine Augen zur Decke wandern. Warum sollte der Rat der Außenminister neben den Großen Drei auch Frankreich und China einschließen? Würden sie denn nicht immer so stimmen, wie es ihnen die Vereinigten Staaten vorschrieben? Natürlich war es schwierig, Frankreich aus allen Verhandlungen über die Friedensregelung in Europa herauszuhalten – aber was hatte China in diesem Rat zu suchen?

Churchill beantragte, diesen Punkt an die Außenminister zu verweisen. Stalin war mit Churchills Vorschlag einverstanden, sagte aber ruhig, daß er sich nicht klar darüber sei, warum China in den Rat miteinbezogen werden sollte.

„Es geht doch hier in erster Linie um europäische Probleme, oder?"

Truman meinte, dies könnte von den Außenministern diskutiert und dann neuerlich in einer Sitzung der Großen Drei behandelt werden. Der Präsident drängte zu seinem zweiten Punkt, einem Dokument über die Verwaltung Deutschlands. Churchill und Stalin sagten, sie möchten beide gerne das Dokument zuerst einmal lesen.

Truman: „Wir können diese Angelegenheit morgen besprechen."

Stalin: „Ja wirklich, wir können morgen darüber reden."

Darauf verlas Truman eine Erklärung, die die Russen wegen ihrer Vorgangsweise in Osteuropa angriff: „Seit dem Treffen von Jalta sind die übernommenen Verpflichtungen ... in der Deklaration über das befreite Europa unerfüllt geblieben ... In Übereinstimmung mit den Verpflichtungen der Drei Mächte, festgelegt in § 3 Punkt d der Deklaration ... müssen die Regierungen der Drei Mächte darüber diskutieren, auf welche Weise man die provisorischen Regierungen bei der Abhaltung freier und gerechter Wahlen am besten unterstützen kann. Diese Hilfe wird in Rumänien, Bulgarien und möglicherweise auch in anderen Länder benötigt."

Leahy war atemlos vor Bewunderung für Truman: „Der Präsident ergriff die Gelegenheit für eine Offensive und präsentierte, ohne sich unterbrechen zu lassen, vier der vorbereiteten Hauptvorschläge. Churchill erschien erstaunt über diese direkte Darlegung der amerikanischen Politik und hielt eine lange Rede über die Notwendigkeit, die Sache zu studieren."

Stalin schwieg.

Truman nahm einen weiteren Anlauf und sagte, die Zeit sei gekommen, die Politik gegenüber Italien zu revidieren. Italien, so führte er aus, sollte als Mitglied der Vereinten Nationen zugelassen werden.

Hier unterbrach Churchill und wies den Präsidenten zurecht. Dies seien wichtige Fragen, zu wichtig, um „in gewisser Eile" abgehandelt zu werden. Er hielt inne. Vielleicht war er zu scharf gewesen. Er wollte es näher erklären: Vier Jahre hatte England gegen Italien gekämpft. Italien sei bei erster Gelegenheit in den Krieg gegen England eingetreten, noch dazu zu einer sehr kritischen Zeit. Präsident Roosevelt selbst habe den Kriegseintritt Italiens „einen Dolchstoß in den Rücken" genannt.

Wahrscheinlich hätte Churchill nicht Roosevelt zitieren sollen, vielleicht verletzte er damit Trumans Eitelkeit. Churchill stockte: „Ich glaube, wir sollten uns Zeit nehmen, diese Fragen zu besprechen. Es ist das erste Mal, daß ich sie zu sehen bekomme. Ich sage nicht, daß ich mit diesen Vorschlägen nicht übereinstimme, aber man muß Zeit finden, darüber zu sprechen."

Truman fuhr hartnäckig fort, seine Vorschläge für Italien zu verlesen. Am Schluß blickte er auf; es war ihm offensichtlich plötzlich aufgefallen, daß er in medias res gegangen war, ohne vorher die üblichen diplomatischen Floskeln von sich zu geben. Er improvisierte: „Da ich unerwarteterweise zum Vorsitzenden dieses Meetings gewählt wurde, hatte ich keine Gelegenheit, meinen Gefühlen sofort Ausdruck zu verleihen. Ich freue mich sehr, Sie hier zu treffen, Generalissimus, und Sie, Herr Premierminister."

Es mochte Truman vielleicht auch aufgefallen sein, daß Churchill mit seiner Bemerkung über die „gewisse Eile" einen für Truman unvorteilhaften Vergleich mit Roosevelt gezogen hatte, dem alten Konferenz-Profi. Truman gab sich bescheiden. Er sagte, er sei „an den Platz eines Mannes getreten, der wahrhaft unersetzlich sei". Er „wisse, Mr. Roosevelt habe sich des Wohlwollens und der Freundschaft von Stalin wie von Churchill erfreut". Er hoffte, daß es ihm vergönnt sein werde, „zumindest teilweise in diese Freundschaft eintreten zu dürfen".

Churchill beeilte sich, Truman Zuversicht einzuflößen. Sowohl er als auch der Generalissimus wollten Truman die große Achtung und Zuneigung entgegenbringen, die sie für Roosevelt gehegt hatten.

„Diese allgemeine Freundschaft ... sehr beschwerliche Periode der Geschichte ... lebensentscheidender Augenblick ... herzliche Achtung ... Hoffnung und Vertrauen ..."

Es wird nicht berichtet, ob Churchill am Ende dieses Überschwanges von Hochachtung und gutem Willen ins Schwitzen geriet. Stalin brach sein eigenes Schweigen und sagte sehr einfach und ruhig, er möchte „im Namen der gesamten russischen Delegation den Wunsch ausdrücken, sich den von Churchill ausgedrückten Gefühlen anzuschließen".

„Der Premierminister", schrieb Cadogan seiner Frau, „hat sich seit seiner Abreise aus London geweigert zu arbeiten oder etwas zu lesen. Das mag ganz richtig sein, aber dann kann er nicht beides haben: Wenn er über den zu diskutierenden Gegenstand nichts weiß, sollte er schweigen oder seinen Außenminister zu Wort kommen lassen. Statt dessen mischt er sich bei jeder Gelegenheit ein, redet dummes Zeug und verspielt unsere Sache in jeder Hinsicht. Truman ist äußerst quick und geschäftstüchtig. Beim ersten Treffen versuchte er, nur die Liste der Themen aufzustellen, die wir behandeln müssen. Jedes Thema, das nur erwähnt wurde, versetzte Winston in die größte Erregung, die von Truman und Anthony nur mühsam gedämpft werden konnte.

Ein Engländer in der zweiten Reihe behielt Stalin näher im Auge: Er „sprach ruhig und kurz in kleinen abgehackten Sätzen zu Pawlow, seinem jungen Dolmetscher, der sie sofort in ein wirkungsvolles Englisch übersetzte. In den Gesprächen war Stalin oft humorvoll, niemals beleidigend; stets direkt und kompromißlos. Seine Augen schienen mir voller Humor; oft sah man sie nur als Schlitze ..."

Churchill empfahl strahlend, die Großen Drei sollten die „verschiedenen Punkte, die zur Diskussion vorgeschlagen seien", durchsehen „und sich bemühen, der Tagesordnung beizustimmen". Er schien ganz vergessen zu haben, daß er selbst noch keinen Gegenstand zur Tagesordnung vorgeschlagen hatte. Truman erinnerte ihn daran.

Truman: „Wir haben die nach unserer Meinung wichtigsten Dinge vorgeschlagen."

Churchill (sich wieder fassend): „Ich möchte die polnische Frage hinzufügen."

Nun nahm Stalin die Sache in die Hand.

Stalin: „Es wäre gut, wenn die drei Delegationen die Fragen festsetzen würden, die sie zu diskutieren wünschen. Rußland möchte folgende Fragen diskutieren: 1. die Teilung der deutschen Handels- und Kriegsflotte; 2. die Reparationen; 3. Treuhandverwaltungen für Rußland nach der Charta von San Francisco –"

Churchill: „Meinen Sie die Gebiete in Europa oder auf der ganzen Welt?"

Stalin (ohne Pause): „Darüber werden wir diskutieren ... 4. Beziehungen zu den Satellitenstaaten der Achsenmächte; 5. das Franco-Regime, das Spanien von den Achsenmächten aufgezwungen wurde. Diese Regierung sollte geändert werden. Sie birgt große Gefahr für die Vereinten Nationen."

Churchill: „Wir sind nur dabei, die Tagesordnung zu diskutieren. Ich stimme zu, daß dieser Punkt auf die Tagesordnung gesetzt werden soll."

Stalin (hartnäckig): „6. die Frage Tanger."

Churchill: „Mr. Eden hat mich davon unterrichtet, daß diese Frage in Abwesenheit der Franzosen nur provisorisch besprochen werden kann."

Stalin: „7. die Frage Syrien und Libanon; 8. die polnische Frage, einschließlich der Bestimmung der Westgrenze Polens und der Auflösung der Londoner Exilregierung."

Churchill: „Wir stimmen zu, die polnische Frage einschließlich der Ablösung der Londoner Regierung zu behandeln. Wir hoffen, der Marschall und der Präsident sind sich darüber klar, daß England der Sitz der polnischen Regierung war, die gegen die Achse gekämpft hat. England trägt die Last, diese Verpflichtungen zu erfüllen. Unsere Ziele sind die gleichen, aber für Großbritannien ist es viel schwieriger, wir können nicht . . ." Und so weiter und so fort.

(Schweigen).

Stalin: „Im Augenblick haben die Russen keine weiteren Fragen zur Tagesordnung hinzuzufügen."

(Pause).

Churchill: „. . . Ich schlage vor, daß die drei Außenminister sich heute abend treffen, um die Tagesordnung für morgen festzulegen. Sie können ein besseres Menü für uns vorbereiten (die Zeit des Abendessens rückte näher) als wir hier an diesem Tisch . . . Morgen also werden wir die Punkte, in denen wir übereinstimmen, vorbereitet haben."

Stalin: „Trotzdem werden wir den unangenehmen Dingen nicht entrinnen."

Churchill (unverzagt und von der eigenen Suada befeuert): „Wir werden uns zu ihnen vortasten."

Die Diplomaten saßen um den Tisch und sahen sich gegenseitig an. Keiner sprach.

Stalin: „Was machen wir heute? Sollen wir die Sitzung fortsetzen? Ich meine, wir könnten uns über die Einsetzung des Rates der Außenminister als eines vorbereitenden Gremiums für die kommende Friedenskonferenz unterhalten."

Truman: „In Ordnung."

Churchill: „In Ordnung."

Stalin: „Ich hätte gerne eine Erklärung für die Beteiligung Chinas an europäischen Angelegenheiten."

Truman: „China ist eines der fünf Mitglieder des Sicherheitsrates."

Stalin: „Die Entscheidung auf der Krim (Jalta) sieht vierteljährliche Zusammenkünfte der Außenminister vor. Soll Präsident Trumans Vorschlag die Krim-Vorschläge ersetzen?"

Truman: „Der Krim-Vorschlag war nur zeitbedingt."

Stalin: „Dann werden die vierteljährlichen Treffen der Außenminister fallengelassen? . . . Ich wüßte gerne, ob ich die Sache richtig sehe."

Truman: „Die Probleme, die vom Rat behandelt werden sollen, unterscheiden sich wesentlich von denen der normalen Sitzungen der Außenminister. Er ist für einen bestimmten Zweck eingesetzt worden . . ."

Stalin: „Soll der Rat Fragen der zukünftigen internationalen Friedenskonferenz vorbereiten?"

Truman: „Ja."

Churchill: „Die Konferenz, die den Krieg beenden soll."

Stalin: „In Europa ist der Krieg beendet. Der Rat wird das Datum für die Einberufung der Friedenskonferenz vorschlagen und bestimmen."

Man staunt über die direkte, offene und undiplomatische Wortverdrehung. Es besteht kein Zweifel, daß Truman nicht die Absicht hatte, eine Friedenskonferenz abzuhalten. Die Akten und Unterlagen, in denen die Idee eines Rates der Außenminister umrissen wird, sprechen eine deutliche Sprache und wiederholen sich in diesem Punkt. Dennoch beantwortete Truman Stalins Frage mit einem aufrichtigen, uneingeschränkten „Ja" – daran ist nicht zu rütteln. Die Aufzeichnungen der Briten, Amerikaner und Russen, offizielle Abschriften und informelle Vermerke, bestätigen die Konversation.

Wenn Churchill bei den Verhandlungen die große britische Geschichte ins Spiel brachte und Stalin einen Hauch von Fremdartigkeit, so profitierte Truman von seinem Ruf, mit offenem Visier zu kämpfen.

Er hatte damit das wesentlichste Element seiner Strategie abgesichert und konnte sich mit einem Pokergesicht zurücklehnen, während Churchill und Stalin die chinesische Teilnahme am Rat durchkauten. Auch Churchill meinte, China sollte ausgeschlossen werden. „Vielleicht kann diese Frage an die

Außenminister verwiesen werden", meinte Stalin. Truman ergriff schnell die Gelegenheit, in einem Punkt nachzugeben: „Ich habe keinen Einwand gegen den Ausschluß Chinas durch die Außenminister, wenn sie das für richtig halten."

Ein Schein guter Kameradschaft umgab die Großen Drei. Churchill ließ sich erweichen: „China kann anwesend sein, wenn asiatische Angelegenheiten besprochen werden." Stalin steuerte einen Scherz bei.

Stalin: „Da alle Fragen von den Außenministern geregelt werden sollen, werden wir nichts mehr zu tun haben."

Hier verzeichnet das Konferenzprotokoll: (Gelächter.)

Diese heitere Note gab eine gute Gelegenheit, die Sitzung zu beenden. Das Stichwort kam von Truman.

Truman: „Wir müssen die konkreten Fragen für die Diskussion der morgigen Sitzung spezifizieren."

Churchill: „Die Minister sollten uns drei oder vier Themen stellen – das gibt uns genug Arbeit."

Truman: „Ich will nicht nur diskutieren, ich möchte entscheiden."

Churchill: „Sie wollen jeden Tag etwas mit nach Hause nehmen."

Truman: „Ich schlage außerdem vor, wir sollten unsere Sitzung um vier Uhr anstatt um fünf Uhr beginnen."

Stalin: „Gut, in Ordnung."

Churchill: „Ich werde Ihren Befehlen gehorchen."

Stalin konnte dieser Gelegenheit, die Churchill ihm gab, nicht widerstehen.

Stalin: „Wenn Sie heute in einer so willfährigen Stimmung sind, Herr Premierminister, möchte ich gerne wissen, ob Sie die deutsche Flotte mit uns teilen werden?"

Churchill: „. . . diese Flotte sollte entweder versenkt oder geteilt werden."

Stalin: „Wollen Sie sie versenken oder teilen?"

Churchill: „Alle Kriegswaffen sind furchtbar."

Stalin: „So teilen wir sie doch. Wenn Mr. Churchill es wünscht, kann er seinen Anteil versenken; ich habe nicht die Absicht, es zu tun."

Mit diesem fröhlichen Ton endete die erste Plenarsitzung der Potsdamer Konferenz. Die Delegierten erhoben sich, sammelten ihre Akten ein und machten sich langsam auf den Weg in den angrenzenden Empfangsraum, wo die Russen ein kaltes Buffet vorbereitet hatten.

Eden war wütend auf Churchill. Die ganze deutsche Flotte befand sich in britischer Hand, und Eden betrachtete die Flotte als eines der besten Tauschobjekte Englands. Churchill verschleuderte die deutsche Flotte, meinte er: „(Ich) bestürmte ihn, unsere wenigen Trümpfe nicht ohne Gegenleistung wegzugeben. Aber er steht wieder unter Stalins Bann. Er wiederholt dauernd: ‚Ich mag diesen Mann.' Ich bin voller Bewunderung über die Art, wie Stalin ihn behandelt. Ich habe es ihm gesagt, in der Hoffnung, daß es Eindruck auf ihr macht. Ein bißchen hat es gewirkt."

Unter dem Einfluß des Champagners entstand eine gelöste Stimmung. Alte Freunde aus Jalta und Teheran tranken einander am Buffet zu. Da amtierte nun der alte Goberidge, Roosevelts Küchenchef in Jalta, als Maître d'hotel in Cecilienhof, kontrollierte die Muranogläser für den Champagner und sah sich die neuen Gesichter aus Amerika an. Cadogan mochte Gusew für dumm halten, aber alles in allem war es doch gut, mit ihm im selben Raum zusammen zu sein; das waren die Leute, die sich Tag für Tag mit den großen Angelegenheiten der Welt befaßten, hier war ihre Bühne, hier spielten sie ihre Rollen; die Gewißheit, daß dies die letzte Kriegskonferenz war, gab dem Ereignis eine Note sentimentaler Wärme.

Churchill, in mitteilsamer Stimmung, näherte sich Stalin. Der Generalissimus rauchte eine Zigarre. Wenn man ihn mit einer Zigarre sehen würde, bemerkte Churchill augenzwinkernd, „wird jeder sagen, daß das auf meinen Einfluß zurückzuführen ist". Wyschinskij tauchte auf. Er blicke so „mild und wohlwollend" drein, sagte Churchill zu ihm; er könne gar nicht glauben, daß der alte Staatsanwalt ein Scharfmacher sei. Er könne es, versicherte Wyschinskij, „wenn es notwendig ist". Kein Fünkchen Humor in Wyschinskij.

Na ja, schade. Churchill wanderte weiter und holte sich vom vielen Champagner und Kaviar eine Magenverstimmung.

Als die Gesellschaft im Aufbruch war und die Wagen sich langsam über den Kiesweg entfernten, erhielt Henry Stimson in seinem Hause in Babelsberg noch ein Telegramm:

DOKTOR KAM GERADE ENTHUSIASTISCH UND ZUVERSICHTLICH ZURÜCK, DASS DER KLEINE JUNGE (die zum Abwurf über Japan vorbereitete Bombe) SO KRÄFTIG IST WIE SEIN GROSSER BRUDER (die gezündete Alamogordo-Bombe). DAS LICHT IN SEINEN AUGEN SICHTBAR VON HIER (Washington) BIS HIGHHOLD (Stimsons Farm auf Long Island, 250 Meilen entfernt), UND ICH KONNTE SEIN GESCHREI VON HIER BIS ZU MEINER FARM (40 Meilen entfernt) HÖREN!

Die Offiziere, die das Telegramm dechiffrierten, nahmen an, Stimson wäre gerade Vater geworden, und fragten sich, ob die Konferenz nicht um einen Tag verschoben würde, um das freudige Ereignis zu feiern. Mit dem Telegramm in der Hand ging Stimson hinüber zu Trumans Villa zum Dinner.

Keiner der Konferenzteilnehmer hatte sich zum Abendessen umgezogen. Der Druck der Geschäfte und die Tatsache, daß man ja demokratische Staaten vertrat, verlangte einfach Sommeranzüge. Trotzdem gab es auf den Straßen von Babelsberg keinen, der eleganter aussah als Henry Stimson. Auch war kein anderer Staatsmann Nuancen so zugänglich wie er. Im Lauf des Tages war es ihm trotz all seiner Bemühungen nicht gelungen, an die Stelle der Gewalt die Überredung zu setzen. Vielleicht würde eine sorgfältig getextete Botschaft an die Japaner dieselbe gewaltige Wirkung haben wie die Bombe – aber diese Frage war nun völlig hypothetisch geworden. Vielleicht würde eine Information über die Existenz der Bombe das Vertrauen der Russen erhöhen – oder wenigstens ihren Verdacht nicht vermehren –, doch dieser Versuch wurde von Churchill blockiert. Stimson war 1900 33 Jahre alt gewesen. Er war in einer Welt der Diplomatie und der historischen Vergleiche aufgewachsen, einer Welt, die zwar Gewalt kannte, aber die Finesse vorzog. 1945 gab es keine Finesse mehr. Die Bridgespieler hatten den Pokerspielern Platz gemacht. Möglicherweise waren Heimlichtuerei, Betrug und Gewalt die einzigen Methoden, die Stalin achtete, aber Stimson fand sich da nicht zurecht.

Truman hatte Stimson, General Marshall, General Arnold und Admiral King zu sich eingeladen. Sie alle waren gegen die Pläne des Präsidenten mit der Bombe. Truman ließ es zu keiner Unterhaltung kommen; er erklärte, er würde keine Entscheidung fällen, solange er nicht einen vollständigen Bericht von

General Groves in Händen habe. (Im selben Augenblick überarbeitete in Washington Groves gerade seinen Bericht.) Die Gespräche wurden belanglos; durch die offenen Balkontüren über dem See flutete Klaviermusik herein. Sergeant Eugene List, aus Paris eingeflogen, spielte die Lieblingsstücke des Präsidenten. Truman bat um Chopins Walzer, Opus 42. List besaß jedoch keine Noten davon. Spät in der Nacht ging eine Order nach Paris: „Noten für Chopins Walzer, Opus 42, besorgen und sofort nach Babelsberg schicken."

„Ich speiste in der Offiziersmesse", berichtete Cadogan, „draußen auf dem Rasen spielte die Kapelle der Scots Guards. A. (Eden) aß allein mit dem Premierminister; er sagt, er habe ihm die Leviten gelesen und ihn besonders beschworen, Stalin (der genau wußte, wie er zu behandeln wäre) nicht immer nachzugeben. Nach dem Abendessen mußte ich zu den Amerikanern hinübergehen, um mit ihnen zu reden (Matthews und ein anderer Beamter des Außenministeriums) und das Durcheinander, das die Großen Drei angerichtet haben, ein wenig in Ordnung zu bringen . . ."

In Berlin tauschten die Zeitungsberichterstatter Gerüchte aus, und da sie so wenige Neuigkeiten von der Konferenz hörten, fingen die Reporter an, über die anderen Reporter zu berichten. „Hier treibt sich eine große Ansammlung internationaler Journalisten umher", schrieb der Sonderkorrespondent der Londoner *Times*, „und es wäre überraschend, wenn die Konferenz zum Abschluß gebracht werden könnte, ohne daß wahre oder erfundene Nachrichten durchsickern." Die Journalisten lasen die Meldungen ihrer Kollegen auf der anderen Seite der Erdkugel: „Heute in den späten Nachtstunden fand die dritte Beschießung der japanischen Inseln (50 bis 80 Meilen nordöstlich von Tokio) statt, meldet das Hauptquartier in Guam. Das amerikanische Schlachtschiff *Iowa* und das britische Schlachtschiff *King George V.* leiteten die Angriffe. Die Japaner schlugen nicht zurück."

Generalissimus Stalin blieb bis in die frühen Morgenstunden auf, koordinierte russische Truppenbewegungen in Richtung Ferner Osten und gab seinen Kommandeuren Befehle, mit größter Eile vorzugehen.

6. KAPITEL

Mittwoch, 18. Juli: Mittagessen

Am Mittwoch um 13 Uhr 15 blickte Lord Moran müßig aus dem Fenster von Churchills Haus, als er Präsident Truman vorfahren sah. „Sein festes, freundliches Gesicht“, berichtet Moran, „gibt jedem das Gefühl, daß er eine bedeutende Rolle spielen wird.“ Die Engländer eilten zur Eingangstür, um dem Präsidenten die Hand zu schütteln. Truman brachte Vaughan, Vardaman und Charlie Ross mit, sie wurden von Moran zum Mittagessen geführt, während der Präsident und der Premierminister allein aßen.

Truman hatte beide Telegramme aus Washington über die Atombombe mit und zeigte sie Churchill, der noch immer nicht in der Lage war, sein Entzücken über diese „welterschütternde Neuigkeit“ zu unterdrücken. Der Präsident schnitt die Frage an, was man Stalin sagen sollte. Im Gegensatz zu Stimson war er nicht der Meinung, man solle es den Russen einfach aus Ehrlichkeit sagen, sondern nur, um dem Vorwurf der Unehrlichkeit zu entgehen.

Andererseits wieder: wenn man es ihnen sagte, dann würden die Russen sicherlich schnellstens in den Krieg mit Japan eintreten und ihren Anteil am Sieg für sich in Anspruch nehmen. „Der Präsident und ich waren uns einig, daß wir (Stalins) Hilfe nicht mehr brauchten, um Japan zu erobern“, schrieb Churchill. Um die Russen also davon abzuhalten, rasch noch am Krieg gegen Japan teilzunehmen, durfte man ihnen nichts sagen.

Aus diesem Dilemma führte nur ein Weg, nämlich die Mitteilung an Stalin bis knapp vor den Abwurf hinauszuzögern und es Stalin dann mitzuteilen, ohne ihm wirklich etwas zu sagen. Wie sollte das vor sich gehen? Wenn man ihn schriftlich informierte, wäre es zu offiziell, es würde der Nachricht zu viel Gewicht beimessen. Ebenso würde Stalin, wenn er auf einer speziellen Zusammenkunft davon in Kenntnis gesetzt würde, die Bedeutung der Meldung begreifen und seine Truppen in den Fernen Osten jagen. Beiläufigkeit, das war's: ein Augenblick der emsigen Beschäftigung, wenn Stalins Sinn auf andere Dinge gerichtet wäre, an einem Tag nach der Plenarsitzung, wenn alle Diplomaten mit ihren Akten hantieren würden.

„Ich bin der Ansicht", sagte Truman beim Lunch, „ich sage es ihm am besten nach einem unserer Treffen, daß wir eine ganz neue Bombe haben, etwas ganz Außergewöhnliches (ohne das Wort ‚Atom' zu erwähnen), das nach unserer Ansicht entscheidende Wirkung auf die Entschlossenheit der Japaner, den Krieg fortzusetzen, haben wird." Churchill überlegte einen Augenblick und stimmte zu.

Truman und Churchill sahen sich im Krieg gegen Japan noch einer anderen Gefahr gegenüber: Japan könnte über diplomatische Vermittlung der Russen die Waffen strecken, ehe die Amerikaner gewonnen hätten. Am Abend zuvor hatte Stalin Churchill erzählt, die Japaner hätten einen Friedensfühler nach Moskau ausgestreckt. „Es heißt darin", teilte Churchill Truman mit, „daß Japan eine ‚bedingungslose Kapitulation' nicht akzeptieren könne, wohl aber andere Bedingungen."

Truman wußte von dem Friedensfühler und fragte Churchill, warum Stalin diese Nachricht nicht den Amerikanern weitergegeben hätte. Laut Churchill wollte Stalin bei Truman nicht den Eindruck entstehen lassen, die Russen „versuchten, ihn in Richtung Friedensschluß zu beeinflussen." Auch die Briten wollten bei den Amerikanern nicht den Eindruck erwecken, sie wären gegen „die Fortführung des Krieges gegen Japan, solange die Vereinigten Staaten diese für gut hielten".

„Wie dem auch sei", meinte Churchill, „ich grübelte über die ungeheuren Menschenverluste für Amerika und, in geringerem Maße, für England, wenn wir die bedingungslose Kapitulation erzwingen wollten. Man müßte überlegen, ob das nicht auch anders ausgedrückt werden könnte, so daß wir die Grundlagen für einen zukünftigen Frieden gesichert hätten und ihnen trotzdem den Anschein böten, ihre militärische Ehre zu retten und ihre nationale Existenz zu erhalten . . ."

Es schien also, daß die Russen und die Briten eine Modifikation der bedingungslosen Kapitulation akzeptieren würden. Und wenn die Amerikaner das täten? Dann kapitulierte Japan möglicherweise vor den Russen, oder zumindest über russische Vermittlung. Und wo wäre dann die Macht Amerikas im Fernen Osten?

Was konnte Truman tun, damit ihm der Sieg nicht entglitt? Er mußte dafür sorgen, daß die Japaner weiterkämpften, indem er auf der bedingungslosen Kapitulation bestand. Wenn dann die Atombombe kam, dann würden die Japaner vor Amerika kapitulieren. Bei fortschreitendem Countdown wurde die Strategie klarer und dringender. Stalin ließ eiligst Panzer und Truppen in den Osten bringen; Truman hoffte den Sieg zu erzwingen, ehe die Russen ihre Stellungen bezogen hatten.

Sollte dieses Geschwätz über die Änderung der Kapitulationsbedingungen denn nie enden? Truman wurde ungeduldig. Er nahm Churchills Hinweis auf die japanische „Ehre" auf und erwiderte, er sei nicht der Ansicht, die Japaner hätten „nach Pearl Harbour noch eine Soldatenehre". Soweit es Truman betraf, war das Thema beendet.

Eine etwas klägliche Stimmung überkam Churchill, als er sich die wachsende Stärke der Vereinigten Staaten, die Entschiedenheit und Aggressivität ihres Präsidenten, der im „amerikanischen Jahrhundert" das entscheidende Wort haben würde, vor Augen hielt. Churchill sprach über „die traurige Lage Großbritanniens, das mehr als die Hälfte seiner Auslandsinvestitionen für die gemeinsame Sache ausgegeben hatte, als wir ganz allein dastanden . . ."

Churchill erinnert sich, daß Truman ihm „voller Teilnahme" zuhörte. „Amerika schuldet England großen Dank", sagte Truman. „Wäre es wie Frankreich zusammengebrochen, so müßten wir die Deutschen heute an der amerikanischen Küste bekämpfen. Das verpflichtet uns, diese Angelegenheiten als über die rein finanzielle Ebene hinausreichend zu betrachten."

Aber wie weit Trumans Sympathie die Oberhand über finanzielle Erwägungen gewinnen würde, war wieder eine andere Sache. Deshalb fügte Churchill eine sanfte Drohung hinzu, von der er hoffte, sie würde die Amerikaner nervös machen: „Bis bei uns wieder alles läuft", sagte der Premierminister, „können wir nur wenig zur Sicherheit der Welt oder zu anderen wichtigen Vorhaben (der Vereinten Nationen) beitragen." Der Präsident sagte, er wolle „das Äußerste" tun, um zu helfen.

Truman brachte die Unterhaltung auf gewisse Flughäfen, die Amerika mit „enormen Kosten" auf britischen Territorien gebaut hatte. Die Amerikaner könnten diese Flughäfen nicht einfach aufgeben. Ein „gerechter Plan für gemeinsame Nutzung" müßte ausgearbeitet werden. Ja, meinte Churchill, er möchte ein „gegenseitiges Abkommen zwischen unseren beiden Ländern" vorschlagen, für Flughäfen und andere Stützpunkte „auf der ganzen Welt". Großbritannien war nun eine kleinere Macht als die Vereinigten Staaten, aber es „hätte viel zu bieten", das aus den großen Tagen des Empire geblieben war. „Warum sollten wir die Verteidigungsanlagen auf der ganzen Welt nicht gemeinsam benützen? Wir könnten die Beweglichkeit der amerikanischen Flotte um 50 Prozent erhöhen."

Ja, meinte Truman, das klinge alles sehr gut, doch Churchill schien sich etwas allzusehr dafür zu erwärmen. Jeder Plan, bemerkte Truman, müsse in „die Politik der Vereinten Nationen" passen. Das sei ganz in Ordnung, erwiderte Churchill, „solange diese Anlagen von England und den Vereinigten Staaten benützt werden. Es würde zu nichts führen, wenn sie jedermann zugänglich wären. Ein Mann kann einer jungen Dame einen Heiratsantrag machen, aber es hätte wenig Sinn, wenn sie ihm sagt, sie würde stets wie eine Schwester zu ihm sein."

Churchill mag gedacht haben, daß in dieser Sache England der junge Mann war.

Truman betrachtete natürlich England als den weiblichen Partner, aber das spielte keine Rolle. Nichts lag Truman ferner als der Gedanke an Heirat. Er wollte lieber bei den Vereinten Nationen herumflirten. Eine Liaison wäre ihm recht gewesen – aber nichts, was ihn an England allein binden würde. Er sagte natürlich davon zu Churchill nichts. Im Gegenteil, er verhielt sich äußerst ermutigend, so daß Churchill ganz hingerissen war von Trumans „außergewöhnlichem Charakter und Befähigung", seiner „einfachen und offenen Redeweise und einer großen Portion Selbstbewußtsein und Energie".

Vaughan unterbrach dieses kleine Tête-a-tête, um den Präsidenten zu Stalin zu bringen. Truman verabschiedete sich liebenswürdig. Es sei „das angenehmste Mittagessen“ gewesen, das er seit vielen Jahren gehabt habe. Churchill notierte, der Präsident „gebrauchte hin und wieder während unseres Gespräches Ausdrücke, die ich nur schwer ohne Bewegung hören konnte“.

Auf seinem Weg zur Tür bemerkte der Präsident ein Klavier, setzte sich hin und spielte ein paar Takte, was ihm die Bewunderung Lord Morans eintrug. Dann stieg er mit neuerlichen Worten der Freundschaft für Churchill die Vortreppe hinunter und eilte zu seinem Treffen mit Stalin.

„Winston hat sich in den Präsidenten verliebt“, notierte Moran. „Trumans Bescheidenheit und einfache Art sind wirklich entwaffnend.“

7. KAPITEL

Mittwoch, 18. Juli: 15 Uhr 04

Truman kam Mittwoch um 15 Uhr 04 in Stalins Haus, um einer kleinen Höflichkeitseinladung Folge zu leisten, eine Erwiderung des Besuches des Generalissimus im Kleinen Weißen Haus; in seiner Begleitung befanden sich Byrnes und Bohlen. Die Amerikaner wurden von Stalin und Molotow auf den Balkon an der hinteren Seite des Hauses gebeten, die auf den See blickte. Diesen See konnte man auch von Trumans und Churchills Villen und von Cecilienhof aus sehen. Truman blickte auf den See hinaus und machte eine Bemerkung über die Schönheit der dunklen Bäume im Hintergrund.

„Ich muß Ihnen das Neueste erzählen", sagte Stalin und gab Truman die Kopie einer Note, die der japanische Kaiser an seinen Botschafter in Moskau geschickt hatte. Truman tat so, als lese er die Botschaft. Da Stalin ihm bisher nichts von der Nachricht erzählt hatte, wird sich Truman gefragt haben, warum man sie ihm gerade jetzt mitteilte. Vielleicht wollte Stalin herausbekommen, ob Churchill den Präsidenten überredet hatte, die Kapitulationsbedingungen zu andern.

Es ging Truman nicht auf, daß Stalin die amerikanische Glaubwürdigkeit prüfen wollte, oder wollte er doch? Wir wissen nicht, wann Stalin von dem erfolgreichen Atombombenversuch erfahren hat. Mag sein, daß er bei dieser kurzen Begegnung bereits davon wußte. Wenn ja, dann dachte er vielleicht, der Präsident würde einen „Vertrauensbeweis" gegen den anderen austauschen.

Lohnte es die Mühe, diese Mitteilung zu beantworten, fragte Stalin.

Der Präsident erwiderte, daß er „nicht an den guten Willen der Japaner glaube".

Es sei vielleicht wünschenswert, sagte Stalin, „die Japaner einzulullen, möglicherweise sollte man eine allgemeine und unbestimmte Antwort geben, die darauf hinweise, daß der genaue Charakter der vorgeschlagenen Mission . . . nicht klar sei“.

Truman schien nachzudenken.

„Man könnte“, bot Stalin hilfreich an, „entweder die Sache vollständig ignorieren und sie gar nicht beantworten – oder aber eine endgültige Ablehnung schicken.“

Der Präsident erklärte, Stalins erster Vorschlag sei „zufriedenstellend“.

Tatsächlich, sagte Molotow, würde dies der Sachlage entsprechen, sei es doch nicht „hinlänglich klar“, was die Japaner im Sinne hatten.

So lagen Amerikaner und Russen in einem Rennen nach dem Fernen Osten. Truman, Stalin und ihre Adjutanten betrachteten die dunklen Bäume auf dem gegenüberliegenden Ufer des Sees.

8. KAPITEL

Mittwoch, 18. Juli: Abendessen

„Trotz allem", sagte Churchill über Stalin während des Krieges, „möchte ich, daß dieser Mann mich gern hat." Am Abend des 18. Juli ergab sich die Gelegenheit, mit dem Generalissimus Freundschaft zu schließen. Um 20 Uhr 30 erschien Churchill bei Stalin zum Abendessen und ging nach vielen Drinks und Beteuerungen ihrer guten Freundschaft um 1 Uhr 30 am Morgen. Nur ihre Dolmetscher, Major Birse für Churchill und Pawlow für Stalin, waren dabei.

„Der Marschall war sehr liebenswürdig", erzählte Churchill später Lord Moran, „ich gab ihm eine Packung meiner Zigarren, der großen, Sie wissen schon. Drei Stunden rauchte er an einer. Ich berührte einige heikle Angelegenheiten, ohne daß sich die Stimmung bewölkte. Er hat sehr vernünftige Ansichten über die Monarchie."

„In welcher Hinsicht?"

„Oh, er sieht ein, daß sie das Empire zusammenhält. Er war erstaunt, daß der König nicht nach Berlin gekommen ist."

Es folgte eine lange Pause.

„Ich glaube, Stalin wünscht, daß ich die Wahlen gewinne."

Während des Abendessens habe Stalin zu ihm gesagt, erzählte Churchill, „daß alle Nachrichten aus kommunistischen wie nichtkommunistischen Quellen seine Meinung bestätigt hätten, ich würde eine Mehrheit von etwa 80 Sitzen erhalten. Er glaubte, die Labour-Partei werde zwischen 220 und 230 Sitzen erzielen."

Churchill wandte bescheiden ein, er wäre nicht sicher, wie die Briefwahl der Soldaten ausfallen würde. Oh, sagte Stalin, die Armee bevorzuge eine starke Regierung, sie würden die Konservativen wählen. „Es schien klar", sagte Churchill, „daß er hoffte, seine Kontakte mit mir und Eden würden keine Unterbrechung erfahren."

Churchill konnte nicht ertragen, all diese Schmeicheleien unerwidert zu lassen, also schenkte er Stalin das Mittelmeer. Wenn Eden davon gewußt hätte, wäre er wütend gewesen. „Ich sagte, es sei meine Politik, Rußland als Großmacht auf den Meeren zu begrüßen."

Er erwärmte sich zusehends an dem Gegenstand. „Ich möchte", fuhr er fort, „russische Schiffe auf den Ozeanen fahren sehen. Rußland", erklärte der Premierminister und gebrauchte eine passende Metapher aus seinem reichen rhetorischen Schatzkästlein, „war wie ein Riese, dessen Nasenlöcher durch die schmalen Ausgänge aus der Ostsee und dem Schwarzen Meer zugeklemmt wurden".

Der Premierminister kam jetzt in Fahrt, und Stalin saß da und ließ ihn drauflosreden. „Ich sagte, daß ich persönlich einen Abänderungsantrag zum Abkommen von Montreux unterstützen, Japan hinauswerfen und Rußland Zugang zum Mittelmeer geben würde. Ich wiederholte, daß ich es begrüßen würde, wenn Rußlands Flotte auf den Weltmeeren erschiene und" – hier überschlug sich der Premierminister beinahe – „das bezog sich nicht nur auf die Dardanellen, sondern auch auf den Nord-Ostsee-Kanal, der ein Statut wie der Suez-Kanal haben sollte, und auch auf die warmen Gewässer des Pazifiks."

„Was ist mit der deutschen Flotte?" fiel Stalin ein. Rußland wollte seinen Anteil. Churchill gab sich hier vorsichtig, er war von Eden schon dafür gescholten worden, daß er die Flotte verschenken wollte. Sein Gesicht mag den Ausdruck eines verschlagenen Händlers angenommen haben – schlau, seine Karten nicht aufdeckend, schelmisch. „Ich habe nicht verneint", schreibt er.

Am 9. Oktober 1944 war Churchill mit Stalin in Moskau zusammengetroffen und hatte in einem Anfall von Schachergeist das Prinzip der Einflußsphären eingeführt, wenn nicht sogar einen automatisch ausführbaren Entwurf. Um festzuhalten, wie man dort, wo die Einflußsphären sich überschnitten, die Welt teilen sollte, „schrieb ich auf einem halben Blatt Papier folgendes nieder", berichtet Churchill in seinen Memoiren:

Rumänien:		Jugoslawien:	50 – 50%
Rußland	90%	Ungarn:	50 – 50%
die anderen	10%	Bulgarien:	
Griechenland:		Rußland	75%
Großbritannien*	90%	die anderen	25%
Rußland	10%		

* In Übereinstimmung mit den USA.

„Ich schob dieses Papier Stalin zu, der inzwischen die Übersetzung gehört hatte. Es entstand eine kurze Pause. Dann nahm er seinen blauen Bleistift, machte einen großen Haken und gab es uns zurück. Die Regelung dieser Frage nahm nicht mehr Zeit in Anspruch als ihre Niederschrift.

... Das beschriebene Papier lag in der Mitte des Tisches. Schließlich sagte ich: ‚Wird man uns nicht für zynisch halten, wenn man feststellt, daß wir diese Fragen, die das Schicksal von Millionen Menschen betreffen so leichthin entschieden haben? Sollten wir das Papier nicht verbrennen?‘ ‚Nein, behalten Sie es‘, sagte Stalin.“ Stalin hätte gerne erfahren, was Churchill über Ungarn dachte. Churchill hatte freilich über Ungarn noch gar nicht nachgedacht. Er würde Eden fragen müssen, wie die „augenblickliche Situation“ sei.

In allen Ländern, die von „der Roten Armee befreit worden sind“, erklärte Stalin, „hat sich die russische Politik bemüht, einen starken, unabhängigen, selbständigen Staat entstehen zu lassen“. Der Generalissimus war „gegen die Sowjetisierung auch nur eines dieser Länder. Es würde freie Wahlen geben, und man werde alle Parteien zulassen, die faschistischen ausgenommen.“

Churchill sprach dann über Jugoslawien. Er und Stalin hatten sich auf eine 50-zu-50-Teilung der „Interessen“ in Jugoslawien geeinigt. Jetzt stand es „neunundneunzig zu eins gegen England“, sagte der Premierminister. „Nein, keinesfalls“, erwiderte Stalin, „es steht eher 90 Prozent England, 10 Prozent Jugoslawien und 0 Prozent für die russischen Interessen. Die Sowjetregierung wußte oft nicht, was Tito vorhatte.“ Nun, meinte Churchill, man wüßte gerne, welche Absichten die Russen verfolgten. „Ich habe eine Linie vom Nordkap nach Albanien gezogen und die Hauptstädte östlich dieser Linie aufgezählt, die in russischer Hand sind. Es sieht so aus, als ob Rußland nach Westen rolle."

Stalin war überrascht. Nein, wirklich? Wo er doch Truppen aus dem Westen abzog! „In den nächsten vier Monaten werden zwei Millionen Soldaten demobilisiert und nach Hause zurückgeschickt."

Der Generalissimus sprach von den schweren Verlusten, die Rußland im Kriege erlitten hatte, und von der Notwendigkeit (was auch stimmte), die Truppen nach Hause zu schicken, um das zerstörte Land wieder aufzubauen.

Das Dinner wurde ein riesiger Erfolg. Churchill war am selben Tag zweimal verführt worden und schien es zu genießen. Einerlei, ob er wirklich hereingelegt worden war oder ob er es vortäuschte, der Endeffekt war der gleiche. Intim mit Truman, intim mit Stalin, drängte er beide zu einer Konfrontation. Er bestärkte Truman, Stalin zu täuschen, er ermutigte Stalin, in den Mittelmeerraum und darüber hinaus vorzudringen – und außerdem hoffte er, jeder würde Churchill mögen.

„Stalin gab mir sein Wort", sagte er zu Lord Moran, als er in dieser Nacht zu Bett ging, „daß es in den Ländern, die von seiner Armee befreit worden sind, freie Wahlen geben wird. Sie sind skeptisch, Charles? Ich weiß nicht warum. Wir müssen auf die Russen hören, sie haben zwölf Millionen Leute aufgestellt, und fast die Hälfte davon sind gefallen oder vermißt. Ich habe zu Stalin gesagt, Rußland sei ein Riese mit zugeklemmten Nasenlöchern. Ich dachte an die Meerengen der Ostsee und des Schwarzen Meeres. Wenn sie eine Seemacht sein wollen, warum nicht?" („Wenn der Premierminister einen Satz prägt, den er gut findet", notierte Moran, „dann wiederholt er ihn dauernd. Es muß alles recht gut gelaufen sein, wenn der Premierminister mit Stalin übereinstimmte, die Deutschen hätten keine eigene Meinung.")

„Stalin sagte, die Leute fragten sich, was nach seinem Tod passieren würde. Es sei alles geordnet; er habe gute Leute herangezogen, die in seine Fußstapfen treten würden. Die russische Politik würde keine Änderung erfahren."

Der Premierminister starrte einige Zeit auf den Teppich.

„Ich glaube", sagte er, „Stalin versucht so entgegenkommend zu sein, wie es ihm möglich ist."

9. KAPITEL

Die Außenminister

Nun hatten endlich die Berufspolitiker ihre Gelegenheit, die Welt in den Griff zu bekommen – am 18. Juli um 11 Uhr vormittag beim ersten Treffen der Außenminister. Ausschüsse wurden eingesetzt – Planungsausschüsse, Wirtschaftsausschüsse, Unterausschüsse für politische Fragen –, bis die Außenminister alle erdenklichen Gebiete mit einer ganzen Reihe von Sonderkommandos bedacht hatten, die sich in ihren Aufgaben überschnitten. Sie hatten auf der Stelle eine Bürokratie geschaffen, ein wirkliches Kunststück, und diese Bürokratie gab sofort beruhigende Lebenszeichen. Adjutanten, die mehr als einem Komitee zugeteilt waren, hatten Probleme mit ihrem Zeitplan.

Die Minister gingen direkt an die Arbeit, ohne sich mit höflichen Reden aufzuhalten. Molotow, der seine Ziele klar vor sich hatte, saß über den Tisch vorgeneigt, die Zigarette im Mundwinkel. Wegen seiner hartnäckigen Beharrlichkeit bei Verhandlungen hieß Molotow bei den Amerikanern stone ass – „Steinarsch". Byrnes „verläßt sich bei Verhandlungen auf sein Gefühl", wie George Kennan einmal sagte, „er geht ohne klaren und festgelegten Plan in die Sitzung . . . Er baut ausschließlich auf seine Beweglichkeit und Geistesgegenwart und hofft, Nutzen aus taktischen Eröffnungen zu ziehen." Eden, der Klassiker, zählte seine Verhandlungsvorteile wie Spielmarken zusammen und achtete auf Gleichgewicht und Symmetrie.

Deutschland war besiegt; sie hatten sich in Potsdam versammelt, um über Deutschland zu sprechen, also sprachen sie über Deutschland. Grundsätzlich stimmten die Großen Drei über Deutschland überein: Es mußte als vereinigtes Land unter einer einheitlichen Politik von den Vereinigten Staaten, England, der

Sowjetunion und Frankreich verwaltet werden; es sollte aus verwaltungstechnischen Gründen in vier Zonen geteilt und von einem zentralen Kontrollrat regiert werden, in dem alle vier Mächte vertreten waren.

Tatsächlich stimmten alle drei Mächte (sie nahmen sich einfach das Recht, auch für die vierte Macht, Frankreich, zu sprechen) einer einheitlichen Politik für Deutschland zu; zumindest stimmten alle den negativen Aspekten dieser Politik zu. Folglich legten die Außenminister zuerst die Maßnahmen, die allen geraten schienen, fest: Deutschland sollte entwaffnet und entnazifiziert werden; alle Nazis sollten aus dem öffentlichen Dienst entfernt werden; alle Gesetze, die aus Gründen der Rasse, des Glaubens oder der politischen Überzeugung Benachteiligungen brachten, sollten annuliert werden: Kriegsverbrecher sollten vor Gericht gestellt werden; Deutschland sollte sich bedingungslos den Befehlen der Besatzungsmächte fügen.

All dies war klar und deutlich genug, und doch hatte der Kontrollrat von Anfang an einen Makel. Sobald die vier Mächte im Rat sich nicht auf eine gemeinsame Politik einigen konnten, sollten die Verwalter der einzelnen Zonen nach eigenem besten Wissen und Gewissen handeln. Unter dieser freundlichen Voraussetzung begann ein geeintes Deutschland sofort auseinanderzubrechen, wie die Großmächte es vorausgesehen hatten und es auch wünschten. Die Raffinesse des Vorgangs lag genau in der Art, in der Deutschland auseinandergerissen wurde.

Molotow hatte eine Kleinigkeit am letzten Satz des Paragraphen 5 des amerikanischen Vertragsentwurfes auszusetzen. Gab es da nicht ein Schlupfloch, das einigen Nazis den Rückweg in ihre Ämter ermöglichen würde? Nein, meinte Eden, das beziehe sich nur auf die Nicht-Nazis. Es könnte sich auch, sagte Byrnes, „auf Leute beziehen, die nur Mitläufer der Partei waren oder unter Druck ihr beigetreten sind“. Aber er würde auf Molotows Wunsch die anstößige Formulierung ändern.

Es war eine kleine Angelegenheit, aber es schloß größere Bedeutung in sich ein. Die Russen wollten auch die letzte Spur des Nazismus austilgen – und die Mitglieder der deutschen Kommunistischen Partei in Führungspositionen setzen. Die Amerikaner wollten nicht so dogmatisch verfahren: immerhin waren viele deutsche Industrielle nominell Nazis gewesen, und sie wußten, wie man Fabriken in Gang hält. Die russische Zone in Deutschland war hauptsächlich Agrarland. Der Löwenanteil des deutschen Industriebesitzes lag in den anderen Zonen.

Eden schlug vor, man solle irgendwo eine Vorschrift hinzufügen, daß Beamte ihre Position – „ihr Wohlverhalten vorausgesetzt" – behalten könnten. Was aber hieß „Wohlverhalten"? Molotow spitzte die Ohren und erklärte: „Dazu braucht man nichts zu sagen."

Molotow machte dann wegen des Paragraphen 7, Abschnitt i, der örtliche demokratische Wahlen für Deutschland vorsah, einen spitzfindigen Einwand. War es nicht zu früh, jetzt schon an Wahlen zu denken? Der Kontrollrat sollte entscheiden, wann Wahlen abzuhalten seien, sagte Byrnes. „Vielleicht, aber im Augenblick wären Wahlen verfrüht", entgegnete Molotow. Wenn dem so sei, meinte Byrnes, „werden sie nicht abgehalten werden". „Wir sind doch wohl alle der Meinung", warf Eden ein, „daß momentan Wahlen verfrüht sind, aber daß sie so bald wie möglich abgehalten werden sollen." In diesem Fall, schlug Molotow vor, könne man den Paragraphen neu formulieren und die Erwähnung der Wahlen weglassen. Wahlen würden dann „der Entscheidung der Besatzungsmächte überlassen bleiben. Die Absicht sollte generell bestehen, aber wir sollten dabei Vorsicht walten lassen."

Molotows Formulierung war zugleich deutlich und unklar. Es war nicht ersichtlich, was er unter „Besatzungsmächten" verstand – ob es sich auf den Kontrollrat, der einstimmig handelte, oder auf die Zonenverwaltungen bezog, die unabhängig entschieden. Byrnes erklärte, „die Vereinigten Staaten hätten die Absicht, diese Formulierungen genau zu prüfen". Sobald die Vereinigten Staaten zur Überzeugung kämen, „daß ein bestimmtes Gemeinwesen in der Lage sei, Wahlen abzuhalten, so erschiene es zu einschränkend, die Entscheidung dieser Angelegenheit der Autorität des Kontrollrates zu unterstellen . . . Aufgrund der Umstände könnten an einem Ort Wahlen notwendig sein und an einem anderen Ort wieder nicht."

Kurz gesagt, die Amerikaner wollten selbst entscheiden, wann in ihren Zonen Wahlen stattfinden sollten. Dasselbe wollten die Russen. Das vereinigte Deutschland begann Risse zu zeigen.

Molotow hatte verschiedene Male während der Sitzung versucht, mit Byrnes und Eden ein Gespräch über die Teilung der deutschen Flotte in Gang zu bringen; doch beide verstanden es, dem Thema auszuweichen. Am nächsten Tag, dem 19. Juli, bestand Molotow darauf, daß die Flottenfrage, wofür die Russen ein Memorandum ausgearbeitet hatten, von den Außenministern an die Großen Drei überwiesen wurde. Byrnes und Eden stimmten zu – und Eden überreichte Dossiers über Jugoslawien und Rumänien, wo die Engländer wirtschaftliche Interessen hatten, zur Weiterleitung an die Großen Drei. So geschah es auch.

Molotow wollte über die polnische Exilregierung in London diskutieren. Sie sollte selbstverständlich aufgelöst und ihre Aktiva der neuen Regierung übergeben werden. Seine Hauptsorge war, daß nichts von diesen Aktiva in die Hände von „Privatleuten" fiel. Eden versicherte Molotow, keine Aktiva würden in die Hände von „Privatpersonen" gelangen. Darüber gebe es erst seit kurzem ein Gesetz, sagte Molotow; vorher könnten viele solcher Überantwortungen stattgefunden haben.

Nichts dergleichen sei vorgekommen, versicherte Eden; die Briten würden einfach darauf warten, daß ein Vertreter der neuen polnischen Regierung in London eintreffe, „damit sofortige Gespräche beginnen können".

Ja, meinte Molotow hartnäckig, aber er möchte die Wichtigkeit der „Dringlichkeit" hervorheben.

Man könne keine Gespräche „mit abwesenden Personen beginnen", erwiderte Eden eisig.

Gewiß, aber trotzdem wünschte Molotow, „die Dringlichkeit solle festgehalten werden".

Die Russen wollten Sachwerte, Beute, Wiedergutmachungen, Fabriken, die sie nach Hause verschiffen konnten, polnische Aktiva, wie immer man sie nun nennen wollte, woher sie auch kamen und in welcher Form sie sich präsentierten. Die Amerikaner und die Briten sprachen weiter über die Wahlen und „das Wohlverhalten" deutscher Beamter, das machte die Russen ungeduldig.

Am 20. Juli um 10 Uhr 30 morgens trat der Wirtschaftsunterausschuß zusammen. Iwan Maiskij, ein rundgesichtiger freundlicher Cherub mit einem Spitzbart – früher einmal war er ein flotter Journalist in der Londoner Fleet Street gewesen – stellte den russischen Plan vor. Das Hauptanliegen von Potsdam sei die Regelung der deutschen Frage, oder? Deshalb „ist die Hauptaufgabe des Kontrollrates die Ausschaltung des deutschen Kriegspotentials“. Das war eine logische Folgerung. Die generelle Politik, die „in gleicher Weise in allen Besatzungszonen verfolgt werden wird, wird das Wiedererstarken jener Teile der Volkswirtschaft verhindern, die die Basis der Schwerindustrie bilden . . .“ Und wie merzt man die Schwerindustrie am besten aus? Man beschlagnahmt die Fabriken und verlagert die Hälfte nach Rußland als Reparationszahlung!

Vom Gesichtspunkt der Amerikaner und der Briten barg der russische Wunsch mindestens vier entscheidende Gefahren: ein schwaches Deutschland war kein Hindernis für den russischen Vormarsch gegen Westen; ein armes Deutschland könnte zu einem revolutionären Deutschland werden, sogar zu einem kommunistischen Deutschland; ein ausgepowertes Deutschland war weder in der Lage zu exportieren noch amerikanische Waren zu importieren; und als letztes: wenn die Vereinigten Staaten Geld und Material nach Deutschland schickten, um es wieder zu einem starken, wohlhabenden Handelspartner und zu einem Bollwerk gegen Rußland aufzubauen, dann war es den Vereinigten Staaten sicherlich nicht recht, daß ihr Geld und Material einfach Deutschland passierten und als Reparationsleistungen weiter in die Sowjetunion gingen.

Zuerst kommt die Wiedergutmachung, sagte Maisky. Nein, sagten die Amerikaner, zuerst kommt der Wiederaufbau Deutschlands, und dann als zweites die Frage der Reparationen.

Auf alle Fälle würden die Deutschen Importe benötigen, um überhaupt zu überleben, meinten die Amerikaner. Alles, was man Deutschland wegnimmt, sollte als Vergütung für Importe verwendet werden. Vor den Reparationen müsse die Bezahlung der Importe kommen.

„Aha“, sprudelte Maiskij hervor: „Jeder würde sagen, daß die Wiedergutmachungen zuerst kommen und dann erst die Importe, denn wir haben viel durchgemacht – aber die Kapitalisten wollen ihre Profite aus dem Außenhandel und scheren sich nicht darum, ob die Menschen, die so gelitten haben, eine Wiedergutmachung erhalten. Außerdem: Wenn die Deutschen davon hören, werden sie zu beweisen versuchen, daß sie ohne sehr große Einfuhren nicht leben und auch nicht exportieren können."

Einer der amerikanischen Unterhändler war Will Clayton, ein Selfmademan, groß, zäh, blauäugig, das graumelierte Haar in der Mitte gescheitelt. Ihm gehörte eine der größten Baumwollhandelsfirmen in den Vereinigten Staaten, mit Interessen in der ganzen Welt. Einige Jahre zuvor hatte es ein Gerücht in Washington gegeben, daß Clayton eine geplante Abteilung für wirtschaftliche Kriegführung übernehmen sollte. Der Plan kam zwar nie zur Durchführung, doch Clayton, jetzt Staatssekretär im Außenministerium, blieb ein fester Anhänger eines aggressiven Kapitalismus. Er versuchte die amerikanischen Grundsätze einfach darzustellen: „Es ist genau wie die Konkursverwaltung einer großen Gesellschaft. Wenn eine Eisenbahngesellschaft ihre Schulden nicht zahlen kann, sorgt der Konkursverwalter für die Aufrechterhaltung des Betriebs, stellt Treuhandzertifikate aus, die allen anderen Schulden vorangehen, denn sonst würden die Gläubiger gar nichts bekommen." Die Bankiers, erklärte Clayton geduldig, würden sich zu keiner anderen Finanzierung bereitfinden.

Bankiers, Finanziers, Profitmacher, was war das für eine Sprache? „Niemals wird das russische Volk, das so viele Opfer gebracht hat, verstehen", hielt man Clayton entgegen, „warum die Wall-Street-Bankiers vor ihnen bezahlt werden sollen!"

Der Unterausschuß für Wirtschaftsfragen kam zur Auffassung, keine Übereinstimmung erzielt zu haben, und schob die Frage den Außenministern zu. Doch die Wirtschaftler irrten sich, wenn sie dachten, die Sache los zu sein. Die Reparationsfrage geisterte in Potsdam während der ganzen Konferenz herum; sie entfachte Mißtrauen, erhitzte die Gemüter, führte zu Auseinandersetzungen und schließlich zur endgültigen Teilung Deutschlands.

Als dann um 11 Uhr 30 die Außenminister zusammentrafen, war es jedem offenbar, daß die Potsdamer Konferenz in vollem Gange war: die Experten hatten sich in ein solches Stundenplangewirr verheddert, daß die Verhandlungen fast gänzlich lahmgelegt wurden. Molotow fing damit an, indem er unschuldig sagte, der nächste Punkt auf der Tagesordnung sei die

Gründung des Rates der Außenminister. Byrnes fragte, ob der Bericht des Unterausschusses fertig sei.

„Mr. Molotow stellte fest, daß kein Unterausschuß ernannt worden sei.

Mr. Byrnes erklärte, die Unterlagen seien zur Prüfung an den Planungsausschuß zurückgegeben worden, der diese Fragen behandeln sollte.

Mr. Molotow erkundigte sich, ob ein allgemeiner Planungsausschuß existiere, in dessen Zuständigkeit alle diese Fragen fielen.

Mr. Byrnes antwortete, daß ein Sonderausschuß eingesetzt worden sei, um das Dokument für den Rat der Außenminister zu entwerfen. Das Komitee sei an der Arbeit, und er wolle wissen, ob der Bericht fertiggestellt sei.

Mr. Molotow fragte, wer von der amerikanischen Delegation diesem Ausschuß angehöre.

Mr. Byrnes nannte Mr. Dunn und Mr. Cohen.

Mr. Cohen erklärte, das Komitee habe wegen anderweitiger Verpflichtungen Sobolews erst heute früh zusammentreten können und seine Arbeit sei noch nicht beendet.

Mr. Byrnes bemerkte, man könne nichts tun, solange nicht der Bericht des Komitees vorliege. Er schlug sodann vor, das Dokument über die Durchführungsbestimmungen der Deklaration von Jalta über die befreiten Gebiete auf die Tagesordnung des Treffens der Großen Drei von heute nachmittag zu setzen.

Mr. Molotow erwiderte, diese Frage käme als nächste, auch wünsche die russische Delegation eine Einigung über den Rat der Außenminister zu erzielen.

Mr. Byrnes stellte fest, die amerikanische Delegation sei äußerst bemüht, eine Einigung über den Rat der Außenminister zustande zu bringen, und er wäre bereit, die amerikanischen Ausschußmitglieder zu bitten, die Sitzung zu verlassen und unverzüglich mit der Arbeit zu beginnen.

Mr. Molotow antwortete, das sowjetische Mitglied des Planungsausschusses befinde sich im Augenblick in einer Wirtschaftssitzung."

Nachdem sie in diese Sackgasse geraten waren, gerieten die Außenminister über die Themen, die bei ihrem Treffen besprochen werden sollten, vollends in ein Durcheinander. Molotow wollte über Fragen der Treuhänderschaft sprechen; Eden wollte solange nichts von Treuhänderschaft hören, ehe er nicht von Molotow eine befriedigende Antwort hinsichtlich der britischen Ölinteressen in Rumänien erhalten hatte. Byrnes war bereit, über alles zu sprechen, vorausgesetzt nur, daß er zuerst die amerikanische Position zur Jalta-Erklärung über das befreite Europa deponieren und damit eine starke Stellung beziehen konnte, von der aus später dann, wenn es zum Feilschen kam, Kompromisse möglich waren.

Die Reihenfolge der Tagesordnung ebenso wie die Form des Konferenztisches begründeten die Wechselbeziehung zwischen den Nationen und Themen. Die Außenminister diskutierten ausführlich, welche Fragen sie besprechen wollten, bis schließlich Molotow die Frage der Treuhänderschaft völlig fallenließ und eine geänderte Tagesordnung für den Vormittag vorschlug:

1. Italien
2. Befreites Europa
3. Rumänien

Das erste Thema würde Molotow die Gelegenheit geben, an der westlichen Einflußsphäre zu nörgeln, das zweite würde Byrnes Gelegenheit geben, sich zu revanchieren, und zum Schluß kam Edens Lieblingsthema.

Als erster sprach Byrnes. Er sagte schnell: „Die amerikanische Ansicht über Italien ist in der Akte des Präsidenten vom 17. Juli festgelegt.“ In dieser wird die völlige Normalisierung der Beziehungen zu Italien verlangt und Italien aufgefordert, den Vereinten Nationen beizutreten. Da gab es wirklich nichts zu diskutieren.

Hinter Byrnes' Feststellung stand der Wunsch der Vereinigten Staaten, ihre westeuropäische Einflußsphäre herauszuarbeiten und ihr formale Anerkennung zu verschaffen. Der erste Schritt zu diesem Ziel war die Einladung an Italien, den Vereinten Nationen beizutreten. Die Russen glaubten zwar nicht wirklich daran, diesen Plan vereiteln zu können, aber sie meinten doch, die Vereinigten Staaten müßten dazu gebracht werden, sich die Angelegenheit etwas kosten zu lassen.

„Mr. Molotow . . . fragte, ob Italien Reparationszahlungen unterworfen werden könnte.“

Byrnes schien von dieser Frage betroffen: „Womit sollen sie zahlen?"

Molotow wußte es nicht, oder er wollte nicht sagen, daß seiner Meinung nach Reparationen von der Hilfe kommen könnten, die Amerika nach Italien sandte, aber er beharrte: „Jemand muß die Frage der italienischen Wiedergutmachung erwägen."

Eden versuchte der Frage auszuweichen, indem er geschmeidig der Auffassung war, daß „diese Frage im Friedensvertrag geregelt werden würde".

Doch Byrnes wollte das Thema nicht umgehen. Er hatte sich von Molotows Schlag erholt und erklärte dem russischen Außenminister, die Vereinigten Staaten hätten Italien bereits 200 Millionen Dollar vorgeschossen und würden wahrscheinlich weitere 400 bis 500 Millionen springen lassen müssen. Reparationen, sagte der Außenminister, „scheinen den Vereinigten Staaten im Augenblick nicht das entscheidende Problem zu sein" – was bedeuten sollte, niemand habe etwas aus Italien wegzunehmen, was Amerika hingeschickt hatte.

„Wie würde es vor der Welt aussehen", fragte Molotow, „wenn das kleine Finnland große Wiedergutmachungen zu leisten hätte und das große Italien keine?"

Byrnes hätte Molotow sagen können, es sei Rußlands Problem, wenn es Finnland ausrauben wolle und dann die Klagen der ganzen Welt darüber hören müsse. Er beherrschte sich jedoch und antwortete mit gehaltener Höflichkeit, daß „man möglicherweise in den kommenden Jahren einen Plan für Italien ausarbeiten können wird, um einen Zahlungsmodus zu vereinbaren". Er müsse jedoch „in Freundschaft sagen", die Amerikaner hätten nicht vor, Kredite zu geben, nur damit mit diesen Krediten Reparationen bezahlt werden.

Fort mit dem Gedanken! Molotow erwiderte schnell, daß er das auch nicht vorgeschlagen habe.

In Ordnung. Byrnes wollte nur „die Situation völlig klarstellen".

Damit war die Sache mit der italienischen Wiedergutmachung geregelt – zumindest glaubte es Byrnes. Dann sprach Molotow noch einmal. Er schlug vor, der Unterausschuß solle die Frage der italienischen Reparationen prüfen.

War die Frage der italienischen Wiedergutmachung nicht gerade erledigt worden? Byrnes wiederholte, was er eben gesagt hatte. Um einige Punkte konnte man feilschen, aber nicht um diesen. Die Vorstellung allein, daß Molotow dachte, die Vereinigten Staaten würden auf dem Umweg über Italien einfach Zahlungen an die Sowjetunion leisten, erboste ihn.

Also gut, meinte Molotow, aber sobald der Unterausschuß den Auftrag bekomme, über Italien zu verhandeln, „sollten auch die Reparationen diskutiert werden".

Die Tatsache, daß Byrnes angesichts einer solchen Provokation ruhig blieb, ist bemerkenswert. Er machte den Vorschlag, da keine Einigung zu erzielen sei, das Thema an die Regierungschefs weiter zu geben. In der Zwischenzeit würden die Außenminister die Bildung eines Unterausschusses empfehlen, der ein Memorandum über den Eintritt Italiens in die Vereinten Nationen entwerfen solle.

Gut, sagte Molotow, und wenn die Außenminister den Regierungschefs über die Bildung des Unterausschusses berichteten, könnten sie vorschlagen, daß „die Frage der Reparationen an diesen oder einen anderen Unterausschuß verwiesen würde".

Byrnes schwieg.

Als nächstes, sagte Molotow, sei man übereingekommen, die Deklaration von Jalta über das befreite Europa zu besprechen. In Trumans Erklärung hatte der Präsident das Verhalten der Sowjets in Osteuropa angegriffen. Nun, dieses Spiel konnten auch zwei spielen. Molotow unterbreitete einen sowjetischen Entwurf für ein Memorandum über die Deklaration von Jalta, in dem einige böse Sachen über England zu lesen waren. In Griechenland, so hieß es, unterstützten die Briten das Militär und im allgemeinen sehr konservative Gruppen. Es hätte keine Wahlen in Griechenland gegeben, und die Sowjets hätten den Eindruck, als unterdrückten die Briten die wahrhaft demokratischen Kräfte in Griechenland mit Waffengewalt.

„Mr. Eden stellte ziemlich gereizt fest, er möchte sofort betonen, daß die Beschreibung der Zustände in Griechenland im sowjetischen Bericht eine vollständige Verdrehung der Tatsachen sei. Die Sowjetregierung habe in Griechenland keine Vertretung, obgleich ihr dies offenstehe. Der gesamten Weltpresse stehe es frei, nach Griechenland zu kommen, sich die Dinge dort anzuschauen und der Welt ohne jede Zensur mitzuteilen, was dort vor sich gehe. Unglücklicherweise sei dies weder in Rumänien noch in Bulgarien möglich. Die griechische Regierung habe ordnungsgemäße Wahlen unter Beteiligung aller Parteien vorgeschlagen. Die derzeitige griechische Regierung habe internationale Beobachter zur Prüfung dieser Wahlen eingeladen. Leider stelle die Lage in Rumänien und Bulgarien sich ganz anders dar.

Mr. Molotow äußerte, daß es ja diplomatische Vertretungen in Rumänien und Bulgarien gebe, britische Repräsentanten miteingeschlossen.

Mr. Eden erklärte, diese Repräsentanten hätten wenig Möglichkeiten, irgend etwas zu sehen, und noch weniger, etwas zu unternehmen. Zusätzlich habe die Presse in diesen Ländern nicht die Möglichkeit, sich frei zu bewegen.

Mr. Molotow bemerkte, die Zahl der britischen Vertreter in Bulgarien und Rumänien sei größer als die Zahl der Sowjetvertreter. Es gebe dort zwar keine britischen Truppen, aber viele politische Beobachter. Er meinte, daß die britische Regierung dort genug Leute habe, um sich zu informieren."

Byrnes mischte sich ein und stellte fest, daß, solange die westliche Presse in diesen osteuropäischen Ländern keine Bewegungsfreiheit habe, die Vereinigten Staaten im Augenblick diese Länder nicht anerkennen könnten.

Molotow versuchte die Kritik wieder auf den Westen zu lenken, indem er feststellte, daß es „in Bulgarien oder Rumänien keine Ausschreitungen wie in Griechenland gebe". Auf welchen Quellen diese Feststellung beruhe? Nun, auf der „amerikanischen und britischen Presse". Wie dem auch sei, „die Sowjetregierung kann die diplomatische Anerkennung der osteuropäischen Regierungen nicht länger hinauszögern".

Auch die Vereinigten Staaten könnten sie anerkennen, meinte Byrnes, sobald Wahlen stattfänden. Kein Problem, versicherte Molotow; es würde Wahlen geben, „sobald die Kandidaten aufgestellt werden können".

„Mr. Eden wies auf den Unterschied zwischen Griechenland, wo alle Parteien an den Wahlen teilnehmen würden, und Bulgarien hin, wo die Stimmen nur für oder gegen die aufgestellte

Liste abgegeben werden können. Dieser Tatbestand decke sich nicht mit der britischen Vorstellung von Demokratie. Die Presse der Welt könne aus Griechenland jede Nachricht bringen, und das gelte auch für den TASS-Vertreter. Auf der anderen Seite könnten britische Pressevertreter nichts aus Bulgarien und Rumänien berichten, was nicht eine äußerst strenge Zensur passierte.

Mr. Molotow versicherte, es gäbe keinen Grund zur Furcht vor einer Verzögerung oder vor einer Wahl, die nicht frei sei. Die Situation in Griechenland jedoch liege anders. Die Lage sei gefährlich. Mr. Molotow zitierte kriegerische Reden, die in Griechenland gegen die Nachbarländer gehalten worden seien.

Mr. Eden warf ein, es sei ihm bekannt, daß in Jugoslawien Presse und Rundfunk Griechenland aggressive Absichten vorwerfen. Dieselben Anklagen enthalte das Dokument, das diesen Morgen von der sowjetischen Delegation vorgelegt worden sei."

Die Debatte begann sich zu erhitzen.

„Mr. Molotow beharrte darauf, daß es keinen Zusammenhang zwischen dem Sowjetdokument und der jugoslawischen Regierung gebe.

Mr. Eden antwortete, er habe nur gesagt, die Formulierung sei die gleiche. Der Premierminister habe gestern Zahlen genannt, die bewiesen, daß es lächerlich wäre, von einem aggressiven Griechenland zu sprechen. Das habe gar nichts mit der Anwesenheit britischer Truppen in Griechenland zu tun. Er könne nur annehmen, daß die sowjetischen Verbündeten die britischen Zusicherungen betreffs der Zahl der griechischen Truppen nicht akzeptierten. Griechenland habe weder die Absicht noch die Mittel, aggressiv zu sein.

Mr. Molotow bemerkte, Mr. Edens Logik sei richtig, aber die Tatsache bleibe bestehen, daß Kriegsreden gehalten worden seien.

Mr. Eden erwiderte, ihm sei die Flut der Beschimpfungen bekannt, die sich von Radio Moskau und aus Jugoslawien auf Griechenland ergösse, aber er könne nur feststellen, daß diese Berichte unrichtig seien.

Mr. Molotow erklärte, die Fakten seien der amerikanischen und britischen Presse entnommen.

Mr. Eden gab an diesem Punkt seiner Hoffnung Ausdruck, daß das sowjetische Papier zurückgezogen werde. Es sei ein unglückliches Dokument über einen Alliierten.

Mr. Molotow entgegnete, er bitte um Rücksicht und um die Tatsachen.

Mr. Eden meinte, es sei leicht für die Sowjetregierung, sich an Ort und Stelle von den Tatsachen zu überzeugen.

Mr. Molotow schlug vor, der Terrorherrschaft in Griechenland ein Ende zu setzen und die Regierung neu zu bilden.

Mr. Eden wiederholte, es gebe keinen Terror.

Mr. Molotow bemerkte wieder, er habe darüber in der englischen Presse gelesen."

Eden konnte in diesem Augenblick recht wenig tun. Er konnte nicht vom Tisch aufstehen und den Raum verlassen, der Zeitpunkt zum Abbruch der Verhandlungen war noch nicht gekommen. Unter den gegebenen Umständen gab der britische Außenminister die schärfste Erklärung ab, die er geben konnte.

„Mr. Eden erklärte, er werde über das Sowjetdokument dem Premierminister berichten, denn es enthalte schwere Anklagen gegen die britische Regierung."

Molotow machte sogleich einen Rückzieher.

„Mr. Molotow verneinte das und erklärte, die Anklagen richteten sich gegen die griechische Regierung."

Aber Eden wollte nicht Frieden schließen. Hier war die Gelegenheit, einen kühlen Krieg, wenn nicht einen heißen, zu erklären.

„Mr. Eden erwiderte, Mr. Molotow wisse wohl, daß die Briten Truppen in Griechenland stationiert hätten. Man müsse an dem Sowjetdokument schweren Anstoß nehmen."

Das dritte Treffen der Außenminister wurde vertagt.

10. KAPITEL

Die Regierungschefs

Sir William Hayter, ein Mitglied der britischen Delegation, schreibt: „Churchill war müde und unter seiner Form. Er litt auch unter dem Glauben, daß er alles wisse und keine Akten zu lesen brauche. Stalin kam fast immer verspätet zu den Zusammenkünften, und wir verbrachten lange Wartezeiten in dem Aufenthaltsraum, der der britischen Delegation zugewiesen war – die Bibliothek des Kronprinzen. Das wäre eine gute Gelegenheit zum Studium von Akten gewesen, aber stattdessen lasen er und der Außenminister die Bücher des Kronprinzen und tauschten Scherze über die komischen Widmungen aus – ‚dem lieben kleinen Willy von seiner liebenden Urgroßmutter Victoria R. I.' und derlei."

Als die Plenarsitzung der Regierungschefs am 18. Juli eröffnet wurde, versuchte Churchill etwas überdeutlich, sich in Szene zu setzen. Wie er erwähnte, befanden sich 180 Zeitungskorrespondenten in Berlin, die versuchten, über die Konferenz Informationen zu erhalten, und in ihrer Enttäuschung wütend und beleidigt herumzögen.

Stalin: „Das ist ja eine ganze Kompanie. Wer hat sie hereingelassen?"

Churchill (beschwichtigend): „Sie sind nicht hier auf dem Gelände, sondern in Berlin. Natürlich können wir nur dann ruhig arbeiten, wenn Geheimhaltung herrscht, und wir sind verpflichtet zu dieser Geheimhaltung." Dann machte er ein großzügiges Angebot: „Wenn meine beiden Kollegen beistimmen, könnte ich, als alter Journalist, ein Gespräch mit ihnen führen und ihnen die Notwendigkeit der Geheimhaltung bei unseren Zusammentreffen verständlich machen . . . Ich glaube, man sollte sie ein bißchen streicheln, um sie zu beruhigen."

Truman und Stalin hatten nicht die Absicht, sich von Churchill die Schlagzeilen rauben zu lassen. „Jede unserer Delegationen hat eine eigene Presseabteilung“, versetzte Truman geschwind. „Lassen wir sie ihre Arbeit tun.“

Churchill schien schrecklich schwerhörig zu sein. Er unterbrach; er schweifte ab; wenn er eine Bemerkung von Stalin nicht verstand, lehnte er sich in seinen Stuhl zurück und fragte in einer Art Bühnengeflüster um Rat bei seinen Adjutanten in der zweiten Reihe. Wenn er auf Stalins Äußerungen nicht gleich eine Antwort bereit hatte, bat er einen seiner Mitarbeiter, ihm einen Teil einer Akte vorzulesen. Er konnte nichts verstehen; der Adjutant mußte schreien. Die Konferenz kam zum Stillstand, die Briten sahen peinlich berührt drein. Und dann ließ Churchill, strahlend oder zürnend, mit gedämpfter oder hallender Stimme, sich in unwichtigen Einzelheiten ergehend oder große Grundsatzfragen anschneidend, wieder eine nicht enden wollende Rede vom Stapel. Mit jedem Wort versuchte er die Kluft zwischen Amerika und Rußland zu verbreitern.

Churchill mag erschöpft und schlecht informiert gewesen sein, aber er verstand es immer noch, Unruhe zu stiften und Streit zu entfachen. Wenn Truman oder Stalin eine Auseinandersetzung aufschieben oder ihre Meinungsverschiedenheiten einstweilen zurückstellen wollten, wußte Churchill, wie er sie wieder auf Gefechtsposition bringen konnte. Er begann mit Definitionen. Deutschland wurde erwähnt.

„Ich möchte nur eine Frage beantwortet haben“, sagte Churchill unschuldig. „Ich stelle fest, hier wird das Wort ‚Deutschland‘ verwendet. Was bedeutet ‚Deutschland‘ heute? Soll man es im selben Sinne verstehen wie vor dem Kriege?“

Truman war vorsichtig: „Wie versteht die sowjetische Delegation die Frage?“

Stalin: „Deutschland ist das, was es nach dem Kriege geworden ist. Es gibt kein anderes Deutschland. So verstehe ich die Frage.“

Das paßte Stalin; nach dieser Definition gehörten Teile Deutschlands nicht mehr zu Deutschland. Die Polen hielten zum Beispiel ein großes Gebiet besetzt. Wenn man unter Deutschland das verstand, „was es nach dem Kriege geworden war“, dann war ein Teil schon von Polen geschluckt. Durch diese Interpretation würden England und Amerika schon ein Stück von Deutschland verloren haben, bevor der Handel überhaupt begann.

Truman: „Kann man Deutschland so nehmen, wie es vor dem Kriege im Jahre 1937 war?"

Stalin: „Wie es 1945 ist."

Bevor er diese Definition akzeptierte, wollte Truman lieber – um der Argumentation willen – vorgeben, daß es Deutschland überhaupt nicht gab.

Truman: „Es hat alles im Jahre 1945 verloren; es gibt Deutschland einfach nicht mehr."

Stalin wollte Truman nicht so leicht von der Angel lassen.

Stalin: „Deutschland ist, wie wir sagten, ein geographischer Begriff. Wollen wir es zunächst so verstehen. Wir können uns den Ergebnissen des Krieges nicht verschließen."

Die Debatte war nun in vollem Gange, und Churchill lehnte sich zurück und genoß das Ganze.

Truman: „Ja, aber es muß eine Definition des Begriffes ‚Deutschland' festgelegt werden. Ich glaube, das Deutschland von 1886 oder von 1937 ist nicht dasselbe wie das heutige Deutschland im Jahre 1945."

Stalin: „Es hat sich auf Grund des Krieges verändert, und so wollen wir es verstehen."

Truman: „Ich stimme damit überein, aber irgendeine Definition des Begriffes ‚Deutschland' muß gefunden werden ... Vielleicht sollten wir Deutschland so verstehen, wie es vor dem Kriege, im Jahre 1937, war?"

Stalin: „Formal können wir es so verstehen, aber in Wirklichkeit ist es nicht so. Wenn eine deutsche Verwaltung in Königsberg erschiene, würden wir sie hinauswerfen, mit Sicherheit würden wir sie hinauswerfen."

Truman: „In Jalta sind wir übereingekommen, die territorialen Fragen auf einer Friedenskonferenz zu regeln. Wie werden wir also den Begriff ‚Deutschland' interpretieren?"

Stalin: „Legen wir doch die Westgrenze Polens fest, und wir werden in der deutschen Frage klarer sehen. Ich finde, man kann schwer sagen, was Deutschland heute ist. Es ist ein Land ohne eine Regierung, ohne feste Grenzen ... Deutschland hat keine Truppen ... Es ist in Okkupationszonen aufgeteilt.

Stellen Sie das in Betracht und sagen Sie mir, was Deutschland ist. Es ist ein geschlagenes Land."

Truman (hartnäckig): „Könnten wir vielleicht Deutschlands Grenzen von 1937 zum Ausgangspunkt wählen?"

Stalin: „Wir könnten überall beginnen . . . Ja, wir können auch das Deutschland von 1937 nehmen, aber nur als Ausgangspunkt."

Um sicher zu gehen, daß alle es verstanden hatten, wiederholte Churchill: „Nur als Ausgangspunkt." Und Truman bestätigte: „Wir sind uns einig, das Deutschland von 1937 als Ausgangspunkt zu nehmen." Mit dieser Definition, die keiner als endgültig ansah, waren sie übereingekommen, daß sie sich nicht geeinigt hatten.

Nachdem er eine Meinungsverschiedenheit aufgezeigt hatte, demonstrierte Churchill als nächstes, wie schwierig es war, Meinungsverschiedenheiten zu bereinigen. Die Vereinigten Staaten und die Sowjetunion waren sich über die Auflösung der polnischen Exilregierung beinahe schon einig.

„Herr Präsident", sagte Churchill, „ich möchte erklären, daß die Bürde dieser Angelegenheit auf der britischen Regierung ruht, denn als Hitler Polen angriff, nahmen wir die Polen auf und gaben ihnen Asyl." Und der Premierminister begann seine Verbündeten mit einer Darstellung der Aktiva der polnischen Zentralbank, einem Bericht über die Unterbringung des früheren polnischen Botschafters, der Frage der Abstandszahlungen an frühere Angestellte der polnischen Exilregierung zu langweilen. Stalin unterbrach: „Haben Sie den Entwurf der russischen Delegation über Polen gelesen?" Ja, gewiß, sagte Churchill: „Meine Ausführungen sind eine Antwort auf diesen Entwurf" – wiewohl es nicht ganz klar war, inwieweit sie eine Antwort darstellten.

Dann kam noch eine Rede – vielleicht um Truman zu zeigen, wie sehr die Londoner Polen den amerikanischen Präsidenten in Verlegenheit bringen konnten: „. . . Es ist nicht möglich – zumindest nicht in England – Leuten das Leben und das Reden zu verbieten. Diese Leute treffen Parlamentsmitglieder und haben ihre Beschützer im Parlament." Nicht, daß Churchill sie ermutigte: „. . . Wir als Regierung haben keine Verbindung zu ihnen. Mr. Eden und ich sind nie mit ihnen zusammengewesen, und seit Herr Mikolajczyk uns verlassen hat, weiß ich auch gar nicht, was ich mit ihnen machen soll, ich sehe sie nie ... Wir betrachten sie als nicht existent und im diplomatischen Sinne als gestrichen. Aber", warnte Churchill, „ich weiß nicht, was ich tun soll, wenn Arciszewski in London herumläuft und mit den Journalisten spricht."

Truman machte sich gar keine Sorgen über die öffentliche Meinung der Polen, weder in England noch in den Vereinigten Staaten. Die Großen Drei hätten ihre karge Tagesordnung für heute erledigt, erklärte er, und könnten die Sitzung schließen. „Der Premierminister", notierte Cadogan, „wollte über alles mögliche reden und war sehr enttäuscht – wie ein Kind, dem man sein Spielzeug wegnimmt."

Am nächsten Tag, dem 19. Juli, versuchte Churchill Stalin aus der Ruhe zu bringen: er nahm seine Bemerkung über die deutsche Flotte zurück. Die deutschen Unterseeboote, meinte er, sollten versenkt werden. Überhaupt könnten Unterseeboote nur als Kriegswaffe gebraucht werden, und England als Inselnation sehe es gar nicht gerne, wenn Unterseeboote in seinen Gewässern patrouillierten. „Was die Überwasserschiffe betrifft", sagte Churchill, „so sollten sie gleichmäßig unter uns aufgeteilt werden", und jetzt kam das Aber, „vorausgesetzt, wir erzielen eine generelle Einigung in allen anderen Fragen und trennen uns im besten Einvernehmen." Mit anderen Worten, was er gerade ein paar Tage vorher verschenkt hatte, wollte der Premierminister jetzt zurückholen, um es als Verhandlungsobjekt zu verwenden.

Truman schlug sich auf seine Seite, um die Hand auf der deutschen Flotte zu halten. Im Krieg gegen Japan würden Schiffe gebraucht, sagte er. Er möchte das ganze Gespräch lieber aufschieben, bis der japanische Krieg vorbei sei. Und auch nach Beendigung des japanischen Krieges würde man Schiffe für Hilfsaktionen und den Wiederaufbau Europas brauchen. Wie dem auch sei, all das könne auch später ausgehandelt werden; sobald der Krieg mit Japan beendet sei, würden die Vereinigten Staaten über eine „große Anzahl von Handelsschiffen verfügen, die an interessierte Länder verkauft werden könnten."

Doch Stalin war als Verhandlungspartner zu schlau, um sich

von Churchill und Truman hereinlegen zu lassen. Er hatte keinesfalls vor, Schiffe zu kaufen. Er verwies Truman wieder auf den Krieg mit Japan. „Sollen die Russen", wollte der Generalissimus wissen, „nicht Krieg gegen Japan führen?"

„Selbstverständlich", antwortete Truman, „wird Rußland, wenn es bereit ist, in den Krieg einzutreten, in den Schiffspool aufgenommen, wie die anderen auch."

So weit, so gut. „Uns kommt es auf das Prinzip an", sagte Stalin.

Churchill hatte diesem Prinzip schon früher zugestimmt und mußte zumindest soweit mit Stalin gehen.

„Ich glaube, wir können hier zu einem Übereinkommen gelangen", sagte der Premierminister. „Ich meine, man könnte jetzt festhalten, wem von den Beteiligten diese Schiffe zugedacht sind, und wenn der Krieg gegen Japan beendet ist, kann man sie dann dem übergeben, dem sie gehören."

Stalin: „Welche Schiffe?"

Churchill: „Ich meine die Handelsschiffe . . ."

Stalin beendete die Schiffsfrage: „Man sollte die Russen nicht als Leute hinstellen, die vorhaben, die erfolgreiche Operation der alliierten Flotte gegen Japan zu behindern. Das sollte aber nicht zu der Schlußfolgerung führen, die Russen erwarteten Geschenke von den Alliierten. Wir wollen keine Geschenke, aber wir wollen wissen, ob das Prinzip anerkannt wird, ob der russische Anspruch auf einen Teil der deutschen Flotte als legitim anerkannt wird oder nicht."

Churchill: „Ich habe nichts von Geschenken gesagt."

Stalin: „Ich habe nicht gesagt, Sie hätten es getan. Ich wünsche nur eine Klärung, ob die Russen Anspruch auf ein Drittel der deutschen Kriegs- und Handelsflotte haben. Ich finde, die Russen haben das Recht . . . Wenn meine Kollegen anderer Ansicht sind, möchte ich gerne wissen, was sie wirklich denken . . ."

Stalin hatte Churchill und Truman jetzt in der Falle: sie konnten sich nicht vor dem Grundsatz drücken, daß Rußland Anspruch auf ein Drittel der deutschen Flotte besitze. Während Molotow Eden nicht einmal zu einem Gespräch über diesen Punkt bringen konnte, war Stalin schnell von der Teilnahme am japanischen Krieg zu einem Anteil an der deutschen Flotte gekommen. Die Schiffe waren sein, der Handel beendet; Eden war wiederum ärgerlich, daß Churchill die Sache so schlecht geführt und die Flotte noch einmal aus der Hand gegeben hatte – und dieses Mal endgültig. Ob mit Absicht oder nicht, Churchill hatte Truman mit in die Auseinandersetzung hineingezogen. Truman hatte gleichfalls verloren; das erste Blut war geflossen.

Der nächste Punkt auf der Tagesordnung war der russische Vorschlag, alle Beziehungen mit Franco-Spanien abzubrechen. Truman hatte Stalin schon beiläufig erklärt, er hege keine Vorliebe für Franco. Churchill hingegen ritt eine Attacke gegen die sowjetische Haltung gegenüber Spanien.

Die Russen verlangten „den Abbruch aller Beziehungen mit dem Franco-Regime", stellte Churchill fest. „Wenn man bedenkt, daß die Spanier stolz und recht empfindlich sind, so meine ich, daß ein solcher Schritt zur Folge haben kann, daß sich die Spanier um Franco scharen werden, statt sich von ihm zu distanzieren.

Ich glaube nicht, daß wir uns in die innenpolitischen Angelegenheiten eines Staates einmischen sollten, mit dessen Ansichten wir nicht übereinstimmen", erklärte der Premierminister ferner.

Diese Äußerung Churchills stellt einen so wichtigen Grundsatz der Außenpolitik dar, daß wir hier einen Augenblick verweilen sollten. Churchill schloß von diesem Prinzip alle Länder aus, die die Alliierten im Laufe des Krieges besiegt hatten, und alle Länder, beispielsweise die Staaten Osteuropas, die von den Alliierten befreit worden waren. In allen anderen Fällen jedoch „lehnt die in San Francisco gegründete Weltorganisation eine Einmischung in die Angelegenheiten anderer Länder ab. Es wäre daher falsch von uns, zwecks Regelung dieser Frage aktiv einzugreifen!"

Churchills Formulierung ist das größte aller großen Prinzipien der Außenpolitik. Jeder lobt es und kaum einer wendet es je an. Churchills Erklärung wurde ausgerechnet abgegeben, als die Einmischung in die inneren Angelegenheiten anderer Länder in großem Maße gerade begann.

Churchill warnte vor der kommunistischen Fünften Kolonne, die in ganz Europa am Werk war, die Regierungen gewaltsam zu beseitigen. Und sollte Franco gestürzt werden, wer würden die Revolutionäre sein, die zur Regierungsübernahme bereit wären? Die Kommunisten. Das war Churchills alte Warnung, die Truman schon einmal in den Wind geschlagen hatte. Das war auch der Ratschlag Forrestals gewesen, den Truman zurückgewiesen hatte. Hier in Potsdam hatte Truman erst am Tag zuvor Stalin erklärt, er lege keinen besonderen Wert auf Franco; nun aber begann die Lage unheilvoll auszusehen. Truman distanzierte sich vorsichtig von dem, was er Stalin gesagt hatte.

Truman: „Ich habe keinerlei Sympathien für das Franco-Regime, aber ich habe kein Verlangen danach, mich an einem neuen Bürgerkrieg in Spanien zu beteiligen. Ich habe genug von dem Krieg in Europa. Wir würden mit Freuden in Spanien anstelle Francos eine andere Regierung anerkennen, aber ich glaube, das ist eine Frage, die Spanien selbst entscheiden muß."

Stalin: „Bedeutet das, daß sich in Spanien nichts ändern wird?"

Stalins Beweggrund war im besten Falle unklar. Er hätte es gerne gesehen, wenn es im Westen Streit gäbe. Er hätte es vielleicht sogar gewünscht, daß eine kommunistische Regierung in Spanien ans Ruder kommen würde – obwohl nur wenige Rußland-Experten glauben, er hätte sich die Schwierigkeiten aufbürden wollen, die damit verbunden gewesen wären. Aber zumindest konnte er bei dieser Unterhaltung überprüfen, wie aufrichtig es Engländer und Amerikaner mit ihrem Wunsch meinten, überall in Europa demokratische Regierungen einzurichten.

„Man sollte bedenken", sagte Stalin, „daß das Franco-Regime dem spanischen Volk von außen aufgezwungen wurde und nicht auf Grund innerer Gegebenheiten entstanden ist. Sie wissen sehr wohl, daß das Franco-Regime von Hitler und Mussolini aufgezwungen worden ist und ihr Erbe darstellt. Indem wir das Franco-Regime zerstören, werden wir das Vermächtnis Hitlers und Mussolinis zerstören. Wir dürfen auch die Tatsache nicht aus den Augen verlieren, daß die demokratische Befreiung Europas bestimmte Verpflichtungen mit sich bringt . . . Ich bin nicht dafür, dort einen Bürgerkrieg auszulösen. Ich wünsche nur, das spanische Volk solle wissen, daß wir, die Führer des demokratischen Europa, dem Franco-Regime gegenüber eine ablehnende Haltung einnehmen."

Vielleicht hatte Stalin Churchill und Truman zu sehr beunruhigt, er schwächte nun seinen Vorschlag etwas ab. „Welche diplomatische Mittel gibt es, die dem spanischen Volk zeigen können, daß wir nicht auf der Seite Francos stehen, sondern auf der Seite der Demokratie? Angenommen, der Abbruch diplomatischer Beziehungen sei ein zu scharfes Vorgehen; könnten wir uns nicht anderer, flexiblerer Methoden der diplomatischen Sprache bedienen?" Stalin wollte vor der Welt nicht den Eindruck erwecken, er gebe Franco seinen stillen Segen.

„Jeder Regierung steht es frei, ihre Ansichten individuell darzulegen", sagte Churchill. Die britische Regierung wolle die Beziehungen zu Spanien nicht stören; die Spanier, so argumentierte er recht lahm, „versorgen uns mit Orangen, Wein und anderen Produkten im Austausch gegen unsere Waren".

Stalin schlug vor, die Frage den Außenministern zur Erörterung vorzulegen. Vielleicht waren Trumans Befürchtungen beschwichtigt, vielleicht wollte er auch nur einen Streit vermeiden –: er war damit einverstanden, das Thema an die Außenminister zu überweisen.

Churchill: „Ich widerspreche. Ich glaube, dies ist eine Sache, die in diesem Raum entschieden werden sollte."

Stalin: „Natürlich werden wir hier darüber entscheiden, aber lassen wir die Minister den Sachverhalt vorher prüfen."

Truman: „Ich habe auch nichts dagegen, diesen Punkt unseren Außenministern zur vorläufigen Prüfung zu übergeben."

Churchill: „Ich betrachte die Sache als indiskutabel, denn es ist eine Frage des Prinzips über die Einmischung in die inneren Angelegenheiten anderer Länder."

Stalin: „Es ist keine innere Angelegenheit, das Franco-Regime ist eine internationale Bedrohung."

Churchill: „Das kann ein jeder über die Regierung jedes anderen Landes sagen."

Stalin: „Nein, nirgendwo anders gibt es ein solches Regime wie in Spanien . . ."

Churchill: „Portugal könnte beschuldigt werden, unter einer Diktatur zu stehen."

Stalin: „Das Franco-Regime ist von außen aufgezwungen worden ..."

Churchill: „Ich kann dem Parlament nicht raten, sich in Spaniens innere Angelegenheiten einzumischen ..."

Truman: „Ich wäre sehr froh, wenn wir uns einigten, die Sache zur vorläufigen Überprüfung an die Außenminister weiterzugeben ..."

Stalin: „... Die Sache kann heruntergespielt werden ... Die Außenminister könnten sich überlegen, in welche Form die Angelegenheit gekleidet werden soll!"

Churchill: „Ich habe noch nicht grundsätzlich zugestimmt, daß wir in dieser Sache eine gemeinsame Erklärung abgeben."

Truman schlug vor, später auf diese Frage zurückzukommen – Stalin, das Thema den Ministern zuzuweisen.

„Das ist genau der Punkt", sagte Churchill eindringlich, „über den wir uns nicht einigen können."

Truman: „Wir gehen zur nächsten Frage über."

Die Frage von Franco-Spanien sollte schließlich von den Außenministern recht doppelsinnig gelöst werden. Nach hartnäckigen Streitereien einigte man sich auf eine Erklärung, die eine Verurteilung des Franco-Regimes unterließ, in der aber ausdrücklich abgelehnt wurde, Spanien einzuladen, den Vereinten Nationen beizutreten, weil dessen Regierung „mit Unterstützung der Achsenmächte gegründet worden sei". Die offizielle Stellungnahme der Großen Drei zu Spanien klang gut und war inhaltslos. Einflußsphären, heißt es in Trumans Unterlagen, sind nun einmal vorhanden. Es war klar, Spanien lag in der westlichen Einflußsphäre.

Mit einem ausgeprägten Sinn für Symmetrie wandten sich die Großen Drei jetzt der russischen Einflußsphäre zu. Das nächste Thema auf der Tagesordnung betraf die Deklaration über das befreite Europa und seine Anwendung auf Jugoslawien. Die Deklaration sei noch nicht zur Geltung gebracht worden, sagte Churchill und machte sich über die russische Einflußsphäre her:

„Es gibt kein Wahlgesetz, die Nationalversammlung ist noch nicht erweitert worden, es gibt noch immer kein ordentliches Gerichtswesen, die Tito-Regierung steht unter der Kontrolle der Parteipolizei, und auch die Presse wird kontrolliert ..."

Stalin verteidigte geschickt sein Gebiet, ohne dessen Existenz zuzugeben. Dies seien schwere Anklagen gegen die jugoslawische Regierung, sagte er. Wenn Churchill solche Anklagen erheben wolle, dann sollte man zu deren Beantwortung Vertreter der Jugoslawischen Volksrepublik nach Potsdam einladen.

Truman begriff sogleich, wie fruchtlos jede weitere Unterhaltung sein würde; und prompt erkannte er eine russische Einflußsphäre an, indem er Jugoslawien Stalin überließ.

Truman: „Ist diese Sache schwerwiegend genug, um sie hierher einzuladen? Ich finde es sehr unpassend."

Churchill blieb standhaft und zeigte durch seine Beharrlichkeit den Unterschied zwischen seiner und Trumans Strategie. Konnte man von Churchill sagen, er habe damit begonnen, auf die Russen scharf zu schießen, so war Truman nur daran interessiert, das Gewehr zu laden. Sein Verhaltensmuster zeichnete sich ab: Er beabsichtigte das westliche Einflußgebiet zu sichern und das russische anzuerkennen, gleichzeitig aber das russische Vorgehen zu kritisieren – und diese Kritik im Sitzungsprotokoll festhalten zu lassen, um sie später, bei passender Gelegenheit, verwenden zu können.

„Auch wir haben Beschwerden vorzubringen", sagte Truman bezüglich Jugoslawien. „Aber ich bin nicht hierhergekommen, um über jedes Land in Europa zu Gericht zu sitzen oder mich mit Streitigkeiten zu beschäftigen, die durch die Weltorganisation der Vereinten Nationen geregelt werden sollten."

Churchill: „Ich möchte Generalissimus Stalin für seine Geduld bei der Diskussion dieser Frage danken. Wenn wir von den Schwierigkeiten, die manchmal zwischen uns auftreten, nicht sprechen können, wenn wir sie nicht hier diskutieren können, wo sonst sollten sie besprochen werden?"

Stalin: „Wir besprechen sie hier. Aber die Frage kann nicht ohne die Angeklagten geregelt werden ..."

Churchill: „Ich stimme zu, aber der Präsident ist dagegen, Tito hierher einzuladen."

Stalin: „In diesem Falle müßte die Frage zurückgezogen werden."

Truman: „Der heutige Tagesplan ist erledigt. Die morgige Sitzung beginnt um 16 Uhr."

Diese ersten Tage der Potsdamer Konferenz verwandten die

Großen Drei darauf, sich gegenseitig abzutasten. Dabei lernten sie einander kennen, merkten, wo es Widerstand gab, und – Churchill ausgenommen – berücksichtigten das auch. Allmählich bildeten sich die vagen Umrisse einander gegenüberstehender Einflußsphären heraus. Am nächsten Tag, Freitag, den 20. Juli, kam es zu einer neuen Variante der Sondierung.

Der Präsident legte seinen Verbündeten erneut den amerikanischen Vorschlag über den Beitritt Italiens zu den Vereinten Nationen zur Entscheidung vor. Stalin, voller Freundlichkeit und Willen zur Zusammenarbeit, war einverstanden. Er wünsche nur, sagte er, daß „in Zusammenhang mit der Frage Italien auch die Fragen Rumänien, Bulgarien und Finnland" besprochen würden. Truman erwiderte, er stimme „hier mit dem Generalissimus voll überein".

„Unser Standpunkt in der Frage Italien", erklärte hingegen Churchill, „deckt sich nicht ganz mit der meiner beiden Kollegen."

Auch wenn der Premierminister es nicht erwähnte, lag die britische Kontroverse mit den USA schon einige Zeit zurück. Im Sommer 1944 lehnte das linke italienische „Komitee für Nationale Befreiung" unter der Führung eines Konservativen namens Ivanoe Bonomi die Zusammenarbeit mit der Regierung unter Pietro Badoglio ab. Churchill unterstützte Badoglio, Roosevelt unterstützte Bonomi. Ein neues italienisches Kabinett ohne Badoglio wurde gebildet. Im Herbst 1944 gab Roosevelt Italien einen 100-Millionen-Dollar-Kredit, und Bonomi versicherte den Amerikanern, die Italiener würden sich mehr nach den Vereinigten Staaten orientieren als nach irgendeiner anderen Nation. Bonomis Kabinett machte dann einen Amoklauf durch das gewohnte politische Chaos Italiens. Eine Zeitlang schienen die Engländer die Oberhand zu gewinnen, und Churchills Traum von der Führung eines westeuropäischen Blockes lebte wieder auf. Aber Großbritanniens Ressourcen reichten nicht aus, um Churchills diplomatische Ziele zu unterstützen, auch wenn diese noch so klug eingefädelt waren. Vier Fünftel aller Hilfsmittel für Italiens Zivilbevölkerung kamen aus den Vereinigten Staaten, noch mehr war von der Hilfs- und Wiederaufbauorganisation der Vereinten Nationen zugesagt. Wie Byrnes gerade Molotow mitgeteilt hatte, waren zur Zeit der Potsdamer

Konferenz von den Vereinigten Staaten mehrere hundert Millionen Dollar nach Italien geflossen, noch weitere sollten folgen.

Churchill hatte Truman etwas mitzuteilen: Amerika sollte England nicht so herumschubsen, sonst würde der Premierminister Sand ins Getriebe streuen. Er begann eine Marathonrede. „Italien hat uns im Juni 1940 angegriffen", sagte Churchill, „zu einem Zeitpunkt, als wir selbst durch die Invasion bedroht waren. Wir haben viele Kriegs- und Handelsschiffe im Mittelmeer verloren. Wir haben schwere Verluste zu Land und an der Küste Nordafrikas erlitten ... Ohne irgendeine Unterstützung mußten wir den Abessinienfeldzug unternehmen ... Eigene italienische Bomberverbände wurden zum Angriff auf London eingesetzt. Es sollte auch nicht vergessen werden, daß Italien einen durch nichts entschuldbaren Angriff gegen Griechenland unternommen hat. All dies fand in einem Augenblick statt, in dem wir völlig allein dastanden."

Wenn die alleinstehenden und große Verluste erleidenden Engländer den Präsidenten nicht zu beeindrucken vermochten, dann drohte Churchill die Position Trumans gegenüber demokratischen Regierungen zu unterminieren:

„Ich stelle außerdem fest, daß die augenblickliche italienische Regierung keine demokratische Grundlage hat und nicht auf freien und unabhängigen Wahlen basiert. Sie besteht nur aus (von Amerika unterstützten) politischen Figuren, die sich als Führer verschiedener politischer Parteien bezeichnen."

Und für den Fall, daß dieser Pfeil nicht treffen sollte, erwähnte Churchill auch die Fragen, die noch offenstanden, wie zum Beispiel „die Zukunft der italienischen Flotte, der italienischen Kolonien" – und die Reparationen.

Und wenn Truman dachte, er könne Churchill leicht zum Nachgeben zwingen, dann konnte der Premierminister seine Pose, er spreche für das gesamte Britische Empire, auf einmal aufgeben und beweisen, wie unabhängig die Dominions seien: „Ich möchte feststellen, daß nicht nur Großbritannien die Bedingungen der Kapitulation unterzeichnet hat, sondern auch andere Staaten innerhalb des Britischen Empires; die Dominions – Australien, Neuseeland und andere, die während des Krieges große Verluste erlitten haben."

Nach Beendigung von Churchills Rede saß Truman schweigend da und überließ es Stalin, dem Premierminister zu antworten.

„Es scheint mir", sagte Stalin ruhig, „die italienische Frage ist eine Frage der hohen Politik."

Stalin ging dann daran, Churchill zu erklären, was „hohe Politik" bedeute: „Die Aufgabe der Großen Drei ist die Trennung der Satellitenländer von Deutschland, dem Hauptaggressor. Dafür gibt es zwei Methoden. Zunächst den Gebrauch von Gewalt. Diese Methode ist von uns erfolgreich angewandt worden, die alliierten Streitkräfte stehen in Italien und auch auf dem Gebiet anderer Länder. Aber diese Methode ist nicht ausreichend, um Deutschlands Komplizen von ihm loszulösen ... Es ist deshalb ratsam, diese Methode der Gewalt dadurch zu ergänzen, daß wir die Lage dieser Länder erleichtern. Dies scheint mir das einzige Mittel zu sein, um diese Länder an uns zu ziehen und sie endgültig von Deutschland loszulösen.

Das sind die Überlegungen der hohen Politik. Alle anderen Überlegungen – Rache, erlittenes Unrecht und dergleichen – sind nicht mehr relevant."

Stalin blickte seine Verbündeten am runden Tisch an und sagte ihnen, welche Art von Überlegungen nun in der hohen Politik in Betracht zu ziehen seien, ob zwischen Rußland und Osteuropa oder Rußland und dem Westen oder England und Amerika:

„Gefühle von Rache oder Haß oder der Wunsch nach Wiedergutmachung erlittenen Unrechts sind schlechte Ratgeber in der Politik. In der Politik, glaube ich, sollte man sich von der Einschätzung der Kräfteverhältnisse leiten lassen."

Nach dem Treffen machte sich Moran an diesem Abend in Churchills Zimmer zu schaffen, während dieser sich für das Abendessen umzog. Churchill murmelte etwas über „die Sache mit der Wahl" zu Hause. „Es hängt wie ein Geier der Ungewißheit über mir", sagte er.

„Drei Tage lang", schreibt Moran, „war der Premierminister sicher, daß Trumans Festigkeit alles geändert habe. Stalin sei sehr fair und vernünftig gewesen. Jetzt ist Winston weniger sicher."

11. KAPITEL

Einschätzung der Kräfte

Henry Stimson wartete auf einen ausführlichen Bericht von General Groves über die Bombe; es war eine aufregende, verdrießliche Wartezeit. Er wußte nicht, was er davon halten sollte, und im Lauf der Zeit erkannte er allmählich, daß – was immer es auch war – Truman bereits entschieden hatte.

Was die Frage anlangte, ob man die Russen über die Bombe informieren sollte, war Stimson noch immer einige Schritte hinter dem Präsidenten zurück. Denn während Truman sich entschlossen hatte, Stalin über die Bombe zu informieren, ohne ihm Wesentliches mitzuteilen, befand sich Stimson noch immer in seinem vereinfachenden Dilemma des Entweder-Oder. Er war schließlich zur Ansicht gekommen, es wäre besser, die Russen nicht zu informieren; denn auf die Dauer könnten ein Polizeistaat und eine freie Gesellschaft kaum gute Beziehungen miteinander unterhalten, und daher wäre es gefährlich, den Russen Geheimnisse über Kriegswaffen weiterzugeben. Sollte es aber aus irgendeinem Grund notwendig sein, atomares Wissen mit den Russen zu teilen, so wäre es gut, Vorsicht walten zu lassen; und man sollte die Geheiminformationen dazu verwenden, den Sowjetstaat aufzubrechen und seine Gesellschaftsordnung demokratischer, freier zu machen.

Diese neue, magische Vorstellung, mit Hilfe der Atombombe den Charakter der sowjetischen Regierungsform zu ändern, sagte Stimsons Phantasie zu; er verfaßte für den Präsidenten eine Denkschrift darüber.

Als nächstes widmete sich der Kriegsminister einer eingehenden Analyse der Proklamation, in der Japan zur Kapitulation aufgefordert werden sollte. Stimson war ursprünglich dafür eingetreten, den Japanern mitzuteilen, daß sie ihren Kaiser behalten könnten. In der Proklamation sollte in einem speziellen Hinweis die „konstitutionelle Monarchie unter der gegenwärtigen Dynastie“ erwähnt werden. Jetzt, eine Woche nachdem Truman und Byrnes diesen Passus aus der Proklamation gestrichen hatten, schlug Stimson vor, ihn zu streichen.

Der Kriegsminister hatte zu diesem Zeitpunkt bei jeder Frage, die ihm unterkam, stets beide Alternativen bedacht, aber er analysierte dieselben Fragen immer wieder von neuem. Stimsons quälende Auseinandersetzungen mit sich selbst wurden gnädigerweise am Vormittag des 21. Juli beendet: um 11 Uhr 30 traf der Bericht General Groves' in Potsdam ein. Stimson konnte vor dem Lunch nicht mehr ins Kleine Weiße Haus kommen. Nach dem Essen war der Präsident mit Einkäufen beschäftigt. Der Offizier, der dem Einkaufsladen der Armee vorstand, hatte eine Anzahl von Artikeln zur Auswahl gebracht, aus denen sich der Präsident Geschenke für seine Leute daheim aussuchen konnte.

Um drei Uhr nachmittag bekam Stimson endlich Gelegenheit, sich mit Truman und Byrnes im Sonnenzimmer des Kleinen Weißen Hauses zusammenzusetzen und ihnen General Groves' Bericht vorzulesen. Truman und Byrnes schwiegen wie das Grab, Stimson dagegen war so aufgeregt, daß er über einzelne Worte stolperte:

Memorandum an den Kriegsminister

Betrifft: Der Test

1. Das ist kein genauer, formaler Militärbericht, sondern vielmehr der Versuch, das wiederzugeben, was ich Ihnen berichtet hätte, wenn ich Sie nach meiner Rückkehr von Neu-Mexiko hier angetroffen hätte.

2. Am 16. Juli 1945 wurde um 5 Uhr 30 in einem abseits gelegenen Teil des Luftwaffenstützpunktes Alamogordo in Neu-Mexiko der erste Versuch der Explosion einer atomaren Kernspaltungs-Bombe durchgeführt. Zum erstenmal in der Geschichte hat es eine Kernexplosion gegeben – und was für eine Explosion!

3. Der Testerfolg überstieg die optimistischsten Erwartungen. Aufgrund der bis zur Stunde vorliegenden Angaben entspricht die freigewordene Energie der Sprengkraft von mehr als 15.000 bis 20.000 Tonnen Trinitrotoluol – und das

ist eine vorsichtige Schätzung. Angaben, die auf Messungen beruhen, die noch nicht überprüft werden konnten, lassen auf eine freigewordene Energiemenge schließen, die diese vorsichtige Angabe um ein Mehrfaches übertrifft. Es entstand eine gewaltige Druckwelle. Für einen kurzen Augenblick gab es einen Lichteffekt, der in einem Radius von 20 Meilen sichtbar war und mehreren Sonnen in Zenit-Stellung gleichkam; ein gewaltiger Feuerball bildete sich und blieb einige Sekunden sichtbar. Dieser Feuerball nahm dann Pilzgestalt an und stieg, bevor er sich verlor, über 10.000 Fuß hoch. Das Licht der Explosion ließ sich noch in Albuquerque, Santa Fé, Silver City, El Paso und anderen etwa 100 Meilen entfernten Orten wahrnehmen; nur wenige Fensterscheiben zerbrachen, eine allerdings in einer Entfernung von 125 Meilen. Es bildete sich eine gewaltige Wolke, die mit großer Gewalt hochbrandete und aufstieg, binnen fünf Minuten erreichte sie die Substratosphäre in einer Höhe von 41.000 Fuß über dem Meeresspiegel, 36.000 Fuß über dem Boden, wobei in einer Höhe von 17.000 Fuß die Barriere einer Temperaturumkehr immer wieder durchbrochen wurde, von der die meisten Gelehrten angenommen hatten, daß sie die Wolke aufhalten würde.

Groves war kein Dichter, und nachdem er kurz über die Folgen der Explosion berichtet hatte, ließ er Brigadegeneral Thomas F. Farell über den Versuch zu Wort kommen:

„Man kann die Folgeerscheinungen wohl ohne Beispiel, großartig, schön, erstaunlich und furchterregend nennen. Nichts Gleichartiges von solch gewaltiger Kraft ist je zuvor von Menschenhand ausgelöst worden. Es ist fast unmöglich, den Lichteffekt zu beschreiben. Über das ganze Land hatte sich ein versengendes Licht ausgebreitet, dessen Intensität die Sonne um die Mittagszeit um ein Mehrfaches übertraf. Die Farben waren Gold, Purpur, Violett, Grau und Blau. Es erleuchtete jeden Gipfel, jede Spalte, jeden Grat der nahe gelegenen Gebirgskette so klar und schön, wie man es nicht beschreiben kann; man muß es gesehen haben, um es sich vorstellen zu können. Es war die Schönheit, von der die großen Dichter träumen, die sie aber bloß unzureichend und armselig zu beschreiben imstande sind. 30 Sekunden nach der

Explosion kam zunächst die Druckwelle, die auf Menschen und Gegenstände einströmte, und unmittelbar darauf war ein anhaltendes, furchterregendes Donnern zu hören, das an den Jüngsten Tag mahnte und in uns winzigen Wesen ein Gefühl der Gotteslästerung hervorrief, daß wir es wagten, uns mit Gewalten zu schaffen zu machen, die bisher dem Allmächtigen vorbehalten waren."

Sowohl Truman als auch Byrnes waren, wie Stimson in sein Tagebuch eintrug, „außerordentlich befriedigt. Der Präsident war unerhört stimuliert ... Es gebe ihm ein ganz neues Selbstvertrauen, sagte er, und er dankte mir, daß ich zur Konferenz gekommen sei, um ihn auf diese Weise zu unterstützen." Stimson begriff nicht ganz, daß Truman ihn in diesem Augenblick entlassen hatte. Als er zwei Tage später wieder eine Gelegenheit fand, mit dem Präsidenten zu sprechen, und Klage darüber führte, daß er nicht zu den entscheidenden Besprechungen über die weitere Verwendung der Bombe zugezogen werde, sagte ihm Truman, er könne heimreisen, wann immer es ihm passe. Der Präsident hatte die Informationen, die er brauchte; auf Stimsons Ratschlag wollte er nicht länger hören.

Jetzt wußte Truman zum erstenmal, was er in der Hand hatte. Was bisher Gerede war – die Russen in Europa durch die Bombe einzuschüchtern –, konnte nun, da Truman wußte, daß hinter seinen Worten die atomare Kraft stand, in der Wirklichkeit erprobt werden. Die Atombombe beflügelte die Phantasie. Churchill war von der Vorstellung, welchen Eindruck sie hervorrufen würde, ganz hingerissen. Truman blieb kühler, aber die Existenz der Waffe wurde doch zu einem Kräftefaktor, der mit allen anderen Faktoren in die Bilanz eingebracht werden mußte, mit allen Träumen, Bildern und Phantasien, die sich in den Gehirnen der Großen Drei bildeten, auflösten und von neuem formierten.

An diesem Abend ging Truman, anläßlich einer Sitzung aller Konferenzteilnehmer, wieder zur Offensive über – oder vielleicht sollten wir sagen, er versuchte einen Gegenangriff gegen Stalins Aktivitäten in Europa. Denn wenn auch Stalin nicht die Absicht hegte, mit der Roten Armee bis zu den Küsten des Atlantiks vorzustoßen, so hatte diese immerhin bereits das Herz Europas erreicht. Seine Art, die eingenommene Position in Europa zu sichern und zu legitimisieren, war geradeheraus genug. Die Rote Armee marschierte im Laufe der Kriegshandlungen ein. Im Hinterland der Armee wurden „freundliche" Regierungen etabliert. Stalin plädierte dann voller Überredungskunst für die Anerkennung dieser Regierungen durch England und die Vereinigten Staaten. Später dann, wenn die Rote Armee sich zurückzog, blieben die Satellitenregierungen als rechtmäßige und anerkannte Regierungen bestehen.

Diese Technik hatte sich in Rumänien, Bulgarien, in Polen und anderswo gut bewährt. Stalin wollte jedoch noch etwas weitergehen und sich einen Teil von Ostdeutschland sichern. Dazu benutzte er die Polen. Als die Rote Armee in Richtung Berlin durch Deutschland marschiert war, folgten die Polen hinterher und besetzten die deutschen Ostgebiete.

Die Polen hatten kein „Recht" auf den Osten Deutschlands. Daß Stalin sie dorthin gebracht hatte, war ein ungewöhnlicher Akt der Aggression. Immerhin konnte er es rechtfertigen – auf freilich sehr dürftige Art und Weise. Ein großer Teil des östlichen Polens war den Russen bereits durch frühere Abmachungen zugestanden worden; in Jalta waren die Großen Drei übereingekommen, Polen für diesen Gebietsverlust zu entschädigen. Die Polen sollten von Deutschland ein Stück Land erhalten, das sie für das an Rußland verlorene Territorium entschädigen würde. Es bedurfte nur eines simplen Taschenspielertricks: die Großen Drei mußten ihre Zustimmung geben, daß die westliche Grenze Polens nach Deutschland hinein verschoben wurde. Streitpunkt blieb nur, wie weit westlich diese neue polnische Grenze gelegen sein sollte. Und da Polen auf dem Weg war, ein Satellit Rußlands zu werden, wünschte Stalin, daß es einen großen Teil deutschen Gebietes erhalte. Und um sicher zu sein, daß Polen auch das bekam, was er wollte, brachte er die Polen ins Land, damit sie sich auf dem Grund niederließen, den er ihnen zugedacht hatte.

Truman, dessen Selbstbewußtsein nach dem Bericht über die neue Waffe gestiegen war, schickte sich an, den Generalissimus festzulegen. „Erlauben Sie mir bitte eine Feststellung", begann der Präsident, „eine Feststellung betreffs der Westgrenze Polens. Das Abkommen von Jalta hat festgelegt, daß deutsches Gebiet von den Truppen der Vier Mächte besetzt werden soll, also von Großbritannien, der UdSSR, den Vereinigten Staaten und Frankreich – jede dieser Mächte sollte eine eigene Besatzungszone bekommen. Die Frage der polnischen Grenzen wurde auf der Konferenz zwar angeschnitten, beschlossen wurde aber, die endgültige Lösung dieser Frage der Friedenskonferenz zu überlassen. Auf einer unserer ersten Zusammenkünfte einigten wir uns darüber, daß als Ausgangspunkt einer Diskussion der künftigen deutschen Grenzen die vom Dezember 1937 zu gelten hätten.

Wir haben unsere Besatzungszonen und die Grenzlinien dieser Zonen entworfen. Wir haben, wie vereinbart, unsere Truppen in unsere Zonen zurückgezogen. Nun aber sieht es so aus, als wäre einer anderen Regierung eine Besatzungszone zugewiesen worden, und dies geschah, ohne daß man uns in dieser Angelegenheit konsultiert hätte . . . Ich bin Polen gegenüber freundschaftlich eingestellt und werde möglicherweise den Vorschlägen der sowjetischen Regierung im Hinblick auf Polens Westgrenze vollinhaltlich beipflichten, aber ich habe nicht die Absicht, das jetzt zu tun, weil es dafür eine Gelegenheit geben wird, nämlich die Friedenskonferenz."

Um das Weitere nicht allzusehr zu komplizieren, muß zunächst erklärt werden, was der Begriff „Friedenskonferenz" für Truman und für Stalin bedeutete. Sprach Truman von einer „Friedenskonferenz", dann sprach er von etwas, das nie stattfinden würde. Er meinte also ein Problem beiseite zu schieben, damit es ein ständiger Zankapfel werde. Mittlerweile aber kam ihm die Idee einer Friedenskonferenz sehr gelegen; so konnte er beweisen, daß Stalin das Abkommen, auf eine solche Konferenz zu warten, bereits gebrochen habe. War es ihm möglich, eine solche Vertragsverletzung nachzuweisen, so konnte auch er ein Abkommen nicht halten. In diesem Fall, wie wir sehen werden, wollte Truman alle Reparationslieferungen aus Westdeutschland an Stalin unterbinden. Truman war, wie er sagte, möglicherweise durchaus bereit, der Übergabe deutschen Gebietes an Polen „vollinhaltlich beizupflichten", der Preis dafür aber waren die Reparationen: Deutschland sollte seinen Reichtum für den Wiederaufbau behalten. Stalin hatte eine andere, wenn auch nicht weniger zynische Vorstellung einer „Friedenskonferenz". Seiner Ansicht nach würden die Großen

Drei nach ihrem Gutdünken darüber befinden und eine Friedenskonferenz würde dann diese Beschlüsse offiziell sanktionieren.

Stalin: „Die Entscheidung der Konferenz von Jalta besagte, daß ... Polen wesentliche Gebietserweiterungen im Norden wie im Westen erfahren werde. Es wurde ferner vereinbart, ... die neue polnische Regierung der ‚Nationalen Einheit' solle ihre Meinung über den Umfang dieser Gebietserweiterungen abgeben ... Die polnische Regierung ... hat ihre Meinung über die Westgrenze zum Ausdruck gebracht. Diese Meinung ist uns allen bekannt."

Die neuen polnischen Grenzen, deutete Stalin an, konnten nun anerkannt werden, und damit wäre die Debatte beendet. Waren da Abkommen verletzt worden? Stalin setzte sich kühn darüber hinweg; seiner Ansicht nach sollte man sie ignorieren und vergessen, sie einfach dadurch bedeutungslos machen, indem man das Geschehene legalisiere.

Truman: „Nie ist ein offizieller Beschluß über diese Westgrenze gefaßt worden."

Stalin: „Ich spreche jetzt von der Meinung der polnischen Regierung. Wir alle kennen sie nun. Wir können uns jetzt über diese Westgrenze einigen, die Friedenskonferenz kann dann die letzte formale Entscheidung treffen."

Truman: „Mr. Byrnes hat die Erklärung der polnischen Regierung erst heute erhalten. Wir haben bis jetzt keine Zeit gehabt, sie zu studieren."

Wenn Truman nicht darauf drängte, die Polen wieder hinauszuwerfen, dann konnte das Stalin nur recht sein. Die Amerikaner waren also nicht bereit, Stalins Grenzen für Polen zuzustimmen? Macht auch nichts. Die Polen waren da, sie konnten da bleiben; aus dem Fait accompli würde eine festgefügte Herrschaft werden; und schließlich würden Großbritannien und die Vereinigten Staaten gezwungen sein, das anzuerkennen, was sie nicht verändern konnten. Der Generalissimus: „Es spielt keine Rolle, ob wir unsere Ansicht heute oder morgen ausdrücken."

Indessen solle Truman aber nicht andeuten, die Russen hätten da etwas unter der Hand vorbereitet. „Was die Behauptung anbelangt, wir hätten den Polen eine Besatzungszone zugewiesen, ohne hiefür von den alliierten Mächten autorisiert gewesen zu sein, so entspricht diese Aussage nicht den Tatsachen." Daß die Polen in deutsches Gebiet eindrangen, damit hatte Stalin nichts zu schaffen gehabt; es hatte sich einfach zugetragen, als Ergebnis des unvermeidlichen, unerbittlichen, abstrakten Laufes der Ereignisse.

Stalin: „. . . Die amerikanische und die britische Regierung haben wiederholt vorgeschlagen, wir sollten der polnischen Verwaltung nicht gestatten, in die westlichen Gebiete einzuziehen, ehe die Frage der polnischen Westgrenze endgültig entschieden ist. Wir konnten uns nicht daran halten, weil die deutsche Bevölkerung sich im Kielwasser der rückflutenden deutschen Truppen nach Westen abgesetzt hat. Die polnische Bevölkerung strömte ihrerseits nach Westen und unsere Armee brauchte in ihrem Rücken, in dem von ihr besetzten Gebiet, eine lokale Verwaltung. Unsere Armee kann nicht zur selben Zeit eine Verwaltung im Hinterland aufziehen, den Kampf führen und das Gebiet vom Feind säubern. Darauf ist sie nicht eingestellt. Aus diesem Grund haben wir die Polen hereingelassen. Wir waren zu dieser Handlung auch geneigt, weil wir wußten, daß den Polen eine Gebietserweiterung westlich ihrer alten Grenze zugestanden worden war. Ich kann nicht sehen, welcher Schaden sich für unsere gemeinsame Sache ergeben sollte, weil wir den Polen gestattet haben, ihre Verwaltung in einem Gebiet einzurichten, das ohnedies polnisch werden soll. Ich bin zu Ende."

Truman holte geschmeidig zum Gegenschlag aus: „Ich habe keine Einwendungen gegen die über Polens künftige Grenzen dargelegte Meinung. Aber wir sind übereingekommen, daß alle Teile Deutschlands der Kontrolle der Vier Mächte zu unterstehen haben, und es wird äußerst schwierig sein, sich über die Frage von Reparationen zu einigen, wenn wichtige Teile Deutschlands von einer Macht besetzt sind, die den Vier Großmächten nicht angehört."

Bezog sich Truman hier bloß auf Reparationen aus den östlichen Gebieten Deutschlands? Das war für Stalin kein Problem. Wenn der östliche Teil Deutschlands unter polnischer Kontrolle stand, würde sich Stalin einfach nehmen, was immer er wollte. „Sind es die Reparationen, die Ihnen Sorgen machen?

In diesem Fall können wir auf Reparationen aus diesen Gebieten verzichten."

Stalin hatte noch nicht begriffen, wohin Trumans Argumente zielten. Dem Präsidenten ging es nicht um die Reparationen aus „diesen Gebieten", es ging ihm um Reparationen aus Gesamtdeutschland.

Stalin fuhr fort. Er habe, so hoffe er, nachgewiesen, daß die Polen keine Besatzungszone hätten. Er habe auch kein Übereinkommen über die endgültige Grenzfestlegung verletzt; er habe nicht einseitig Polens Grenze nach dem Westen verlegt. „Es gab keinen Beschluß über die Westgrenze", sagte er. „Die Frage war offengelassen worden, es gab nur das Versprechen, Polens Grenze im Norden und im Westen auszudehnen."

Truman: „Es ist die Aufgabe der Friedenskonferenz, über die künftigen Grenzen zu beschließen."

Stalin pflichtete natürlich bei. Jedoch: „Es wird sehr schwierig sein, eine deutsche Verwaltung in dem westlichen Streifen zu errichten, alle sind ja davongelaufen." Wie rührend hilflos Stalin sein konnte! Truman konnte sich nicht verkneifen nachzustoßen: „Wenn die Sowjetregierung bei der Wiedererrichtung einer deutschen Verwaltung in diesen Gebieten Hilfe benötigt, so können wir uns über diese Frage unterhalten."

Stalin ignorierte den Widerhaken und gab eine ausführlichere Erklärung über die Unwiderstehlichkeit großer geschichtlicher Entwicklungsabläufe: „Unser Konzept sieht folgendermaßen aus: Die Armee kämpft, marschiert vorwärts, hat keine anderen Sorgen, als den Kampf zu gewinnen. Aber wenn die Armee vormarschiert, so muß hinter der Front Ruhe herrschen. Die Armee kämpft vorzüglich, wenn das Hinterland ruhig ist, wenn es mit der Armee sympathisiert, sie unterstützt. Überlegen Sie sich einen Augenblick die Situation: entweder flüchtet die deutsche Bevölkerung hinter der deutschen Truppe her oder sie schießt aus dem Hinterhalt auf unsere Männer. In der Zwischenzeit hat sich die polnische Bevölkerung, unseren Truppen auf den Fersen, in Bewegung gesetzt. In dieser Lage möchte die Armee natürlich im Rücken eine Verwaltung, die ihr freundlich gegenübersteht und ihr hilft. Darum geht es."

Gerade, daß Stalin nicht jammerte. Truman, sanft herablassend: „Ich verstehe das und fühle mit Ihnen."

Stalin: „Es gab keinen anderen Ausweg. Aber das besagt keinesfalls, daß ich die Grenzen selbst festgelegt habe. Wenn Sie der Linie, die die polnische Regierung vorgeschlagen hat, nicht zustimmen, bleibt die Frage offen. Das ist alles."

Truman war nicht bereit, die Angelegenheit so leicht entwischen zu lassen, zumindest solange nicht, als er Stalin nicht bei einem Punkt ertappt hatte, wo er im Unrecht war. „Ich möchte wissen", sagte der Präsident, „ob die Gebiete, um die es hier geht, einen Teil der sowjetischen Besatzungszone darstellen. Ich glaube, über die Westgrenze Polens könnten wir uns im geeigneten Augenblick einigen. Im Augenblick aber bin ich daran interessiert, wie es sich mit diesen Gebieten während der Okkupationsphase verhält."

Stalin wand sich. Gab er zu, daß die Gebiete noch ein Teil Deutschlands waren und im engeren Sinn unter russischer Besatzung standen, so konnte Truman darauf bestehen, die Polen zu entfernen. Die Folge wäre, daß sie ihren Besitzstand in Deutschland verlieren und ihn vielleicht nie wiedergewinnen würden. Wenn er zugab, daß die Polen von diesem Gebiet Besitz ergriffen hatten, würde er die Verletzung eines Abkommens zugeben. Er wählte den besten Ausweg: er entschloß sich für beide Alternativen.

Stalin: „Auf dem Papier sind es noch immer deutsche Gebiete, de facto sind sie polnisch."

Wenn man Stalin nicht darauf festlegen konnte, welche Regierung nun wo regierte, so beschritt Truman einen anderen Weg, um festzustellen, was geschehen war: er sprach von den Leuten. Mit augenscheinlicher Beiläufigkeit erkundigte er sich: „Was ist eigentlich mit der ortsansässigen Bevölkerung geschehen? Sie muß sich doch an die drei Millionen belaufen haben."

Stalin: „Die Bevölkerung ist fort."

Aber irgendwohin mußte die Bevölkerung doch gegangen sein, nach dem Westen, in die britische und amerikanische Zone. Daraus folgte, daß die Briten und Amerikaner diese Menschen würden ernähren müssen, eine große Belastung der Mittel, die in den westlichen Zonen zur Verfügung standen. Es würden daher die Reparationen aus den westlichen Gebieten reduziert werden müssen. Churchill schaltete sich ein, um die Folgen zu verdeutlichen:

„. . . Wir haben zugestimmt, daß Polen auf Kosten Deutschlands für jene Gebiete entschädigt wird, die man ihm östlich der Curzon-Linie genommen hat (und die an die Sowjetunion gingen). Aber das eine muß in einem Verhältnis zu dem anderen stehen. Polen verlangt nun bedeutend mehr, als es im Osten preisgegeben hat . . . Auf keinen Fall aber haben die Polen ein Recht, nun eine katastrophale Situation in der Ernährungslage der deutschen Bevölkerung hervorzurufen . . . Wir möchten uns nicht eine große deutsche Bevölkerung ohne Lebensmittelreserven aufhalsen lassen."

Stalin ließ sich von der Vorstellung hungernder Deutscher nicht beeindrucken. Er sagte: „So oder so kann Deutschland nicht ohne Getreideimporte auskommen und war dazu auch nie imstande."

Churchill: „Natürlich, aber das Land wird noch weniger für seine Ernährung aufkommen können, wenn man ihm die östlichen Gebiete wegnimmt."

Stalin: „Dann sollen sie Getreide aus Polen kaufen."

Churchill: „Wir betrachten diese Gebiete nicht als polnische Gebiete."

Stalin: „Die Polen leben dort und haben die Felder bestellt. Wir können von den Polen nicht verlangen, daß sie die Feldarbeit tun und den Deutschen das Getreide überlassen."

Bei den Zusammenkünften der Außenminister und im Wirtschaftsunterausschuß hatten die Amerikaner damit begonnen, Westdeutschland herauszulösen und in eine amerikanische Einflußzone einzubinden. Nun machte Stalin beim Treffen der Regierungschefs klar, daß er bereits ein Stück Ostdeutschlands für die russische Einflußsphäre abgetrennt und die Absicht hatte, es zu behalten. Churchill kam noch einmal darauf zurück, daß die Ressourcen des deutschen Ostens allen Deutschen zur Verfügung stehen sollten, aber sein Argument war offensichtlich eine bloße Formalität geworden.

Churchill: „. . . Ich habe gehört, die Polen verkaufen schlesische Kohle an Schweden. Dies geschieht in einem Augenblick, da in England Kohlenknappheit herrscht; wir stehen vor dem härtesten, kältesten Winter und haben keinen Brennstoff. Wir müssen von dem allgemeinen Grundsatz ausgehen, daß die Ressourcen Deutschlands an Nahrungsmitteln und Brennstoffen in Relation zur Bevölkerungszahl aufzuteilen sind, egal aus welcher Zone die Nahrungsmittel und die Brennstoffe kommen."

Stalin: „Aber wer soll die Kohle fördern? Die Deutschen tun es nicht, es sind die Polen, die ..."

Churchill: „Aber sie arbeiten in Schlesien."

Stalin: „Die Besitzer sind geflüchtet."

Churchill: „Sie sind fortgegangen, weil sie die Kriegsereignisse fürchteten; nun aber, da der Krieg vorbei ist, könnten sie zurückkehren."

Stalin: „Sie wollen nicht, und die Polen stehen dieser Idee ohne Sympathie gegenüber. Ich fürchte, die Polen würden sie aufhängen, wenn sie zurückkehren."

Stalin hätte seinen Standpunkt nicht klarer ausdrücken können: Deutsche, die man ins östliche Gebiet zurücksandte, würden auf dem Galgen landen. Truman erkannte rasch, daß in der Aussage des Generalissimus etwas Endgültiges lag, ebenso schnell steuerte er den möglichen Handel an: „Man gewinnt den Eindruck, daß die Übergabe eines beträchtlichen Teils Deutschlands an die Polen als Besatzer ein Fait accompli darstellt. Wie steht es dann mit den Reparationen?" Die drei Regierungschefs diskutierten noch eine Weile über diese Frage, und gegen Ende der Sitzung wiederholte Truman die Bedingungen der Abmachung, die abzuschließen war: Das östliche Deutschland könne nicht ohne Bezahlung an Polen gegeben werden, die Frage „sollte im Zusammenhang mit den Reparationen und den Versorgungsproblemen des gesamten deutschen Volkes gesehen werden".

Stalin: „Sind wir für heute fertig?"

Die Plenarsitzung vom 21. Juli wurde vertagt.

Man muß zugeben, daß die Atombombe den Vereinigten Staaten wenig geholfen hatte. Sie hatte Trumans Rücken gesteift, und er hatte Stalin nicht nachgegeben. Anthony Eden bemerkte: „Dies war bisher der beste Tag des Präsidenten." Doch einen Rückzug Stalins hatte er nicht erreichen können.

Am nächsten Tag, als Stimson dem Premierminister den Bericht General Groves' zu lesen gab, war Churchill wieder von Enthusiasmus hingerissen. „Stimson", dröhnte er, indem er seine Zigarre schwang, „was war das Schießpulver? Eine

Trivialität. Was war die Elektrizität? Bedeutungslos. Die Atombombe, das ist das Jüngste Gericht!“

Nun wüßte er, sagte der Premierminister, was mit Truman geschehen sei. „Ich konnte es nicht verstehen. Er war ein anderer Mann, als er nach der Lektüre dieses Berichtes zu unserem Treffen kam. Er dirigierte die Russen hin und her und hatte die ganze Versammlung in der Hand.“

Doch Truman hatte keinesfalls „die Versammlung in der Hand“ gehabt. Er hatte eine Konfrontation bestanden und es erreicht, daß sich die Konturen eines Handels abzeichneten, aber er hatte in keinem einzigen Punkt Stalin zur Nachgiebigkeit gezwungen. Das Problem lag darin, daß die hochgelobte Kraft der Atombombe nur in der Vorstellung Trumans und Churchills existierte. Sie hatte die Macht einer Vision oder eines Alptraumes, aber solange man das Ding nicht über den Russen abwarf, hatte sie keine Macht über Stalin. Der Alptraum der Bombe – vorausgesetzt, Truman und Churchill konnten ihn schließlich in Stalins Gehirn verpflanzen – mochte durchaus imstande sein, eines Tages magische Wirkung auszuüben. Doch sie war eine Chimäre – und was die Russen anlangt, sollte sie es auch bleiben.

Die Plenarsitzung vom 21. Juli zeigte genau, was die Bombe der Amerikaner und der Territorialbesitz der Russen bewirken konnten: sie konnten sich gegenseitig auf Distanz halten. Beide konnten mit dem Fuß aufstampfen und Drohungen äußern, ohne daß es der andere ernst nahm. Im Verlauf des späteren Kalten Krieges kam es zu endlosen Variationen dieser „Ich-stampfe-mit-dem-Fuß-auf“-Routine. Eine wirkliche Drohung stand nicht dahinter, alles geschah hinter den Linien, die man in Potsdam so mühevoll abgesteckt hatte. Man kann wohl annehmen – wenn es auch nur eine Vermutung ist –, daß am Ende der Sitzung vom 21. Juli sowohl Stalin als auch Truman die ritualisierte Natur ihrer Schauspielerei begriffen hatten und keiner das Spiel verderben wollte.

Churchill natürlich wollte das Spiel immer noch stören; einmal war er von den Nachrichten über die Bombe aufs angenehmste berührt, dann wieder deprimiert, wenn Truman davor zurückschreckte, dem russischen Bären an die Gurgel zu springen; er lebte auf, wenn Truman und Stalin einander in den

Haaren lagen, und war verdrossen, wenn es den Anschein hatte, sie würden handelseinig werden. Am Abend gab Stalin für die Regierungschefs ein Abendessen in seiner Villa. Truman unterhielt sich prächtig. Churchill war unglücklich.

„Stalin gab sein Staatsbankett", schrieb der Präsident an seine Mutter und an seine Schwester, „und es war eine Wucht. Zuerst Kaviar und Wodka, zum Abschluß Wassermelonen und Champagner, dazwischen geräucherten Fisch, frischen Fisch, Wild, Huhn, Ente und alle Arten von Gemüse. Alle fünf Minuten wurde ein Trinkspruch ausgebracht, bis wir uns mindestens 25mal zugetrunken hatten. Ich aß wenig, trank noch weniger, aber der Abend war farbig und machte Spaß."

Truman hatte ein paar Abende zuvor Stalin und Churchill zum Dinner geladen und, um seine Gäste zu unterhalten, einen Pianisten und einen Violinspieler auftreten lassen. Stalin übertrumpfte ihn und ließ zu seinem Dinner gleich „zwei seiner besten Pianisten und zwei Geigerinnen aus Moskau kommen. Sie spielten Chopin, Liszt, Tschaikowski. Ich gratulierte ihm und den Künstlern zu ihren Leistungen. Sie hatten allerdings schmutzige Gesichter und die Damen waren eher fett . . ."

Der Präsident schrieb seiner Mutter allerdings nicht, daß er sich mit Admiral Leahy in einen stillen Winkel zurückgezogen hatte, wo sie dann über die Damen ihre Witze machten. Leahy vertraute seinem Tagebuch an: „Der Präsident und ich schätzten, daß sie pro Stück gegen 200 Pfund wogen."

Churchill konnte diese fröhliche Lustbarkeit nicht ertragen. Es war nicht nach seinem Geschmack, still da zu sitzen und der Musik zu lauschen, wo er es doch so liebte, selbst das Wort zu führen. „Wann gehen Sie nach Hause?" murmelte er zu Truman. Der Präsident war in bester Laune: „Ich bleibe so lange, bis unser Gastgeber zu erkennen gibt, er möchte die Unterhaltung abbrechen."

Der Premierminister trank seinen Kognak, rauchte seine Zigarre, schmollte und schmiedete Pläne. Als sich die Gesellschaft auflöste, flüsterte er in Leahys Ohr, er würde sich an Truman und Stalin für ihre musikalischen Darbietungen „rächen". Und gleich nach Rückkehr in seine Villa gab er Anweisung, für sein eigenes Dinner die gesamte Kapelle der königlichen Luftwaffe kommen zu lassen.

12. KAPITEL

Polen: Diese schrecklichen Leute

Grundsätzliche Einigung bestand darüber: Rußland sollte Polen schlucken, Polen einen Teil Deutschlands; und das restliche Deutschland sollte nach einem noch zu bestimmenden Plan zerstückelt werden. Das waren die großen Linien. Aber die vielen Einzelheiten mußten freilich erst ausgearbeitet werden.

Die großen Linien wie die Einzelheiten basierten bis zu einem gewissen Grad auf realen Fakten, auf der Einschätzung politischer Möglichkeiten, auf militärischer Stärke, ökonomischen Bedürfnissen und anderen gegebenen Faktoren. Die Aufmarschpositionen der verschiedenen Armeen, die Anzahl der Kriegsschiffe der verschiedenen Flotten, die Produktivität verschiedener Fabriken, all das waren unveränderliche fixe Werte für die Großen Drei. Dennoch: eine ganze Reihe von Faktoren war weder gegeben noch unveränderlich, so beispielsweise der Verlauf der polnischen Grenze oder die Höhe der Reparationen, die Rußland erhalten sollte. Im Gegenteil, beide konnten nach Belieben adjustiert, in ein neues Gleichgewicht gebracht werden oder ganz verändert werden. Die endgültige Lösung all dieser Fragen hing nicht allein von ihrer faktischen Wertigkeit ab, sondern auch davon, welche Kombinationen die Großen Drei mit ihnen anstellten, um zu einem idealen oder akzeptablen Konzept zu gelangen.

Am 22. Juli kamen Truman, Churchill und Stalin zusammen und wetteiferten miteinander in dem Bestreben, ihre Einbildungen den harten Tatsachen aufzuzwingen.

Grundsätzlich hatte man sich geeinigt, auf einer Landkarte eine Linie zu ziehen und eine neue Grenze für Polen festzulegen. Es ist natürlich nicht schwierig, auf einer Landkarte Linien zu ziehen und zu verschieben; aber man würde erwarten, daß die Zeichner sich mit der unerfreulichen Wahrheit auseinandersetzten, daß sie mit ihren verschiebbaren Abstraktionen in das Leben von Millionen Menschen eingriffen, Menschen von Fleisch und Blut. Immerhin würde es bedeuten, daß Deutsche, die sich nun plötzlich auf polnischem Gebiet wiederfanden, ihr Bündel schnüren und nach Westen zu ziehen hätten, hinter die neuen deutschen Grenzen.

Für einen Augenblick meinte man, diese Wirklichkeit auf dem Potsdamer Konferenztisch zu sehen. Es gebe da, sagte Churchill, an die acht oder neun Millionen Deutsche in Ostdeutschland, die man vertreiben und in den Westen abschieben würde. Eine so gewaltige Menschenanzahl sei ein Faktum, das man nicht übersehen könne. Stalin schnaubte ob dieser vorsätzlichen Übertreibung Churchills – und übertrieb dafür selbst. Es seien gar keine Deutschen im Osten zurückgeblieben, die man nach Westen bringen müßte; ein anderer sprach von 1½ Millionen.

Diese Zahlen flogen über den Konferenztisch hin und her. Niemand schlug eine Volkszählung vor. Niemand schlug vor, Sachverständige heranzuziehen oder durch die Besatzungsarmeen wenigstens eine oberflächliche Kopfzählung durchführen zu lassen. Die tatsächliche Anzahl war ohne Bedeutung, die genannten Zahlen dienten nur der Diskussion. Sie waren Handelsgüter von wechselnder Größenordnung, und jeder der Großen Drei konnte die Zahl der deutschen Bevölkerung vergrößern oder verkleinern, damit sie in seine imaginären Konstruktionen paßte.

Es war möglich, gewaltige Bevölkerungsgruppen nicht nur von einem Platz zu einem anderen zu bewegen, man konnte sie auch erfinden oder nötigenfalls völlig verschwinden lassen. Wenn Stalin bereit war zuzugeben, daß neun Millionen Deutsche von Ost nach West umgesiedelt werden sollten, wo sie dann ja auch ernährt werden mußten, dann sollten die Reparationen für Rußland aus den westlichen Zonen im Verhältnis dazu reduziert werden. Aber gab es diese neun Millionen Deutsche tatsächlich? In diesem Fall konnten die Reparationsgüter im Westen unmöglich den Gegenwert von 10 Milliarden Dollar erreichen. Bei zweieinhalb Millionen Deutschen gab es vielleicht Reparationsgüter im Gegenwert von einigen Milliarden. Nach Churchill gab es neun Millionen Deutsche und keine Reparationen; laut Stalin gab es überhaupt keine Deutschen und Reparationen im Wert von 10 Milliarden. Die Tatsachen würden sich schließlich einem Kompromiß anzupassen haben, der der reine Ausdruck von Phantasie und Gier war.

Aber was sollte in der Zwischenzeit mit den Polen geschehen? Auch hier ein Volk, das es nur in der Vorstellung gab, ein Volk mit erdachten Bedürfnissen, erfundenen Rechten, erfundener Macht. Stalin bestand darauf, sie müßten angehört werden, um festzustellen, wie weit nach Westen sie ihre Grenzen vorschieben wollten. Man sollte sie nach Potsdam einladen, damit sie ihre Sache vortragen könnten. Eine solche Aussage war gewiß völlig überflüssig, da die Polen ja nur das sagen würden, was die Russen ihnen aufgetragen hatten. Aber niemand war so unhöflich, dies festzustellen. Churchill blieb dabei, daß ein großer Territorialgewinn für die Polen „kein Segen" wäre; im übrigen sollte man sie gar nicht nach ihren Wünschen fragen, denn sie würden „viel mehr verlangen, als wir ihnen geben können". Truman wollte ebenfalls die Polen nicht nach Potsdam kommen lassen, denn ihre Aussage würde bedeutungslos sein, da ja Grenzen nicht vor einer Friedenskonferenz festgelegt werden könnten. Jedenfalls wollte er wissen, „ob es denn nötig sei, diese Frage so dringlich zu lösen ...". Die ganze Angelegenheit könne doch bis zum ersten Treffen des in Potsdam von den Großen Drei ins Leben gerufenen Rates der Außenminister vertagt werden, das für September geplant war. Stalin pflichtete bei: „Überweisen wir die Frage an den Rat der Außenminister. Das ist gewiß nicht überflüssig."

„Herr Präsident", wandte sich Churchill an Truman, „bei allem Respekt, der Ihnen gebührt, möchte ich doch bemerken, daß der Frage in der Tat eine gewisse Dringlichkeit eigen ist. Wenn die Lösung der Frage hinausgeschoben wird, wird der status quo Gestalt annehmen. Die Polen werden beginnen, dieses Gebiet auszubeuten, sie werden sich dort niederlassen, und wenn dieser Prozeß weitergeht, wird es später sehr schwer sein, eine andere Entscheidung zu treffen ... Wenn der Rat der Außenminister nach Anhörung der Polen sich ebenfalls nicht

Soldaten der Roten Armee hissen nach der Einnahme Berlins am 2. Mai 1945 die sowjetische Flagge auf dem Reichstagsgebäude.

Soldaten der Roten Armee hissen nach der Einnahme Berlins am 2. Mai 1945 die Sowjet-Flagge auf dem Brandenburger Tor.

Die Konferenz von Jalta, 4. bis 11. Februar 1945. Von links nach rechts: Churchill, Roosevelt und Stalin.

Generalfeldmarschall von Keitel bei der Unterzeichnung der deutschen Kapitulation vor der Roten Armee.

Rechte Seite:
Der Tiergarten und das Reichstagsgebäude in Berlin im Jahre 1945.

Siegeszug General Eisenhowers durch Washington am 18. Juni 1945 anläßlich des amerikanischen Sieges.

Rechte Seite:
General Schukow und General Montgomery bei der Siegesparade im Mai 1945 in Berlin vor dem Brandenburger Tor.

Besuch Marschall Schukows im Hauptquartier General Eisenhowers am 10. Juni 1945 in Frankfurt/Main.

einigen kann, wird man die Frage auf unbestimmte Zeit vertagen. In der Zwischenzeit wird der Winter einbrechen . . ."

Der Winter in Deutschland drohte eine harte Angelegenheit zu werden. Da gab es das Kohlenproblem. Berlin selbst würde davon betroffen werden; denn ein Teil seiner Kohle, sagte Churchill, komme aus Schlesien. Nein, sagte Stalin: Die Kohle für Berlin käme aus Sachsen. Übrigens könne Berlin Kohle aus Zwickau kommen lassen.

Churchill: „Ist das Braunkohle?"

Stalin: „Nein, rechtschaffene Steinkohle. Braunkohle kann für Briketts verwendet werden, die Deutschen haben gute Brikettfabriken."

Irgendwie entwickelte sich aus diesem Gespräch über Braunkohle, Steinkohle und Briketts eine Auseinandersetzung über Grundtatsachen des Lebens, mit denen man fertig werden müßte. Churchill ließ sich einige Augenblicke lang über die Kohle aus und kam dann zum Schluß, daß es alles in allem ein guter Gedanke wäre, die Polen nach Potsdam einzuladen, damit sie ihre eigenen Vorstellungen über die neue Grenze vortragen könnten. Truman stimmte zu, er hatte gegen die Einladung der Polen nichts einzuwenden.

So wurden also die Polen nach Potsdam gebeten. Trotz der Einladung waren sie nicht willkommen; sie verfügten über keinerlei Macht, den Lauf ihres Schicksals zu beeinflussen, niemand würde auf ihren Ratschlag, auf ihre Vorsprache achten. In der Tat, so gemütlich es war, von „den Polen" zu sprechen, solange sie ein Produkt der eigenen Phantasie blieben, so lästig waren sie in Fleisch und Blut. Als Churchill an der Reihe war, mit den Polen zusammenzukommen, war er entmutigt. „Die Polen hängen mir zum Hals heraus", sagte er. „Ich möchte sie überhaupt nicht sehen. Warum kann nicht Anthony mit ihnen reden?"

Aber die Polen waren nun einmal hierher nach Potsdam gekommen, stolz und anspruchsvoll wie immer, um ihre Rolle in einem ausgeklügelten ironischen Ritual zu spielen, in dem sie zugleich Sieger und Besiegte, Opfer und Eroberer waren. Sie waren die hilflosen Opfer der Vorstellungen und Pläne anderer, und sie waren die Eroberer neuer Gebiete, die sie nicht auf Grund ihrer Stärke gewonnen hatten, sondern ihrer Schwäche.

Sie waren gezwungen, gewisse voraussagbare Territorialforderungen zu stellen, und in der Zwangslage, in der sie sich befanden, würde dies praktisch ihre letzte Gelegenheit zur freien Meinungsäußerung sein. Und um die Grausamkeit auf die Spitze zu treiben: Die Polen hatten keine Ahnung, daß man sich über das Schicksal ihres Landes in großen Zügen bereits geeinigt hatte, und traten für ihre Sache ein, als hinge ihr Leben und ihr Seelenheil davon ab. Mit der Einladung der Polen wurde aus der Potsdamer Diplomatie bloßes Theater.

„Es wurde an diesem Nachmittag immer heißer und drükkender", schrieb Cadogan nach Hause, „schließlich setzte um 17 Uhr ein Wolkenbruch ein. Alle Straßen unseres Städtchens waren mit Zweigen übersät, der Sturm war furchtbar. Als ich von der Sitzung nach Hause fuhr, wurde ich etwa auf halbem Weg durch den Park von Cecilienhof an einer Wegkreuzung von russischen Posten angehalten.

Links von mir tauchte in loser Feldordnung ein Zug russischer Soldaten mit Maschinenpistolen auf, dahinter eine Anzahl Wachtposten und Geheimdienst-Einheiten des Feld-NKWD. Schließlich tauchte Onkel Joe* zu Fuß auf, umringt von seinen üblichen Gorillas, dahinter wieder eine Reihe Soldaten. Der massige Offizier, der bei den Sitzungen immer hinter Stalin sitzt, befehligte offenbar die Unternehmung, lief dahin und dorthin und wies die Maschinenpistolenschützen an, alle Alleen, die in den Hauptweg mündeten, abzusichern. Und all dies, bloß weil der Onkel fünf Minuten Bewegung haben wollte und etwas frische Luft und daher die 500 Meter zu seinem Wagen zu Fuß ging." Während die Großen Drei auf die Ankunft der polnischen Delegation warteten, gaben sie ihren Vorschlägen zu anderen Themen den letzten Schliff. Die Subkomitees plagten sich weiter, und die Regierungschefs befaßten sich mit Nebensächlichkeiten. Am Abend des 23. Juli gab es wieder ein Abendessen, diesmal mit Churchill als Gastgeber. Zu diesem Zeitpunkt wußten selbst die Statisten genau, was sie zu tun hatten. Eine halbe Stunde vor Stalins Ankunft strömten russische Soldaten, Maschinenpistolen im Anschlag, in die Anlagen, die Churchills Haus umgaben. Die

* Stalins Spitzname bei den westlichen Alliierten.

Briten ließen sich von solchen Manövern der Roten Armee nicht mehr stören. Um aber jeden Zwischenfall zu vermeiden, wurden die britischen Posten um das Haus zurückgezogen und auf der Terrasse neu formiert. Dort standen sie im vollen Licht, und die Chance, daß jemand aus Versehen auf sie schoß, war jedenfalls geringer.

Alles funktionierte in Churchills Haus vortrefflich – mit Ausnahme der Installationen. Der Wolkenbruch, der über Potsdam niedergegangen war, hatte eine Linde vor dem Haus des Premiers umgeworfen. Laut Cadogan „war sie anscheinend genau über dem Hauptstrang der Wasserleitung gepflanzt worden, den sie mit ihren Wurzeln vollständig umschlossen hielt. Als sie sich neigte, knickte sie das Rohr . . . der Premierminister war sehr verärgert, weil er nicht baden konnte. Er nannte es ein ‚höchst verantwortungsloses Eingreifen der Vorsehung'."

Im Verlauf des Tages hatte Churchill die Speisenfolge für das Abendessen kontrolliert und kalten Schinken aus England einfliegen lassen. Als aber der Schinken eintraf, wußte niemand recht, was man damit anfangen sollte. Nun hatte aber der Premier den Schinken bestellt, und so servierte man ihn, zur Verwirrung mancher Gäste, nach dem Hauptgericht als eine Art besonderer Attraktion.

Churchill hegte eine Vorliebe für Soldaten und Uniformen, und so hatte er aus der Gästeliste fast jeden gestrichen, der keine Uniform besaß. Die drei Außenminister erschienen im dunklen Anzug, ebenso der russische und der amerikanische Dolmetscher (Churchills Dolmetscher war ein Major). Truman trug natürlich seinen doppelreihigen Anzug. Von diesen Ausnahmen abgesehen, drängten sich am Tisch nur glänzende Uniformen, über und über mit Bändern und Orden behängt.

Kaum hatten sich die Gäste gesetzt, als sich auch schon einer nach dem anderen wieder erhob, um Trinksprüche auszubringen und Tischreden zu halten. Die Redner mußten dabei ihre Stimme heben, denn im Hintergrund tönte Churchills Rache: Die vollzählige Royal-Air-Force-Band spielte ohne Unterlaß und in voller Lautstärke.

Von Zeit zu Zeit beugte sich Stalin vor und fragte Churchill, ob die Band nicht etwas „Leichteres" spielen könnte; schließlich versuchte der Generalissimus die Band unter Kontrolle zu bringen, indem er zum Dirigenten ging, auf das Wohl der Band trank und sich ein paar ruhige Lieblingsmelodien erbat.

Es war eine gelungene, glückliche, lärmende Party, und sie wurde im Verlauf des Abends immer lauter und ungestümer. Churchill unterhielt sich ausgezeichnet, und nachdem er einige Trinksprüche über sich hatte ergehen lassen, erhob er sich mit strahlendem Gesicht, überhäufte Stalin mit Lob und steigerte sich schließlich in seiner Beredsamkeit derart, daß er keinen anderen passenden Schluß seiner Suada fand, als den russischen Diktator zu „Stalin dem Großen" zu proklamieren.

Auch die Offiziere kamen nicht zu kurz, im Gegenteil, sie wurden begeistert gefeiert. Erhielt die britische Marine ihren Trinkspruch, so wurde auch die russische und amerikanische Flotte damit bedacht, dann kam die Armee daran, alle drei Armeen immer in derselben Reihenfolge, auch die Luftwaffen wurden nicht vergessen. Truman schlug vor, Feldmarschall Sir Alan Brooke und General Antonov gemeinsam hochleben zu lassen.

In seiner Antwort erinnerte Brooke Stalin an seinen Trinkspruch in Jalta – auf „jene Männer, die man im Krieg immer braucht und im Frieden vergißt". Brooke hoffte, man werde die Soldaten nie vergessen.

Stalin erhob sich und ging kurz auf die „vergessenen Soldaten" ein, dann brachte er einen eigenen Trinkspruch aus. Die Russen wüßten, sagte er, daß es nicht recht wäre, wenn die Briten und Amerikaner allein und ohne Hilfe von den Sowjets ihr Blut in Japan vergießen. Er erhebe sein Glas und trinke auf den gemeinsamen Kampf der Großen Drei gegen Japan. Churchill und Truman würgten ihre Gedanken hinunter und tranken dem Generalissimus zu.

Als nächster brachte der Präsident einen Trinkspruch auf den Premierminister aus. Er selber sei ein „von Natur aus schüchterner Mann", sagte er, und er sei „überwältigt gewesen im wahrsten Sinne des Wortes", als Churchill und Stalin ihn zum Vorsitzenden der Konferenz wählten. Ihm „dem Landkind aus Missouri", sei es „ein großes Vergnügen und ein Vorzug gewesen, mit zwei so großen Persönlichkeiten wie dem Premierminister und dem Generalissimus zu tun zu haben".

Stalin erwiderte: „Bescheidenheit, wie sie der Präsident beweist, ist eine große Quelle der Kraft, ein Beweis für Charakterstärke" – vor allem, da sie mit „wirklicher Stärke und ehrlichen Absichten" verbunden sei.

Der Abend ging gut über die Bühne, und gegen Ende des Abends erhob sich Stalin mit der Speisekarte in der Hand und bat alle Anwesenden um ihre Unterschriften. Pflichtgemäß ließen auch Churchill und Truman ihre Karten rundumgehen. Die Offiziere und Diplomaten ergriffen ihre Karten, wanderten damit um den Tisch, liehen sich Füllfedern aus, standen einander im Weg, lachten und sahen verlegen drein. Für manche war es ein Augenblick von besonderer Eindringlichkeit, wie etwa der Tag, an dem Schüler ihr letztes Jahrbuch zirkulieren lassen, um die Unterschriften ihrer Klassenkameraden zu sammeln. Viel Gefühl wurde gezeigt. Britische Offiziere, die jahrelang kein vertrautes Wort miteinander gewechselt hatten, gaben einander ihre Karten, als sei dies der einzige Augenblick in ihrer Laufbahn, da sie sich ein Zeichen persönlicher Zuneigung eingestehen durften. Major Birse wagte es, Truman ein Kompliment über sein Klavierspiel zu machen. Der Präsident mitteilsam: „Ach, wissen Sie, mein Junge" – so zu einem Mann, der mehrere Jahre älter war – „ich habe mich immer für Musik interessiert . . . Hätte ich nur die Musik zu meinem Beruf gewählt und nicht die Politik . . ."

Kurz nach Mitternacht spielte die Kapelle die drei Nationalhymnen, die Gesellschaft löste sich auf, und die russische Armee verschwand von den Grünflächen, die Churchills Villa umgaben.

Der polnische Präsident Bierut führte seine Delegation zu Mittag des 24. Juli zu einer Sitzung der Außenminister der Großen Drei. Arthur Bliss Lane, damals Botschafter in Polen, beschreibt Bierut so: „Er war etwa 1,68 m groß und trug einen kleinen, pedantisch zurechtgestutzten braunen Schnurrbart, darunter ein schwacher Mund . . . keine dominierende Persönlichkeit . . . Er war ein guter, eleganter Redner, der mit leiser, aber klarer und modulierter Stimme sprach." Es fiel Bierut schwer, seinem Gesprächspartner in die Augen zu schauen. Im allgemeinen wich er dem Blick seines Gegenübers aus.

Bieruts kommunistische Vergangenheit war in Ordnung. In

Lublin aufgewachsen, das damals zu Rußland gehörte, ging er schon im Ersten Weltkrieg in den Untergrund, um nicht der zaristischen Polizei in die Hände zu fallen. In den zwanziger Jahren kam er wegen illegaler politischer Aktivität mehrmals ins Gefängnis. Während des Zweiten Weltkrieges leitete er die polnische Abteilung der OGPU in Moskau, später sprang er mit einem Fallschirm über Polen ab, um dort den Widerstand gegen die Deutschen zu organisieren. Den meisten, die ihm begegneten, fiel sofort seine rein äußerliche Ähnlichkeit mit Hitler auf.

Von seinen Begleitern machten sich in Potsdam zwei bemerkbar, Außenminister Rzymowski und Mikolajczyk, der alte Freund Amerikas und Englands. Rzymowski war, nach Lanes Beschreibung, ein großer, magerer Mann mit etwas abfallenden Schultern und einem Gelehrtengesicht, auf dem sich gelegentlich ein scheues Lächeln zeigt. Mikolajczyk, untersetzt und von heller Hautfarbe, sprach langsam und artikuliert, ein ruhiger, beharrlicher Mann.

In der polnischen Delegation führten diese drei Männer das Wort, und nur sie. Eine jede ihrer kurzen vorbereiteten Erklärungen unterstützte und ergänzte die anderen aufs genaueste; in ihrer Gesamtheit bildeten sie ein zwingendes und unauffällig beredsames Plädoyer für Polen – es war wirklich zu bedauern, daß das Ganze eine Spiegelfechterei war. Sonst hätte ihre Begegnung mit den drei Außenministern eine klare Weichenstellung in den Verhandlungen bedeutet.

Bierut spielte die Rolle des nüchternen Statistikers. Polen, führte er aus, habe 180.000 Quadratkilometer an Rußland abgetreten. Als Entschädigung verlangten die Polen in der Tat weniger. Vor dem Krieg habe Polen 388.000 Quadratkilometer umfaßt, nach dem polnischen Plan einer neuen Grenze weit im Westen, entlang der Flüsse Oder und westlicher Neiße, würde es nun auf 309.000 Quadratkilometer kommen. Vor 1939 habe die Bevölkerungsdichte Polens 83 Menschen pro Quadratkilometer betragen. Nun würde Polen an Bevölkerung verlieren – viele Ukrainer, Weißrussen und Litauer seien zusammen mit dem ostpolnischen Gebiet abgetreten worden. Dazu kam, daß eine bestimmte Anzahl Deutscher den Osten verlassen würde, um sich im Westen niederzulassen. Bierut schätzte die Zahl der

Deutschen, die vor der Ausweisung standen, auf eine oder eineinhalb Millionen. Das war weniger als Churchills neun Millionen, aber mehr als Stalins „gar keine". Nach all diesen Veränderungen müßte die Fläche Polens 314.000 Quadratkilometer betragen, um dieselbe Bevölkerungsdichte wie vor dem Krieg zu erreichen. Trotzdem verlange es, so Bierut mit Grandezza, nur 309.000 Quadratkilometer. Bierut mochte der größte Langweiler unter den Staatsoberhäuptern dieser Welt sein, aber durch sein Spiel mit den Quadratkilometern hinterließ er den Eindruck, daß die Polen keinesfalls gierig waren. Außenminister Rzymowski begann sein Plädoyer mit einem zurückhaltend-beredsamen Überblick über die jüngste Geschichte. Der Zweite Weltkrieg habe mit einem Angriff Hitlers auf Polen begonnen. Polen habe länger unter der Nazi-Besetzung gelebt als jedes andere Land, und die Nazis hätten alles getan, um die polnische Kultur von Grund auf zu zerstören. „In keinem Land hat es mehr Todeslager gegeben. Die Deutschen haben versucht, die Bevölkerung auszurotten, um Lebensraum für sich zu schaffen, sie haben versucht, die polnische Kultur zu vernichten." Wenn die Großen Drei noch ein wenig Rachelust verspürten, sagte Rzymowski, so sei hier die Gelegenheit, „historische Gerechtigkeit" zu üben.

Des weiteren argumentierte er, daß die schlesische Industrie eine der Säulen der deutschen Rüstung gewesen sei; unter den friedliebenden Polen würden diese Industrien friedlichen Zwekken dienstbar gemacht werden.

Gegen Ende seiner Ausführungen brachte der polnische Außenminister noch eine Reihe sekundärer Gesichtspunkte vor: Die vorgeschlagene neue Grenzziehung zwischen Polen und Deutschland wäre die kürzeste, daher leicht zu verteidigen; ein mögliches Problem der Arbeitslosigkeit wäre abgewendet, wenn Polen Schlesien erhielte und die Polen in den schlesischen Industrien Arbeit finden könnten.

Es blieb Mikolajczyk, dem Freund der kapitalistischen Länder, überlassen, mit einem wirschaftlichen Argument zu schließen. „Der deutsche Imperialismus", erklärte er, „hat auf zwei Grundlagen beruht. Die eine war die Rüstungsindustrie, die andere die Profite aus dem Zwischenhandel." Indem man Schlesien den Polen gebe, trage man dazu bei, die militärische

Stärke Deutschlands zu eliminieren. Mit der vorgeschobenen Linie der Oder und der westlichen Neiße als neuer Westgrenze würde Polen die Kontrolle über den Flußverkehr erhalten, aus dem Deutschland als Zwischenhändler unter den Nationen Profit geschlagen hätte.

Das war alles, was die Polen zu sagen hatten, und die Außenminister der Großen Drei wußten darauf kaum etwas zu erwidern; immerhin schien die Gelegenheit einige herzliche Bemerkungen zu erfordern.

Molotow bemerkte, die Ansichten der polnischen Regierung seien seiner Meinung nach „gerecht", und die Sowjetunion stehe diesen Ansprüchen mit Sympathie gegenüber.

Eden stellte fest, daß die Angelegenheiten von den Großen Drei behandelt würden und er keinen Kommentar zu geben habe.

Byrnes erklärte, die vorgetragenen Ansichten würden den Regierungschefs zur Kenntnis gebracht werden.

Das alles klang nicht ganz so herzlich, wie es hätte sein sollen, so daß jeder der Außenminister noch einen Versuch unternahm, etwas Nettes zu sagen.

So wiederholte Molotow, daß die Position der Sowjetunion eine besondere sei und daß sie den Polen gegenüber bestimmte Verpflichtungen habe. Byrnes sagte, obwohl die Vereinigten Staaten kein Nachbar Polens seien, seien sie stets ein Freund Polens gewesen; und Eden betonte, daß Großbritannien wegen Polen in den Krieg eingetreten sei.

Schließlich waren alle Möglichkeiten erschöpft, die Sache aufzublähen und noch die eine oder andere Rede hinzuzufügen. Die Sitzung wurde vertagt und die Polen marschierten gegen 14 Uhr 30 aus dem Saal.

Das Mühsame an den Polen war, daß sie, einmal nach Potsdam eingeladen, nicht bereit waren, nach Hause zurückzukehren. Sie blieben und blieben und versuchten jeden britischen oder amerikanischen Diplomaten, den sie in ein Gespräch verwickeln konnten, für ihre Sache zu gewinnen. Sie luden sich zu Drinks und Dinners ein, immer wieder Argumente vorbringend, die ihnen zum Sieg verhelfen sollten – einem Sieg, den man ihnen hinter ihrem Rücken schon lange zugestanden hatte. Sie lungerten um die britischen und amerikanischen Häuser in

Babelsberg herum wie Wochenendgäste, die ihren Aufenthalt überziehen.

Nach ihrem Treffen mit den Außenministern fielen sie bei Churchill ein. Der Premierminister hatte sich am Morgen nicht sonderlich wohl gefühlt, aber nach zwei kräftigen Whiskys und einer Kostprobe Brandy befand er sich wieder in bester Form und war äußerst gesprächig. Stalin und Truman pflegten ihn während der Plenarsitzungen zu unterbrechen, aber diesen Nachmittag hatte er ein ernstes und aufmerksames Publikum vor sich, eine wirklich gefesselte Zuhörerschaft. Er monologisierte. „Zu Beginn erinnerte ich sie daran", schreibt Churchill, „daß Großbritannien in den Krieg eintrat, weil der Feind die polnischen Grenzen überschritten hatte. Wir haben immer das allergrößte Interesse für Polen gezeigt . . ." Aber trotz all dieser kameradschaftlichen Gefühle sei Großbritannien von Polens Verlangen nach „einem Viertel des anbaufähigen Gebietes Deutschlands" nicht positiv beeindruckt. „Acht oder neun Millionen Menschen würden umzusiedeln sein, und solche Bevölkerungsbewegungen würden nicht nur die westlichen Demokratien entsetzen, sondern auch die britische Zone in Deutschland gefährden, da wir für Menschen, die dorthin geflüchtet sind, sorgen müßten."

Da gab es die Frage freier Wahlen und das Recht demokratischer Parteien, an diesen Wahlen teilzunehmen. „Wie kann man demokratische Parteien definieren?" fragte Churchill sich selbst. „Ich glaube nicht, daß nur die Kommunisten Demokraten sind. Es ist einfach, jeden Nichtkommunisten ein faschistisches Untier zu nennen, aber zwischen diesen beiden Extremen gibt es große, gewaltige Kräfte . . ." Und so fuhr Churchill fort und fort und fort.

Schließlich kam er, in höchstem Maße zufrieden mit sich selbst, zu einem Ende, und Bierut ergriff das Wort. Die Polen, so führte er aus, verlangten nicht viel. Vor dem Krieg habe die Bevölkerungsdichte in Polen 83 Menschen pro Quadratkilometer betragen. Jetzt verlange Polen nur ein Gebietsausmaß im Westen, das eine Entschädigung für das biete, was man im Osten verloren habe. Wenn man die Quadratkilometer in Wirklichkeit vermesse . . .

Etwas ist seltsam an Bieruts Rede – man hat ein eigenartiges

Gefühl des Déjà vu. Vielleicht wiederholte er einfach Wort für Wort, wie ein wohlprogrammierter Automat, seine Rede beim Treffen der Außenminister. Oder könnte es sein, daß Churchill, als er sich hinsetzte, um seine Memoiren zu schreiben seine Erinnerung an die polnischen Forderungen auffrischte, indem er im Protokoll der Sitzung der Außenminister nachlas? Es zeigt den stark ritualisierten Charakter Potsdams, daß es eigentlich keine Rolle spielt, ob so oder so.

Am selben Nachmittag um 16 Uhr 30 kamen Bierut und seine Gesellschaft zu Truman ins Kleine Weiße Haus. Von neuem wiederholte Bierut, was er schon zweimal vorgebracht hatte, um die Verschiebung der polnischen Grenze im Westen bis zur Oder-Neiße-Linie plausibel zu machen. Truman gab die brüske Antwort, er hege zwar „ein großes Interesse an Polens Zukunft", aber Grenzfragen müßten der Friedenslösung vorbehalten bleiben. „Die Russen und die Polen", behandelten diese Frage auf recht „willkürliche Weise", sagte der Präsident, „eine Unstimmigkeit könnte in der Zukunft zu einer Quelle von Schwierigkeiten werden." Truman stellte den Polen keine Bedingungen als Voraussetzung für das amerikanische Wohlwollen; er sprach weder von freien Wahlen noch von einer freien Presse, erwähnte auch keine demokratischen Reformen, hinterließ aber bei den Polen den nachhaltigen Eindruck zukünftiger Schwierigkeiten. Averell Harriman notierte: „Da die Polen sich um 15 Minuten verspätet hatten – sie waren bei Premierminister Churchill gewesen – und da der Präsident in eine Sitzung der Großen Drei mußte, dauerte das Gespräch nur 15 bis 20 Minuten."

Historischer Determinismus vermag das Schicksal Polens im Jahre 1945 und danach nicht zu erklären.

Die Naivität der Polen, die sich ein sozialistisches System wünschten und glaubten, sie könnten sowjetische Unterstützung ohne sowjetische Kontrolle erhalten, war mitentscheidend. Aufgeblasenheit, illusionäres Denken, Kleinmütigkeit und eine gefährliche Neigung zur Hingabe, all das spielte bei der „Vergewaltigung Polens", wie Mikolajczyk es nannte, eine Rolle. Dennoch ist das Schicksal des Landes weitgehend durch seine geographische Lage bestimmt worden. Mehrere Jahrhunderte hindurch ist Polen immer wieder in die Feuerlinie zweier mächtiger Nationen geraten. Anscheinend haben die Polen immer angenommen oder zumindest gehofft, daß die Großmächte sich ein großes, starkes Polen wünschten, um die Expansionslüste ihres Nachbarn im Zaum zu halten und zu bremsen. Im sechzehnten Jahrhundert hofften die Polen auf die Hilfe Englands gegen die Moskowiter. Ein Memorandum, das Napoleons Aufmerksamkeit erregte, verwies auf die Polen als mögliche Bundesgenossen gegen Rußland. Karl Marx wieder war der Ansicht, ein starkes Polen könnte eine nützliche Barriere gegen das zaristische Rußland sein. Aber unter all den verschiedenen Meinungen, was man mit Polen anfangen solle, hat der Duc de Broglie jene hervorgehoben, die sich am ehesten mit Trumans Ansichten im Jahre 1945 deckt: Im 18. Jahrhundert, schreibt er, „war es dem französischen Kabinett genehm, Polen zu opfern, da es sich nicht länger verteidigen ließ – aber ohne Aufsehen, ohne viel Lärm und Geschrei".

Diese Formel bereicherte Truman durch einen zusätzlichen Punkt: Er behielt sich das Recht vor, das Opfer zu beklagen und den Russen und polnischen Kommunisten das Schicksal Polens vorzuwerfen. Kurz gesagt, der Präsident schloß einen Handel, der die Opferung Polens beinhaltete, ohne sich zu diesem Handel zu bekennen. Er beabsichtigte auch nicht, die Sache auf sich beruhen zu lassen. So konnte es geschehen, daß das unglückliche Polen, das den Zweiten Weltkrieg ausgelöst hatte, zu einem der wesentlichen Auslöser des Kalten Krieges wurde.

13. KAPITEL

Deutschland wird geteilt

Nach seiner Landung auf dem Flugplatz Gatow in Berlin am 15. Juli war Truman mit Byrnes, Vardaman, Vaughan und einem anderen Mann, den zunächst niemand beachtete, nach Babelsberg gefahren. Dieser andere Mann, Edwin Pauley, war nicht ohne Grund eingeladen worden, im Wagen des Präsidenten Platz zu nehmen.

Edwin Pauley, 1903 in Indiana geboren, wuchs in Alabama auf. An der University of California legte er als Werkstudent sein volkswirtschaftliches Examen ab und begann seine Laufbahn 1923 als Arbeiter auf den kalifornischen Ölfeldern. Nachdem er einen Flugzeugabsturz mit mehr als dreißig gebrochenen Knochen und Arztrechnungen im Wert von neuntausend Dollar überstanden hatte, ging er mit erhöhtem Schwung zurück ins Ölgeschäft. Innerhalb von fünfzehn Jahren brachte er es zum Präsidenten von vier Ölgesellschafen in Kalifornien, saß im Aufsichtsrat einer Bank und war Direktor einer Baugesellschaft. „Einige seiner Geschäftsmethoden", bemerkt *Current Biography* taktvoll, „sind von seinen politischen Gegnern angefochten worden." Er war ein stattlicher, breitschultriger Mann, an die 1,90 m groß, umgänglich und gesellig.

1932 und 1936 arbeitete er für Roosevelt; 1940 betreute er den demokratischen Wahlfonds im Westen der USA und wurde 1942 Schatzmeister der Demokratischen Partei. Beim Parteikonvent im Jahre 1944, als es um die Nominierung des Kandidaten für die Vizepräsidentschaft ging, war er einer der entschiedensten Parteigänger Trumans. Im April 1945 ernannte ihn Truman zum Leiter der amerikanischen Delegation bei der Drei-Mächte-Reparationskommission in Moskau.

Die ganze strittige Frage der Reparationen war so verwikkelt, daß sie hier in groben Umrissen dargestellt werden soll. Wenn die Vereinigten Staaten nach dem Zweiten Weltkrieg eine internationalistische Außenpolitik treiben wollten, so brauchten sie dazu ein entsprechendes Instrumentarium. Dieses Instrumentarium verlangte wiederum nach gewissen Voraussetzungen, einer Maschinerie, wie man sagte. Und diese Maschinerie hatte ihre eigenen Bedürfnisse. Sie brauchte einen wirtschaftlichen Motor, um in Gang zu kommen, und die Zündkerze dieses Motors war, wie der Generaldirektor von General Motors, Alfred S. Sloan, sich ausdrückte, Deutschland.

Kein anderes Land war laut Sloan imstande, diesen Zündkerzen-Effekt auszuüben. Frankreich könnte sozusagen den Kühler abgeben, Italien den Keilriemen – aber als Zündkerze kam nur Deutschland in Frage. Aber ganz abgesehen davon war Deutschland von seiner geographischen Lage her als Bollwerk gegenüber der vorwärtsdrängenden russischen Militärmacht von Wichtigkeit. Politisch gesehen war es für die Briten wie für die Amerikaner lebenswichtig, daß Deutschland nicht kommunistisch wurde und dadurch andere Teile Westeuropas mit dem Bazillus des Kommunismus infizierte.

Deutschland war also aus politischen, geographischen und ökonomischen Gründen ein Land von ungeheurer Bedeutung. Roosevelt, der mit Einsätzen dieser Größenordnung spielte, hatte in Jalta fast nebenbei bemerkt, daß man, was die Reparationen betraf, eine Summe von 20 Milliarden Dollar ins Auge fassen könne. In den Monaten zwischen Jalta und Potsdam dämmerte es den Amerikanern allmählich, daß der Abtransport von Reparationsgütern in der Größenordnung von 20 Milliarden Dollar das Land völlig auszurauben und die Zündkerze ausblasen würde.

Unter denjenigen, die sich darüber Sorgen machten, gab es Leute mit reger Phantasie, die eine ganze Kettenreaktion voraussahen: Zusammenbruch der deutschen Wirtschaft; ergo Zusammenbruch der europäischen Volkswirtschaft; ergo Zusammenbruch der amerikanischen Exporte; ergo gewaltige Arbeitslosigkeit in den Vereinigten Staaten, Unruhen, politische Aufstände, vielleicht eine Wiederholung der kommunistischen oder populistischen Bewegung. Charles P. Taft, Bruder des isolationistischen Senators, brachte nationalökonomische Argumente, die Frage der politischen Stabilität Amerikas und den Internationalismus zu einer Quintessenz zusammen: „Die freie Wirtschaft“, erklärte der internationalistisch eingestellte Taft, „kann nicht einmal in unseren weiten Grenzen für sich bestehen, kann hier allein nicht existieren. Die Zerstörung der freien Wirtschaft im Ausland ist, ebenso wie die Zerstörung der Demokratie im Ausland, eine Bedrohung unserer eigenen freien Wirtschaft und unserer Demokratie.“

Politiker sind daran gewöhnt, die Außenpolitik mit Rücksicht auf ihre Wähler abzustimmen. Was man zur Zukunft Polens zu sagen hat, hat wahrscheinlich Einfluß auf die polnischen Wählerstimmen in den Vereinigten Staaten; die Politik gegenüber Italien könnte sich theoretisch auf die italienischen Stimmen auswirken. Von den großen politischen Fragen – etwa das wirtschaftliche Chaos in Europa und seine Auswirkungen auf den Beschäftigungsstand in den Vereinigten Staaten –, davon wird seltener gesprochen. Diese großen Fragen aber sind wesentlich gefährlicher. Sie drohen nicht nur diesen oder jenen Wählerblock zu dezimieren, sie können das ganze Spiel in Unordnung bringen. Dieser Auffassung nach bringt nichts mehr Unruhe wie verbreitete Arbeitslosigkeit und ein Wiederaufflackern der populistischen Bewegung, die keiner Partei, keiner Gewerkschaft und keinem ethnischen Block angehört und die man weder ausmanövrieren noch durch einen anderen Block neutralisieren kann.

Die deutschen Reparationen und mit ihnen die gesamte internationale Wirtschaftsstruktur, deren Eckpfeiler die deutsche Volkswirtschaft bildete, standen also – so sahen es zumindest gewisse Fachleute – in einer direkten Beziehung zur Zukunft der beiden großen Parteien in den USA und auch zum Erfolg Harry Trumans im Weißen Haus. Eine philosophische Weltsicht, die von modernen Ansichten über Fortschritt und Wachstum gespeist wird – politische Macht müsse entweder wachsen oder zusammenbrechen.

Die meisten der Unterhändler in Potsdam betrachteten dies als eine Binsenweisheit.

Nachdem sich die Amerikaner auf eine Summe von 20 Milliarden festgelegt hatten, mußten sie nun einen Weg finden, von dieser Summe wieder loszukommen. Die erste Taktik bestand darin, daß man die Gültigkeit jeder festen Dollarsumme abstritt, die zweite, daß man eine „Erstforderung" gegen die deutsche Volkswirtschaft erhob, bevor irgendwelche Reparationen aus dem Land entfernt wurden.

Edwin Pauley hatte gerade in Moskau zwei Wochen lang diese Sachen durchgehechelt. Am 19. Juni hatte er nach Washington gekabelt:

„In zahlreichen informellen Gesprächen ist Maiskij immer wieder auf die Summe von 20 Milliarden zurückgekommen, die in Jalta erwähnt wurde; von der Gesamtsumme sollte die Sowjetunion 10 Milliarden oder 50 Prozent erhalten, England und die Vereinigten Staaten zusammen 8 Milliarden oder 40 Prozent und alle übrigen Staaten 2 Milliarden oder 10 Prozent. Angesichts der Tatsache, daß Roosevelt, Stalin und Churchill in Jalta übereingekommen sind, diese Summe als Ausgangsbasis für weitere Gespräche zu nehmen, habe ich offiziell von ihr nicht Abstand genommen. In diesem Augenblick bin ich jedoch fest überzeugt, daß ... wir eine Formel finden sollten, bei der das Schwergewicht nicht auf Dollars, sondern auf Prozenten liegt ..." Gleichzeitig schlug er vor, die Großen Drei sollten alle Reparationen in der Hand behalten und sich untereinander einigen, wie die Restbestände unter „allen übrigen Staaten" verteilt werden könnten. Laut Pauleys Prozent-Formel wurden also die 10 Prozent, die jenen Staaten zustanden, die nicht zu den Großen Drei gehörten, neu verteilt: die Sowjetunion kam nun auf 55 Prozent, Großbritannien und die USA auf je 22,5 Prozent.

Die Vereinigten Staaten waren nicht in demselben Maße an Reparationen interessiert wie die Sowjetunion, deren Industrien durch den Krieg gelitten hatten. Tatsächlich fragte man sich, was denn die Vereinigten Staaten mit den Reparationen anfangen würden, sollten sie den von Pauley geforderten Anteil erhalten. Pauley gab das in seinem Telegramm auch zu und sagte: „Wir müssen soviel fordern, als wir zu übernehmen imstande sind. Die USA könnten wohl mehr Reparationen fordern, nur sind wegen der Verschiedenheit der Typen und des Materials unsere Möglichkeiten, sie zu verwenden, eher beschränkt. Wir können weder Fabriksanlagen noch Arbeitskräfte brauchen. Was wir aber nehmen können und auch im vollen Ausmaß beanspruchen sollten, das sind Gold, Devisen, ausländische Guthaben, Patente, Verfahren und technisches Know-how aller Art."

In Washington beschäftigte sich Joseph C. Grew, Stellvertretender Außenminister, wieder und wieder mit diesem Problem und antwortete, es könne keine dieser Ansichten wirklich akzeptiert werden. Er fuhr fort, an Stelle der von Pauley vorgeschlagenen Anteilsziffern mit Dollarziffern zu operieren, erwähnte auch, daß Frankreich in eine Reparationsformel aufgenommen werden müßte. Grew kritisierte Pauleys Plan in bestimmten Punkten und fügte schließlich hinzu, die Vereinigten Staaten brauchten im Grunde kein Gold.

Wer auch immer Grew in diesen Fragen inspiriert haben mag – klar ist, daß Pauley Trumans Segen hatte. Amerikas Mann in Moskau verfolgte seinen Plan weiterhin mit Nachdruck. Er gab sich nicht die Mühe, Grew zu antworten. Stattdessen kabelte er an Jimmy Byrnes, der sich in diesem Augenblick an Bord der *S.S. Augusta* auf dem Weg nach Potsdam befand: Es sei nicht möglich, Frankreich in die Reparationsverhandlungen aufzunehmen; was die nicht enden wollende Auseinandersetzung betreffe, ob man Reparationsleistungen in Dollars festlegen solle oder nicht, werde er sich nach wie vor für eine Vereinbarung auf prozentualer Basis einsetzen. Auch wenn Grew über Gold die Nase rümpfe, so werde er weiterhin auf seiner Forderung nach Gold bestehen.

Das Betonen der Prozente anstelle von Dollarbeträgen war die eine Methode, sich von den Reparationszusagen zu distanzieren; die andere bestand darin, die Importe als „Vorkosten" in Rechnung zu stellen. Dieses Vorkosten-Prinzip war es, das der Baumwollhändler Will Clayton Maiskij zu erklären versucht hatte, als er ihm das Beispiel vom Bankrott der Eisenbahngesellschaft erzählte.

Pauley führte diesen Gedanken noch deutlicher in einem Brief an Maiskij aus: „Wir verstehen sicher beide, daß keine laufenden jährlichen Reparationen aus Deutschland zu erwarten sind, wenn nicht mehr Waren ausgeführt als eingeführt werden – es muß also ein großer Ausfuhrüberschuß erzielt werden. Einen solchen kann Deutschland nicht bewerkstelli-

Links: Blick auf die Ruinen von Dresden am Ende des Zweiten Weltkrieges.

Unten: Der Atompilz nach dem Abwurf der Atombombe auf Nagasaki am 9. August 1945.

Rechts:
Franklin D. Roosevelt

Unten:
Harry S. Truman

Die russischen und amerikanischen Stabschefs am Verhandlungstisch während der Potsdamer Konferenz.

Rechte Seite; unten:
Schloß Cecilienhof, Tagungsort der Potsdamer Konferenz.

Harry S. Truman, Winston Churchill und Josef Stalin während der Potsdamer Konferenz.

Churchill, Truman und Stalin vor dem Schloß Cecilienhof in Potsdam (Foto Ende Juli 1945).

gen, wenn es nicht seinerseits gewisse Importe tätigt, Nahrungsmittel etwa, Buntmetalle, Baumwolle und so weiter. Wenn diese unvermeidlichen Importe (ohne die es gewisse sehr wichtige Exporte einfach nicht geben würde) nicht gegen die Exporte in Rechnung gestellt werden, dann werden Sie oder wir oder irgendeine andere Volkswirtschaft die Importe bezahlen müssen . . . Mathematisch läßt sich das folgendermaßen ausdrücken: laufende Reparationen sind gleich laufende Produktion (P) abzüglich der Summe aus Besatzungskosten (B), einem Mindestmaß deutschen Verbrauches (V) und Einfuhren (E), die notwendig sind, das von den Alliierten festgesetzte Produktionsniveau zu erreichen. Algebraisch sieht das so aus:

$$R = P - (B+V+E)$$

Wenn wir also sagen, daß die lebensnotwendigen Einfuhren vorrangig gegen Exporte verrechnet werden sollen, dann nicht, weil wir diese Einfuhren für wichtiger halten als Reparationen. Wir sagen bloß eines: Daß man die Kuh füttern muß, damit sie Milch gibt. Das Futter rangiert daher als eine vorrangige Forderung, aber nur im zeitlichen Sinn, nicht der Bedeutung nach.

Ohne den Vergleich zu überfordern, ließe sich sagen, daß Sie einen Plan wünschen, der sehr viel Milch einbringt. Wir erwarten beide, daß die Kuh beide Hörner verliert und recht mager wird. Wir wollen aber sicher sein, daß das wenige Futter, das nötig sein wird, mit einem Teil der Milch bezahlt wird . . .“

Joseph Grew und andere in Washington mögen irgendwo zwischen der Zündkerze, der bankrotten Eisenbahn und dem Futter den Faden verloren haben, aber dieser Schwall von Metaphern, auch wenn sie ganz durcheinanderpurzelten, lenkte Maiskij nicht ab. Der russische Unterhändler spürte in der amerikanischen Argumentation zwei Gefahrenmomente: Erstens, daß ein prozentmäßig fixierter Anteil, dem keine fixe Summe zugrunde lag, schließlich bei Prozenten von Null enden könnte; und zweitens, daß eine hohe vorrangige Forderung für Importe leicht alle Reparationen eliminieren konnte, wie aus Pauleys mathematischer Formel klar hervorging. Akzeptierte man auch nur einen dieser Grundsätze in einem Reparationsplan, so bedeutete es, daß man jeden festen Reparationsanspruch aufgegeben hatte. Die entscheidende Frage lautete in Wirklichkeit, ob Sowjetrußland und Amerika übereinstimmten, daß die Kuh ihre Hörner verlieren und abmagern sollte. Würde die Kuh abmagern und die Sowjetunion Fett ansetzen? Oder würde die Kuh zum Vorteil Amerikas Fett ansetzen, während Rußland mager blieb? Daß die Amerikaner von Prozenten und Import-Vorkosten sprachen, schien anzudeuten, daß sie nicht die Absicht hatten, die Kuh abmagern zu lassen.

Maiskij verstand alles dies; ob freilich die Leute im US-Außenamt begriffen, wie gerissen ihr Mann in Moskau war, ist nicht ganz klar. An Bord der *S.S. Augusta* arbeiteten Truman und Byrnes die Unterlagen über die Frage der Reparationen durch, strichen einige Paragraphen, nahmen neue Bedingungen auf. Auch H. Freeman Matthews arbeitete an seiner Kopie der Unterlagen, auch er eliminierte verschiedene Paragraphen, fügte andere Ideen hinzu. Die Frage der Reparationen war eine verwickelte Angelegenheit, und man hat den Eindruck, daß jedermann verwirrt war – bis auf Maiskij und Pauley.

Wenn Byrnes und Truman auch die subtilen Einzelheiten der Reparationsprobleme nicht verstanden, so wußten sie doch sehr wohl, was sie erreichen wollten. Ein Paragraph in der Akte lautete: „Es soll in bezug auf die Reparationen und auch im übrigen nichts unternommen werden, was in Deutschland einen höheren Lebensstandard als in einem der benachbarten Mitglieder der Vereinten Nationen ermöglichen würde." In Byrnes' Kopie stand im freien Raum neben diesem Paragraphen der Vermerk: „weg". Dieser Vermerk ist offensichtlich an Matthew weitergegeben worden, denn in seiner Kopie wurde der Absatz gestrichen. Wenn es nach dem Willen der Vereinigten Staaten ging, so würde das Reparationsprogramm in Deutschland einen höheren Lebensstandard fördern als bei seinen Nachbarn. Maiskij hatte mit seinen Befürchtungen recht; die Amerikaner wollten, daß die Kuh Fett ansetze.

Anscheinend war Pauley mit seinen Gedanken, wie dieses amerikanische Ziel zu verwirklichen war, den meisten anderen um einige Schritte voraus. Seine Telegramme blieben einige Tage unbeantwortet, dann ging ihm von der *S.S. Augusta* folgende Botschaft zu: „Anstelle jetzt auf die Fragen in Ihrem (Telegramm) Nr. 2418 einzugehen . . . schlägt Byrnes vor, diese

Probleme zu besprechen und zu entscheiden, wenn Sie zum Präsidenten nach Berlin kommen."

So kam es also, daß Pauley der eine Mann war, der sich zum inneren Kreis von Byrnes, Vaugham und Vardaman gesellte, um in der Limousine des Präsidenten mit nach Babelsberg zu fahren. „In welchem Maße die Behandlung der Reparationsfrage dazu führte, daß ein wirtschaftlicher Eiserner Vorhang Europa in zwei Hälften teilte, wird nicht allgemein zur Kenntnis genommen", schrieb Samuel Lubell 1946. Truman, Byrnes und Pauley nahmen es sehr wohl zur Kenntnis.

Bis zum 23. Juli hatte das Vorfühlen, Probieren und Bluffen einige verhärtete Positionen erkennen lassen – und nun begann das Feilschen. Wenn sich Sowjets und Amerikaner nicht über einen gemeinsamen Reparationsplan für ganz Deutschland einigen konnten, war es dann nicht am besten, Deutschland zu teilen, damit die Amerikaner ihren Plan im Westen, die Russen ihren im Osten durchführten? Byrnes traf sich mit Molotow.

Aus den Aufzeichnungen von Charles Bohlen, Dolmetscher der amerikanischen Delegation:

STRENG GEHEIM

Treffen zwischen Byrnes und Molotow

23. Juli 1945, 10 Uhr 30

Anwesend:

Vereinigte Staaten:	Sowjetunion:
Außenminister Byrnes	Außenminister Molotow
Mr. Bohlen	Mr. Pawlow

Außenminister Byrnes erklärte, er habe ersucht, mit Molotow zusammenzukommen, weil er über die Entwicklung des Problems der deutschen Reparationen tief beunruhigt sei. Wie Mr. Molotow wisse, sei die Regierung der Vereinigten Staaten stets für eine freundschaftliche Gesamtpolitik der drei Großmächte eingetreten und trete auch heute für sie ein, eine Politik, die davon ausgehe, Deutschland als ein wirtschaftliches Ganzes zu betrachten. Nun aber, nach den hiesigen Diskussionen und dem Report des Reparationskomitees, sehe er nicht, wie gewisse Standpunkte der Sowjets mit einem gemeinsamen Reparationsplan in Einklang zu bringen seien.

Die Überstellung großer Teile von Vorkriegsdeutschland unter polnische Verwaltung würde zum Beispiel im Zusammenhang mit einem umfassenden Reparationsplan für die Briten und Amerikaner in ihren Zonen eine ernsthafte Gefahr darstellen.

Ferner, fuhr der Außenminister fort, fürchte er, daß ein Versuch, diese Schwierigkeiten in der Praxis zu lösen, zu endlosen Streitigkeiten und Unstimmigkeiten zwischen den drei Mächten führen könnte – und das ausgerechnet zu einem Zeitpunkt, da es auf ihre Einigkeit ankam.

Unter diesen Umständen frage er sich, sagte der Außenminister, ob es da nicht besser wäre, wenn jedes Land die Reparationen aus seiner eigenen Zone entnehme. So liege zum Beispiel nach amerikanischen Schätzungen 50 Prozent des deutschen Industriepotentials in der Sowjetzone; also könnte die Sowjetunion ihren Anteil an den Reparationen der eigenen Zone entnehmen. Sollten die Sowjets, fügte er hinzu, bestimmte Anlagen und Bestandteile aus der britischen oder amerikanischen Zone wollen, so könnten sie dies im Austausch gegen Nahrungsmittel und Kohle für die deutsche Bevölkerung im Westen tun. Er fügte hinzu, Marschall Stalin habe einen solchen Vorschlag mit seinen Worten angedeutet, wenn die Engländer Kohle aus Schlesien haben wollten, so könnten sie diese im Austausch gegen andere Güter von den Polen erhalten.

Angesichts einer so außerordentlich offenen Erklärung gab Molotow den frontalen Widerstand auf und verlegte sich aufs Handeln. Er verstehe, daß die Amerikaner keine Waren nach Deutschland senden wollten, nur damit dieselben Waren nach Rußland transportiert würden. Aber Stalin sei sehr für eine einheitliche globale Lösung der Frage der deutschen Reparationen. Vielleicht würden die Sowjetrussen auch in Erwägung ziehen, ihre Reparationsforderungen zu reduzieren.

Nachdem sie ihre verhärteten Verhandlungspositionen durchbrochen hatten, gingen Byrnes und Molotow schnell auseinander. Am Nachmittag um 16 Uhr trafen sie sich wieder. Diesmal hatte man zu den Gesprächen auch die Engländer eingeladen. Byrnes brachte Pauley, Molotow Maiskij mit.

Byrnes machte sich schnell ans Werk; er vertraute darauf,

Molotows Zugeständnis vom Vormittag ausnutzen zu können. Er schlug vor, daß die Sowjets ihre Reparationsansprüche von 10 Milliarden Dollar auf 9 Milliarden reduzieren sollten. Die anderen Mächte würden dann ihre Ansprüche im selben Verhältnis kürzen, die Gesamtsumme beliefe sich dann auf 18 Milliarden. Es sei ihm dabei immer noch schleierhaft, gab Byrnes zu, „woher man diese Summe an Reparationen nehmen sollte".

Dann kam er wieder auf seinen Vorschlag vom Vormittag zurück: „Wenn jedes Land Reparationen aus seiner eigenen Zone bezieht, dann müßte sich doch ein Güteraustausch zwischen den Zonen einrichten lassen. Auf diese Weise würde die Sowjetunion ihren Anspruch aus der eigenen Zone decken, die Vereinigten Staaten und Großbritannien aus ihren Zonen, wobei sie sich auch der Bedürfnisse Frankreichs, Belgiens und Hollands annehmen würden." Nach amerikanischen Statistiken, sagte Byrnes, „lägen ohnedies fast 50 Prozent der deutschen Ressourcen in der Sowjetzone". (Byrnes Ratgeber hatten ihm mitgeteilt, daß die Sowjetzone über 31 Prozent der beweglichen deutschen Industrieanlagen, 35 bis 39 Prozent des gesamten Vorkriegspotentials an Fabriken und Bergwerken sowie über 48 Prozent der landwirtschaftlichen Kapazität verfüge – doch Byrnes bestand darauf, diese Ziffern auf 50 Prozent aufzurunden.)

Molotow trat einen überstürzten Rückzug an. Die Russen würden ihre Ziffer auf achteinhalb oder acht Milliarden reduzieren, dafür wollten sie aber sicher sein, daß sie zwei Milliarden aus dem Industriegebiet der Ruhr erhielten. Molotow war offensichtlich auf dem Rückzug, und Byrnes hatte nicht die Absicht, den Handel abzuschließen, ohne noch mehr Vorteile erzielt zu haben. So nahm er Molotows Verzicht auf eine Milliarde Dollar gar nicht zur Kenntnis. Der Außenminister sagte, er hege Sorge, daß es wegen dieser Angelegenheiten zwischen Sowjets, Briten und Amerikanern zu Streitigkeiten kommen könnte. Dann kam er auf das Vorkostenprinzip bei Importen zurück: „Gewiß würde seitens der Sowjetbehörden die Tendenz bestehen", sagte er, „die Notwendigkeit von Einfuhren in Frage zu stellen, die den Umfang der Reparationen aus den westlichen Zonen verringerten."

Byrnes hatte den Bogen überspannt; Molotow begann sich zu winden. Die Sowjets seien bereit, die Ziffer zu reduzieren (sogar noch weiter zu reduzieren?), aber sie müßten darauf bestehen, ein festes Reparationsvolumen aus dem Ruhrgebiet zu erhalten. Die Außenminister waren nun wieder in eine Sackgasse geraten; bevor sie den nächsten Zug machten, mußten sie sich zurückziehen und mit ihren Beratern besprechen. Die Sitzung wurde vertagt.

Das Reparationsgespräch stockte einige Tage lang. Die losen Enden der Beweisführung lagen verstreut umher, unordentlich und unbeantwortet, in die losen Enden manch anderer Beweisführung verwickelt. Es ist fast unglaublich, wie Diplomaten es fertig bringen, ein solch riesiges Arbeitsvolumen so lange Zeit liegen zu lassen. Diese Arbeit erfordert gewaltige Reserven an Geduld und Unerschütterlichkeit mitten im Chaos; sie erfordert Köpfe, die flexibel genug sind, über Myriaden von Einzelheiten in stets wechselnden Zusammenhängen die Übersicht zu bewahren.

Immerhin begann sich aus den vielen Meinungsverschiedenheiten doch eine neue Struktur abzuzeichnen. Standpunkte, die eingefroren gewesen waren, begannen aufzutauen, und die verschiedenen Elemente fügten sich zu neuen Mustern zusammen. Es ist bereits abzusehen, wie das Feilschen über Polen und das Feilschen über die Reparationen in einen Topf geworfen werden. Es ist weiter abzusehen, daß in der kommenden Abmachung über Polen ein Abkommen über die Teilung Deutschlands miteingeschlossen sein wird. Und es ist bereits abzusehen, daß auf dieses geteilte Deutschland unerbittlich die Schatten der Atombombe und der Roten Armee fallen werden. Undeutlich zeigen sich am Horizont die ersten Umrisse des Kalten Krieges, wie ihn die Großen Drei zu entwerfen im Begriffe standen.

14. KAPITEL

Wunsch- und Alpträume

Die härtesten Probleme und die erbittersten Verhandlungen gab es in der deutschen Frage. Was die Härte der Auseinandersetzung anging, kam ihnen das Gespräch über die Einflußsphären in Europa am nächsten. Am leichtesten ließen sich Differenzen dort ausbügeln, wo es sich um Randinteressen der Großen Drei handelte. Als sich in den Verhandlungen über Deutschland ein Durchbruch zeigte, kam in das Strand- und Treibgut rasch Ordnung.

Während der Konferenz von Teheran hatten Roosevelt und Churchill ihre Zustimmung gegeben, daß die ostpreußische Hauptstadt Königsberg an die Sowjetunion fallen solle. In Potsdam wollte Stalin eine Bestätigung dieses Übereinkommens haben. Eine amerikanische Darstellung gibt das Gespräch folgendermaßen wieder: „Die Russen beklagten sich darüber, daß alle Ostseehäfen zufroren, auf kürzere oder längere Zeit, aber sie froren zu. Die Russen betonten, wie wichtig es war, wenigstens einen eisfreien Hafen auf Kosten Deutschlands zu erhalten." Sowohl Truman als auch Churchill stimmten bereitwillig zu, und in der gelösten, verhandlungsbereiten Atmosphäre von Montag, dem 23. Juli, wurde die Teheraner Übereinkunft bestätigt.

George Kennan, der in Potsdam nicht anwesend war, zeigte sich bestürzt, als er von diesem Übereinkommen erfuhr. Tatsächlich verfüge die Sowjetunion, bemerkte er, bereits über drei im wesentlichen eisfreie Häfen: Ventspils, Lepaya und Balitsky. „Königsberg hingegen liegt 49 km vom offenen Meer entfernt, am Ende eines künstlichen Kanals, der mehrere Monate im Jahr zugefroren ist. Um ihn offenzuhalten – wenn man ihn überhaupt offenhalten will – muß man Eisbrecher einsetzen. Außerdem können nur mittelgroße Schiffe, deren

Tiefgang nicht über 8 m liegt, Königsberg anlaufen. In beiden Punkten unterscheidet sich dieser Hafen nicht wesentlich vom Hafen von Riga, der der Sowjetunion bereits zugefallen ist ..."

Keines dieser Fakten wurde gegen Stalin verwendet, und niemand kam auf den Gedanken, ihm zu widersprechen. Im Gegenteil, als Truman in die Vereinigten Staaten zurückkehrte, erklärte er geduldig dem amerikanischen Volk, er finde es richtig, „den jahrhundertealten Traum Rußlands von einem eisfreien Hafen zu erfüllen". So groß war die Macht der Großen Drei, daß sie nicht nur Grenzen verrücken, Einflußsphären schaffen und Millionen Deutsche verschwinden oder wiederauftauchen lassen konnten – nein, es war ihnen auch möglich, das Eis von Königsberg zum Schmelzen zu bringen. Diese gemeinsamen Phantasievorstellungen wurden schließlich zur Tatsache: 1953 bezeichnete die Sowjetenzyklopädie im Gegensatz zu früheren Ausgaben Königsberg als „eisfrei". Kennan zog die naheliegende Schlußfolgerung: „Sollte jemand nach 1945 glauben, im Kanal von Königsberg Eis gesehen zu haben, so war das kein Eis. Es war eine von antisowjetischen Vorurteilen genährte Sinnestäuschung."

Truman bewies, daß er den Stalinschen Phantasien gewachsen war. Er stimme, so sagte er, einer Revision der Konvention von Montreux zu, um der Sowjetunion freie Durchfahrt durch die Dardanellen zu ermöglichen. Er wünsche aber, diese Frage mit seinem Vorschlag zu verbinden, die Schiffahrt auf allen internationalen Binnenwasserwegen von allen Fesseln zu befreien. Er habe die Geschichte studiert, erklärte Truman, und sich dann gefragt, was die Ursache all dieser Kriege gewesen sei. In den letzten zweihundert Jahren haben sie alle in dem Gebiet zwischen Mittelmeer und Ostsee begonnen, zwischen der Ostgrenze Frankreichs und der Westgrenze Rußlands. Und die Erklärung dafür fand Truman in der Tatsache, daß sie alle etwas mit dem Wasser zu tun hatten, mit Wasserstraßen, Kanälen und Flüssen. Er trat dafür ein, eine „freie und unbehinderte Schiffahrt zu etablieren, die auf allen internationalen Wasserwegen gelten sollte, die durch das Territorium von zwei oder mehreren Staaten führten ... unter der Kontrolle internationaler Körperschaften, in denen alle interessierten Staaten vertreten sind ..."

Der Präsident schlug vor, für den Anfang die folgenden Wasserstraßen zu internationalisieren: die Dardanellen, den Nord-Ostsee-Kanal, den Rhein und die Donau. Wenn das Trumans Vorstellung vom „Anfang“ war, konnte niemand sagen, wo das Ende sein würde. Der Bug verläuft beispielsweise von Rußland nach Polen, auch der Dnjestr führt durch beide Länder. Im Fernen Osten gibt es Flüsse, deren Lauf von China nach Indien führt oder von China nach Burma oder nach Kambodscha und Vietnam. Entlang der russisch-chinesischen Grenze strömen Flüsse durch beide Staaten. Wenn Trumans Plan weltweit zur Anwendung kam, dann würden überall auf der Welt Staaten unter die Kontrolle einer internationalen Körperschaft geraten. Der Plan war entweder unglaublich aggressiv, oder Truman besaß keine rechte Vorstellung, was er bedeutete. Sei dem wie immer, die anderen merkten, daß man das Thema so schnell und so taktvoll wie möglich vom Tisch kriegen mußte.

Stalin ging behutsam und vorsichtig auf den Gegenstand ein, so als ob er nicht ganz sicher sei, ob und wie verrückt Truman eigentlich war. „Man sollte die Vorschläge des Präsidenten genauer durchlesen“, meinte er; „es ist schwer, alles zu verstehen.“

Ohne Zweifel hatte Truman da einen abwegigen Plan entwickelt, und die meisten Diplomaten versuchten ihn dadurch umzubringen, daß sie ihn nicht beachteten. Churchill war tapferer – oder es lag ihm mehr daran, sich dem Präsidenten gefällig zu erweisen. Jedenfalls stimmte er der Internationalisierung der vier Wasserwege zu. So verblieb die Angelegenheit, und jeder ging weiteren Gesprächen darüber aus dem Weg. Truman kam von Zeit zu Zeit wieder darauf zu sprechen, aber er brachte es nicht einmal zuwege, daß irgendwer auch nur zu einer Diskussion über die Sache bereit war. Einmal, nachdem Stalin Trumans Idee mit Schärfe zurückgewiesen hatte, wandte sich der Präsident an einen seiner Berater, die in der Reihe hinter ihm saßen, und sagte: „Ich verstehe diesen Menschen nicht.“

Und wie die Zeit verging, fühlte sich der Präsident frustriert, da seine Lieblingsidee zurückgewiesen wurde und auf Gleichgültigkeit stieß. Obwohl er nie ungehalten wurde, fühlte er sich doch irritiert, und es war klar, daß seine Gefühle verletzt worden waren. Noch Jahre später, als Charles Bohlen in seinem Wohnzimmer in Washington saß und Erinnerungen an Potsdam zum besten gab, war der Gegenstand ein wenig peinlich. Bohlen zuckte mit der Schulter und sagte: „Nun gut, das war die eigene Idee des Präsidenten . . ." Mehr war darüber auch kaum zu sagen. Jedem von uns geht manchmal die Phantasie durch; bisweilen wird dabei der Bereich des Möglichen so weit überschritten, daß man am besten wartet, bis es vorüber ist.

Über Syrien und den Libanon mußte Churchill eine Rede halten. Er sprach schnell. Während des Krieges hatten die Großmächte die staatliche Souveränität Syriens und des Libanons und deren Unabhängigkeit von allen Kolonialmächten anerkannt. Die Kolonialmacht, die von diesem Entschluß am meisten betroffen war, war Frankreich. Wie Churchill erwähnte, hatte Frankreich seit langem kommerzielle und kulturelle Interessen in diesen Ländern. „Die Franzosen haben dort ihre Schulen, ihre archäologischen Institute etc. Viele Franzosen haben lange dort gelebt, und es gibt sogar ein Lied ‚Auf nach Syrien!'. Sie sagen, ihre Ansprüche ließen sich bis auf die Zeit der Kreuzzüge zurückverfolgen."

Gegen Kriegsende wurden Syrien und der Libanon von britischen Truppen besetzt. Churchill hatte die Absicht, sie zurückzuziehen, doch er wollte gleichzeitig „spezielle Vorrechte" Frankreichs in diesen Ländern anerkennen. Wie kam Churchill dazu, in unabhängigen Ländern Frankreich Vorrechte einzuräumen? Tatsächlich war er dazu nicht wirklich in der Lage. Nichtsdestoweniger wollte er die Macht so einsetzen, um bei seinen eigenen Nebenverhandlungen mit Frankreich ein Handelsobjekt in Händen zu haben. Er hatte nicht die Vermessenheit zu behaupten, es stünden ihm irgendwelche Rechte auf Syrien oder den Libanon zu. Er wies einfach darauf hin, daß dort britische Truppen standen, und da britische Truppen dort standen, werde sich Großbritannien mit den französischen Ansprüchen auseinandersetzen.

Warum zog Churchill nicht einfach seine Truppen aus Syrien und dem Libanon zurück? Warum überließ er es nicht den Franzosen, selbst mit diesen unabhängigen Ländern über ihre Vorrechte zu verhandeln? „Wenn wir jetzt unsere Truppen zurückziehen", erklärte er, „käme es zu einem Massaker unter den französischen Staatsbürgern, die dort leben. Dies würde unter den Arabern große Unruhe hervorrufen, die ihrerseits dazu führen würde, daß Gesetz und Ordnung im Irak und Saudi-Arabien gefährdet wären. Auch in Ägypten würde es dann zu Unruhen kommen. Unruhen in Ägypten, an sich schon schlimm genug, würden zwangsläufig auch den Suezkanal gefährden. Durch den Suezkanal aber gehen die Truppen- und Waffentransporte für den Krieg im Fernen Osten." Daraus ergab sich also logischerweise, daß ein Rückzug britischer Truppen aus Syrien und dem Libanon die Kriegführung gegen Japan gefährden müßte! Also mußten die Briten bleiben, wo sie waren, und ihre eigenen Abmachungen mit den Franzosen treffen. „Wenn freilich", so beschloß der Premierminister sein phantasievolles Szenarium, „die Vereinigten Staaten unseren Platz einnehmen wollen, so würden wir das selbstverständlich nur begrüßen."

Truman: „Nein, danke."

Vermerk im Sitzungsprotokoll: „Gelächter."

Churchills kleines Phantasiegebilde war atemberaubend und nahm Stalin wie Truman gefangen. Stalin hatte ursprünglich vorgeschlagen, daß die Sowjetunion und die Vereinigten Staaten an der Entscheidung über die französischen Ansprüche teilhaben sollten. Nach Churchills hinreißender Rechtfertigung, warum er die ganze Angelegenheit selbst in der Hand behielt, zog er seinen Vorschlag zurück.

Die Amerikaner nahmen die Sache lange nicht so großzügig hin. Als Churchill sagte, er wolle den Franzosen im Libanon und in Syrien „spezielle Vorrechte" zukommen lassen, gab es in der zweiten Reihe der amerikanischen Delegation eine leise Unruhe. George V. Allen neigte sich vor und flüsterte etwas zu James C. Dunn.

George Allen war ein nicht allzu eindrucksvoll aussehender Berufsdiplomat. Er war zweiundvierzig Jahre alt; 1929 war er als kleiner Angestellter im Statistischen Amt in den Staatsdienst getreten. 1930 wechselte er ins Außenamt hinüber und war in Kingston (Jamaika), Shanghai, Patras, Athen und Kairo. 1944 wurde er zum Leiter der Nahost-Abteilung des Außenamtes ernannt. Er war daher der Fachmann in bezug auf Syrien und den Libanon; und während wir nicht erkennen können, ob bei irgendeinem anderen Anlaß sein Rat bis zum neuen Präsidenten vordrang, so können wir in diesem Fall beobachten, wie Allens geflüsterte Worte geradewegs an die Spitze gelangten.

Der Mann, der die Botschaft entgegennahm, war James C. Dunn. 1890 als Kind reicher Eltern geboren, stieg er als Diplomat glatt und sicher nach oben. 1928 wurde er zum Chef der Abteilung für internationale Konferenzen und Protokollfragen ernannt. Seine Fähigkeiten, Tischkarten zu mischen und zu placieren, wurden allgemein anerkannt; er galt als der „Zeremonienmeister des Kapitals". Sein braunes Haar war in der Mitte gescheitelt und wurde mit Pomade niedergehalten; mit den Bügelfalten seiner Hose hätte man sich rasieren können; seine Konversation wurde durch unschuldigen Tratsch aufgelockert; seine Umgangsformen waren zuvorkommend; und er hatte, wie es hieß, ein Talent, alles, was er tat, geschmackvoll zu tun. Es war James Dunn, der in den dreißiger Jahren die berühmte Entscheidung traf, daß Dolly Gann, Stiefschwester von Vizepräsident Curtis, den Vorrang vor Mrs. Longworth, der Gattin des Sprechers des amerikanischen Repräsentantenhauses, habe.

Dunn hatte Mary Augusta Armour geheiratet. Sie waren bekannt dafür, daß sie unter all den Beamten des Außenamts die großartigsten Abendessen gaben und diese Abendessen reichlich mit Mitgliedern des europäischen Adels dekorierten. Mit diesen Voraussetzungen und der Mitgliedskarte zu den erlesensten Clubs brachte es Dunn im Außenamt zu einer gewissen Bedeutung; auch erregte es Aufmerksamkeit, daß er im Spanischen Bürgerkrieg mit Franco sympathisierte. Nach den Worten Max Lerners war er „die Hauptzielscheibe der Angriffe gegen die ‚Faschisten' im Außenamt".

Nichts weist darauf hin, daß Truman je auf Dunn gehört hat; der Präsident scheint die im Kapitol weitverbreitete Geringschätzung der „Burschen in den Gehröcken vom Außenamt" geteilt zu haben. So oder so, Dunn schrieb Allens geflüsterte Botschaft auf ein Stück Papier und reichte es an Jimmy Byrnes in der ersten Reihe am Großen Tisch weiter. Byrnes las die Nachricht und gab das Stück Papier dem Präsidenten. Truman las es, und als Churchill geendet hatte, antwortete er auf

Churchills Vorschlag, Frankreich besondere Vorrechte in Syrien und im Libanon einzuräumen.

Truman: „Wir sind der Ansicht, daß kein Staat in diesen Gebieten Vorrechte erhalten sollte. Diese Gebiete sollten allen Staaten gleicherweise offenstehen ..."

Churchill: „Und Sie, Herr Präsident, werden Sie Syrien daran hindern, Frankreich spezielle Rechte einzuräumen?"

Truman: „Sicherlich nicht, wenn die Syrer es selbst wollen; das aber bezweifle ich ..."

„Gelächter."

In diesem Gelächter ging Allens Einwand unter, die Staatschefs wandten sich dem nächsten Thema der Tagesordnung zu, und Churchill war an dem zaghaften amerikanischen Einspruch vorbeigekommen und hatte sich durchgesetzt.

War die erste Hälfte dieser Plenarsitzung von Phantasievorstellungen geprägt, so machten sich in der anderen Illusionen breit. Es ging um den Iran, der einen Gutteil des Erdöls im Nahen Osten besaß.

Am Ende eines Krieges, wenn Industrie und Landwirtschaft zerstört sind, bleibt eine Quelle wirtschaftlichen Reichtums erhalten: die Bodenschätze. Im Jahre 1945 kontrollierten die Vereinigten Staaten 57 Prozent des Welt-Erdölvorkommens, Großbritannien 27 Prozent, die Sowjetunion 11 Prozent. Im Krieg war die russische Erdölproduktion um ein Drittel zurückgegangen; das war einer der Gründe, warum die Sowjets sich in Osteuropa, wo die Raffinerien in Rumänien, Ungarn und Österreich nach wie vor in Betrieb waren, festsetzten. Ein Drittel der Welt-Erdölreserven lagen im Nahen Osten. Davon kontrollierte England 74 Prozent, Amerika 24 Prozent.

Alle drei Großmächte hatten Truppen im Iran stehen. Alle drei hatten sich bereit erklärt, diese Truppen abzuziehen. Churchill und Stalin zögerten; Truman war ganz dafür und drängte die anderen, es ebenso zu halten. So wurde er zum Fürsprecher der iranischen Unabhängigkeit und am Ende zum engsten Freund des Irans. Wie sich herausstellen sollte, hatte Truman mit seiner Strategie den größten Erfolg.

Als die Staatschefs am 23. Juli über den Iran diskutierten, wetteiferten sie miteinander, wer die größte Gleichgültigkeit an den Tag legte. Truman sagte, die amerikanischen Truppen würden den Iran verlassen. Stalin schlug vor, daß wenigstens Teheran unverzüglich evakuiert werden könnte. Churchill pflichtete dem bei und meinte, weitere Truppenevakuierungen könnten in der September-Sitzung des Rates der Außenminister in Betracht gezogen werden. Die Angelegenheit wurde an den Planungsunterausschuß verwiesen, der sich so milde wie möglich über den ölreichen Iran äußerte.

In Trumans Informationsunterlagen stand zu lesen: „Der Nahe Osten entwickelt sich rasch zu einem der entscheidendsten Gefahrenherde der Weltpolitik." In Potsdam kamen die Großen Drei überein, den Iran so zu belassen, wie er war – ein potentieller Unruheherd, Ursache späterer Konflikte.

Als die Plenarsitzung an diesem Tag zu Ende ging, erwähnte Churchill die Furcht, die so lange an ihm nagte. In genau drei Tagen, sagte er, würde die Stimmenzählung in Großbritannien abgeschlossen sein. Truman und Stalin, sagte der Premierminister, „müßten sich darüber im klaren sein . . ., daß Mr. Attlee und ich ein gewisses Interesse daran haben, London am Donnerstag dieser Woche einen Besuch abzustatten. (Gelächter.) Ergo müssen wir am Mittwoch, dem 25. Juli, abreisen . . . Aber wir werden zur Nachmittagssitzung des 27. Juli zurück sein – zumindest einige von uns. (Gelächter.)"

Der Premierminister ließ sich auf seine tapfere Weise nichts anmerken; jedermann auf der Konferenz sagte, er sei sicher, wiedergewählt zu werden. In Wirklichkeit hatte er sich in den Tagen von Potsdam in eine bemitleidenswerte, ja tragische Figur verwandelt. Es war Churchill, der in Potsdam die meisten Reden hielt, und trotz all seiner Ausrutscher und Abschweifungen sprach er gut. Eugene List, der bei Trumans Abendeinladung für die Großen Drei Klavier gespielt hatte, erinnerte sich, welchen Eindruck es auf ihn machte, Churchill in voll ausgeformten Sätzen sprechen zu hören, die ein vollendetes inneres Gleichgewicht besaßen. Aber diese Überfülle kunstvoller Perioden konnte seine Schwäche gegenüber dem leise sprechenden Stalin oder dem vitalen Truman nicht verbergen, beide Männer, die wenig Worte machten. Churchill hatte am Verhandlungstisch nur wenige Punkte für sich buchen können. Am 23. Juli hatten ihm Stalin und Truman in Syrien und dem

Libanon freie Hand gegeben, Frankreich gegenüber als Vermittler aufzutreten. Es war eine Brotkrume, die sie ihm gegeben hatten – eine der wenigen, die er von Potsdam mit nach Hause nehmen konnte.

Daß er über den Besitz der Atombombe durch die Amerikaner so erregt war und so sicher, diese Waffe würde ihnen nun unbeschränkte Macht verleihen – das alles ist vielleicht gerade aus seinem Gefühl der eigenen Schwäche zu verstehen.

An diesem Tag führten die Amerikaner überlegt und mit Zuversicht ihre Pläne für die Bombe weiter, und Churchill blickte auf sie mit jener Mischung von Bewunderung und Neid, die Knaben für Fußballstars empfinden.

In Washington machte sich an diesem 23. Juli General Groves daran, den Befehl zum Abwurf der Bombe zu Papier zu bringen: „An General Carl Spaatz, CG, USASTAF: 1. Sobald die Wetterbedingungen einen Bombenabwurf auf Sicht zulassen, wird das Geschwader 509 der 20. Luftwaffengruppe etwa nach dem 3. August 1945 die erste Spezialbombe auf eines der folgenden Ziele abwerfen: Hiroshima, Kokura, Niigata und Nagasaki . . .“

In China wartete Tschiang Kai-schek auf eine Nachricht von Truman. Chinesen und Russen hatten über die Bedingungen zur Teilnahme der Sowjets am Krieg gegen Japan verhandelt. Nach Tschiangs Ansicht verlangten die Russen als Preis für ihren Kriegseintritt zu viele Zugeständnisse von China. Tschiang hatte Truman gebeten, bei Stalin für China zu intervenieren. Damit geriet Truman in eine Situation, die verschiedene Möglichkeiten bot. Sollte er China und Rußland zu einem raschen Übereinkommen verhelfen, womit die Sowjetunion dann bald in den Krieg eintreten könnte; oder sollte er die Verhandlungen hinziehen, um auf diese Weise Rußlands Kriegseintritt zu verzögern?

Beim Mittagessen wies Truman Stimson an, bei General Marshall anzufragen, ob man die Sowjets im Krieg im Fernen Osten noch brauche oder nicht. Nach dem Mittagessen setzte sich Stimson mit dem General hin und hörte sich dessen zweideutige Antwort an. Die Atombombe mache den russischen Kriegseintritt unnötig, sagte Marshall. Aber die Russen würden trotzdem in die Mandschurei einmarschieren, ob sie nun gebraucht würden oder nicht, und sich dort nehmen, was sie wollten. Dazu kam, daß die Russen, obwohl sie nicht unentbehrlich waren, eine nützliche Funktion erfüllen würden, indem sie die Japaner in der Mandschurei banden. Was aber diesen Punkt anging, hatten die Russen ohnedies das bedeutendste Ziel durch ihre bloße Anwesenheit entlang der Grenze zur Mandschurei erreicht. Ihre dort massierten Streitkräfte hatten schon jetzt einen Gutteil der japanischen Armee gebunden und dessen Einsatz an anderen Fronten verhindert – und das war, soweit es Marshall betraf, der entscheidende Faktor.

Dieser sorgfältig verklausulierte Ratschlag wurde Truman überbracht, und der Präsident kam zu einem raschen Entschluß. Er trug Byrnes auf, an Tschiang zu telegraphieren: „Wenn Sie und der Generalissimus verschiedene Ansichten über die korrekte Interpretation des Jalta-Abkommens haben, so hoffe ich, daß Sie Sung (Chinas Unterhändler) noch einmal nach Moskau schicken werden und weiterhin bemüht sind, eine vollständige Einigung zu erzielen." Kurz, Truman hatte sich entschlossen, Stalin und seine militärischen Pläne in langwierige Verhandlungen zu verwickeln. Byrnes erinnert sich: „Stalin konnte sofort in den Krieg eintreten, er wußte genau (hier wird alles recht kompliziert), daß er sich nicht nur das nehmen konnte, was Churchill und Roosevelt und in der Folge auch Tschiang ihm in Jalta zugestanden hatten, sondern darüber hinaus alles, was in seinem Sinn stand: denn China war geteilt und Tschiang versuchte die Unterstützung der Sowjetunion gegen die chinesischen Kommunisten zu erlangen. Andererseits: wenn Stalin und Tschiang noch verhandelten, könnte dies den Kriegseintritt der Sowjets verzögern, und möglicherweise kapitulierten die Japaner doch. Der Präsident stimmte mit dieser Ansicht überein."

Davon konnte natürlich den Russen nichts preisgegeben werden, ganz im Gegenteil. Truman und Churchill überprüften und approbierten die Empfehlungen der Vereinigten britisch-amerikanischen Generalstabschefs: Die Sowjetunion „sollte ermutigt werden, in den Krieg einzutreten, wobei ihrem Kriegspotential im Rahmen der Möglichkeiten jede Hilfe zukommen sollte". Dies wurde den Russen auch mitgeteilt.

Das Kriegsende im Fernen Osten sah nun bald wie ein

Spiegelbild des Kriegsendes in Europa aus. Die Rote Armee war vorgestürmt, um in Europa eine Machtposition einzunehmen; dasselbe würde die amerikanische Bombe im Fernen Osten bewirken. Die sich überschneidenden Einflußsphären sollten sich über den ganzen Erdball ausweiten; und obwohl diese Sphären noch bloße imaginäre Konstruktionen waren, sollten die Japaner bald die greifbaren Folgen solcher Erfindungsgabe verspüren.

Churchill war wieder in euphorischer Stimmung. Es gab auch andere, die denselben Traum träumten – Byrnes beispielsweise war einer von ihnen –, aber wieder einmal war es Churchill, der in druckreifen Sätzen sprach und diesem Traum Ausdruck verlieh. Es bereitete ihm ein besonderes Vergnügen, die Neuigkeit seinen Generalen mitzuteilen. Sir Allan Brooke erinnert sich: „Er hatte all die kleineren amerikanischen Übertreibungen aufgesogen und war folglich völlig hingerissen. Es sei nun nicht mehr erforderlich, daß die Sowjetrussen in den Krieg in Fernost eintreten; der neue Sprengstoff allein werde ausreichen, um die Sache zu Ende zu bringen. Des weiteren hätten wir nun etwas in der Hand, was das Kräftegleichgewicht mit den Russen wiederherstellen könnte. Nun hätten wir eine neue Wirkmacht, um unsere Position zu festigen (vorgeschobenes Kinn, finsteres Gesicht), jetzt könnten wir sagen: ‚Wenn ihr darauf besteht, dies oder jenes zu tun, ja dann . . . und dann, was können dann die Russen tun?!'

Ich versuchte seinen allzu großen Optimismus zu zerstören, der auf einem einzigen Versuch beruhte", sagt Brooke. „Voller Verachtung wurde ich daraufhin gefragt, welche Gründe ich hätte, diese epochale Erfindung kleinzumachen. Ich versuchte, ihn aus seinen Träumen zu reißen, und wie üblich war ihm das gar nicht recht . . . Er hatte sich sofort in die Rolle des alleinigen Besitzers der Bombe hineingelebt, der sie einsetzen konnte, wo immer es ihm beliebte – ergo allmächtig und in der Lage, Stalin seine Bedingungen zu diktieren."

Für Lord Moran verwandelten sich diese prahlerischen Phantasiegebilde in einen Alptraum. Als Churchill ihm von der Bombe erzählte, war Moran bestürzt. Er machte eine lange Eintragung in sein Tagebuch:

„Ich muß zugeben, daß ich von dieser grausamen und

rücksichtslosen Entscheidung, die Bombe gegen Japan zum Einsatz zu bringen, tief erschüttert war. Ich wußte auch, daß das hoffnungslos und unlogisch war. Von Pfeil und Bogen zu Kugeln und Granaten und Kampfgas, zu einem Torpedo, der auf einen Schlag tausend Männer auf den Grund des Meeres schickt, und nun schließlich zur Atombombe; es konnte nicht einen Punkt geben, an dem die Methode der Vernichtung unmoralisch wird. Aber es half alles nichts. Es hatte im ganzen Krieg keinen Augenblick gegeben, in dem mir die Situation so düster und verzweifelt erschienen war, die Zukunft so aussichtslos. Ich verstand genug von der Physik, um mir klar zu sein, daß das nur der Anfang war – so wie die kleine Bombe, die 1915 in den Wäldern von Poperinghe neben meiner Hütte einschlug: sie machte ein Loch in den Boden, etwa in der Größe einer Waschschüssel. Es war nicht sosehr das Moralische an der Angelegenheit, es war einfach die Tatsache, daß die Verankerung, auf der die Welt geruht hatte, nun halb herausgerissen war. Ich dachte an meine Söhne.

Rowan kam ins Zimmer, und ich nahm sein Gespräch mit Churchill so wahr, wie man die Stimmen um sich hört, wenn die Narkose zu wirken beginnt, Stimmen, die von weither kommen und nicht von Menschen aus Fleisch und Blut stammen. Ich ging hinaus, wanderte durch leere Räume. Ich habe einmal in einem Haus geschlafen, in dem jemand ermordet worden war. Jetzt hatte ich dasselbe Gefühl."

15. KAPITEL

Die großen Zwei

Am Morgen des 24. Juli um 10 Uhr 20 besuchte Henry Stimson den Präsidenten im Kleinen Weißen Haus. Der Kriegsminister hatte einige weitere Berichte aus Washington empfangen und konnte nun dem Präsidenten mitteilen, daß der Abwurf der ersten Atombombe ein paar Tage nach dem 3. August erfolgen würde. Truman war entzückt; das paßte perfekt in seine Pläne. Er hatte Tschiang Kai-schek ersucht, sich den Entwurf der Proklamation anzusehen, in der Japan zur Kapitulation aufgefordert wurde, und ihn gebeten, diese Proklamation mitzuunterfertigen. Tschiangs Antwort mußte jeden Augenblick eintreffen; und dann würde er die Warnung aussenden.

Als Truman die Proklamation erwähnte, nahm Stimson die Gelegenheit wahr und warf nochmals die Frage auf, ob man nicht den Japanern zu verstehen geben könnte, daß sie ihren Kaiser behalten dürften. Stimson hatte vorher zugestimmt, den betreffenden Absatz zu streichen; inzwischen hatte er sich die ganze Angelegenheit nochmals überlegt und war zur Ansicht gekommen, daß man ihnen trotz allem dieses Angebot machen sollte.

Er wußte natürlich, daß es zu spät war, die Proklamation zu revidieren, aber er meinte, der Präsident solle die Situation studieren; wenn die Japaner wegen dieses einen Punktes Schwierigkeiten machten, könnte man ihnen auf diplomatischem Wege eine mündliche Botschaft zukommen lassen. Truman sagte, er werde gewiß die Situation sorgfältig im Auge behalten und Stimsons Rat folgen, sollten die Umstände es erfordern. Der Präsident muß aufgeatmet haben, als Stimson endlich ging.

Stimson war nicht der einzige, der das Gefühl hatte, aus dem

Kreis der Ratgeber des Präsidenten ausgeschlossen zu sein. Einige der amerikanischen Delegierten wunderten sich, warum man sie so am Rande des Geschehens ließ. Im amerikanischen Lager ging das Gerücht um, Harry Vaughan habe Truman darauf aufmerksam gemacht, daß, sobald in der Plenarsitzung am Runden Tisch die amerikanische Delegation einen Berater mehr aufwies, die Russen ihre Mannschaft sofort um *zwei* vermehrten. Diesem Gerücht zufolge verringerte Truman bewußt die amerikanische Riege, um zu sehen, was Stalin tun würde. Ein anderes Gerücht besagte, daß Vaughan den Präsidenten mit der Bemerkung beunruhigt hatte, die Aufzeichnungen der Gespräche bei der Plenarsitzung könnten nach außen dringen. Ob nun Vaughan Truman damit verunsichert hat oder nicht, fest steht, daß Truman den Verteiler der Sitzungsnotizen über die Plenarsitzung auf sich selbst und ein oder zwei andere Personen beschränkte, so daß die amerikanischen Diplomaten dazu übergingen, Aufzeichnungen, die von den Briten verteilt wurden, zu stibitzen.

Von vielem, was auf der Konferenz vorging, wußten daher einige amerikanische Delegierte so gut wie nichts. Einige konnten sehen, wie ihre Verhandlungsbruchstücke sich in Trumans Vorstellung zu einem größeren Plan fügten. Der Präsident spielte sein Spiel auf der Konferenz im kleinen Kreis, und nur wenige seiner Kollegen wußten genug, um seine Irrtümer aufzuklären oder an seinen Ideen teilzuhaben. Die amerikanische Politik fand tatsächlich in den Köpfen einiger weniger Männer statt. Wenn die meisten amerikanischen Diplomaten über die Verhandlungen im dunkeln gelassen wurden, so traf dies anderseits aber auch auf die Briten zu.

Am 24. Juli hatten die Außenminister Byrnes, Molotow und Eden ein gemeinsames Mittagessen. Während des Essens erging sich das Gespräch höflich in allgemeinem Rahmen. Nachher mußte Eden gehen. Byrnes und Molotow blieben zurück, mit ihnen nur die Dolmetscher. Byrnes, so stellte es sich heraus, wollte etwas vorbringen. Niemand hatte ihn darum gebeten, aber er wollte Molotow wissen lassen, daß er und Truman der Ansicht seien, man müsse „eine Friedenskonferenz vermeiden, die von Delegierten von fünfzig Nationen und mehr beschickt werde. Eine so zusammengesetzte Konferenz würde zu endlosen Diskussionen führen und kein befriedigendes Resultat ergeben. Kleine Nationen ohne unmittelbares Interesse an wichtigen europäischen Fragen sollten keine Gelegenheit erhalten, sich dazu zu äußern. Die Briten schienen dieser Auffassung nicht beizupflichten", fügte er sanft hinzu, „aber sie würden sicherlich mitmachen, wenn sie sich die Sache einmal genauer überlegt haben." Was die Amerikaner betreffe, sagte Byrnes, so könnte der neue Rat der Außenminister Probleme auf einer Ad-hoc-Basis regeln. Die Großen Drei würden das Kernstück dieses Rates bilden. (Diese Tatsache würde zum Teil dadurch verborgen bleiben, daß man auch China und Frankreich zum Beitritt aufforderte; da aber beide Staaten nicht Signatarmächte der deutschen Kapitulation seien, würde man ihre Befugnisse innerhalb des Rates einschränken.)

Molotow mag sich gewundert haben, warum Byrnes ihm dies zu einem solch späten Zeitpunkt mitteilte. Nachdem man tagelang immer wieder von einer allgemeinen Friedenskonferenz gesprochen hatte, sollte es nun plötzlich eine solche gar nicht geben! Und auch wir können uns nur wundern, warum Byrnes nun, da das amerikanische Täuschungsmanöver so gut funktionierte, die offensichtlich so nützliche List preisgab.

Vielleicht hatte den Präsidenten sein Gewissen geplagt, und er hatte sich entschlossen, offener von seinen Plänen zu sprechen. Vielleicht fand er es aber auch sinnvoll, über das Gambit mit der ohnedies nie stattfindenden Friedenskonferenz hinauszugehen und den Weg für eine neue Ebene der Konfrontation freizumachen, von der sich Positives erwarten ließ. So oder so: Molotow und Stalin konnten aus dieser überraschenden Ankündigung nur einen Schluß ziehen: die Amerikaner waren der Auffassung, sie und die Russen würden untereinander alle Probleme regeln. Und für den Fall, daß die Russen irgendwelche Illusionen über das britisch-amerikanische Verhältnis hegten, sollte ihnen klarwerden, daß die Amerikaner das tun würden, was sie für richtig befanden, wobei sich die Briten dem anzuschließen hätten. Sollten die Russen irgendwelche Illusionen haben, daß die Amerikaner sich *ernsthaft* der Rechte der kleineren Staaten annehmen würden – und das war der Kern der Botschaft –, dann sollten die kleinen Völker von der Friedenskonferenz ausgeschlossen werden. Sie sollten nur reden, wenn der Rat der Außenminister sie fragte. So schob Truman Großbritannien beiseite und ebenso alle kleineren Nationen der Welt – und da stand er nun Stalin gegenüber, sie beide allein.

Molotow brachte Stalin die Botschaft, und während der Generalissimus darüber nachdachte und sich auf die für den Abend angesagte Plenarsitzung vorbereitete, trafen sich die Vereinten Generalstabchefs der Vereinigten Staaten, Großbritanniens und der Sowjetunion im Schloß Cecilienhof.

Es war ein heißer Nachmittag, und man ließ die Engländer in einem stickigen Raum warten, der mit ledergebundenen Folianten vollgestopft war. Feldmarschall Sir Alan Brooke, Luftwaffenmarschall Portal und Großadmiral Cunningham inspizierten die Regale und griffen sich einige Bände als Kriegsbeute.

Admiral Leahy leitete das Treffen und, wie sich der britische Sekretär, Oberstleutnant Mallaby, erinnert, „eröffnete die Sitzung. Er begrüßte die Anwesenden wortreich und in wohlgesetzter Rede. Dabei passierte ihm ein schläfriger Ausrutscher und er sprach von unserem tapferen Verbündeten Japan. Es war eben sehr heiß und spielte übrigens keine Rolle. Die Dolmetscher waren nicht auf den Kopf gefallen, und den Russen fiel es nicht schwer, starr und unbeleidigt dreinzuschauen."

General Antonow antwortete und sagte, sowjetische Truppen würden im Augenblick im Fernen Osten konzentriert und würden in der zweiten Augusthälfte einsatzbereit sein. Das genaue Datum würde von dem Ausgang der Konferenz mit den Chinesen abhängen, die noch nicht beendet sei. Das war genau das, womit die Amerikaner gerechnet hatten – aber es war gut, es bestätigt zu wissen. Die Japaner, so fuhr Antonow fort, hätten ungefähr dreißig Divisionen in der Mandschurei stehen plus zwanzig mandschurische Divisionen – das bestätigte wieder, daß die Russen bereits das Hauptziel erreicht hatten, nämlich japanische Streitkräfte zu binden.

Leahy ersuchte daraufhin General Marshall, die amerikanische Schätzung der Bodentruppen in China wiederzugeben. Der amerikanische Generalstab, führte Marshall aus, schätze, daß etwa eine Million japanischer Soldaten in China stünde. „Es fanden bedeutende chinesische Truppenbewegungen von Burma nach China statt. Bis zum 15. August sollen chinesische

Divisionen in der Stärke von 10.000 Mann bereitstehen." Die Chinesen bereiteten sich also auf einen großangelegten Angriff gegen die Japaner vor.

Oberstleutnant Mallaby nickte, wachte plötzlich auf, fuhr zusammen. Im Raum wurde es immer heißer und stickiger.

Marshall leierte seinen Bericht herunter. Es waren einige interessante Punkte darunter. So hatte etwa die amerikanische Luftwaffe den normalen japanischen Schiffsverkehr selbst von Häfen, die so weit entfernt waren wie Indochina, nach Japan „von vierzig Geleitzügen am Tag auf null reduziert". Weiter: „Die japanische Marine wurde gezwungen, bis auf kleinere Unternehmungen im Japanischen Meer jede Tätigkeit auf hoher See einzustellen." Und: „Die Angriffe auf Japan von der See und aus der Luft nehmen jetzt in gewaltigem Ausmaß von Woche zu Woche zu." Kurz gesagt: Japan lag in Agonie.

Der britische General Ismay war fest eingeschlafen. General Hollis gab Mallaby einen heimlichen Stoß in die Rippen und lächelte in Richtung Ismay. Einen Augenblick später verschwand dieses Lächeln, und er war selbst hinüber.

Feldmarschall Brooke berichtete, daß die Briten Burma und Siam vom Feind säuberten, Admiral Cunningham erwähnte, daß „von der japanischen Flotte in Südostasien nur Überbleibsel vorhanden sind". Marschall Portal stellte fest, daß „die Luftstreitkräfte Großbritanniens und der Vereinigten Staaten in diesem Gebiet die absolute Überlegenheit über die japanischen Luftstreitkräfte errungen hätten . . ."

Mallaby wachte mit einem Ruck auf, gab Hollis einen Stoß, Hollis wachte auf und puffte General Pug. Das Treffen wurde vertagt.

„So endete das Treffen der Vereinten Generalstäbe in Berlin", notierte Brooke in seinem Tagebuch. „Anfangs des Krieges hätten wir ein Treffen in dieser Stadt auch in unseren wildesten Träumen nicht zu erhoffen gewagt. Und nun sind wir hier und ich bin einfach zu müde und ausgelaugt, um es auch nur zu genießen. Alles ist öde und leer, ich fühle mich sehr, sehr müde und verbraucht."

Brooke empfand sich zweifelsohne auch als überflüssig – denn die Entscheidungen wurden ja nur mehr von den Politikern getroffen.

Der Weg war nun für die Großen Drei frei: sie konnten zum Kern ihrer Kontroverse zurückkehren. Die militärischen Angelegenheiten waren erledigt. Ein Großteil der Randfragen war abgetan. Bei der Plenarsitzung an diesem Abend kamen sie wieder auf Mitteleuropa zurück. Wieder beschäftigten sie sich mit der Deklaration von Jalta über das befreite Europa und deren Anwendung auf Rumänien, Bulgarien, Ungarn und Finnland.

Bei einem früheren Treffen der Außenminister hatte Byrnes vorgeschlagen, man möge sich mit einem Schriftstück über die Zulassung Italiens zu den Vereinten Nationen befassen. Molotow hatte erwidert, er wolle sich mit diesem Schriftstück nicht auseinandersetzen, da darin die Zulassung Rumäniens, Bulgariens, Ungarns und Finnlands nicht erwähnt werde. Byrnes schlug vor, dem Wunsch der sowjetischen Delegation durch folgende Sätze gerecht zu werden: „Die drei Regierungen hoffen ebenfalls, der Rat der Außenminister möge ohne unnötige Verzögerung Friedensverträge mit Rumänien, Bulgarien, Ungarn und Finnland vorbereiten. Es ist ferner ihr Wunsch, daß nach Abschluß von Friedensverträgen mit verantwortlichen, demokratischen Regierungen dieser Staaten auch deren Antrag auf Mitgliedschaft bei den Vereinten Nationen unterstützt werde."

Molotow war natürlich mit solchen Worten wie „hoffen", „möge", „Wunsch" oder mit dem qualifizierenden „verantwortlich" vor „demokratischen Regierungen" nicht zufrieden. In all diesen Worten sahen die Sowjets Schlupflöcher, die es den Amerikanern ermöglichten, die Regierungen der osteuropäischen Staaten weder anzuerkennen noch ihnen in der UNO Sitz und Stimme zu geben.

„Man gewinnt den Eindruck", sagte Stalin, „daß es hier eine künstliche Teilung gibt. Einerseits Italien, dem man es leicht machen will, andererseits Rumänien, Bulgarien, Ungarn und Finnland, denen man es nicht leicht machen will . . . In welcher Weise hat sich Italien verdienter gemacht als andere Länder? Sein einziges ‚Verdienst' ist doch, daß es als erstes Land kapituliert hat. In allen anderen Beziehungen hat sich Italien schlechter betragen und größeren Schaden angerichtet als jeder andere deutsche Satellitenstaat . . .

Und was die Regierung in Italien angeht, kann man wirklich sagen, daß sie demokratischer ist als die Regierung in Rumänien, Bulgarien oder Ungarn? Natürlich nicht. Oder hat Italien eine verantwortlichere Regierung als Rumänien oder Bulgarien? Es wurden keine demokratischen Wahlen abgehalten, weder in Italien noch in einem der anderen Staaten. In dieser Hinsicht sind alle gleich."

Stalin hatte einen Vorschlag zu machen: Die Position Italiens sollte in zweifacher Weise „erleichtert" werden, nachdem es diplomatische Anerkennung erfahren hatte, sollte es nun in die Vereinten Nationen aufgenommen werden. Stalin schlug vor, daß nur die erste dieser beiden Vergünstigungen den osteuropäischen Ländern eingeräumt würde. Die diplomatischen Beziehungen sollten sofort aufgenommen werden.

„Ich möchte bemerken", antwortete Truman, „daß die Meinungsunterschiede in bezug auf die italienische Regierung einerseits und die Regierungen von Rumänien, Bulgarien und Ungarn anderseits darauf zurückzuführen sind, daß unsere Vertreter bisher keine Gelegenheit hatten, die nötigen Informationen über diese Länder zu sammeln . . . Dazu kommt, daß die Art der gegenwärtigen Regierungen in diesen Ländern es uns nicht erlaubt, mit ihnen sofort diplomatische Beziehungen aufzunehmen. In dem vorliegenden Schriftstück aber haben wir versucht, dem Wunsch der sowjetischen Delegation nachzukommen und die anderen Satellitenstaaten nicht in eine ungünstigere Lage zu bringen als Italien."

Stalin: „Aber Sie unterhalten diplomatische Beziehungen mit Italien, nicht aber mit den anderen Staaten."

Truman: „Aber auch die Satellitenstaaten können unsere Anerkennung haben, sobald sie unseren Anforderungen entsprechen."

Stalin: „Welchen Anforderungen?"

Truman: „In bezug auf Bewegungsfreiheit und Nachrichtenfreiheit."

Stalin: „Keine dieser Regierungen behindert die Bewegungsfreiheit und die freie Information von Vertretern der alliierten Presse – sie wären gar nicht in der Lage dazu. Hier muß es ein Mißverständnis geben. Mit dem Ende des Krieges hat sich da die Lage verbessert . . ."

Truman: „Wir wollen, daß diese Regierungen umgebildet werden ..."

Stalin: „Ich versichere Ihnen, daß die Regierung Bulgariens demokratischer ist als die Italiens."

Truman: „Wir schlagen dieselbe Formel in bezug auf Rumänien, Bulgarien und Ungarn vor wie für Italien."

Stalin: „Aber das beinhaltet nicht diplomatische Anerkennung."

Truman: „Ich habe schon wiederholt gesagt, daß wir mit diesen Regierungen keine diplomatischen Beziehungen aufnehmen können, solange sie nicht nach Prinzipien, die wir für nötig halten, umgebildet werden."

Stalin fühlte sich durch Trumans Direktheit in die Enge getrieben und wurde für einen Augenblick anzüglich. Er schlug vor, das Wort „verantwortlich" in bezug auf Italien zu streichen. „Dieses Wort führt dazu, die Position der italienischen Regierung herabzusetzen." Dennoch, antwortete Truman, könnten die Vereinigten Staaten ein Ansuchen um Mitgliedschaft bei der UNO von einer Regierung, die nicht „verantwortlich und demokratisch" sei, nicht unterstützen. „Aber in Argentinien", wandte Stalin ein, „ist die Regierung weniger demokratisch als in Italien, und doch ist Argentinien Mitglied der Vereinten Nationen. Als Regierung ist es eine demokratische Regierung, sobald Sie aber das Wort ‚verantwortlich' hinzufügen, wird es eine andere Art von Regierung."

Als Stalin mit diesen Argumenten nicht durchkam, verlegte er sich auf eine gefälligere Taktik. Er schlug vor, die Großen Drei sollten sich nur bereit erklären, die Frage einer diplomatischen Anerkennung der osteuropäischen Staaten zu „überprüfen". Dies sollte nicht bedeuten, daß alle drei tatsächlich zur Zeit Beziehungen aufnehmen würden, es bedeutete nur, daß sie alle bereit waren, die Frage einer früher oder später zu erfolgenden Anerkennung zu untersuchen. Genau das habe sich beispielsweise in Italien abgespielt, sagte Stalin, dort hatten Rußland und Amerika einen Botschafter, nicht aber Großbritannien. Es war nicht entscheidend, daß die Großen Drei immer gleichzeitig Botschafter in andere Länder entsandten.

Churchill konnte da der Schilderung Stalins nicht ganz beipflichten. „Wir sind der Ansicht, daß unser Vertreter in

Italien voll beglaubigt ist . . . Der Status dieses Vertreters kann nicht völlig dem eines Botschafters gleichgesetzt werden . . . Aber wir nennen ihn Botschafter."

Mit außerordentlicher Behendigkeit ergriff Stalin die Gelegenheit, die Churchill ihm ohne Absicht gegeben hatte.

Stalin: „Aber nicht von der Art, wie sie die Sowjetunion und die Vereinigten Staaten dort unterhalten."

Churchill: „Nicht ganz. Etwa 90 Prozent."

Stalin (den Augenblick auskostend, bevor er zuschlägt): „Nicht ganz, wie wahr."

Churchill: „Aber aus formalen, technischen Gründen."

Stalin: „So ein Botschafter sollte nach Rumänien geschickt werden – ein Beinahe-Botschafter."

„Allgemeines Gelächter."

Das Lachen verging bald. Truman brachte das Gespräch wieder auf einen nüchternen Ton. Er wollte alles tun, was in seiner Macht stand, um die diplomatischen Beziehungen mit den osteuropäischen Staaten wieder aufzunehmen, aber „ich habe bereits die Schwierigkeiten erklärt, die sich bei Lösung dieses Problems ergeben."

Stalins Antwort war kalt und hart: „Es hat Schwierigkeiten gegeben, aber es gibt sie nicht mehr. Wir finden es sehr schwierig, der Resolution in ihrer gegenwärtigen Form beizupflichten. Wir möchten ihr nicht beipflichten."

Truman und Stalin hatten eine Pattsituation erreicht, nun wagte sich Churchill vor – und machte es noch schlimmer. Der Premierminister sagte, daß er ein paar Worte für Italien sagen wolle. Italien habe vor zwei Jahren den Krieg quittiert und kämpfe seither auf der Seite der Alliierten. Die Beziehungen zur italienischen Regierung hätten sich zufriedenstellend entwikkelt, und es „existiere keine politische Zensur. Die italienische Presse hat mich verschiedentlich angegriffen, und zwar nur wenige Monate nach der bedingungslosen Kapitulation Italiens." Also, meinte Churchill, habe Italien offenbar eine verantwortungsvolle, demokratische Regierung. Die Schwierigkeit mit Osteuropa liege darin, daß diese Staaten sich vor westlichen Vertretern so hermetisch abschlössen, daß Großbritannien nicht einmal herausfinden konnte, welche Art von Regierungen dort am Ruder sei. „Ich muß sagen", schloß der

Premierminister mit einer rauhen Attacke aus dem Stegreif, „daß wir nichts von Rumänien wissen, von Bulgarien gar nicht zu sprechen. Unsere Vertretung in Bukarest wurde Bedingungen der Isolation unterworfen, die an Internierung erinnern."

Stalin warf den Kopf zurück: „Wie können Sie solche Sachen sagen, ohne sie zu verifizieren?"

Und Churchill schlug das Thema des Kalten Krieges an: „Wir wissen dies von unseren Vertretern dort. Ich bin sicher, daß der Generalissimus erstaunt wäre, erführe er von einigen der Schwierigkeiten unserer Mission in Bukarest. Ein eiserner Vorhang ist rings um sie niedergegangen."

Stalin: „Alles Märchen!"

Admiral Leahy saß schweigend neben dem Präsidenten. Stalin wollte von seinem Standpunkt nicht abrücken: Er wollte die Anerkennung der osteuropäischen Regierungen. Truman wollte von seinem Standpunkt nicht abrücken: Diese Regierungen sollten nicht anerkannt werden, ehe sie sich nicht „reorganisiert" hatten. Leahy begriff die Bedeutung des Augenblicks. „Das Resultat war ein vollständiges Patt", berichtete er später. „Und man kann sagen, es war der Anfang des Kalten Krieges zwischen den Vereinigten Staaten und der Sowjetunion."

Indes war die Zeit noch nicht gekommen, da man sich offen zum Krieg bekennen konnte, die Andeutung eines offenen Bruches mußte verklausuliert werden. Byrnes schlug eine Formulierung vor.

Byrnes: „In der Hoffnung, ein Einverständnis zu erzielen, würde ich vorschlagen, statt verantwortungsvolle Regierung den Ausdruck anerkannte Regierung zu setzen."

Stalin: „Das ließe sich eher akzeptieren. Aber ich glaube, wir sollten auch eine Entscheidung erreichen, daß die drei Regierungen bereit sind, die Frage der Aufnahme diplomatischer Beziehungen zu den vier Ländern zu prüfen . . ."

Churchill war jedoch an einer Überbrückung möglicher Schwierigkeiten nicht interessiert. Der Premierminister sagte, die bloße Andeutung, die drei Mächte seien auch nur übereingekommen, die Frage zu prüfen, sei „im krassen Widerspruch zu dem, was wir hier gerade gesagt haben". Stalin: „Nein. Jedes Land würde nur sagen, daß es sich völlig unabhängig mit der Frage der Anerkennung beschäftigen werde."

Truman: „Ich habe keine Einwendungen."

Stalin: „In diesem Fall haben wir auch keine."

Churchill (eigensinnig): „Ich glaube, hier gibt es einen Widerspruch. So wie ich den Präsidenten verstand, sagte er, daß er die Regierungen von Rumänien, Bulgarien und die der anderen Satellitenstaaten momentan nicht anerkennen wolle."

Truman: „Es ist hier nur davon die Rede, daß wir diese Frage prüfen wollen."

Churchill: „Das läuft auf eine Irreführung der öffentlichen Meinung hinaus."

Stalin: „Warum?"

Churchill: „Weil sich aus der Bedeutung des Textes ablesen läßt, daß wir diese Regierung bald anerkennen werden; wie aber die Dinge liegen, ist das weder der Standpunkt der Regierung der Vereinigten Staaten noch des Vereinigten Königreiches."

Stalin brachte einen anderen logischen Schluß vor, der das Problem von einer Reihe anderer Voraussetzungen her aufrollte. Die Großen Drei, sagte der Generalissimus, hätten sich darauf geeinigt, daß der Rat der Außenminister auf seiner Septembertagung Friedensverträge mit den osteuropäischen Staaten vorzubereiten habe. „Wir sind alle der Ansicht", sagte Stalin, „daß ein Friedensvertrag nur mit einer anerkannten Regierung abgeschlossen werden kann. Daraus ergibt sich, daß diese Anerkennung irgendwie erwähnt werden muß, dann wird es keinen Widerspruch geben. Wenn wir es verabsäumen zu sagen, daß die drei Regierungen die Absicht haben, die Frage der Anerkennung in allernächster Zukunft aufzugreifen, dann werden wir auch den Passus über die Vorbereitung der Friedensverträge eliminieren müssen ..."

Nun, sagte Churchill, dann wolle er wissen, ob der Präsident meine, daß der Rat der Außenminister Friedensverträge mit den Vertretern der „gegenwärtigen Regierungen" der osteuropäischen Länder diskutieren solle.

Truman zog sich zurück: „Nur eine von uns anerkannte Regierung wird ihre Vertreter zu dem Rat der Außenminister senden können."

Churchill: „Die gegenwärtigen Regierungen werden nicht anerkannt, daher wird es unmöglich sein, die Friedensverträge mit ihnen vorzubereiten."

Stalin: „Warum glauben Sie das?“
Churchill: „Es ist einfach logisch.“
Stalin: „Nein, das ist es nicht.“
Churchill: „Mir scheint es doch so.“

Die Regierungen könnten anerkannt werden oder auch nicht, sagte Stalin.“ „Niemand weiß, ob sie anerkannt werden oder nicht.“ Die Frage würde geprüft werden, das war alles, und dann, sobald die Regierungen tatsächlich anerkannt waren, könnten die Friedensverträge unterschrieben werden.

„Niemand, der diesen Passus liest“, sagte der Premierminister, „wird verstehen, daß die Vereinigten Staaten nicht die Absicht haben, die gegenwärtigen Regierungen von Rumänien und Bulgarien anzuerkennen . . . Sie müssen mir vergeben, wenn ich auf diesem Punkt bestehe, aber halten Sie sich bitte vor Augen, daß dieses Dokument, wenn es veröffentlicht wird, auch erklärt werden muß, vor allem von mir, vor dem Parlament. Wir sagen, daß wir Friedensverträge mit Regierungen machen, die wir anerkennen, wir haben aber gar nicht die Absicht, diese Regierungen anzuerkennen. Ich finde, das grenzt ans Absurde.“

Endlich fand Stalin einen Weg, um alle ihre Absichten zu verschleiern. „Es ist hier nicht vom Abschluß von Friedensverträgen die Rede, sondern nur von ihrer Vorbereitung. Warum kann man nicht einen Vertrag auch dann vorbereiten, wenn die Regierung noch nicht anerkannt ist?“

Churchill, mit seinem Fundus bereitstehender Redewendungen, fand die richtige Konstruktion: „Wir können natürlich die Friedensverträge selbst vorbereiten. In diesem Fall würde ich vorschlagen, die Präposition ‚mit‘ durch die Präposition ‚für‘ zu ersetzen, so daß es nicht heißt ‚Friedensverträge mit Rumänien, Bulgarien etc.‘, sondern ‚Friedensverträge für Rumänien, Bulgarien etc.‘.“

Stalin: „Ich habe keine Einwendungen gegen das ‚für‘.“
Churchill: „Vielen Dank.“
Stalin: „Aber bitte!“

Und so kamen die Großen Drei überein, ein Kommuniqué herauszugeben, das vage so klang, als sollten die osteuropäischen Staaten anerkannt und von den Großen Drei mit Friedensverträgen bedacht werden, in Wirklichkeit aber nichts dergleichen garantierte. Die Großen Drei kamen überein, Friedensverträge zu schreiben, die sie vielleicht nie unterfertigen würden, für Staaten, die sie vielleicht nie anerkennen würden, auf Grund von Schwierigkeiten, die sie vielleicht nicht beseitigen können würden. Sie hatten gerade einer der wesentlichen Klauseln in ihrer gegenseitigen Kriegserklärung zugestimmt, und niemand, der das unter ihren Namen veröffentlichte Kommuniqué las, hätte es je bemerkt.

Am Ende der Sitzung stand Truman auf und schlenderte wie zufällig zu Stalin hinüber. Er hatte nichts von Bedeutung zu sagen – die Tatsache, daß er seinen Dolmetscher Bohlen zurückließ, bewies es.

„Ich war vielleicht fünf Meter entfernt", erinnert sich Churchill, „und beobachtete mit gespannter Aufmerksamkeit das epochale Gespräch. Ich wußte, was der Präsident im Sinn hatte. Es war von höchster Wichtigkeit, welche Wirkung das auf Stalin haben würde. Ich sehe alles noch vor mir, als sei es gestern gewesen ..."

Auch Byrnes schaute zu. „Als die Sitzung zu Ende ging, wanderte Truman um den kreisrunden Tisch, um mit Stalin zu sprechen ..."

Leahy versuchte, nicht den Eindruck zu erwecken, als lausche er dem Gespräch.

„Ich erwähnte nebenbei zu Stalin", erzählt Truman in seinen Memoiren, „daß wir eine neue Waffe von ungewöhnlicher Zerstörungskraft besaßen. Der russische Premier zeigte kein besonderes Interesse. Er sagte nur, daß er darüber erfreut sei und hoffe, daß wir guten Gebrauch davon im Kampf gegen die Japaner machen würden."

„Ich war sicher", schreibt Churchill, „daß Stalin von der Bedeutung dessen, was ihm da gesagt wurde, keine Vorstellung hatte. Hätte er nur die leiseste Ahnung davon gehabt, daß sich hier eine Revolution der globalen Machtverhältnisse abzeichne, seine Reaktion wäre ganz naheliegend gewesen. Nichts einfacher für ihn, als zu sagen: ‚Haben Sie vielen Dank, daß Sie mir von der neuen Bombe erzählt haben. Ich habe natürlich kein technisches Wissen. Darf ich Ihnen morgen meinen Fachmann für Kernphysik schicken, damit er sich am Vormittag mit Ihrem Experten unterhalten kann?' Aber sein Gesicht blieb freundlich-heiter, und das Gespräch zwischen den beiden Potentaten kam bald zu einem Ende. Als wir auf unsere Autos warteten, fand ich mich in Trumans Nähe. ‚Wie ist es gegangen?' fragte ich. ‚Er hat nicht eine einzige Frage gestellt', war die Antwort."

Truman konnte nun von sich sagen, daß er ein aufrichtiger und verläßlicher Verbündeter gewesen sei, er hatte Stalin über die Atombombe informiert. Gleichzeitig waren freilich er und Churchill der Ansicht, sie hätten Stalin mit Erfolg getäuscht. Und wenn man sich an den russischen General Schtemenko hält, so hat die Täuschung tatsächlich funktioniert: Nach der Plenarsitzung vom 24. Juli erhielt der Generalstab der Roten Armee keine speziellen Instruktionen. Bis zum Abwurf der ersten Bombe über Japan hatte Stalin keine Vorstellung, was Truman meinte.

Marschall Schukow erinnert sich anders: „Als er nach der Sitzung in seine Wohnung zurückkehrte, erzählte Stalin Molotow in meiner Gegenwart von seinem Gespräch mit Truman. Molotow reagierte sofort: ‚Laß sie nur. Wir müssen die Sache mit Kurtschatow besprechen und ihn veranlassen, daß er die Sache beschleunigt.' Ich begriff, daß sie über die Forschungsarbeit an der Atombombe sprachen."

Es gibt wenig Wendepunkte der Geschichte, die sich datumsmäßig präzise feststellen lassen. Wann der Abstieg Roms begann und wann Rom zugrunde ging, wann die Renaissance begann oder was sie eigentlich war – all diese Fragen geraten in ein trübes Licht, wenn man sich mit den Voraussetzungen und Vorbedingungen befaßt und sie von verschiedenen Gesichtspunkten aus analysiert. Aber gleichgültig, ob nun Stalin genau wußte, wovon Truman an diesem Abend sprach, oder ob er es erst später begriff: Hier ist ein Wendepunkt in der Geschichte, der mit außerordentlicher Genauigkeit datiert werden kann: Das nukleare Wettrüsten des 20. Jahrhunderts begann im Schloß Cecilienhof am 24. Juli des Jahres 1945 um 19 Uhr 30.

16. KAPITEL

Churchill geht

Am 25. Juli erwachte Churchill deprimiert. „Ich träumte, daß das Leben vorbei war. Ich sah, in aller Deutlichkeit, wie meine Leiche von einem weißen Tuch bedeckt in einem leeren Raum auf einem Tisch lag. Ich erkannte meine bloßen Füße, die unter dem Tuch hervorragten. Es war sehr lebensecht . . . Vielleicht ist das das Ende." An diesem Tag verließ Churchill Potsdam und kehrte nach England zurück, um dabeizusein, wenn die Wählerstimmen ausgezählt wurden.

Das Treffen der Großen Drei war an diesem Vormittag auf elf Uhr angesetzt worden, und knapp vor der Sitzung stellten sich Truman, Churchill und Stalin vor Schloß Cecilienhof den Photographen. Truman stand zwischen den beiden anderen; seine Arme über Kreuz legend, war er der Mittelpunkt eines dreifachen Händeschüttelns. Seine rechte Hand war nach links ausgestreckt und umfaßte Stalins Hand, seine linke griff auf der anderen Seite nach Churchills linker Hand.

Der Präsident zeigte smarte Gelassenheit. Er trug einen körpernah geschneiderten Anzug, einen dunklen Doppelreiher mit messerscharfer Hosenfalte, Krawatte mit breitem Knoten. Aus seiner Brusttasche lugte ein Taschentuch hervor. Er neigte sich ganz leicht zu Stalin hinüber, er und der Generalissimus hielten die Hand des anderen mit festem Griff umspannt. Truman hatte den Kopf von Churchill abgewandt, seine Augen waren auf Stalin gerichtet, sein Lächeln breit, zuversichtlich, geradeheraus.

Stalin stand da, als sei er von einem Kran abgestellt worden. Er lehnte sich weder in Trumans Richtung noch weg von ihm. Er sah über die Photographen hinweg auf die Menschenmenge, die sie umgab. Er trug seine cremefarbene Militärjacke mit fünf blankgeputzten Messingknöpfen, auf den Schultern steife Epauletten. Seine Lippen waren ein wenig geöffnet, er sah so drein, als würde er lächeln, wenn nur sein Schnurrbart nicht so steif wäre. Seine Augen lächelten – und vielleicht war es die Kraft, mit der er Trumans Hand umfaßte, die den Präsidenten zu ihm zog.

Churchill hielt Trumans linke Hand mit zartem Griff, fast schlaff. Das Gewicht des Premierministers war von Truman wegverlagert. Auch Churchill blickte in die Menschenmenge. Seine hellfarbene Militäruniform hätte gebügelt gehört und um die ausgedehnte Magenpartie des Premierministers zog sich die Jacke, knickte und machte Falten. Sein Lächeln wirkte weich und zahnlos. Er wirkte – und das auf einer Schwarzweiß-Photographie – sehr rosa. Er machte ein wenig den Eindruck, als hätte man ihm die Luft ausgelassen. Das war nicht länger die Bulldogge Churchill, wie man ihn von dem berühmten Porträt kannte; das war ein Churchill in der zweiten Kindheit.

Das Gespräch in der Plenarsitzung war an diesem Tag ohne Zusammenhang. Die Staatschefs machten den Eindruck, als seien sie nur zusammengekommen, um sich photographieren zu lassen und der Abreise Churchills ein wenig formellen Ausdruck zu geben. Im übrigen gab es wenige aktuelle Themen, über die man mit Gewinn hätte reden können. So viele Verhandlungspositionen waren während der letzten Tage in Frage gestellt worden, daß die Großen Drei ihren Außenministern und den um sie gruppierten Unterausschüssen Zeit lassen mußten, damit sie das Material aufarbeiten und neue Entwürfe verfassen konnten, die als Unterlagen für die nächsten Verhandlungen zu verwenden waren. Churchill stellte von neuem einige Fragen in bezug auf die aus Polen vertriebenen Deutschen; und Stalin erwiderte, daß „die Versorgung ganz Deutschlands mit Kohle und Metallen von viel größerer Bedeutung“ sei.

Churchill: „Wenn Ruhrkohle in die russische Besatzungszone geliefert werden sollte, dann muß sie in Nahrungsmitteln bezahlt werden . . .“

Stalin: „Wenn die Ruhr bei Deutschland bleibt, dann muß sie das ganze Land versorgen.“

Churchill: „Warum können wir dann nicht Nahrungsmittel aus Ihrer Zone bekommen?“

Stalin: „Weil dieses Gebiet an Polen fällt.“

Das waren die alten, feuergefährlichen Themen, nur daß sich an ihnen diesen Morgen kein Feuer entzündete – vielleicht weil die Staatschefs es allmählich langweilig fanden, immer wieder die alten Argumente durchzuackern, vielleicht auch, weil Churchill und Stalin sich an diesem Morgen nicht sehr feurig fühlten. Beide waren am Abend in besserer Verfassung als in den frühen Morgenstunden.

Das Gespräch über die Ruhr und die Kohle veranlaßte Churchill, über die Kohlenknappheit in England Klage zu führen. Stalin schien verwundert. „Großbritannien hat doch immer Kohle exportiert“, sagte er. Churchill gab es zu, aber die Grubenarbeiter seien noch nicht demobilisiert worden, es herrsche eine Knappheit an Arbeitskräften.

Stalin: „Es gibt genug Kriegsgefangene. Wir haben Kriegsgefangene, die in den Kohlengruben arbeiten, wir täten uns schwer ohne sie ... Sie haben 400.000 deutsche Soldaten in Norwegen, die noch nicht einmal entwaffnet worden sind – ich weiß nicht, worauf sie warten. Da haben Sie Ihre Arbeitskräfte.“

Diese 400.000 deutschen Soldaten waren eine Überraschung. Worauf warteten sie wirklich? Gehörten sie zu Churchills deutscher Armee, die er für einen Krieg gegen Rußland in Reserve hielt? Diese kriegerische Vorstellung war doch schon lange verblaßt; nun schien sie zu den unwahrscheinlichsten Phantasiegebilden zu gehören.

„Ich wußte nicht, daß sie noch nicht entwaffnet worden sind“, sagte Churchill – und es ist ohne weiteres möglich, daß er es wirklich nicht wußte. „Jedenfalls ist es unsere Absicht, sie zu entwaffnen.“

Diese Geisterarmee, die nun dem Längstvergangenen anzugehören schien, konnte indes Churchill nur für einen Augenblick vom eingeschlagenen Weg abbringen. „Ich möchte wiederholen“, sagte der Premierminister, auf sein Thema zurückkommend, „wir sind knapp an Kohle, weil wir Kohle nach Frankreich, Belgien und Holland exportieren ...“

„Es ist nicht meine Art zu klagen“, klagte Stalin, „aber ich muß doch darauf hinweisen, daß unsere Lage noch viel schlimmer ist. Wir haben Millionen an Toten verloren, wir haben zu wenig Leute. Wenn ich zu klagen anfinge, dann, fürchte ich, werden Sie Tränen vergießen, so arg ist die Lage in der Sowjetunion. Aber ich möchte Ihnen keine Sorgen bereiten."

Das Gespräch uferte aus, wie es bei Leuten der Fall zu sein pflegt, die auf ein Flugzeug warten und dabei mehr auf die Zeit achten als auf ihre Konversation. Nachträgliche Überlegungen kamen ans Tageslicht, und wie so oft, wenn die Konzentration nachläßt, verrieten diese Nachgedanken tiefliegende Ängste und Sorgen. Das unzusammenhängende Gerede berührte dieselben dornigen Probleme – die polnische Frage, Kohle und Nahrungsmittel, Reparationen, das Gespenst hungernder Deutscher, eines abgehalfterten Deutschlands, eines verarmten, frierenden Britanniens –, aber die Staatschefs schienen sich mit anderen Dingen zu befassen. Truman schlug noch einmal vor, daß die Außenminister die Frage einer Internationalisierung der Binnenwasserwege erörtern sollten; und diesmal gaben Stalin und Churchill, anscheinend in einem Anfall von Zerstreutheit, ihre Zustimmung.

Ein einziges Geschehnis hebt sich von den Gesprächen dieses Morgens seltsam ab. Truman verlas das Protokoll, eine vorbereitete Erklärung, in der er die konstitutionelle Autorität des amerikanischen Präsidenten umriß. „Sie alle wissen, ich bin dessen sicher, daß aufgrund der amerikanischen Verfassung Verträge mit dem Ratschlag und der Zustimmung des Senats der Vereinigten Staaten geschlossen werden müssen. Wenn ich also hier meine Unterstützung eines Vorschlages anzeige, so werde ich mich natürlich nach besten Kräften bemühen, daß er angenommen wird. Selbstverständlich garantiert das noch nicht seine Annahme. Und es schließt auch nicht aus, daß ich mich wieder an Sie wenden und es Ihnen mitteilen werde, wenn es sich herausstellt, daß bei mir zu Hause die politische Stimmung über einen Vorschlag mir nicht erlaubt, für die Annahme dieses Vorschlages noch länger einzutreten, ohne unsere gemeinsamen Friedensinteressen zu gefährden."

Selbst diese Erklärung erregte kein besonderes Aufsehen. Stalin erkundigte sich, ob sich diese Erklärung nur auf „Friedensverträge" beziehe oder auf alle Fragen, die hier debattiert würden. Truman antwortete, daß „wir alle Fragen hier entscheiden könnten, es sei denn, sie müßten vom Senat ratifiziert werden." Trumans Antwort war zweideutig, denn es gab wenig Fragen, für die sich nicht die Notwendigkeit einer Ratifizierung durch den Senat konstruieren ließ. Werden nämlich Reparationen, diplomatische Anerkennung, Handelsabkommen, neugezogene Grenzen und dergleichen in Verträge aufgenommen, dann bedarf all dies der Zustimmung des Senates. Und es ist dann die Aufgabe des Präsidenten, in all diesen Fällen die Senatoren zu überreden oder ihnen in aller Stille abzuraten. Was Truman also in diesem Augenblick Stalin und Churchill wissen ließ, war folgendes: Er behielt sich das Recht vor, alle Übereinkommen, die sie in Potsdam erreicht hatten, zu widerrufen. An jenem Vormittag des 25. Juli wurde auch diese Erklärung ohne viel Aufmerksamkeit aufgenommen.

Truman hat immer den Ruf gehabt, ehrlich und geradeheraus zu sein, und sein Verhalten in Potsdam beweist, wieso er diesen Ruf verdient hat: wenn er mogeln wollte, sagte er es den Leuten.

Churchill hielt seine letzte Rede. Er nahm sich nochmals das Thema Kohle vor, dann ließ er ab. „Ich bin zu Ende", erklärte der Premierminister. „Wirklich schade", sagte Stalin.

Churchill: „Ich hoffe zurückzukommen."

Stalin: „Nach Herrn Attlees Gesichtsausdruck zu urteilen, ist er nicht gerade darauf erpicht, Ihre Verantwortung zu übernehmen."

Churchill kehrte zurück in sein Haus in Babelsberg. Dort wanderte er nur kurz durch die Zimmer und verkündete dann, er werde sich auf den Flugplatz begeben. Er forderte Eden auf, mitzukommen, doch der Außenminister wollte später und separat fliegen.

Der Premierminister hatte auf seinem Flug heimwärts Zeit und Muße, über die Konferenz, die hinter ihm lag, nachzudenken. In seinen Erinnerungen schreibt er: „Ein gewaltiger Fragenkomplex, über den man sich nicht hatte einigen können, hatte sich aufgetürmt. Wenn mich die Wähler, wie allgemein angenommen wurde, im Amt bestätigten, so hatte ich die Absicht, mich über diesen Katalog von Entscheidungen mit den Sowjets auseinanderzusetzen. Beispielsweise hätten weder Eden noch ich selbst jemals zugestimmt, die westliche Neiße als Grenze anzuerkennen. Die Linie Oder–östliche Neiße war bereits als Entschädigung dafür anerkannt worden, daß sich die Polen hinter die Curzon-Linie zurückzogen. Aber keine Regierung, der ich vorstand, hat und hätte je das Vorrücken der Roten Armee bis zur westlichen Neiße und selbst darüber hinaus und die Übernahme des Gebietes durch die Rote Armee anerkannt. Das war nicht nur ein prinzipieller Standpunkt, sondern vielmehr eine weitreichende Tatsachenentscheidung, die an die drei Millionen zusätzlicher Vertriebener betraf.

Es gab noch eine Reihe anderer Punkte, über die man sich mit der Sowjetregierung auseinanderzusetzen hatte, ebenso wie mit den Polen, die gewaltige Brocken deutschen Gebietes geschluckt hatten und offensichtlich eifrige Marionetten der Russen geworden waren. Aber diese ganzen Verhandlungen wurden durch den Ausgang der Wahlen kupiert und zu einem frühzeitigen Ende gebracht. Wenn ich dies sage, so möchte ich den Ministern der neuen Regierung keinen Vorwurf machen, sie waren gezwungen, ohne ernsthafte Vorbereitung nach Potsdam zu gehen, und sie waren natürlich mit meinen Ideen und Plänen nicht vertraut; sie wußten vor allem nicht, daß ich gegen das Ende der Konferenz eine entscheidende Auseinandersetzung vorhatte und, wenn nötig, lieber einen öffentlichen Bruch in Kauf genommen hätte, als einer Grenzverschiebung Polens über die Linie der Oder–östliche Neiße hinaus zuzustimmen."

Aber all dies war bloße Rhetorik, lange nach Potsdam geschrieben und zu einem Zeitpunkt, da Churchill ohne Macht war und keine der Entscheidungen über Polen beeinflussen konnte – und das auch wußte. Für Churchill und für das britische Weltreich Churchills war die Potsdamer Konferenz eine vollständige, durch nichts gemilderte Niederlage.

In einigen Tagen würde Attlee zur Konferenz zurückkehren, mit frischen Ideen und Energien – aber Attlees Programm lief gerade darauf hinaus, das Empire preiszugeben, für das Churchill kämpfte, das er neu gestalten wollte. Ein Wahlkampfpunkt der Labour Party war die Selbständigkeit für Indien gewesen. Daß Attlee in diesem Augenblick gewählt wurde, hätte ein entscheidender Wendepunkt in der britischen Geschichte sein können – wenn nicht alles, was er hergeben wollte, ohnedies schon verloren gewesen wäre.

Die Potsdamer Konferenz kann man so gut wie irgendein anderes Datum als das Ende des Britischen Empires bezeichnen. Der Sterling-Block war an seinem Ende; Indien war dabei, die früheren Kolonien auf ihrem Weg in die Unabhängigkeit anzuführen; die britischen Truppen durften gerade noch auf bescheidene Weise am Kriegsende im Fernen Osten teilhaben; die Vereinigten Staaten waren eifrig damit beschäftigt, den Briten den Nahen Osten wegzunehmen; Churchills Plan von einem Westeuropa unter englischer Führung hatte sich als Gerede erwiesen; die englische Wirtschaft war schwer getroffen; das englische Volk war durch den Krieg erschöpft. Truman war in bezug auf die Hilfe beim Wiederaufbau Großbritanniens entweder ausweichend oder übervorsichtig. Churchill selbst hatte gerade bewiesen, daß es auch mit einfallsreichstem Bluffen und Mundvollnehmen nicht gelang, die alte Macht des Empires zusammenzuhalten. Kein Wunder, daß Churchill von seiner Leiche unter einem weißen Linnen geträumt hatte.

Freud hat einmal gesagt, daß keine einzelne Ursache für irgendeine Wirkung verantwortlich ist. Es ist vielmehr so, sagt Freud, daß eine Reihe von Ursachen zusammen eine Wirkung „überdeterminieren". Das Ende des Britischen Empires war sicherlich „überdeterminiert". Kein einzelner Mensch, Churchill inbegriffen, hätte sich all den Kräften entgegenstellen können, die zu diesem Ende zusammenwirkten. Wenn wir glauben, daß Männer Geschichte machen, so müssen wir dennoch zugeben, daß sie oft auch gezwungen werden. Churchill traf auf zwei andere Männer, die nicht nur Energie und persönliche Ideen hatten, sondern auch die Macht besaßen, diese Ideen der Welt aufzunötigen. Und dennoch hat Churchill das Angesicht der Nachkriegswelt beeinflußt. Wenn es ihm auch nicht gelang, Amerika zur Rettung des Britischen Empires zu bewegen, so gelang es ihm doch, Mißtrauen und Feindschaft zwischen den Vereinigten Staaten und der Sowjetunion zu wecken und zu stärken. Dieser Mann, der Krieg und Kampf liebte und der die Geschichte als ein Aufeinanderprallen gewaltiger Kräfte von Gut und Böse verstand, verstand es, durch die Macht seiner Rede seine Gegenüber, die über eine andere Macht verfügten, davon zu überzeugen, daß die Welt in zwei gewaltige feindselige Lager geteilt und durch einen

„Eisernen Vorhang" getrennt sei. Selbst zu einem Zeitpunkt, da er davon träumte, er selbst und das Empire seien tot, sollte die Gewalt seiner Vorstellungskraft zu einer der bestimmenden Antriebskräfte des Kalten Krieges werden – und auch wir haben uns heute noch in gewisser Hinsicht mit dem Erbe seiner Alpträume und Nachtgesichter auseinanderzusetzen.

Im Kartenraum von Downing Street No. 10 war ein Nachrichtenzentrum errichtet worden. Churchill überzeugte sich, daß alles bereit war, die ersten Ergebnisse zu empfangen. Dann hatte er ein stilles Abendessen mit seiner Frau und seiner Tochter Mary. „Die jüngsten Schätzungen des Zentralbüros der Konservativen Partei", sagte er, „ließen eine beträchtliche Mehrheit für uns erwarten ... Im großen und ganzen akzeptierte ich die Meinung der Parteimanager und ging mit dem Glauben schlafen, das Volk von England habe den Wunsch, daß ich meine Arbeit fortführe ...

Knapp vor Morgengrauen aber erwachte ich plötzlich; ich fühlte einen scharfen Stich, einen fast physischen Schmerz. Eine bis dahin unbewußte Überzeugung, daß wir verloren hatten, brach durch und beherrschte mein Denken. Der ganze Druck der großen Geschehnisse ... all das würde plötzlich aufhören und ich würde stürzen ... Das paßte mir gar nicht; ich wandte mich zur Seite und schlief gleich wieder ein. Ich wachte erst um neun Uhr auf, und als ich den Kartenraum betrat, kamen die ersten Wahlresultate herein ..."

Die ersten Ergebnisse waren ungünstig, und im Laufe des Vormittags wurde es deutlich, daß der Trend gegen die Konservativen lief. Mittags war es klar, daß die Sozialisten die Wahl gewonnen hatten.

Lord Moran hörte die Nachricht, als er die Pall Mall hinunter ging. Es hätte einen Erdrutsch gegeben, sagte ihm ein Freund auf der Straße, „wie 1906". Nach dem Mittagessen im Kreise von Ärztekollegen las ihnen Moran die Wahlergebnisse von 15 Uhr vor. „Sie waren einfach erschüttert und standen in tiefem Schweigen da", notiert Moran. „Ein Kollegiumsmitglied vergaß ganz, wo er war und pfiff leise vor sich hin."

Eden war auf dem Weg in seinen Wahlkreis, wo ihn die Neuigkeiten nach und nach erreichten. Um 13 Uhr blieb er in Snitterfield stehen, um die letzten Berichte zu hören. „Es wird immer ärger“, sagte er. „Es ist klar, wir haben verspielt. Ich rief Winston an und sagte, was man sagen konnte.“ Eden fragte sich, wer das Außenministerium übernehmen würde. Später schrieb er, er habe gehofft, daß es Ernest Bevin sein werde. Er hatte Bevin einmal gefragt, welches Amt er übernehmen wolle, sollte seine Partei gewinnen. Das Schatzamt, sagte Bevin. Eden: „Warum, ausgerechnet? Da wird es nichts zu tun geben, als über das Geld Rechnung zu legen, das wir nicht haben.“

Sir Alan Brooke wußte sich keinen Trost. „Ich bin zu alt und müde, um mich an neuen Experimenten zu versuchen.“ Als es ihm schließlich möglich war, zusammen mit den anderen Stabschefs Churchill zu besuchen, gelang es ihm, seiner Gefühle Herr zu sein. „Es war eine sehr traurige und bewegende kleine Zusammenkunft, bei der ich selbst nicht viel sagen konnte, da ich Angst hatte, zusammenzubrechen. Er hat den Schlag wundervoll getragen.“

Moran eilte zu Churchill. „Er saß ohne etwas zu tun in einem kleinen Zimmer neben dem Sekretariat, wo ich ihn nie vorher gesehen hatte. Er sah auf. ‚Nun, wissen Sie, was geschehen ist?‘ Ich sprach von der Undankbarkeit der Leute. ‚O nein‘, antwortete er sofort. ‚Das würde ich nicht sagen. Sie haben es sehr schwer gehabt.‘“

Cadogan in Potsdam war von der Nachricht erschüttert. „Die Wahl wird für den armen Winston ein schrecklicher Schlag gewesen sein, und es tut mir wirklich leid für den alten Knaben. Es ist sicherlich ein Zeichen größten Undanks und recht demütigend für unser Land.“ So ähnlich schrieb er an seine Frau. Später gestand er Eden, was ihm wirklich Sorgen machte: „Ich habe kaum die Elastizität der Jugend, um mit allen möglichen neuen Gesichtern von neuem zu beginnen. Ich fühle mich eher elend.“

Am besten trug es Winston Churchill. Es war nicht seine erste Niederlage; viele Male war er ganz unten gewesen. Die Konservativen hatten die Regierungsmacht verloren, aber Churchill hatte seinen Sitz im Parlament behalten. Nun würde er die Opposition führen. Am Abend, nach dem Essen, seine Frau war mit einer Migräne zu Bett gegangen, blieb Churchill mit seiner Tochter Mary und mit Robin Maugham, Somerset Maughams Neffen, noch auf. „Die neue Regierung steht vor einer schrecklichen Aufgabe“, grollte das alte Schlachtroß, das noch immer die Bürde des Amtes nicht ablegen wollte. „Schreckliche Aufgabe. Wir müssen alles tun, was wir können, um ihnen zu helfen.“ Doch dann brach der Mann der Öffentlichkeit zusammen; Churchill sprach voller Selbstmitleid wie ein von allen Verlassener, der auf seine private Existenz reduziert worden ist. „Seltsamer Gedanke“, sagte der frühere Premierminister kläglich, „morgen werde ich bei den großen Staatsangelegenheiten nicht mehr zu Rate gezogen werden . . .“

Krank, erschöpft, geschlagen von allzuviel Kognak und Kriegsgeschäften, sprach der alte Mann bis spät in die Nacht noch immer von den „großen Staatsangelegenheiten“, sah die Welt noch immer als Bühne für glänzende, historische Schaustellungen, sah sich selbst in einer Rolle, in der er Mitleid und Furcht erregen konnte – und immer noch hatte er diese außerordentliche, nicht zu unterdrückende Willenskraft. Sollte sich der große Mann ins Privatleben zurückziehen? Wenn ja, was war die richtige Rolle für einen Staatsmann, den die Welt beiseitegestellt hatte? „Ich werde mich wieder meinen künstlerischen Neigungen widmen“, sagte Churchill schließlich zu niemandem im besonderen. Dann zu seiner Tochter: „Mary, bring mir das Bild, das ich letztens in Frankreich gemalt habe.“

17. KAPITEL

„Mokusatsu“

Am 25. Juli, um 19 Uhr Tokioter Zeit, kabelte der japanische Außenminister an Botschafter Sato in Moskau. Da die Konferenz der Großen Drei bis zur Rückkehr der Briten nach Potsdam vertagt war, sollte Sato die Gelegenheit nutzen; er sollte sich, wo und wann auch immer, mit Molotow treffen, um die Russen „mit der Ernsthaftigkeit unseres Wunsches, den Krieg zu beenden, zu beeindrucken“.

Diese Botschaft, die vom amerikanischen Nachrichtendienst aufgefangen wurde und Byrnes und Truman zuging, spezifizierte, daß es den Japanern nicht möglich war, eine bedingungslose Kapitulation anzunehmen (die Beibehaltung des Kaisertums war nach wie vor der springende Punkt), „aber wir möchten die andere Seite auf passende Weise wissen lassen, daß wir gegen einen Frieden auf Basis der Atlantik-Charta keine Einwendungen hätten“. Der Ton des Telegramms wurde bittend: „Auch muß ihnen begreiflich gemacht werden, daß wir versuchen, die Feindseligkeiten zu sehr vernünftigen Bedingungen zu beenden – Bedingungen, die die Existenz unseres Staates sicherstellen, sein Weiterleben ermöglichen und unsere Ehre wahren.“

Für die Japaner war die Frage der Bewahrung des Kaisertums eine Angelegenheit „nationaler Existenz und Ehre“. Sie waren sich im klaren darüber, daß die Beibehaltung des Kaisertums nur formale Bedeutung hatte, daß sie weder praktischen noch politischen Wert besaß. Dennoch: „Sollten die Vereinigten Staaten und Großbritannien auf ihrem Standpunkt beharren“, hieß es in dem Telegramm an Sato, „dann gibt es für uns keine andere Lösung, als bis zum bitteren Ende auszuharren“.

Eisenhower sagte Stimson, daß die Japaner nur darauf aus

waren, einen Weg zu finden, um mit möglichst geringem Gesichtsverlust zu kapitulieren. Es scheint erstaunlich, daß die Japaner um so geringer Gegenleistung willen bereit waren, den Kampf fortzusetzen und so große Opfer zu bringen. Immerhin mußte es den Japanern als günstiger Umstand erscheinen, daß die Russen ihnen noch nicht den Krieg erklärt hatten. Rußland war tatsächlich noch neutral und mochte immer noch für Japan intervenieren, um die Formel von der bedingungslosen Kapitulation zu mildern. Solange russische Vermittlung auch nur als ferne Möglichkeit verblieb, ließ sich voraussagen, daß die japanische Regierung einen Funken ihrer „Existenz und Ehre" zu retten gedachte.

Sato besuchte in dieser Nacht in Moskau Molotows Stellvertreter Losowskij. Ob Sato eine russische Vermittlung wünsche? Sato bejahte. In diesem Fall wollte Losowskij wissen, ob die vorgesehene Mission des Fürsten Konoye in Moskau sich nur mit der Beendigung des Krieges befassen würde, oder ob auch die sowjetisch-japanischen Beziehungen zur Sprache kommen würden. Satos Instruktionen betrafen auch diese Frage. In dem Telegramm hatte gestanden, daß Sato die japanische Bereitschaft zum Ausdruck bringen solle, „die Wünsche der Sowjetunion im Fernen Osten anzuerkennen".

Aber die Russen hatten keine Eile, den Japanern zu helfen. Denn über eines war sich Stalin im klaren: es war besser, seine Truppen gut postiert zu haben, als sich auf Versprechungen und papierene Abkommen zu verlassen. Aber noch hatten die russischen Truppen im Fernen Osten noch nicht alle Stellungen bezogen. Losowskij ließ Sato also im Glauben, daß die Sowjetunion Hilfe gewähren würde. Der japanische Botschafter möge doch seine Gedanken zu Papier bringen, er würde dann dafür sorgen, daß Sato eine Antwort bekäme.

Während die japanische Regierung versuchte, ihr Anbot nach Potsdam durchzubekommen, saß Truman über dem Entwurf der Order an General Spaatz, Japan zu bombardieren. Diesem Entwurf beigeheftet waren je eine Seite lange Beschreibungen der vier möglichen Ziele (Hiroshima, Nagasaki, Kokura und Niigata) zusammen mit einer Karte von Asien, die aus einer großen Karte des *National Geographic* ausgeschnitten war und auf der die Ziele eingetragen waren. Die Briten hatten dem amerikanischen Plan zum Abwurf der Atombombe bereits zugestimmt; wie Churchill später schrieb, stand „die Entscheidung, ob die Atombombe eingesetzt werden sollte oder nicht . . . nie zur Debatte". Einige der Wissenschaftler, die an dem Projekt mitgearbeitet hatten, fingen an, sich über die politischen und moralischen Folgen Sorgen zu machen – aber diese Gedankengänge wurden dem Präsidenten nicht mitgeteilt, und es wäre Truman nie in den Sinn gekommen, von sich aus Vorbehalte zu haben.

In gewissem Sinn gab es die Atombombe in zweifacher Weise – erstens war sie nur eine Waffe, stärker zwar als andere, eine Waffe, die selbstverständlich zum Einsatz kommen sollte, sobald sie fertig war. Da gab es nie eine „Entscheidung", ob man diese Bombe abwerfen sollte; ihr Einsatz war von dem Augenblick an, da man an ihrer Entwicklung zu arbeiten begonnen hatte, unvermeidlich. In einem anderen, zweiten Sinn war die Atombombe jedoch etwas anderes, das besondere Überlegungen erforderte. In diesem zweiten Sinn übertraf die Bombe an Zerstörungskraft derart alle anderen Waffen, daß sie zu einem Ding *sui generis* wurde, zur „letzten Waffe"; daraus ergaben sich psychologische Wirkungen, die ihre physische Zerstörungskraft sogar noch übertrafen. Dieser zweite Aspekt war es, der Churchill in solche Erregung versetzt hatte, daß er vom „Jüngsten Gericht" sprach; er war es, der ähnliche Gedanken bei den Zuschauern des Spektakels von Alamogordo wachrief und Stimsons Stimme zittern ließ, als er den Bericht über den Test Truman und Byrnes vorlas und der einige der Wissenschaftler, die an dem Projekt gearbeitet hatten, dazu brachte, daß sie sich gegen den Einsatz der Bombe aussprachen.

Später tat Truman so, als hätte er die Bombe nur im ersten Sinn aufgefaßt, als bloße Waffe und nicht als eine „Maschine des Jüngsten Gerichts". „Ich betrachtete die Bombe als eine militärische Waffe", sagte er, „und war mir nie im Zweifel darüber, daß sie zum Einsatz kommen sollte."

In Wahrheit aber verstand sie auch der Präsident als eine „Waffe des Jüngsten Gerichts". Das sogenannte „Interimskomitee", das die amerikanische Vorgangsweise bezüglich der Bombe untersuchte und Empfehlungen dazu abgab, hatte bereits am 1. Juni nicht nur den Einsatz der Bombe befürwortet, sondern auch angeregt, sie auf gemischt militärisch-zivile Ziele abzuwerfen – auf Militäranlagen, die von Wohnblöcken umgeben waren. Auf diese Weise sei die maximale psychologische Wirkung zu erreichen.

Zum Zeitpunkt des 25. Juli war die Bombe als bloße Waffe allgemeiner Ansicht nach unnötig geworden – wie Truman von Leahy und Eisenhower, von King und Arnold, von Le May und anderen erfahren hatte. Die Meinung von General Douglas MacArthur, dem Oberstkommandierenden der Alliierten Streitkräfte im Fernen Osten, über den militärischen Wert des Bombenabwurfs über Japan wurde nicht eingeholt. Nach dem Krieg erklärte er sich dagegen. Nur General Marshall wollte sich in der Frage nicht festlegen; er war von dem Gedanken, daß der Angriff als Überraschung kommen sollte, zutiefst verstört. Später sollte er sagen, daß die Bombe den Krieg „um Monate" abgekürzt habe; Le May behauptete, es habe sich um zwei Wochen gehandelt. Churchill aber meinte: „Es wäre ein Irrtum anzunehmen, daß das Geschick Japans durch die Atombombe entschieden wurde. Japans Geschick war bereits entschieden, ehe die erste Bombe fiel . . ." Die Studie „United States Strategie Bombing Survey" hielt nach dem Krieg fest: „Japan hätte kapituliert, auch wenn die Atombombe nicht abgeworfen worden wären; es hätte auch dann kapituliert, wenn die Russen nicht in den Krieg eingetreten wären und selbst dann, wenn keine Invasion geplant oder vorbereitet worden wäre."

Es war also nicht länger notwendig, die Bombe abzuwerfen, weder als Waffe noch als „Maschine des Jüngsten Gerichts". Wenn jedoch die Bombe nicht auf Japan abgeworfen wurde, so konnte sie auch keine psychologische Auswirkung auf die Sowjetunion haben. Die Bombe wurde daher auf Japan wegen ihrer Wirkung auf Rußland abgeworfen – genau wie Jimmy Byrnes gesagt hatte. Die psychologische Wirkung auf Stalin war zweifach: Die Amerikaner hatten nicht nur die „Maschine des Jüngsten Gerichts" eingesetzt, sie hatten sie auch in einem Augenblick eingesetzt, als keine militärische Notwendigkeit mehr bestand – und das wußte Stalin. Es war dieser letzte abschreckende Effekt, der zweifelsohne auf die Russen den größten Eindruck machte.

Der Präsident gab seine Zustimmung zu dem Bombardierungsauftrag am 25. Juli, noch bevor die letzte Warnung an die Japaner ergangen war, weil es nötig war, „das militärische Räderwerk in Bewegung zu setzen". Er instruierte auch Stimson, daß der Befehl aufrecht blieb, „es sei denn, ich benachrichtige ihn, daß die japanische Antwort auf unser Ultimatum akzeptabel war" – eine Möglichkeit, die alle Amerikaner für sehr unwahrscheinlich hielten. Truman sagte später: „Die Atombombe, das war keine ‚große Entscheidung' – keine Entscheidung, die einen beunruhigt hätte."

Henry Stimsons Arbeit war getan; und am 25. Juli verließ auch er Potsdam, um nach Hause zu fahren. Er fuhr fort, wie er angekommen war; noch immer beunruhigt. Er dachte nach über den Ratschlag, den er dem Präsidenten gegeben hatte, er dachte darüber nach, wie der Präsident mit den Sowjets umgegangen war – wie die Russen nicht über die Bombe informiert worden waren; welche Schlüsse Stalin wohl aus dem Einsatz der Bombe durch die Amerikaner ziehen würde; wie der in seinem Selbstgefühl bestärkte Präsident versucht hatte, die „Maschine des Jüngsten Gerichts" psychologisch gegen die Russen einzusetzen; wie Truman in seinem Bestreben, den Fernen Osten unter seine Kontrolle zu bringen, alle anderen beiseite stieß. Stimson kam zur Ansicht, daß all dies schrecklich sei. Der Kriegsminister war siebenundsiebzig Jahre alt, und er war erschöpft. Er fühlte, daß es an der Zeit sei, zurückzutreten, und binnen Wochen nach dem Ende der Potsdamer Konferenz brachte er sein Rücktrittsgesuch ein. Er war aber auch zur Ansicht gekommen, daß er unrecht gehabt hatte, und so schrieb er vor Verlassen seines Amtes dem Präsidenten ein letztes Memorandum: „Das Auftauchen der Atombombe hat in der gesamten zivilisierten Welt großes militärisches und wahrscheinlich noch größeres politisches Interesse erregt. In einer Weltatmosphäre, die schon bisher auf Macht äußerst sensibel reagiert hat, hat die Einführung dieser Waffe die politischen Überlegungen überall in der Welt auf das tiefste betroffen ...

Um es präzise auszudrücken: Ich glaube, daß das Problem einer zufriedenstellenden Beziehung mit Rußland nicht bloß mit der Atombombe zu tun hat, sondern von ihr recht eigentlich beherrscht wird ...

Diese Beziehungen (Hervorhebung von Stimson) *könnten nun durch die Art, wie wir die Lösung der Bombe mit Rußland angehen, unwiderruflich verbittert werden. Wenn wir uns nämlich jetzt nicht mit ihnen ins Einvernehmen setzen, wenn wir bloß fortfahren, mit ihnen zu verhandeln, wobei wir diese Waffe recht auffällig an der Hüfte tragen, so wird ihr Verdacht wachsen und ihr Mißtrauen gegenüber unseren Zielen und Motiven zunehmen ...*

Die wichtigste Lektion, die ich in einem langen Leben gelernt habe, ist, daß es nur einen Weg gibt, einen Mann vertrauenswürdig zu machen: nämlich, ihm Vertrauen zu schenken; und der sicherste Weg, ihn unzuverlässig und unseres Vertrauens nicht würdig zu machen, ist, ihm zu mißtrauen und ihm dieses Mißtrauen zu zeigen.

Wäre die Atombombe nur eine militärische Waffe mehr (mit freilich höherem Zerstörungspotential), die in das Muster unserer internationalen Beziehungen hineinpaßt, so wäre das eine Sache ... Ich aber bin hingegen der Ansicht, daß die Bombe nur einen ersten Schritt in der Verfügungsgewalt des Menschen über die Kräfte der Natur darstellt, eine Verfügungsgewalt, die zu revolutionär und zu gefährlich ist, um in die alten Konzepte zu passen. In Wirklichkeit ist sie, glaube ich, der Höhepunkt jenes Wettlaufs zwischen der immer weiterschreitenden technischen Zerstörungskraft des Menschen und seiner psychologischen Kraft zur Selbst- und Gruppenkontrolle – also seiner moralischen Kraft. Wenn dem so ist, dann kommt der Frage, wie wir uns mit den Russen ins Einvernehmen setzen, in der Entwicklung des menschlichen Fortschrittes die allergrößte Bedeutung zu.

Meine Vorstellung, wie man sich mit den Russen ins Einvernehmen setzen könnte, würde auf einen direkten Vorschlag hinauslaufen, daß wir tatsächlich bereit wären, ein Abkommen zu schließen ... den Gebrauch der Atomkraft zu kontrollieren und zu limitieren ... und, soweit es möglich ist, die Entwicklung der Atomkraft auf friedliche und humanitäre Ziele zu lenken und eine solche Entwicklung zu fördern."

Truman vertrieb sich die Zeit am 26. Juli, indem er nach Frankfurt flog, um dort Truppen zu inspizieren. Um 7 Uhr 45 bestieg er sein Flugzeug, „Die Heilige Kuh", zusammen mit

Charlie Ross, Fred Canfil, Harry Vaughan und einigen anderen; wahrscheinlich hatte Vaughan seine Geschäfte in Berlin abgewickelt und konnte eine Erholung brauchen. Während die Staatschefs sich in Cecilienhof trafen, hatte sich Vaughan am Schwarzen Markt betätigt. Abgesehen von einem lebhaften Handel in Zigaretten und Uhren hatte Vaughan entdeckt, daß Textilien sehr gefragt waren, und er verkaufte alle Kleidungsstücke, die er entbehren konnte – für „ein paar tausend Dollar", wie er nach seiner Heimkehr von der Konferenz vor den Leuten zu Hause prahlte.

Eisenhower traf den Präsidenten und seine Gruppe in Weinheim zum Mittagessen. Nach dem Essen inspizierte Truman die 84. Infanteriedivision. Er hielt eine kurze Ansprache und schloß mit dem Hinweis, daß er die Männer nicht länger draußen in der Sonne stehen lassen wollte, „da er ja nicht kandidiere und da sie ohnedies nicht wählen dürften".

In Frankfurt besuchte der Präsident Eisenhowers Hauptquartier, „ein großes, gelbes Gebäude und", wie einer der Adjutanten des Präsidenten bemerkte, „in der allgemeinen Zerstörung Frankfurts auffällig unbeschädigt". Es war das ehemalige Gebäude der Zentralverwaltung des IG-Farben-Konzerns.

Als der Präsident nach Potsdam zurückkehrte, wurde er mit der Nachricht begrüßt, daß Tschiang Kai-schek der Proklamation, die Japan zur Kapitulation aufforderte, zugestimmt hatte. Um 19 Uhr erhielt die Presse Kopien dieser Proklamation, die um 21 Uhr 20 zur Veröffentlichung freigegeben wurde.

„Für Japan ist die Zeit gekommen, da zu entscheiden ist, ob man weiter die Herrschaft jener eigenwilligen militärischen Berater hinnehmen will, deren Fehlkalkulationen das japanische Kaiserreich an den Rand des Untergangs gebracht haben, oder ob das Land den Pfad der Vernunft einzuschlagen gedenkt.

Unsere Bedingungen sind wie folgt. Wir werden von ihnen nicht abgehen. Es gibt keine Alternativen. Wir werden keine Verzögerung dulden.

Es soll für jetzt und alle Zeit Einfluß und Befehlsgewalt derjenigen gebrochen werden, die das japanische Volk getäuscht und irregeführt haben . . ."

Die Proklamation führte dann aus, daß Japan besetzt werden sollte, bis seine „Fähigkeit zum Kriegführen" zerstört sei; daß seine Souveränität auf die Mutterinseln beschränkt werden sollte „sowie auf diejenigen kleineren Inseln, die wir bestimmen werden"; daß den japanischen Soldaten die Heimkehr gestattet werde, damit sie ein „friedliches, produktives Leben" führen könnten. Die Japaner sollten nicht „als Volk versklavt oder als Nation zerstört werden", wohl aber neu geformt nach demokratischen Grundsätzen. Abschließend hieß es in der Proklamation: „Wir fordern die japanische Regierung auf, die bedingungslose Kapitulation aller japanischen Streitkräfte zu verkünden und ausreichende Garantien zu geben, daß diese Aktion in gutem Glauben durchgeführt wird. Die Alternative dazu ist sofortige und völlige Zerstörung." Das Dokument war von Truman, Churchill und Tschiang Kai-schek unterzeichnet.

Stimson hatte dem Präsidenten geraten, auch Stalin die Proklamation unterfertigen zu lassen. Wenn die Japaner, so argumentierte er, eine letzte Hoffnung an Rußlands Neutralität knüpften, dann war damit diese Hoffnung begraben. Wenn die Japaner begriffen, daß alle Großmächte endlich gegen sie angetreten waren, so würden sie ohne Zweifel aufgeben. Sowohl General Marshall als auch der frühere Außenminister Cordell Hull pflichteten diesem Ratschlag bei und drängten Truman, auch von den Sowjets die „Sanktion" der Proklamation zu erhalten. Vor der Potsdamer Konferenz waren Alternativformulierungen mit Rußland als Signatarmacht entworfen worden. Bevor die Proklamation freigegeben wurde, ließ Truman diese Alternativpassagen streichen.

Verschiedene Ratgeber hatten drei verschiedene Elemente für die Proklamation vorgeschlagen, deren jede, wie die Befürworter meinten, ausreichen würde, Japan zur Kapitulation zu bewegen: Stalins Unterschrift, eine Garantie für den Kaiser und der Hinweis auf die Atombombe im Zusammenhang mit der angedrohten Zerstörung. Nicht eines dieser Elemente schien in der Proklamation auf.

Die Russen wurden von der Proklamation erst knapp nach ihrer Freigabe informiert: Byrnes ließ Molotow eine Kopie zukommen. Molotows Dolmetscher fragte telefonisch nach, ob es möglich sei, die Proklamation zwei bis drei Tage aufzuhalten.

Am nächsten Tag, es war der 27. Juli, stattete Molotow Byrnes einen Besuch ab.

„Der Außenminister sagte, er wolle als erstes Mr. Molotow mitteilen, daß ihn sein Ersuchen, die Aussendung der Proklamation um zwei oder drei Tage zu verschieben, erst heute morgen erreicht habe, und da sei es zu spät gewesen.

Mr. Molotow antwortete, er habe noch gestern abend, sofort nach Erhalt des Briefes des Außenministers, Nachricht hinterlassen.

Der Außenminister erklärte, daß es selbst in diesem Augenblick zu spät gewesen wäre, da das Kommuniqué um 19 Uhr der Presse zugegangen war, für eine Freigabe in den frühen Morgenstunden. Er erklärte, daß es dem Präsidenten aus politischen Gründen wichtig war, Japan sofort zur Kapitulation aufzufordern. Vor zwei Tagen habe er es mit dem Premierminister besprochen, der seine Zustimmung gegeben habe; darauf habe er an Tschiang Kai-schek telegraphiert. Gestern, nach seiner Rückkehr aus Frankfurt, habe er ein Telegramm Tschiang Kai-scheks mit dessen Zustimmung vorgefunden.

Mr. Molotow erklärte, daß sie also erst nach der Freigabe informiert worden seien.

Der Außenminister sagte, die Sowjetregierung, die sich ja mit Japan nicht im Kriegszustand befinde, sei nicht konsultiert worden, um sie nicht in Verlegenheit zu bringen.

Mr. Molotow bemerkte, er habe keine Vollmacht, das Thema weiter zu diskutieren."

Byrnes benützte die Gelegenheit, um nochmals auf das Thema der Reparationen zurückzukommen und zu bestätigen, daß der amerikanische Reparationsplan in seinen Konsequenzen zu einer Teilung Deutschlands führen würde.

„Der Außenminister sagte dann, er habe ferner den Wunsch, diese schwierige Frage der Reparationen privat mit Mr. Molotow zu besprechen. Er habe die Diskussion beim Treffen der Außenminister für heute nachmittag abgesetzt; da nichts erreicht werden könne, ehe nicht die neue britische Delegation eingetroffen sei. Mr. Molotow pflichtete dem bei.

Der Außenminister erkundigte sich dann, ob Mr. Molotow Gelegenheit gehabt habe, die Vorschläge des Außenministers zu überlegen: jedes Land solle die Reparationen aus seiner eigenen

Zone entnehmen; die einzelnen Zonen sollten untereinander einen Güteraustausch einrichten.

Mr. Molotow fragte, ob der Vorschlag des Außenministers nicht darauf hinausliefe, daß jedes Land in seiner Zone freie Hand hätte und dort völlig unabhängig vorgehen könnte?

Der Außenminister sagte, daß dies dem Sinne nach richtig wäre, doch ihm schwebe ein Zonenabkommen für den Austausch von Waren vor, die gebraucht würden; zum Beispiel könnten mit den Sowjetbehörden, das Einvernehmen der Briten vorausgesetzt, Maschinen und Ausrüstungsgegenstände aus dem Ruhrgebiet gegen andere Güter – Nahrungsmittel und Kohle – getauscht werden. Der Außenminister sagte, er habe das Gefühl, daß ohne ein solches Übereinkommen die Schwierigkeiten unüberwindlich sein würden und zu einer ständigen Quelle von Unstimmigkeiten und Streit zwischen unseren Staaten werden könnten.

Mr. Molotow erklärte, er richte sich nach dem Eindruck, den er in Jalta erhalten habe – daß nämlich die Vereinigten Staaten dem sowjetischen Gesichtspunkt beipflichteten, wonach Deutschland zu möglichst hohen Reparationsleistungen verpflichtet werden sollte . . . Er sagte des weiteren, daß er nun auf dieser Konferenz den Eindruck gewinne, die Vereinigten Staaten seien nicht mehr dieser Ansicht . . .

Der Außenminister antwortete, daß sich die Ansicht der Regierung der Vereinigten Staaten nicht geändert habe, daß wir nach wie vor bereit seien, die sowjetischen Vorschläge zu diskutieren; er müsse aber zugeben, daß seit Jalta sich viele Voraussetzungen geändert hätten. Da gab es als erstes das Ausmaß der Zerstörung in Deutschland, ferner die Frage, was unter Kriegsbeute zu verstehen sei, schließlich die De-facto-Überantwortung eines großen und fruchtbaren Teils des früheren Deutschlands an Polen. Er erwähnte, daß unser Ziel sich nicht geändert habe und daß er nun versuche, einen Weg zu finden, der einerseits für alle akzeptabel sei, andererseits die Realitäten zur Kenntnis nehme.

Mr. Molotow sagte zusammenfassend, so wie er es verstehe, schlage Mr. Byrnes einen Austausch von Reparationen zwischen den Zonen vor.

Der Außenminister sagte, dies sei richtig."

Molotow sollte bald erfahren, daß es nur beinahe richtig war. Die Einzelheiten waren indes weniger wichtig als die allgemeine Botschaft, die Byrnes den Russen übermittelt hatte; daß nämlich auch die Vereinigten Staaten in der Lage waren, die Dinge einseitig zu regeln, und das nicht bloß in Osteuropa, sondern in der östlichen wie in der westlichen Hemisphäre.

Um sechs Uhr früh Tokioter Zeit hatten japanische Radioempfänger die Verlautbarung der Potsdamer Proklamation aufgefangen. Die japanische Regierung trat in Eile zusammen und debattierte den ganzen Tag über die Bedeutung der Proklamation.

Außenminister Togo meinte, die Proklamation sei offensichtlich nicht das Diktat einer bedingungslosen Kapitulation; er riet daher dem Kaiser, das Ultimatum „mit allergrößter Vorsicht" zu behandeln. Admiral Toyoda war der Ansicht, die Regierung solle sogleich eine Erklärung abgeben, daß sie die Proklamation als lächerlich betrachte und nicht auf sie eingehen werde. Der Admiral war natürlich in der Proklamation als eigensinniger, beschränkter Militarist bezeichnet worden.

Für diejenigen aber, die der Proklamation positiv gegenüberstanden, waren zwei Argumente besonders überzeugend. Erstens, daß die Sowjetregierung das Dokument nicht unterschrieben hatte, also noch immer im Namen der Japaner verhandeln konnte; zweitens, daß die Phrase „bedingungslose Kapitulation" in der Proklamation nur einmal vorkam und dort nur in Zusammenhang mit den „Streitkräften" Japans.

Ministerpräsident Suzuki stimmte mit Togo überein, daß die Proklamation eine Antwort erfordere, bei der „allergrößte Vorsicht" vonnöten war. Das Problem für die japanische Regierung war, wie man antworten sollte und wem. Die Proklamation hatte die Regierung nicht durch irgendwelche diplomatischen Kanäle erreicht, wie beispielsweise über ein neutrales Land. Sie war an die Zeitungen und Rundfunkanstalten freigegeben worden.

Die Falken und Tauben im japanischen Kabinett kamen zu einem Kompromiß. Für den Augenblick würden sie eine gekürzte und edierte Version der Proklamation an die Zeitungen freigeben, ohne Kommentar der Regierung – das heißt, ohne Kritik oder Zurückweisung des Ultimatums.

Die japanische Zeitung *Mainichi* brachte die Geschichte mit der Schlagzeile „Lächerliche Angelegenheit"; die *Asahi Shimbun* leitartikelte: „Da die gemeinsame Deklaration ... eine Angelegenheit ohne große Bedeutung ist, wird sie nur den Willen der Regierung bestärken, den Krieg ohne Zögern zu einem erfolgreichen Abschluß zu bringen!"

Außenminister Togo war wütend. Er hatte den Verdacht, daß die Militärs die Herausgeber der Zeitungen dazu gebracht hatten, die Reaktion der japanischen Regierung auf die Proklamation zu entstellen. Während amerikanische Flugzeuge Tausende von Flugblättern abwarfen, in denen die Japaner mit entsetzlicher Zerstörung bedroht wurden, trat Togo den Militärführern mit seiner Anschuldigung entgegen. Diese insistierten, der Ministerpräsident müsse die Proklamation klar und deutlich zurückweisen. Trotzdem wurde noch ein Kompromiß erreicht: Ministerpräsident Suzuki würde die Bedeutung der Proklamation herunterspielen, damit die Japaner Zeit gewönnen, von den Russen zu hören – aber er würde sie nicht zurückweisen.

Und da die Zeitungen Suzukis Botschaft nicht korrekt wiedergegeben hatten, berief er am 28. Juli um 15 Uhr eine eigene Pressekonferenz ein. „Die Potsdamer Proklamation ist meiner Ansicht nach ein bloßer Aufguß der Deklaration von Kairo, und die Regierung glaubt nicht, daß ihr große Bedeutung beizumessen ist. Wir müssen sie *mokusatsu*-ieren."

Einige Versionen behaupten, daß der Regierungschef hinzufügte, Japan werde „resolut bis zu einer erfolgreichen Beendigung des Krieges kämpfen". Anderen Versionen zufolge ließ er diese leere Prahlerei aus. Jedenfalls schien sich die Frage nun auf die Bedeutung des Wortes *mokusatsu* zuzuspitzen. Wortwörtlich heißt das Wort „mit Schweigen töten". Der Auslands-Radiodienst der US-Nachrichtenkommission übersetzte das Wort mit „ignorieren". Suzuki hat später seinem Sohn gesagt, daß er damit die Bedeutung des englischen „No comment" vermitteln wollte. Die Schlagzeile der *New York Times* aber gab wieder, wie die amerikanische Führungsgarnitur die japanische Antwort verstanden wissen wollte:

DIE JAPANER LEHNEN OFFIZIELL DIE ALLIIERTE AUFFORDERUNG ZUR KAPITULATION AB.

18. KAPITEL

Attlee und Bevin

Clement R. Attlee, der neue Premierminister Großbritanniens, und Ernest Bevin, der neue Außenminister, kamen am frühen Abend des 28. Juli in Potsdam an. Von dem Augenblick, wo sie aus dem Flugzeug stiegen, war es, wie Cadogan sagte, klar, daß Bevin dazu neigte, „Attlee zu führen, der, bedeutungslos wie er ist, im Hintergrund verschwindet . . .“. Bevin schritt durch die offizielle Begrüßungsparty und kündete Lord Ismay an: „Ich werde nicht erlauben, daß man Großbritannien herumschubst.“

Sieht man von der Abwesenheit Edens und Churchills sowie von Churchills Leibarzt Moran ab, so hatte sich die britische Delegation nicht wesentlich verändert. „Kurz nach ihrer Ankunft“, erinnert sich der britische Dolmetscher Major Birse, „besuchten Attlee und Bevin Stalin, wobei sie mich mitnahmen. Sonst war nur Molotow anwesend. Ich hatte den Eindruck, daß Stalin die beiden Staatsmänner mit einigem Mißtrauen musterte, der Empfang blieb ohne Wärme und Freundlichkeit. Das mag ganz natürlich gewesen sein, denn obwohl Stalin Attlee kannte, war ihm der neue Außenminister ein unbekannter Faktor.“

Dean Acheson hatte später mit Bevin zu tun und lernte ihn gut kennen. „Bevin, kurz und gedrungen, mit einer breiten Nase und dicken Lippen, schien für die Rollen, die er bisher eingenommen hatte, eher geschaffen als für die Diplomatie. Er kam als Kind eines Dienstmädchens aus dem Westen Englands zur Welt und hat seinen Vater nie gekannt. Nach einigen Schuljahren arbeitete er als Lastwagenfahrer. Er machte dann Karriere in der Arbeiterbewegung, die ihn an die Spitze der Gewerkschaftshierarchie führte. Auf dem Weg dorthin organisierte er die gigantische Gewerkschaft der Transportarbeiter und war einer der Führer des Generalstreiks vom Jahre 1926.“

Laut Acheson wurde Bevin von seiner oft furchterregenden Umgebung angebetet. Bevin kannte seinen Verstand und seine Grenzen. Er konnte Leute führen und gleichzeitig von ihnen lernen, eine Eigenschaft, die das disziplinierte Berufsbeamtentum des Außenamtes zu schätzen wußte. Er vertiefte sich rasch in seine Arbeit und schien oft mit den Geistern seiner Vorgänger mit einer Ungezwungenheit in Kontakt zu treten, die sie verblüfft hätte.

Sowohl Stalin als auch Molotow waren dem neuen Paar von Widersachern gegenüber wachsam, vor allem Molotow war durch die Wahlresultate aus dem Gleichgewicht gebracht. Er sagte wieder und wieder: „Aber Sie haben doch gesagt, es würde ein Kopf-an-Kopf-Rennen sein, und jetzt haben Sie eine große Mehrheit!“ „Nun“, sagte Attlee, „man konnte die Ergebnisse nicht voraussagen“, eine Erklärung, die Molotow nicht befriedigend fand. „Ich bin sicher“, schrieb Attlee später, „daß er angenommen hatte, Churchill würde die Wahlen manipulieren . . .“

Es war offenbar, daß Attlee und Bevin sich erst eingewöhnen mußten; die Russen sahen es mit gemischten Gefühlen. Aber Stalin und Molotow standen in diesem Punkt keinesfalls allein da; auch die übrige britische Delegation war über Attlee keinesfalls entzückt. „Obwohl er ein Vorgesetzter war, den man leiden mochte“, sagte Birse von Attlee, „geduldig und verständnisvoll . . ., waren seine Umgangsformen kalt, war sein Stil distanziert. Ich vermißte das Churchillsche Pathos, die Leidenschaft, die sich früher auf mich übertragen und mich in einigen meiner Übersetzungen inspiriert hatte.“

Attlees Problematik lag einerseits darin, daß er eine schwierige Rolle übernommen hatte; gegenüber den britischen Diplomaten war es seine Herkunft; und überhaupt war er, von seiner Rolle und seiner Herkunft einmal ganz abgesehen, einfach ein Langweiler. Zum Essen lud er an diesem Abend Gladwyn Jebb und Sir David Waley ein, nicht unbedingt die zwei größten Leuchten der britischen Delegation, aber, wie Jebb vor kurzem erklärt hat, „wir waren die einzigen beiden Leute, die er gut genug kannte, um sie einzuladen.“

Am selben Abend um 21 Uhr 15 kamen Attlee, Bevin und Cadogan am Kleinen Weißen Haus vorbei, um Truman, Byrnes und Leahy einen Höflichkeitsbesuch abzustatten. „Attlee hatte ein tiefes Verständnis der Weltprobleme", erinnert sich Truman sanften Gedächtnisses. „Ich wußte, daß es in unseren gemeinsamen Anstrengungen keine Unterbrechung geben werde." Von Bevin sagte der Präsident: „Er erweckte den Anschein, als sei es nicht leicht, mit ihm umzugehen, aber als ich ihn besser kannte, entdeckte ich, daß er ein vernünftiger Mann war, mit einem guten Verstand und einem klaren Kopf." Während des Gesprächs begab sich Bevin zu einer Wandkarte in Trumans Arbeitszimmer, um zu illustrieren, was er eben über Polen gesagt hatte. Nachdem die Briten wieder fort waren, sagte Leahy zu Truman: „Mit diesem Vortrag an Hand der Karte hat Bevin nur eines bewiesen: daß er nicht allzuviel über Polen weiß." Der Präsident gab ihm recht.

Am selben Abend um 22 Uhr 15 kamen die neuen Knaben mit den alten Knaben zu einer Plenarsitzung zusammen. „Ich möchte Ihnen mitteilen", sagte Stalin, „daß wir, die russische Delegation, neue Vorschläge von Japan empfangen haben." Der Generalissimus setzte in gekränktem Tonfall fort: „Obwohl wir nicht entsprechend informiert werden, wenn ein Schriftstück über Japan zusammengestellt wird, so glauben wir doch, daß es notwendig ist, daß wir uns gegenseitig auf dem laufenden halten, wenn neue Vorschläge vorliegen." Stalin las dann das Ersuchen des japanischen Botschafters an Moskau vor, das die Amerikaner schon kannten. Die Erklärung des Botschafters unterstrich die Feststellung, daß dieser Friedensfühler von seiner Majestät dem Kaiser persönlich ausging – ein Zeichen, daß die Botschaft ernst zu nehmen war und Gewicht hatte.

„Das Dokument enthält nichts Neues", sagte Stalin kühl. „Wir haben die Absicht, im selben Sinn wie das letzte Mal zu antworten." – Das hieß, negativ.

Truman: „Wir haben keine Einwendungen."

Attlee: „Wir stimmen zu."

Stalin wünschte wieder auf die Frage diplomatischer Beziehungen mit Bulgarien, Rumänien, Ungarn und Finnland zurückzukommen. Die Sowjetunion habe zur Kenntnis genommen, daß die Staatschefs sowohl mit den Prinzipien als auch mit der spezifischen Formulierung einer dementsprechenden Erklärung einverstanden seien. Als man sich jedoch an den Entwurf eines Übereinkommens machte, zeigte es sich, daß die Briten zögerten. Es ging wieder um dieselben Worte „verantwortlich" und „anerkannt". Es schien des weiteren, daß es nicht klar war, ob die Großen Drei sich darüber geeinigt hätten, das Problem einer diplomatischen Anerkennung dieser Staaten zu „diskutieren" oder zu „überprüfen". „Wir trafen hier eine Entscheidung, und dann kamen die Außenminister zusammen und stellten sie auf den Kopf. Das ist falsch. Darüber hatte man sich grundsätzlich geeinigt."

Truman: „Ich bitte Mr. Byrnes, sich zu diesem Punkt zu äußern."

Byrnes wiederholte, was die Delegation der Vereinigten Staaten gesagt hatte; was nach seinen Worten der Präsident akzeptiert habe; was dem Präsidenten dabei vorgeschwebt sei, was er dem Außenminister über die Einwände Churchills mitgeteilt habe; was Churchill ihm privat über den britischen Standpunkt gesagt hatte; was die britische Delegation vorgeschlagen und was die amerikanische Delegation „mit gewissen Abänderungen" akzeptiert hatte. („Byrnes spricht zuviel", notierte Cadogan.)

„Unglücklicherweise", sagte Byrnes, „gewinnt man den Eindruck: wenn wir mit unseren sowjetischen Freunden einer Meinung sind, dann verweigert die britische Delegation ihre Zustimmung, und wenn wir mit unseren britischen Freunden einer Meinung sind, dann stimmt die sowjetische Delegation nicht zu. (Gelächter.)"

Das Gespräch begann im Kreis zu gehen. „Bevin", sagte Cadogan, „stellt Attlee in den Schatten und . . . besorgt die ganze Diskussion, während Attlee krampfhaft den Kopf schüttelt und seine Pfeife raucht." Wieder kam die Rede auf Italien. Wenn Italien anerkannt worden war, warum konnte man nicht auf die Frage eingehen oder die Möglichkeit untersuchen, sich zu überlegen, ob man nicht eine Diskussion oder Prüfung der Frage der diplomatischen Anerkennung der osteuropäischen Staaten erwägen sollte? Bevin holte das alte Argument hervor: „Liegt hier nicht der Unterschied in dem Umstand, daß wir die Situation in Italien kennen, während wir über die anderen Staaten überhaupt nichts wissen?" Stalin kaute an diesem alten Argument: „Wir wußten ebenfalls wenig über Italien, als wir diplomatische Beziehungen aufnahmen, vielleicht sogar weniger als ..." Niemand dürfte das folgende Gespräch zu aufmerksam verfolgt haben.

Attlee: „Die Schwierigkeit liegt in dem Umstand ..."

Stalin: „Warum sollen wir es nicht so ... die drei Staaten werden, jeder für sich, prüfen ..."

Bevin: „Man wird uns fragen ... verdecken ... mißverständlich."

Stalin (endgültig): „Streichen wir den Punkt."

„Nachdem Churchill gegangen war und Attlee mit Bevin zurückkehrte", erzählte unlängst ein amerikanischer Diplomat, „verlor Stalin jedes Interesse. Der Schlagaustausch mit Churchill über den Tisch hatte ihm Spaß gemacht."

Fast jedermann in Potsdam stellte fest, daß in der Plenarsitzung seit dem Abgang Churchills das Feuer erloschen war. Das Gefühl träger Einfallslosigkeit kann zum Teil durch Attlees träge Einfallslosigkeit erklärt werden, zum Teil durch den Umstand, daß alle Verhandlungspartner erschöpft waren, zum Teil auch dadurch, daß alle Gesprächsthemen verbraucht waren, so daß alle Teilnehmer einfach sich selbst wiederholten; dazu kam, daß Stalin sich anscheinend mit der Komplikation nicht anfreunden konnte, es mit zwei neuen britischen Gesichtern zu tun zu haben.

Es ist auch wahr, daß man die Briten erfolgreich zur Seite gedrückt hatte. Es gelang Attlee und Bevin nicht, sich wieder ins Gespräch zu bringen. „Das mit Churchill ist zu schade", schrieb Truman seiner Mutter, „aber es mag sich für die Welt als Segen herausstellen." Trumans Tochter Margaret kommentiert in der Biographie ihres Vaters: „Offensichtlich war Papa der Ansicht, leichter eine Verständigung mit Stalin erreichen zu können, wenn Churchill nicht im Weg stand."

Die Wahrheit ist, daß sowohl Stalin als auch Truman das Interesse an den Plenarsitzungen verloren hatten, denn aus den Großen Drei waren inzwischen unverkennbar die „Großen Zwei" geworden. (Cadogan sprach hoffnungsvoll von den Großen Zweieinhalb.) Und die Großen Zwei feilschten jetzt nicht in den Plenarsitzungen, sondern hinter den Kulissen. Die Zeit war reif, um ein Geschäft abzuschließen, und das geschah am besten ohne die Briten und im geheimen.

19. KAPITEL

Das Geschäft

Sonntag, 29. Juli

Am Sonntag, dem 29. Juli, um 12 Uhr mittag erschien Molotow in Begleitung seines Dolmetschers Golunskij im Kleinen Weißen Haus. Stalin sei verkühlt, erklärte Molotow, müsse das Haus hüten und könne an keinen Sitzungen teilnehmen – aber Molotow würde gern mit dem Präsidenten sprechen. Truman bat Byrnes, Leahy und Bohlen in sein Arbeitszimmer.

Ob nun Stalins Verkühlung echt oder gespielt war, ob sie psychosomatische oder diplomatische Ursachen hatte – jedenfalls gab es Russen und Amerikanern die Gelegenheit zu einem scharfen Feilschen. Bei dieser ersten Geschäftsverhandlung waren die Teilnehmer auf sechs beschränkt – etwa die richtige Zahl für eine Pokerpartie. Attlee war nicht dabei, und Stalin konnte die Dinge überdenken, bevor er seinen Einsatz placierte. Das Arrangement war offenbar für Stalin und Truman bequem; Attlee hatte keine Wahl. Truman ersuchte Byrnes, als erster zu sprechen, und der Außenminister sagte, „es wäre möglich, die Konferenz zu beenden“, sobald zwei Fragen gelöst würden, die Westgrenze Polens und die deutschen Reparationen. Byrnes erklärte einleitend, daß die Vereinigten Staaten einer Verschiebung der polnischen Grenze bis zur westlichen Neiße nicht zustimmen könnten. Das war das Stichwort für Molotow: Generalissimus Stalin würde Einspruch erheben, antwortete er. Es war schon langweilig, daß die Amerikaner und Russen ihre Standpunkte immer aufs neue wiederholten, aber es mußte noch dieses eine Mal geschehen, damit feststand, was ausgehandelt werden könnte.

Was die Reparationsfrage betraf, so wollte Byrnes wissen, ob Molotow sich den amerikanischen Vorschlag habe durch den

Kopf gehen lassen, „jede Macht möge sich bezüglich der Reparationen an die eigene Zone halten", wonach man zwischen den einzelnen Zonen Reparationsgüter austauschen könnte. Molotow sagte, daß der Vorschlag „im Prinzip akzeptabel" sei. Mit dieser Bemerkung hatte Molotow der Teilung Deutschlands der Reparationen wegen zugestimmt.

Mit dieser Bemerkung hatte er obendrein ein beträchtliches Zugeständnis gemacht; nun war es an den Amerikanern, ihrerseits ein Entgegenkommen zu zeigen, wenn sie ernstlich miteinander ins Geschäft kommen wollten. Molotow ging sofort daran zu sondieren, zu was für einem Handel Byrnes bereit war. Die beiden Außenminister stiegen noch einmal in den Morast von Prozenten und Dollars. Nach Byrnes lagen 50 Prozent des deutschen Reichtums in der russischen Besatzungszone. Wenn jedes Land Reparationen aus der eigenen Zone bezog, so könnte Rußland aus seiner Zone 50 Prozent aller Reparationen nehmen. Wenn also Molotow den Vorschlag, Deutschland zu teilen, akzeptierte, so schuldete man Rußland keine weiteren Reparationen. Laut Molotow lagen jedoch nur 42 Prozent des deutschen Potentials in der russischen Zone, die verbleibenden 8 Prozent müßten daher aus den übrigen Zonen kommen. Er wäre an Industrieanlagen aus dem Ruhrgebiet im Gegenwert von zwei Milliarden Dollar interessiert. Anders ausgedrückt: für seine Zustimmung zur Teilung Deutschlands verlangte er zwei Milliarden Dollar.

Unglücklicherweise, sagte Byrnes, war es nach Ansicht amerikanischer Experten „unmöglich, eventuelle Reparationen in bestimmten Dollarsummen zu schatzen". Stattdessen schlugen die Amerikaner vor, den Russen 25 Prozent der gesamten für Reparationszwecke zur Verfügung stehenden Industrieanlagen zu überlassen. Aber auch diese 25 Prozent müßten gegen Nahrungsmittel, Kohle und andere Produkte aus der Sowjetzone aufgerechnet werden. Oder aber, meinte Byrnes, die Sowjets verzichten auf die 25 Prozent und nehmen dafür 12,5 Prozent der für Reparationszwecke zur Verfügung stehenden Anlagen aus allen westlichen Besatzungszonen.

Je heftiger Molotow Byrnes wegen der Reparationen bedrängte, desto rascher schienen sich auf amerikanischer Seite die Prozentzahlen zu vermindern und desto unbestimmter wurden die Waren, um die es ging. Offenbar waren die Amerikaner nicht bereit, für die Teilung Deutschlands eine feste Dollarsumme anzubieten, das war nicht das Geschäft, das Byrnes im Sinn hatte. Es gelang Molotow nicht, herauszubekommen, welchen Handel Byrnes abzuschließen gedachte, und so stellte er einfach seine Sondierungen ein. Er mußte eben warten, bis Byrnes mit seinem Vorschlag herausrückte. Molotow gab jedoch klar zu verstehen, daß Prozentsätze nicht näher bestimmter Beträge kein faires Gegengeschäft für das Zugeständnis waren, das Rußland gerade offeriert hatte.

In der Zwischenzeit wechselte Molotow das Thema. Stalin habe ihn beauftragt, die Angelegenheit eines sofortigen Kriegseintritts der Sowjets gegen Japan zu erörtern. Die Russen waren der Ansicht, die Vereinigten Staaten, Großbritannien und die anderen Alliierten sollten „eine förmliche Aufforderung an die Sowjetregierung richten, in den Krieg einzutreten". Truman antwortete, er werde Molotows Ansuchen prüfen. Damit empfahl sich Molotow.

Die Amerikaner konnten nicht verstehen, warum die Russen einen „unmittelbaren Anlaß" brauchten, um in den Krieg gegen Japan einzutreten. Alles, was Truman und seine Berater sich vorstellen konnten, war, daß Stalin sich bitten lassen wollte, mitzumachen, damit es dann so aussah, als hätten die Sowjets den entscheidenden Beitrag zum Sieg geleistet. Truman war kaum geneigt zu bitten, andererseits konnte er die Einladung, die man von ihm haben wollte, kaum verweigern. Er fand eine geschickte Lösung. Nachdem er gelassen zwei Tage hatte verstreichen lassen, schrieb er Stalin, daß es für die Sowjetunion angemessen wäre, dem Krieg gegen Japan beizutreten, da doch die UNO-Charta alle Großmächte zum Zusammengehen verpflichte, um den Frieden auf der Welt sicherzustellen. Truman bat nicht; er klang mehr wie ein Lehrer, der einen vergeßlichen Schüler an seine Pflichten erinnert.

Trotzdem war diese Aufforderung an die Sowjetunion, Japan den Krieg zu erklären, bloß eine Ablenkung von untergeordneter Bedeutung. Das Hauptgeschäft, das es zu betreiben galt, war der sich konkretisierende Handel, und alles wartete nun in Potsdam auf das Zugeständnis, das von Byrnes kommen mußte.

An diesem Nachmittag um 16 Uhr 30 besuchte Attlee

Präsident Truman. Später erinnerte sich der Präsident, daß sie über die Aufforderung an die Russen zum Eintritt in den fernöstlichen Krieg sprachen; er erwähnte nicht, daß sie von dem angebahnten Handel mit den Russen sprachen oder von dem Angebot, das Byrnes über das Ruhrgebiet gemacht hatte – das übrigens nicht ganz zufälligerweise Teil der britischen Besatzungszone war. Was immer nun die Einzelheiten dieser Unterhaltung gewesen sein mögen, der Ort, wo sie stattfand, scheint bedeutsam genug. Truman machte keinen Besuch bei Attlee; Attlee war es, der Truman aufsuchte. Truman stattete nicht einmal einen Höflichkeitsbesuch ab. Von nun ab hielt der Präsident weder mit dem Premierminister eine Besprechung, noch holte er dessen Zustimmung ein. Von nun ab wurde der Premierminister nicht mehr um Rat gefragt, er wurde nur mehr informiert. Und am 29. Juli wurde er offensichtlich nur von dem untergeordneten diplomatischen Kunstgriff unterrichtet, daß man die Sowjetunion aufgefordert habe, sich an dem fernöstlichen Krieg zu beteiligen, nicht aber von dem angebahnten Hauptgeschäft, das die Konferenz zu einem Ende bringen sollte.

Montag, 30. Juli

Am Montag schrieb Truman einen Brief an Generalissimus Stalin. „Ich bedaure außerordentlich zu erfahren, daß Sie krank sind. Ich hoffe, daß es nichts Ernsthaftes ist und daß Sie bald wiederhergestellt sind. Mit meinen besten Wünschen."

„Um 16 Uhr", notiert Cadogan, „kam Jimmy Byrnes Bevin besuchen. Nachher gingen wir mit ihm hinüber zu Attlee. Vor allem Reparationen – ein sehr kompliziertes Thema, das ich kaum begreife – und die polnische Westgrenze. Jimmy Byrnes ist ein bißchen zu aktiv, er ist bereits bei Molotow gewesen und hat ihm verschiedene Vorschläge unterbreitet, die etwas über das hinausgehen, was wir im Augenblick wollen." Cadogan hatte noch nicht begriffen, daß es nicht mehr von Bedeutung war, was die Briten wollten.

An demselben Nachmittag um 16 Uhr 30 traf sich Byrnes neuerlich mit Molotow. Nach Bohlens Aufzeichnungen des Gespräches sagte der Außenminister, „zuallererst möchte er Mr. Molotow mitteilen, daß wir in bezug auf die polnische Westgrenze zu einem Zugeständnis bereit sind . . . und zwar die polnische Verwaltung statt bis zur östlichen bis zur westlichen Neiße zu akzeptieren. Mr. Molotow drückte seine Dankbarkeit über diesen Vorschlag aus."

Dann sagte Byrnes, „er habe sich bemüht, in der Frage der diplomatischen Beziehungen mit Rumänien, Bulgarien, Ungarn und Finnland zwischen seinen britischen und sowjetischen Freunden einen Kompromiß herzustellen". Er hatte auch einen gefunden – und wenn es „etwas über das hinausging", was die Briten wollten, so war das auch kein Unglück. Die Briten wehrten sich dagegen, durchblicken zu lassen, sie seien bereit, diesen Ländern volle diplomatische Anerkennung zuzugestehen. Nun gut, sagte Byrnes, dann würden die Großen Drei sich darüber einigen, die Frage einer diplomatischen Anerkennung „im Rahmen des Möglichen" zu prüfen. Vielleicht würden dann die Briten keine volle Anerkennung gewähren, sondern nur eine teilweise – was immer das nun bedeuten mochte. Auf alle Fälle würden die Briten das Abkommen schlucken, wenn man diese zusätzliche Undeutlichkeit hinzufügte. Während die Russen nicht genau das erhalten hatten, was sie sich wünschten, hatten sie doch etwas bekommen, was gut klang und den Regierungen der osteuropäischen Staaten eine gewisse Würde verlieh. Molotow sagte, er glaube, daß diese Vorschläge für die sowjetische Delegation annehmbar seien.

Nachdem Byrnes auf diese Weise zwei Geschenke an Molotow überreicht hatte, sagte er: „Wir kommen nun zu der schwierigsten aller Fragen, nämlich den Reparationen." Nun war es an den Russen, ein Zugeständnis zu machen. Byrnes, der seine Version des Prozent-Geschäftes auf einem Papier vermerkt hatte, feilschte eine geraume Zeit mit Molotow über die Prozente. Sie kamen dabei nicht weiter und die Zahlen, die sie einander hin- und herschoben, bedeuteten herzlich wenig. Byrnes hatte bereits seine Hauptkarte ausgespielt – sein Zugeständnis bezüglich der polnischen Grenze und seinen Entschluß, die Pattstellung über die diplomatische Anerkennung der osteuropäischen Regierungen zu beenden. Diese Konzessionen vor Augen, erwartete Byrnes, daß Molotow sich auf Prozente einer unspezifizierten Summe von Reparationsgütern einlassen werde. Schließlich sagte Molotow, „obwohl es noch Schwierigkeiten gebe, habe er doch das Gefühl, man hätte in dieser Frage der Reparationen Fortschritte erzielt, und er würde in diesem Sinn Stalin ... Bericht erstatten".

Beim Treffen der Außenminister, am selben Abend, nahm Molotow noch einmal den nun nachgerade überspannten Standpunkt ein, feste Dollarsummen in das Reparationsabkommen aufzunehmen. Die Sowjets hatten ursprünglich 10 Milliarden Dollar an Reparationen gefordert, waren dann auf 8 Milliarden heruntergegangen. Dann, als sie der Teilung Deutschlands zustimmten und bereit waren, die Reparationen ihrer eigenen Zone zu entnehmen, verlangte Molotow 2 Milliarden aus dem Ruhrgebiet. Nun verlangte er die Festsetzung einer Mindestsumme in Dollars und schlug 800 Millionen vor. Byrnes erklärte, es sei unmöglich, eine konkrete Dollarsumme festzusetzen.

Molotow versuchte eine neue Taktik. Wenn es schon nicht möglich war, feste Dollarbeträge zu nennen, dann wollte er zumindest sichergehen, daß die Sowjetunion mitbestimmen dürfe, was an Reparationen schließlich „verfügbar" sein werde.

„Mr. Molotow erkundigte sich, wer darüber bestimmen werde, welche von den Anlagen in der westlichen Zone verfügbar sein würden.

Mr. Bevin sagte, der Zonenkommandant."

Wenn der jeweilige Zonenkommandant bestimmen konnte, was an Reparationen verfügbar sei, dann konnten die westlichen Kommandanten eines Tages sagen, es sei eben nichts verfügbar, und dann würde der Alptraum aller Alpträume der Sowjets wahr werden: sie würden einen Prozentsatz von Null erhalten.

„Mr. Molotow schlug vor, (zu den Zonenkommandanten) auch den (Vier-Mächte-)Kontrollrat beizuziehen ...

Mr. Byrnes sagte, daß die Delegation der Vereinigten Staaten die Ansicht vertrete, daß der Kontrollrat die Angelegenheit regeln sollte, daß aber diese Regelung letzthin von den Zonenkommandanten zu entscheiden sei.

Mr. Molotow schlug vor, daß die letzte Entscheidung beim Kontrollrat liegen solle.

Mr. Byrnes stimmte dem nicht zu. Er sagte, daß in unseren Zonen wie in der Sowjetzone der Kommandant die Verantwortung für das Funktionieren des Wirtschaftsgefüges hätte und daß ihm daher die letzte Entscheidung zustehen müsse." Die letzte Kontrolle – tatsächlich also ein Vetorecht – müsse beim Zonenkommandanten liegen.

Das verwickelte Geschäft mit den Reparationen wurde immer klarer. Molotow mußte nicht nur dem Prozentanteil an einer nicht spezifizierten Gütermenge zustimmen, er mußte sich auch damit abfinden, daß die Zonenkommandanten bestimmten, was verfügbar sein werde, wenn überhaupt. Byrnes wollte sich nicht darauf festlegen, 2 Milliarden oder 800 Millionen oder überhaupt irgendeinen fixen Dollarbetrag als Gegenleistung für Molotows Zugeständnisse zu bezahlen. Nur im Falle Polens war er bereit, nachzugeben. Des weiteren: während es in früheren Gesprächen zwischen Byrnes und Molotow darum gegangen war, 25 Prozent der Reparationsleistungen mit Warenlieferungen aus der Sowjetzone zu kompensieren und 15 Prozent ohne irgendwelche Auflagen zu leisten, sprach Byrnes jetzt von 12,5 und von 7,5 Prozent. Natürlich bezogen sich die erstgenannten Ziffern nur auf das Ruhrgebiet, während die letzteren Prozentsätze für alle drei westlichen Zonen galten . . . Es war jedoch nicht klar, ob dieses Angebot ein gutes Geschäft war; wenn Molotow es annahm, so würden es die Sowjets mit den Befehlshabern von drei Zonen zu tun haben, die in ihrer Zone das Vetorecht hatten.

Byrnes bezog sich wieder „auf den Vorschlag bezüglich der polnischen Grenze, der ein größeres Entgegenkommen unsererseits bedeute als die Zugeständnisse der Sowjets. Das Schriftstück, das auf die Vereinten Nationen (und auf die Anerkennung der osteuropäischen Länder) Bezug nimmt, setzt ein Entgegenkommen unserer britischen Freunde voraus. Er sei sich bewußt, daß die Sowjets ein Zugeständnis gemacht hätten, als sie die Prozentsätze akzeptierten, aber wenn wir ihnen entgegenkommen, dann sollten sie es ebenso halten.

Mr. Molotow wies darauf hin, daß es sich um ein Entgegenkommen an Polen und nicht an die Sowjetunion handle.

Mr. Byrnes sagte, sein Freund Mr. Molotow habe in Anwesenheit der Polen ihre Sache zu der seinen gemacht, und sein Plädoyer sei beredter gewesen als das der Polen."

Byrnes, der im Senat soviel unter der Hand arrangiert hatte, hatte ein Koppelgeschäft zustande gebracht, zu dem man ja oder nein sagen mußte. Um jedes Mißverständnis auszuschalten, hatte Byrnes tatsächlich noch eine Begegnung mit Molotow, die am folgenden Morgen stattfand. „Ich sagte Mr. Molotow, drei Punkte seien von außerordentlicher Wichtigkeit . . . Ich sagte ihm, daß wir eine Einigung entweder in allen drei Punkten oder überhaupt nicht akzeptieren würden und daß *der Präsident und ich am nächsten Tag in die Vereinigten Staaten abreisen würden.*“ (Hervorhebung des Autors.)

Bevin verstand nicht wirklich, was Byrnes da vorhatte. Der britische Außenminister warf ein, es wäre besser, die Reparationsfrage ruhen zu lassen und sich statt dessen mit „Mr. Byrnes' Vorschlag bezüglich der Westgrenze Polens zu befassen“. Kein Wunder, daß die Amerikaner lieber ohne die Briten verhandelten: Bevin war bereit, den Russen ein Zugeständnis zu machen, ohne darauf zu bestehen, daß die Russen ihrerseits ein Entgegenkommen bewiesen.

„Mr. Byrnes antwortete, sein Vorschlag sei ein Kompromiß, der drei Punkte betreffe. Zu einer getrennten Behandlung dieser Punkte könne er seine Zustimmung nicht geben . . . Er könne auch nicht den beiden anderen Punkten zustimmen, wenn man sich nicht über die Frage der Reparationen einige.“

Molotow griff schlau den Vorschlag Bevins heraus: „Es scheine ihm, daß man ein (grundlegendes) Einverständnis über die Frage der Reparationen erreichen könne, daß aber die eine Frage der globalen Zahlen den Großen Drei überlassen werden müsse; in allen übrigen sei ein Einverständnis möglich.

Mr. Byrnes sagte, dann sollte man ebensogut auch die anderen zwei Fragen den Großen Drei vorlegen, denn er könne ihnen nur dann zustimmen, wenn über die Reparationsfrage auch eine Einigung erzielt werde.“

Byrnes und Molotow hatten ein Paket entworfen, so komplett, wie sie nur konnten. Die Sache ging nun wieder an die Staatschefs zurück. Stalin mochte nun sehen, ob er mit seinem Verhandlungsgeschick noch einige Zugeständnisse in der Frage der Reparationen herausdrücken konnte, bevor die Sowjets das Paket annahmen.

„Ich danke Ihnen für Ihr Schreiben vom 30. Juli“, schrieb Stalin an Truman. „Ich fühle mich heute besser und hoffe, morgen, am 31. Juli, an der Konferenz teilzunehmen.“

Dienstag, 31. Juli

Stalin war ein brillanter Verhandler. Auf der Plenarsitzung am 31. Juli präsentierte Byrnes den Staatschefs das „Paket". Diesmal ergriff der lakonische, pfeifenrauchende russische Premier ausnahmsweise als erster das Wort.

Stalin: „Wir haben Vorschläge bezüglich der Reparationen:

1. Reparationen sollen von jeder Regierung in ihrer Zone eingehoben werden. Diese Reparationen sollen in zwei Formen erfolgen: Entnahme in Bausch und Bogen aus dem nationalen deutschen Eigentum (Anlagen und Material), die während der ersten zwei Jahre nach der Kapitulation durchzuführen ist; des weiteren jährliche Warenlieferungen aus der laufenden Produktion auf die Dauer von zehn Jahren nach der Kapitulation.

2. Zweck dieser Reparationen ist es, die möglichst rasche wirtschaftliche Erholung jener Länder sicherzustellen, die unter deutscher Besatzung gelitten haben; dabei sollte der Gesichtspunkt einer äußersten Reduzierung des deutschen Kriegspotentials nicht aus dem Auge gelassen werden.

3. Zusätzlich zu den Reparationen, die sie in ihrer eigenen Zone erheben wird, soll die UdSSR von den westlichen Zonen erhalten:

a) 15 Prozent der industriellen Grundausstattung, komplette Maschinensätze in gutem Zustand – vor allem auf dem Gebiet der Eisen- und Stahlindustrie, der chemischen Industrie und des Maschinenbaus –, die vom Alliierten Kontrollrat in Deutschland aufgrund eines Berichts der Reparationskommission für Reparationen freigegeben wird. Diese Anlagen sollen der Sowjetunion im Austausch für eine gleichwertige Menge von Nahrungsmitteln, Kohle, Kali, Holz, keramische Waren und Erdölprodukte innerhalb eines Zeitraums von fünf Jahren übergeben werden.

b) 10 Prozent der industriellen Grundausstattung, die in den westlichen Zonen für Reparationen freigegeben wird, ohne Zahlung oder Güterkompensation jedweder Art. Das Ausmaß an Anlagen und Material, das den westlichen Zonen als Reparationen entnommen werden soll, muß in spätestens drei Monaten festgelegt werden.

4. Zusätzlich soll die Sowjetunion unter dem Titel Reparationen noch erhalten:

a) 500 Millionen Dollar in Aktien von Industrie- und Transportunternehmungen der westlichen Zonen;

b) 30 Prozent der deutschen Auslandsinvestitionen;

c) 30 Prozent des deutschen Goldes, das die Alliierten sichergestellt haben.

5. Die UdSSR übernimmt es, die polnischen Reparationsansprüche aus dem eigenen Reparationskontingent zu decken. Die Vereinigten Staaten und Großbritannien übernehmen dieselbe Verpflichtung für Frankreich, Jugoslawien, die Tschechoslowakei, Belgien, Holland und Norwegen.

Kommen wir nun zum Kern der Angelegenheit. Ich glaube, es wird möglich sein, ein Einvernehmen über die Frage der Reparationen aus Deutschland zu erzielen. Was sind die wesentlichen Vorschläge des amerikanischen Planes? Erstens, daß jedes Land Güter aus der eigenen Zone entnimmt. Damit sind wir einverstanden. Zweitens: Industrielle Anlagen sollen nicht nur aus dem Ruhrgebiet abtransportiert werden, sondern aus allen westlichen Zonen. Auch diesem zweiten Vorschlag haben wir zugestimmt. Dritter Vorschlag: Ein Teil der Reparationen aus den westlichen Zonen soll mit entsprechenden Gegenleistungen aus der russischen Zone innerhalb eines Zeitraumes von fünf Jahren bezahlt werden. Dann gibt es einen vierten Vorschlag, demzufolge der Alliierte Kontrollrat das Ausmaß der Güterentnahmen aus den westlichen Zonen bestimmen soll. Auch das ist akzeptabel.

Wo also liegen die Differenzen? Wir sind interessiert an einem Zeitlimit, ebenso an einer Schätzung des Reparationsvolumens. Davon ist im amerikanischen Vorschlag nicht zu lesen. Wir würden gerne eine Frist von drei Monaten fixieren."

Byrnes: „Über die Frist sollte man sich einigen."

Stalin: „Es geht hier darum, binnen welcher Zeit das Reparationsvolumen festzulegen ist. Es muß ein Zeitraum vorgeschlagen werden. Wir schlagen drei Monate vor. Wird das ausreichen?"

Truman: „Ich denke schon."

Attlee: „Das ist eher kurzfristig; ich muß mir das überlegen."

Stalin: „Das ist natürlich überlegenswert. Es könnten drei, vier oder fünf Monate sein, aber irgendeine Frist sollte festgelegt werden."

Attlee: „Ich schlage sechs Monate vor."

Stalin: „Gut, einverstanden.

Dann gibt es noch die Frage des Prozentsatzes der Entnahmen. Auch hier könnten wir uns einigen. Ein Prozent mehr oder weniger macht keinen solchen Unterschied aus. Ich hoffe, daß uns in diesem Punkt die Briten und Amerikaner auf halbem Weg entgegenkommen werden. Wir haben einen großen Teil unseres Industriepotentials in diesem Krieg verloren, einen schrecklich hohen Anteil. Wenigstens ein Zwanzigstel davon sollte ersetzt werden, und ich erwarte, daß Mr. Attlee unseren Vorschlag unterstützen wird."

Attlee: „Nein, das kann ich nicht."

Stalin: „Denken Sie ein wenig darüber nach und geben Sie uns Ihre Unterstützung."

Die Briten und die Amerikaner begannen nun, Stalins Vorschläge zu zerpflücken. Aber gerade indem er die anderen in eine Position gebracht hatte, wo sie an seinem Vorschlag herumschnitzeln mußten, hatte er sich einen Zugvorteil gesichert. Er war nicht bereit, diesen ohne weiteres preiszugeben.

Byrnes hielt fest, der wesentliche Streitpunkt liege darin, daß Stalin anstatt der von den Amerikanern in Aussicht gestellten 12,5 und 7,5 Prozent 15 und 10 Prozent vorschlage.

Stalin: „Ja."

Byrnes: „Aber zusätzlich wollen Sie noch 500 Millionen Dollar an Aktien von Industrieunternehmen in den westlichen Zonen, 30 Prozent der deutschen Auslandsinvestitionen und 30 Prozent des Goldes, das von den Alliierten sichergestellt wurde, erhalten. Was stellen Sie sich vor, wenn Sie von deutschen Investitionen im Ausland sprechen?"

Stalin (ohne Lächeln): „Die deutschen Investitionen in anderen Ländern. Amerika mit eingeschlossen . . ."

Bevin: „Könnten Sie sich dazu verstehen, Ihre Ansprüche auf Vermögenswerte in neutralen Ländern zu beschränken?"

Stalin: „Ich glaube, das könnte man annehmen."

Byrnes: „Wir können keinerlei Zusatzanträge zu unserem Vorschlag akzeptieren. Ich denke dabei an Absatz 4 des sowjetischen Vorschlags."

Stalin: „In diesem Fall müßte der Prozentsatz angehoben werden."

Truman: „Wenn Sie bereit sind, Absatz 4 fallenzulassen, bin ich bereit, 15 und 10 Prozent zu akzeptieren."

Stalin: „In Ordnung, ich ziehe ihn zurück."

Das Geschäft war abgeschlossen. Stalin war nicht imstande gewesen, wesentlich mehr herauszuholen als Molotow; immerhin aber war es ihm gelungen, den Prozentsatz anzuheben und etwas mehr Klarheit in den Umstand zu bringen, daß es sich bei den Reparationsleistungen um „industrielle Grundausstattung, um komplette Maschinensätze im guten Zustand, vor allem auf dem Gebiet der Eisen- und Stahlindustrie, der chemischen Industrie und des Maschinenbaus" handelte. Und wenn die Amerikaner schließlich nichts für Reparationslieferungen verfügbar machen sollten, so hatten die Russen wenigstens klare und eindeutige Ursache, sich zu beschweren.

Als das Einverständnis über die Reparationen erreicht worden war, entledigte man sich ohne Umschweife der polnischen Frage sowie der osteuropäischen Regierungen. Die Großen Drei einigten sich auch über die politischen Grundsätze, nach denen Deutschland regiert werden sollte. Nach diesen Grundsätzen sollte Deutschland eine einheitliche Zentralregierung erhalten. Auf diese Weise wurde Deutschland zur gleichen Zeit geteilt und vereinigt; geteilt aus besonderen wirtschaftlichen Gründen, vereinigt aufgrund vager politischer Überlegungen. In Zukunft würden die Großen Drei sich auf die realistische Grundlage ihrer wirtschaftlichen Übereinkommen stützen und ihre gegenseitigen Beschwerden auf ihr politisches Übereinkommen gründen.

Man hat oft gesagt, daß die Potsdamer Konferenz ein Mißerfolg war, weil sie es nicht fertiggebracht hat, das entscheidende Nachkriegsproblem zu lösen, das Schicksal Deutschlands. Tatsächlich aber hat die Konferenz das Problem höchst zufriedenstellend gelöst, indem man Deutschland teilte. Ohne auf den Morgenthau-Plan oder andere drastische Maßnahmen zurückzugreifen, reduzierten die Großen Drei die Macht Deutschlands ganz einschneidend. Es gab 1945 – und daran hat sich auch nach 1989 nur wenig geändert – nicht allzu viele Leute, denen ein völlig wiederaufgebautes, wirtschaftlich und militärisch zusammengeschlossenes und politisch geeintes Deutschland recht wäre.

Die Potsdamer Konferenz wirkte wie ein Mißerfolg, weil sie so tat, als wolle sie ein geeintes Deutschland, zu dem es dann wegen der Perfidie der Russen oder (laut revisionistischen Historikern) wegen der Perfidie der Amerikaner nicht gekommen ist. Doch das ist Unsinn. Die Reparationen haben Deutschland geteilt, ganz bewußt und in voller Absicht, realistisch und definitiv. Die politische Übereinkunft für ein geeintes Deutschland war nie mehr als hochklingende Gefühlsduselei, und so faßten es auch Truman und Stalin auf; eine Gefühlsduselei, die in dem heraufziehenden Konflikt zwischen Amerika und Rußland trefflich zur Hand war, wenn man sich gegenseitig Vorwürfe machen wollte.

Tatsächlich war es so, daß das Übereinkommen über ein geeintes Deutschland das Land nur um so sicherer teilte und die Teile noch fester an die beiden feindlichen Kräftegruppen schmiedete. Die Amerikaner hätten behaupten können – und haben auch tatsächlich behauptet –, daß sie ein vereintes Deutschland gewollt und es auch zustande gebracht hätten, wenn die Russen sich nicht so benommen hätten. Dasselbe Argument wurde von den Russen vorgebracht. So wurden die beiden Deutschlands in zwei feindliche Lager gezwungen.

Sobald das Schlüsselproblem gelöst war, konnten die Großen Drei die noch offenen Fragen ohne viel Diskussionen lösen. Die Differenzen über Rumänien, Ungarn und Bulgarien reduzierten sich in der endgültigen Fassung des Abkommens auf stilistische Basteleien. Stalin stimmte sogar zu, daß Trumans Vorschläge über die Binnenwasserwege an den Rat der Außenminister verwiesen würde. Als man zur Frage der deutschen Kriegsmarine kam, schlug Stalin vor, sie auf den nächsten Tag zu verschieben.

Truman: „Geht in Ordnung. Zwar wollte ich morgen abreisen, aber ich kann auch noch dableiben."

Was noch zu tun blieb, war Kleinkram. Die Großen Drei konnten sich noch nicht wirklich entspannen; ein Wort hier, ein Wort da, das konnte später der Sache ein anderes Gesicht geben. Aber selbst die Zeitungsleute, die in den Berliner Bars herumhockten, spürten, daß die Konferenz sich dem Abschluß näherte. Die Londoner *Times* notierte: „Inoffiziellen Berichten zufolge, die aus der Potsdamer Enklave stammen, befindet sich die Konferenz in ihrem Endstadium."

20. KAPITEL

1. August, die letzten Stunden

Am Mittwoch, dem 1. August, übergab General Groves in Washington dem für das Bombenprojekt zuständigen Assistenten von Kriegsminister Stimson, George Harrison, ein Bündel Papiere. Das Paket enthielt Petitionen, Befragungen und Berichte der „Projektgruppe Metallurgie" an der Universität von Chicago. In Chicago waren dem Physiker Leo Szilard weitere Bedenken über die Atombombe gekommen. Szilard war einer von denen, die dabeigewesen waren, als Byrnes die „Maschine des Jüngsten Gerichts" als ein Mittel zur Gefügigmachung der Russen in Europa hinstellte; im Verlauf der Zeit wurden seine Bedenken gegen den Einsatz der Bombe immer heftiger. Schließlich nahm Szilard seinen Mut zusammen und begann unter den Wissenschaftlern, die an der Entwicklung der Bombe mitgearbeitet hatten, einen Protest zu organisieren. Doch zu der Zeit, da sich Zweifel und Mut in Szilards Brust vereint hatten, war es naürlich viel zu spät.

Während der ersten Hälfte des Monats Juli ließ Szilard unter seinen Kollegen eine Petition zirkulieren. Neunundsechzig Wissenschaftler unterschrieben eine Erklärung, in der es heißt, daß die Nation, die als erste die Atombombe zum Einsatz bringt, die Verantwortung dafür zu tragen hat, „daß die Türe zu einer Ära von Zerstörungen unvorstellbaren Ausmaßes geöffnet werde". Szilards Eingabe trat eine Lawine von Argumenten los, bis schließlich der Leiter der „Projektgruppe Metallurgie" eine Umfrage unter 150 Wissenschaftlern veranstaltete. Keiner von diesen wußte, daß die Bombe als Waffe gegen Japan militärisch nicht mehr notwendig war. Es sprachen sich aus:

Für einen Einsatz der Bombe in jedweder Art, um damit die Kapitulation Japans herbeizuführen	15%
Für eine militärische Demonstration	46%
Für eine Versuchsdemonstration als Warnung	26%
Für eine Demonstration ohne damit verbundene Drohung, die Bombe einzusetzen	11%
Gegen jeden Einsatz, auch gegen Demonstrationen und für weitere Geheimhaltung	2%

Harrison sah sich das Paket, das General Groves ihm gegeben hatte, durch – die Eingabe Szilards, die Eingaben gegen Szilard sowie die Meinungsbefragung – und ordnete alle diese Papiere in seine Akten ein.

Die Großen Drei hatten am 1. August zwei Sitzungen; die eine fand am Nachmittag statt, die Schlußsitzung der Konferenz in der Nacht um 22 Uhr. Vor dem Treffen um 15 Uhr 30 stellten sich Truman, Attlee und Stalin noch einmal den Photographen. Als die Kameras eingeschaltet waren, rief jemand, man möge einen Sessel entfernen. Stalin trat vor, packte den Stuhl und warf ihn zur Seite. Als er sich dann wieder zu Truman und Attlee stellte, zuckte und tanzte sein verkrüppelter linker Arm noch einen Augenblick, bevor er zur Ruhe kam. Sir William Hayter, ein Mitglied der britischen Delegation, sah von den Seitenlinien zu und dachte, daß Stalin „angezogen war wie der österreichische Kaiser in einer schlechten Operette: cremefarbene Jacke, Kragen mit goldenen Litzen, blaue Hosen mit roten Streifen ..."

Attlee wird von Hayter nur im Vorbeigehen erwähnt – er spricht von der „übertriebenen Bescheidenheit" des neuen Premierministers. Von Truman meinte er, er sei „selbstbewußt, präzise und in seinen Umgangsformen sehr bestimmt". Sein Selbstbewußtsein war unverkennbar gespeist von der ungeheuren Macht, die er repräsentierte, einer Macht, die durch die Explosion von Alamogordo noch unermeßlich vergrößert worden war."

Für die erste dieser beiden letzten Sitzungen der Konferenz war die Zahl der Delegierten auf die Mitglieder des inneren Zirkels reduziert worden. Großbritannien war durch Attlee, Bevin und Cadogan sowie den Dolmetscher Birse vertreten.

Die russische Delegation bestand aus Stalin, Molotow, dem Reparationsverhandler Maiskij, dem Propagandisten Wyschinskij und dem Dolmetscher Golunskij. Truman hatte Byrnes, Davies und Bohlen mitgebracht und noch einen Mann, der uns bisher nicht aufgefallen ist, Benjamin V. Cohen.

Ben Cohen war der Star-Formulierer des „New Deal". Er war Junggeselle, vierundfünfzig Jahre alt, mit schütterem Haarwuchs und randlosen Brillen. Er war bekannt für seine schlaffe Haltung, die nachlässige Art, in der er sich kleidete, seine zerstreuten Tischmanieren – und für sein Geschick, Gesetzestexte zu formulieren; darin kam ihm nach allgemeiner Ansicht niemand in den Vereinigten Staaten gleich. Cohen und sein Partner Thomas Corcoran gehörten zu den wesentlichen Mitgliedern von Roosevelts Gehirntrust. Corcoran war der Mann der Praxis, jovial und übersprudelnd, der den New Deal den Volksvertretern im Kapitol nahebrachte. Cohen war der zurückhaltende Ratgeber, ein Schüler Felix Frankfurters und verantwortlich für die Formulierung aller großen Gesetze der Roosevelt-Administration seit 1934. Für die Eingeweihten war Cohen ein Mann, der ein Gesetz so formulieren konnte, daß sich darin kein einziges Schlupfloch entdecken ließ, und Truman nahm ihn nach Potsdam mit, damit er im Komitee, dessen Aufgabe es war, die Potsdamer Übereinkommen festzulegen, mitarbeitete. Cohens Mitarbeit garantierte den Amerikanern: wenn es in den Potsdamer Übereinkommen Schlupflöcher gab, dann nur solche, die sie selbst wünschten.

Jimmy Byrnes eröffnete um 15 Uhr 30 die Sitzung und kam auf Stalins Anspruch auf „das deutsche Gold, auf deutsche Aktien und Guthaben im Ausland" zurück. Die Frage war, was genau Stalin unter „Ausland" verstand.

Stalin: „. . . Die sowjetische Delegation . . . ist der Auffassung, daß ganz Westdeutschland zu Ihrer Sphäre gehört, während Ostdeutschland der unseren zufällt."

Stalins Bemerkung betraf Deutschland. Truman weitete dann die Vorstellung der zwei Einflußsphären aus und projizierte die Teilung Deutschlands auf Europa. Er fragte Stalin nämlich, ob er im Sinne habe, „eine Linie zu ziehen, die vom Baltikum zur Adria reiche". Stalin bejahte es. Auf diese Worte bezog sich Churchill in seiner berühmten Rede: „Von Stettin an der

Ostsee bis Triest an der Adria ist ein Eiserner Vorhang über den Kontinent niedergegangen."

„Was die deutschen Investitionen anlangt", fuhr Stalin fort, „so würde ich sagen: handelt es sich um deutsche Investitionen in Osteuropa, so sollen sie uns verbleiben, das übrige verbleibt Ihnen."

„Einflußsphären" – das Wort war nicht länger ein Geheimnis in Trumans Notizbuch oder in privaten Verhandlungen zwischen Stalin und Churchill. Es war nun offen anerkannt worden. Es begann mit der Teilung Deutschlands.

Truman projizierte nun diese Einflußsphären auf den größeren Teil der Erdkugel: „Hat das nur für deutsche Investitionen in Europa Gültigkeit, oder gilt es auch für andere Länder?"

Stalin: „Lassen Sie mich etwas eingehender formulieren: Die deutschen Investitionen in Rumänien, Bulgarien, Ungarn und Finnland gehören uns, alles übrige Ihnen."

Bevin: „Die deutschen Investitionen in anderen Ländern fallen an uns?"

Stalin: „In allen anderen Ländern, in Südamerika, in Kanada etc., all das gehört Ihnen."

Bevin: „Demzufolge gehören alle deutschen Investitionen in Staaten, die westlich der deutschen Besatzungszonen liegen, den Vereinigten Staaten, Großbritannien und den anderen Ländern. Gilt das auch für Griechenland?"

Stalin: „Ja."

Byrnes wollte das Einverständnis noch konkretisieren. Wenn zum Beispiel „die Unternehmensleitung in Berlin sitzt, der Betrieb selbst aber woanders . . . werden Sie dann Ansprüche auf dieses Unternehmen erheben . . .?"

Stalin: „Wenn das Unternehmen im Westen liegt, werden wir keine Ansprüche erheben. Daß das Hauptbüro in Berlin ist, bleibt belanglos, entscheidend ist, wo das Unternehmen selbst gelegen ist."

Byrnes: „Wenn ein Unternehmen nicht in Osteuropa, sondern in Westeuropa gelegen ist, dann gehört dieses Unternehmen uns?"

Stalin: „In den Vereinigten Staaten, in Norwegen, in der Schweiz, in Schweden und Argentinien (allgemeines Gelächter) etc., all das gehört Ihnen."

Byrnes wiederholte und formulierte noch und noch, damit über alle Einzelheiten dieses Einverständnisses Klarheit herrschte. Stalin erwähnte, daß er einige Ansprüche an Vermögenswerte erhebe, die in der russischen Besatzungszone in Ostösterreich gelegen wären.

Bevin: „Ist es klar, daß Vermögenswerte Großbritanniens und der Vereinigten Staaten, die in dieser Zone liegen, davon nicht betroffen sind?“

Stalin: „Natürlich nicht. Wir führen ja mit Großbritannien und den Vereinigten Staaten keinen Krieg.“

(Allgemeines Gelächter.)

Eine Atmosphäre entspannter Heiterkeit breitete sich über die Potsdamer Verhandlungen aus. Wo früher uneingestandene Absichten sich hinter versteiften Verhandlungspositionen verborgen hatten, schien nun alles ans Tageslicht zu drängen. Das Thema der Kriegsverbrecher, das als nächstes auf der Liste stand, gab Anlaß zu warmherzigem Humor. Die Amerikaner wollten keine Kriegsverbrecher namentlich anführen. Die Sowjets, die den Verdacht hegten, die Amerikaner wollten einige Nazis frei haben, damit sie ihnen die Fabriken in der westlichen Zone leiteten, wollten eine lange Liste von Deutschen publizieren, die anzuklagen wären.

„Werden wir gegen deutsche Industrielle vorgehen?“ fragte Stalin. „Ich glaube, wir sollten es. Wir nennen Krupp. Wenn es mit Krupp nicht geht, nehmen wir andere.“

Truman: „Ich mag keinen von ihnen. (Gelächter.) Ich glaube aber, wenn wir einige Namen nennen und andere auslassen, dann werden die Leute glauben, daß wir nicht die Absicht haben, diese anderen anzuklagen.“

Stalin: „Aber diese Namen werden hier als Beispiele erwähnt. Es ist beispielsweise erstaunlich, daß Heß noch immer in Großbritannien ist, wo für ihn gesorgt wird und er nicht angeklagt wird . . .“

Bevin: „Sollte irgendein Zweifel über Heß bestehen, so will ich mich verpflichten, daß Heß ausgeliefert wird, zusammen mit einer Rechnung über die Kosten, die er uns verursacht hat.“

Stalin schlug schließlich vor, die Großen Drei sollten übereinkommen, innerhalb eines Monats eine Liste von Kriegsverbrechern zu veröffentlichen. Truman und Attlee gaben ihre

Zustimmung. George Kennan hat dazu später gesagt, er hätte es lieber gesehen, wenn man den alliierten Kommandeuren Order gegeben hätte, jeden Kriegsverbrecher, der in ihre Hand fiele, auf der Stelle zu erschießen. „Aber es ist etwas anderes, wenn man diese Naziführer für ein öffentliches Verfahren aufs Eis legt . . . und wenn man dann zu diesem Verfahren einen Sowjetrichter beizieht, den Vertreter eines Regimes, das die furchtbaren Greuel der Russischen Revolution, der Dorfkollektivisierung und der Säuberungen der dreißiger Jahre auf seinem Gewissen hat . . . dann macht man aus diesem Prozeß und dem einzigen hohen Ziel, dem er eventuell dienen könnte, eine Farce. Man konnte aus einem solchen Verfahren eigentlich nur den einen Schluß ziehen: daß solche Verbrechen verständlich und verzeihlich waren, sobald sie von einer Regierung unter diesen und jenen Umständen begangen wurden, aber unverzeihlich, ungerecht und mit dem Tode zu bestrafen, wenn eine andere Regierung unter anderen Umständen dasselbe tat."

Der letzte Gegenstand auf der Tagesordnung war Trumans Lieblingsprojekt: die Internationalisierung der Binnenwasserwege. Truman wollte, daß diese Idee in das Konferenzprotokoll aufgenommen werde. Stalin war dagegen. „Wir haben es nicht diskutiert", sagte der Generalissimus.

„Ich habe mich dreimal darüber geäußert", entgegnete Truman mit Schärfe, „und die Kommission hat die Frage mehrere Tage lang geprüft."

Stalin: „Es war nicht auf der Liste der Fragen, wir waren auf diese Frage nicht vorbereitet und haben keine Unterlagen hier. Unsere Experten dazu sitzen in Moskau. Warum diese Eile, wozu diese Hast?"

Offenbar hatte Truman geglaubt, hier eine erstklassige Idee vorzubringen, und es mag sein, daß er nur ihre Erwähnung wünschte, damit ihm das historische Verdienst für diese Anregung zufalle.

Der Bericht über die Potsdamer Konferenz sollte aus zwei Teilen bestehen: Ein öffentliches Kommuniqué und ein Nachtrag, der einige in der Deklaration nicht erwähnten Details anführen sollte. Diese Details waren keinesfalls geheim, es handelte sich nur um Einzelheiten, von denen niemand wollte, daß sie die großsprecherische Veröffentlichung über das Einverständnis der Großen Drei verunzieren sollten. Truman wollte, daß sein Vorschlag über die Wasserwege in der Deklaration erwähnt werde. Stalin schlug vor, ihn in die Einzelheiten des Nachtrages aufzunehmen.

In der Biographie Margret Trumans über ihren Vater ist dazu folgendes zu lesen: „Allen Ernstes, mein Vater blickte über den Tisch zu Stalin hinüber und sprach zu ihm auf sehr persönliche Art: ‚Marschall Stalin, ich habe während dieser Konferenz einer Reihe von Kompromissen zugestimmt . . . Ich appelliere nun an Sie persönlich, daß Sie in diesem Punkt nachgeben. Was ich verlange, ist, daß in dem Kommuniqué der Umstand erwähnt wird, daß der Vorschlag über die Wasserwege an den Außenministerrat verwiesen wurde . . .‘ Noch ehe jedoch der russische Dolmetscher diese Worte Papas wiederholen konnte, unterbrach Stalin mit einem ‚Njet!‘ Und um sicherzugehen, daß Papa auch verstand, fügte er (zu jedermanns Erstaunen) in Englisch – es war das einzige Mal, daß er Englisch sprach – hinzu: ‚Nein, ich sage nein!‘“

Truman: „Wenn ich vor dem Senat eine Erklärung abzugeben habe, daß die Angelegenheit dem Rat der Außenminister zugewiesen wurde, bin ich dann berechtigt, das zu tun?“

Stalin (der damit das letzte Lachen dieser Plenarsitzung einheimste): „Niemand wird Ihre Rechte beschneiden wollen.“

Während der Konferenzpause am Abend ging Cohen an die Formulierung der Potsdamer Deklaration. Präsident Truman hatte ein ruhiges Abendessen mit Charlie Ross, und die Reporter in Berlin sichteten die Nachrichten des Tages.

Berlin: „Die alliierte Kommandatur meldet . . . man sei übereingekommen, die russische Politik weiterzuverfolgen, den deutschen politischen Parteien die Abhaltung öffentlicher Versammlungen zu gestatten; doch müssen dazu Genehmigungen von den Bezirksautoritäten eingeholt werden.“

London: „Das neue britische Parlament ist zu seiner ersten Sitzung zusammengetreten. Winston Churchill war als Führer der Opposition anwesend.“

Washington: „Nach Aussage von Marine-Staatssekretär Artemus L. Gates besitzen die Japaner kein einsatzfähiges Schlachtschiff mehr und wahrscheinlich nur mehr zwei oder drei einsatzfähige Flugzeugträger und Kreuzer.“

Guam: „Vorläufige Berichte über die Erfolge des Tages melden die Zerstörung von 114 feindlichen Flugzeugen, weitere 101 wurden beschädigt. Ferner wurden 41 Schiffe versenkt oder beschädigt."

In China erklärte Generalleutnant Albert C. Wedemeyer: „Nach einer Inspektionsreise durch sechs Provinzen bin ich guten Mutes, daß der Krieg gegen Japan bald zu einem Ende kommt."

Am späten Abend um 22 Uhr 40 trafen sich die Großen Drei zu ihrer letzten Plenarsitzung. Alle, alle kamen zu dieser Abschiedsvorstellung: Für die Vereinigten Staaten Byrnes, Leahy, Davies, Harriman, Pauley, Dunn, Matthews, Clayton und Bohlen; für die Sowjetunion Wyschinskij, Maiskij, Gromyko und Golunskij; für Großbritannien kam sogar Sir William Hayter an den großen Konferenztisch. Die einzelnen Punkte des Kommuniqués waren zu diesem Zeitpunkt entworfen, umformuliert, verändert, berichtigt, gekürzt, neuerlich zusammengesetzt, neugeschrieben, nochmals geschrieben und zusammengeflickt worden. Die Staatschefs hatten nun in ihrer Hand einen Haufen von Akten, Blättern mit Eselsohren und Zetteln verschiedener Größe, auf verschiedenen Schreibmaschinen geschrieben und in halbwegs richtiger Reihenfolge zusammengesteckt. Obenauf auf diese Unordnung kam dann später noch ein Stück Papier, am Ende der Sitzung von Stalin, Truman und Attlee unterschrieben – und das war's: die endgültige Formulierung des Potsdamer Übereinkommens.

Die Russen fanden noch eine Laus im Pelz. „Was die Frage von Polens Westgrenze anbelangt, so ist in Absatz 2 zu lesen, daß die Grenzlinie von der Ostsee durch Swinemünde geht, so als ob diese Linie durch die Stadt selbst führte." Stalin schlug vor, es sollte heißen „westlich von Swinemünde".

Truman wollte natürlich wissen, wie weit westlich, und Stalin schlug vor: „unmittelbar im Westen von . . ." Offenbar waren Attlee und Truman freundlich gestimmt, denn niemand wollte wissen, wie unmittelbar „unmittelbar" war; beide stimmten der neuen Formulierung zu. Ein Blatt Papier wurde ins Schreibzimmer geschickt.

Die Staatschefs und ihre Minister gingen nun die Deklaration Abschnitt für Abschnitt durch.

Byrnes: „Abschnitt II betrifft die Einrichtung des Rates der Außenminister. Hier gibt es keine Meinungsverschiedenheiten."

„(Abschnitt II wird angenommen.)"

Byrnes: „Abschnitt III betrifft Deutschland. Die Wörter ‚laut Beifall gepflichtet' im ersten Absatz (. . . ‚das deutsche Volk beginnt für die furchtbaren Verbrechen zu büßen, begangen unter der Führung der Männer . . . denen es laut Beifall gepflichtet hat') haben Einsprüche hervorgerufen."

Stalin: „Sagen wir: ‚offen zugestimmt'."

Bevin: „Blind gehorcht, das heißt, auf stupide Weise gehorcht."

Stalin: „Ich schlage vor, wir formulieren es so: ‚denen es zur Zeit ihrer Erfolge offen zugestimmt und denen es blind gehorcht hat'."

„(Dieser Vorschlag wird angenommen.)"

„(Abschnitt IV: keine Änderungen; Abschnitt V: keine Änderungen.)"

Byrnes: „Abschnitt VI – Kriegsverbrecher."

Stalin: „Ich glaube, der erste einleitende Absatz sollte . . ."

Bevin: „Haben wir bereits gemacht."

Stalin: „Gut."

Es war nahezu 23 Uhr. Die Delegierten hatten sich über zwei Wochen herumgestritten. Sie waren ermüdet und zweifelsohne ausgelaugt. Sogar Truman sah weniger knusprig und frisch aus. Einige Gepäcksstücke der amerikanischen Delegierten waren vorausgeschickt worden, um an Bord der *S. S. Augusta* gebracht zu werden. Der Stab im Kleinen Weißen Haus trug Koffer und Akten heraus, und die Wohnhäuser der Delegationen in Babelsberg verwandelten sich wieder in düstere, finstere, leere, verlassene Stätten. Auf dem Flugplatz von Gatow standen britische und amerikanische Maschinen bereit, um Attlee und Truman aus Berlin auszufliegen.

Stalin, unermüdlich und unbarmherzig, hatte etwas über Bulgarien, Rumänien, Ungarn und Finnland zu sagen. Im ersten Absatz ihres Übereinkommens über diese Länder, so bemerkte er, werde erklärt, daß die drei Regierungen „die gegenwärtige anomale Position . . . nach dem Abschluß von Friedensverträgen beenden werden". Im dritten Absatz aber sei die Rede davon, „daß es möglich sei, diplomatische Beziehungen vor dem Abschluß der Friedensverträge aufzunehmen". Stalin schlug vor, man solle im ersten Absatz die Worte „nach dem Abschluß von Friedensverträgen" streichen.

Attlee (plötzlich aufmerksam geworden): „Das ist meiner Ansicht nach falsch. Als wir diesen Absatz entwarfen, hatten wir im Sinn, diplomatische Beziehungen ‚im Rahmen des Möglichen' aufzunehmen. Wenn nun die Worte ‚nach Abschluß von Friedensverträgen' gestrichen werden, so bedeutet es, daß wir weiter gehen, als es unsere Absicht ist."

Stalin wandte ein, daß es im ersten Absatz heiße, „diplomatische Beziehungen können nur nach dem Abschluß von Friedensverträgen aufgenommen werden. Im dritten Abschnitt wird etwas anderes ausgesagt. Das führt zum Widerspruch."

Attlee: „Gerade aus diesem Grund ist es unser Wunsch, daß diese Worte im Text verbleiben. Der erste Absatz sieht eine zwangsläufige Aktion vor ... nach dem Abschluß von Friedensverträgen. Der dritte Absatz schlägt vor, daß man sich bemühen möge, dies im Rahmen des Möglichen schon vor dem Abschluß von Friedensverträgen zu tun."

Stalin: „Wir können dem nicht zustimmen ... Das verändert den Sinn des ganzen Beschlusses. Wie können wir das billigen? ... Ich fürchte, daß ich dieser Interpretation nicht zustimmen kann."

Die Potsdamer Abkommen waren noch nicht unterschrieben – aber es ist nie zu früh, über die Bedeutung der einzelnen Bestimmungen uneins zu werden.

Stalin: „Daraus wird nichts. Finnland hat viel mehr Recht auf diplomatische Anerkennung als Italien."

Bevin: „Ich möchte zu einem Einverständnis kommen und mache daher folgenden Vorschlag. Der erste Abschnitt wird folgendermaßen formuliert: Die drei Regierungen halten es für wünschenswert, daß die gegenwärtige anomale Position Italiens, Bulgariens, Finnlands, Ungarns und Rumäniens durch den Abschluß von Friedensverträgen beendet wird. Sie nehmen an, daß die anderen alliierten Regierungen diese Ansicht teilen werden."

Stalin: „Gut."

Stalin lehnte sich in seinem Fauteuil zurück, er hatte den

letzten Punkt gegen seine erschöpften Gegner gewonnen. Drüben im Kleinen Weißen Haus konnten die Gepäckträger mit ihrer Arbeit fortfahren.

Stalin: „Die Sowjetdelegation hat keine weiteren Abänderungsvorschläge."

Bevin: „Hurrah!"

(Allgemeines Gelächter.)

Das Pünktchen auf dem i lieferte Außenminister Bevin. Er sagte gegen Ende der Sitzung: „Ich möchte eine kleine Abänderung beantragen, die vor allem psychologischer Natur ist."

Bevin beschäftigte sich mit dem einleitenden Satz von Abschnitt X: „Angesichts der siegreichen Beendigung des Krieges in Europa und der Notwendigkeit, sobald als möglich die Bedingungen eines dauerhaften Friedens festzulegen, einigte sich die Konferenz auf die folgende Erklärung über eine gemeinsame Politik . . ."

Bevin: „Ich würde die einleitenden Worte des Abschnitts X folgendermaßen formulieren: ‚Die Konferenz einigte sich auf die folgende Erklärung über eine gemeinsame Politik zur möglichst unverzüglichen Schaffung der Voraussetzungen für einen dauerhaften Frieden nach der siegreichen Beendigung des Krieges in Europa.' Das liest sich besser."

Stalin: „Diese Formulierung ist im wesentlichen dieselbe, sie sagt nichts Neues."

Truman: „Beide sind akzeptabel."

Bevin: „Auf Englisch liest es sich besser so, vielleicht auf Amerikanisch schlechter?"

(Gelächter.)

Truman (ohne Humor): „Beide sind akzeptabel."

Stalin: „. . . Wir können natürlich jede dieser Versionen akzeptieren."

Bevin: „Vielleicht gefällt Ihnen diesmal unsere Formulierung besser."

(Gelächter.)

Stalin: „Wenn Mr. Bevin insistiert, so glaube ich, daß wir seine Formulierung akzeptieren könnten."

Truman: „Ich pflichte bei."

Die Staatschefs unterschrieben das Blatt Papier, das dem unordentlichen Haufen der Übereinkommen angeheftet werden sollte. Das war ihre letzte offizielle Tätigkeit. Dann sahen sie sich eine Grußbotschaft an Eden und Churchill an (von dem Attlee, der sich, wie immer, selbst verleugnete, als „Premierminister" sprach). Alle drei unterschrieben die Botschaft, nachher sagte Truman plötzlich und unbeholfen:

„Ich erkläre die Berliner Konferenz als vertagt. Bis zu unserem nächsten Treffen, das, wie ich hoffe, in Washington stattfinden wird."

Stalin (lächelnd): „Wenn Gott will."

Truman hatte völlig auf die Höflichkeitsfloskeln vergessen, die sich am Ende einer Konferenz dieser Art anempfehlen. Attlee erinnerte ihn daran.

Attlee: „Herr Präsident, bevor wir uns trennen, möchte ich dem Generalissimus gegenüber unseren Dank zum Ausdruck bringen, Dank für die vorzüglichen Maßnahmen für unsere Unterbringung und für die Voraussetzungen für unsere Arbeit; Ihnen aber, Herr Präsident, möchte ich danken, daß Sie diese Konferenz so fachmännisch geleitet haben. Ich möchte der Hoffnung Ausdruck verleihen, daß diese Konferenz ein bedeutender Meilenstein auf dem Weg ist, den unsere drei Nationen gemeinsam mit dem Ziel eines stabilen Friedens einschlagen, und daß die Freundschaft unter uns dreien, die wir uns hier getroffen haben, stark und dauerhaft sein wird."

Stalin: „Das hoffen auch wir."

Truman griff das ihm gegebene Stichwort geschickt auf, dankte dem Generalissimus und schloß sich Attlees Worten an. Stalin, der nun an der Reihe war, schloß sich wieder Attlees Dank an Truman an.

Truman: „Ich danke Ihnen für Ihre freundliche Zusammenarbeit bei der Regelung all dieser wichtigen Fragen."

Stalin (einschmeichelnd): „Ich würde persönlich gern Mr. Byrnes danken, der für unsere Arbeit von großem Nutzen war und dazu beigetragen hat, daß wir unsere Entscheidungen erreichen konnten."

Byrnes (in falscher Bescheidenheit, und Stalins Bemerkung als einen Hinweis auf das Zustandekommen des „Pakets" deutend): „Ich bin tief bewegt von den gütigen Worten des Generalissimus und ich hoffe, daß ich zusammen mit meinen Kollegen bei der Arbeit der Konferenz von Nutzen war."

Ein weiteres Telegramm von Japan war unterwegs, es war an den Botschafter Sato in Moskau gerichtet. „Die Schlachtsituation ist kritisch geworden. Es bleiben nur mehr einige Tage, in welchen man versuchen kann, Bedingungen für eine Beendigung des Krieges zu erreichen ... Es wird versucht, Meinungen von verschiedenen Seiten über die endgültigen Forderungen zu erhalten. (Es ist nämlich unsere Absicht, die Potsdamer Drei-Mächte-Proklamation zum Ausgangspunkt der Friedensbedingungen zu machen.) ... Es wird gebeten, weitere Versuche zu unternehmen, um die Anteilnahme der Sowjetunion für den Sonderbotschafter zu wecken ... Da der Verlust eines Tages in der gegenwärtigen Situation zu tausend Jahren der Trauer führen könnte, sind Sie angewiesen, sofort mit Molotow zu sprechen."

Stalin (nach einem Augenblick des Schweigens): „Ich glaube, daß die Konferenz als Erfolg angesehen werden kann."

Noch einmal Schweigen. Stalins Kompliment an Byrnes' Adresse schien ein Retour-Kompliment zu erfordern.

Truman: „Ich möchte den anderen Außenministern danken und allen denen, die uns in unserer Arbeit so sehr geholfen haben."

Attlee: „Ich möchte mich dem Ausdruck dieser Gefühle unseren Außenministern gegenüber anschließen."

Truman (endlich): „Ich erkläre die Berliner Konferenz für geschlossen."

Aus der Londoner *Times:*

Potsdam, 2. August

Nach der Abschlußsitzung der Berliner Konferenz, die heute um 0 Uhr 30 auf Schloß Cecilienhof zu Ende ging, gab es fast während des ganzen Tages einen ständigen Strom abreisender Delegierter und Beamter aus Potsdam.

Präsident Truman flog als erster bald nach 8 Uhr morgens in der Präsidentenmaschine ab ... Bald nach ihm kam der Premierminister; der Außenminister nahm die Gelegenheit wahr und besichtigte noch rasch die Reichskanzlei, die die Attraktion des Berliner Ruinengeländes geworden ist; er flog am frühen Nachmittag nach London. Dieselben strengen Sicherheitsvorkehrungen, die für die Ankunft eingerichtet worden waren, galten auch für die Abreise.

Angesichts des üblichen Fehlens einer betreffenden Verlautbarung kann angenommen werden, daß auch Generalissimus Stalin und die wichtigsten Mitglieder seiner Delegation abgereist sind. Dies ergibt sich schon aus dem Umstand, daß die Korrespondenten, die sich während der letzten vierzehn Tage von Brotkrumen vom Konferenztisch genährt hatten, nun die Erlaubnis erhielten, das Schloß Cecilienhof ebenso wie die Unterkünfte der britischen und amerikanischen Delegationen in Babelsberg zu besichtigen.

Schloß Cecilienhof, ein prächtiger Bau im Neo-Tudorstil, liegt inmitten eines bewaldeten Parks am Heiligen See. Es wurde 1917 für den Kronprinzen erbaut und nach seiner Gattin, der Kronprinzessin Cecilie, benannt. Die hohen Giebel und die Wände der zwei Stockwerke sind dicht von wildem Wein überzogen, und die ganze Anlage des Schlosses um einen zentralen Hof mit einem Blumenbeet in der Form eines roten Sterns schuf für die drei Delegationen eine erwünschte Ablenkung.

Die führenden Delegationsmitglieder brachten es zuwege, auf ihrem Weg von Babelsberg niemals die Hauptstraße von Potsdam zu benutzen.

Babelsberg ist ein bewaldeter Villenvorort. Der Premierminister bewohnte in der Ringstraße 23 eine Villa im Pseudo-Empirestil, die viel attraktiver war als das schwere, düstere Haus, das Präsident Truman zur Verfügung hatte. Inmitten der allgemeinen Verwirrung und Aufbruchstimmung hatten beide Wohnsitze bereits etwas von dem Glanz ihrer distinguierten Bewohner eingebüßt.

21. KAPITEL

Das größte Ding der Geschichte

6. August 1945
0245 Abflug
0300 Beginn der Ladung der Büchse
0315 Ende des Ladevorganges
0605 Richtung Empire von Iwo
0730 Rote Zündkerzen drin
0741 Beginne Höhe zu gewinnen. Wetterbericht erhalten, Wetter über Primär- und Tertiärziel gut, nicht aber über Sekundärziel
0838 Auf 10.200 Meter eingepegelt
0847 Elektrische Zündung überprüft; in Ordnung befunden
0904 Kurs West
0909 Ziel Hiroshima in Sicht
0915 Bombenabwurf

Aus dem Logbuch Captain Parsons,
Waffenoffizier an Bord des
Flugzeuges „Enola Gay“

Präsident Truman saß auf dem Deck der *S. S. Augusta* in der Sonne. Die Temperatur betrug 20° C, der Himmel war klar, die See war „mäßig bewegt . . . mit hoher Gischt wegen der schnellen Fahrt“. Nach einem Konzert der Schiffskapelle begab sich der Präsident unter Deck, um mit der Mannschaft zu Mittag zu essen. Einige Minuten vor zwölf reichte Captain Frank Graham, ein Offizier aus dem Kartenraum der *Augusta*, Truman eine Meldung:

HIROSHIMA AUS SICHT BOMBADIERT BEI 1/10 (WOLKEN) BEDECKUNG AM 5. AUGUST, 19 UHR 15 WASHINGTONER ZEIT. KEINE JÄGERABWEHR ODER FLAK. 15 MINUTEN NACH AB-

WURF BERICHTET PARSONS: ‚ERGEBNIS IN JEDER BEZIEHUNG EIN GLATTER ERFOLG. SICHTBARE FOLGEN GRÖSSER ALS BEI JEDEM TEST. BEDINGUNGEN IN DER MASCHINE NACH ABWURF NORMAL.‘

Die Mannschaft bemerkte, daß der Präsident auf geheimnisvolle Weise erregt und befriedigt schien. Truman schüttelte Captain Grahams Hand und sagte: „Das ist das größte Ding der Geschichte.“

Der ersten Nachricht folgte schnell eine zweite, die von Stimson kam:

DIE GROSSE BOMBE WURDE AM 5. AUGUST UM 19 UHR 15 WASHINGTONER ZEIT AUF HIROSHIMA ABGEWORFEN. ERSTE BERICHTE DEUTEN EINEN VOLLEN ERFOLG AN, DER SOGAR EINDRUCKSVOLLER WAR ALS DER FRÜHERE TEST.

Laut dem Logbuch der *Augusta* sprang Truman auf und ging zu Jimmy Byrnes hinüber. „Es ist Zeit für uns, nach Hause zu kommen“, sagte er zu Byrnes. Verwirrt durch das seltsame Benehmen des Präsidenten verstummte die Mannschaft und beobachtete Truman. Dieser verkündete, er habe eben erfahren, daß über Japan eine gewaltige neue Bombe mit einer Sprengkraft von mehr als 20.000 t TNT abgeworfen worden sei. Truman vergaß, das Wort „Atom“ zu erwähnen, aber die Mannschaft jubelte und klatschte auch so.

Mit der Meldung in der Hand eilte der Präsident, hinter ihm Byrnes, in die Offiziersmesse. „Bleiben Sie sitzen, meine Herren“, sagte der Präsident. „Wir haben soeben eine Bombe mit einer Zerstörungskraft von mehr als 20.000 t TNT über Japan abgeworfen. Es war ein überwältigender Erfolg. Wir haben das Spiel gewonnen.“ Beifallsrufe und Applaus der Offiziere.

Innerhalb weniger Minuten brachte der Schiffsrundfunk Nachrichten aus Washington über die Bombe. Im Namen des Präsidenten wurde eine Erklärung abgegeben, die keine Zweifel daran ließ, daß „es sich um eine Atombombe handelt. Die Urgewalt des Universums ist gebändigt. Diese Gewalt, von der die Sonne ihre Kraft bezieht, ist losgelassen worden gegen jene, die den Krieg in den Fernen Osten gebracht haben.“ Die Vereinigten Staaten würden noch mehr solcher Bomben abwerfen, wenn die Japaner nicht sofort kapitulierten. „In Potsdam wurde am 26. Juli ein Ultimatum gestellt, um Japan vor der äußersten Zerstörung zu bewahren. Die japanische Führung hat dieses Ultimatum umgehend zurückgewiesen. Wenn sie jetzt auf unsere Bedingungen nicht eingeht, dann wird über sie ein Sturm des Untergangs vom Himmel hereinbrechen, wie man ihn auf dieser Erde noch nie erlebt hat."

Am Nachmittag wurde dem Präsidenten und seiner Begleitung auf dem Oberdeck der *Augusta* ein gemischtes Programm – Orchestermusik und Boxen – geboten. Aus dem Logbuch: „Das Nachmittagsprogramm kam zu einem abrupten Ende, als während des letzten Boxkampfes der Ring zusammenbrach. Ein Zuschauer, BM1/CH.W. Beeman, wurde von einer Strebe getroffen und erlitt eine leichte Kopfverletzung. Präsident Truman und Außenminister Byrnes besuchten ihn in der Krankenabteilung; sie wollten sicher sein, daß er sich nicht ernstlich verletzt hatte."

In Japan wurde Dr. Yoshio Nishina, der angesehenste Atomwissenschaftler des Landes, nach Hiroshima entsandt. Er sollte feststellen, ob die Stadt tatsächlich von einer Atombombe getroffen worden war. Nishina besichtigte die Stadt vom Flugzeug aus. Nach späteren Schätzungen wurden nicht weniger als 100.000 Menschen sofort von der Bombe getötet; weitere 100.000 lagen mit Verbrennungen, Strahlenschäden und anderen Verletzungen im Sterben. Am 7. August teilte Nishina dem Generalleutnant Seizo Arisue mit, daß eine Uranbombe auf Hiroshima abgeworfen worden war.

In Moskau berief Generalissimus Stalin die fünf führenden Atomwissenschaftler der Sowjetunion zu sich und wies sie an, die Entwicklung der Atombombe ohne Rücksicht auf die Kosten voranzutreiben. Sie sollten mit größtmöglicher Schnelligkeit unter der Leitung von Lawrentij Berija arbeiten.

Am 8. August endlich, um 5 Uhr nachmittags, empfing Molotow Botschafter Sato im Kreml. Satos einleitende Höflichkeitsphrasen wurden von dem sowjetischen Außenminister unterbrochen. „Vor mir habe ich", sagte Molotow, „eine Note an die japanische Regierung, die ich Ihnen im Namen der Sowjetunion übermitteln möchte." Molotow saß am Ende eines langen Tisches, Sato nahm seinen Platz am anderen Ende ein. Molotow verlas ein langes Dokument. Es enthielt eine Zusammenfassung der Deklaration von Potsdam, einen Hinweis auf die Verpflichtungen der Sowjetunion als Verbündeter der USA, Großbritanniens und Chinas sowie den Hinweis auf den „Vorschlag“ der Alliierten, die Sowjetunion möge sich am Krieg gegen Japan beteiligen. Das Schriftstück schloß mit folgenden Worten: „Die Regierung der Sowjetunion gibt hiermit die Erklärung ab, daß sie sich von morgen, dem 9. August 1945, an im Kriegszustand mit Japan befindet.“

Sato antwortete: „Ich bin dankbar für den guten Willen und die Gastfreundschaft Ihrer Regierung, die es mir ermöglicht hat, in dieser schwierigen Zeit in Moskau zu bleiben. Es ist wirklich traurig, daß wir als Feinde scheiden müssen. Aber dagegen läßt sich nichts machen. Wir wollen auf alle Fälle mit einem Handschlag voneinander Abschied nehmen. Es mag wohl der letzte sein.“

Die *S. S. Augusta* legte in Newport News, Virginia, an. Am 8. August war der Präsident wieder an seinem Schreibtisch im Weißen Haus. Henry Stimson zeigte dem Präsidenten eine Photographie von Hiroshima nach dem Abwurf der Bombe. Man sollte, sagte Stimson, die Japaner dazu überreden, so bald als möglich zu kapitulieren. Vielleicht würde die Bombe auf Hiroshima ausreichen, um die Kapitulation Japans zu erwirken – um so mehr, als nun auch die Sowjetunion Japan den Krieg erklärt habe. Der Präsident jedoch zog nicht einen Augenblick lang in Erwägung, die zweite Bombe zurückzuhalten.

In London besuchte Lord Moran Churchill. „Er saß in seinem seidenen Schlafrock auf der Kante seines Bettes und blickte auf den Boden ... ‚Es hilft alles nichts, Charles, ich kann einfach nicht so tun, als sei es für mich kein schwerer Schlag gewesen. Und ich kann mich nicht dazu bringen, für den Rest meines Lebens nichts zu tun. Es wäre besser gewesen, ich wäre mit einem Flugzeug abgestürzt oder gestorben wie Roosevelt ... Ich habe Anfälle von Depression. Sie wissen, wie ausgefüllt meine Tage waren; nun ist das alles verschwunden ...‘ Churchill hörte ein Geräusch. ‚Wer klopft da? Wird das den ganzen Tag anhalten? Ich kann es nicht mehr nach Belieben abstellen ... Ach, Charles, aus einem Segen ist ein Fluch geworden. Sie haben mich am Leben erhalten, und jetzt –‘ Er wandte sich ab, und als er mich wieder ansah, waren Tränen in seinen Augen.“

Das Telephon und die Radiogeräte in der japanischen Botschaft in Moskau waren abgeschaltet. Molotow hatte Sato versprochen, eine Meldung an seine Regierung in Japan durchzugeben. Die Meldung wurde nicht abgesandt. Statt dessen gab der sowjetische Rundfunk einige Stunden nach der Begegnung Sato – Molotow die Kriegserklärung durch. Diese Botschaft wurde in Tokio am 9. August frühmorgens empfangen. Zu diesem Zeitpunkt war das amerikanische Flugzeug „Bock’s Car“ bereits in der Luft. Sein Ziel war Nagasaki. An Bord befand sich eine Atombombe, die zu Ehren Winston Churchills „Der Dicke“ hieß.

Am 9. August um 11 Uhr hielt Premierminister Suzuki eine Rede vor dem japanischen Kabinett. „Unter den gegenwärtigen Umständen“, sagte er, „bin ich zu der Ansicht gekommen, daß uns nichts anderes übrigbleibt, als die Proklamation von Potsdam anzunehmen und den Krieg zu beenden. Ich bitte Sie dazu um Ihre Ansicht.“

Eine Minute später fiel die zweite amerikanische Atombombe auf Nagasaki. Und selbst dann noch blieben die japanischen Militaristen fest entschlossen, ihre berufliche Reputation mit dem Blut ihrer Landsleute wiederzuerlangen. Die Militaristen im Kabinett verhinderten alle Bemühungen, die Kapitulation herbeizuführen, bis schließlich am 10. August um 3 Uhr früh der Tenno persönlich die Beendigung des Krieges befahl. Am 14. August verkündete Präsident Truman Japans bedingungslose Kapitulation (unter der Bedingung, daß der Kaiser unangetastet bleibe, wenn auch unter der Befehlsgewalt des Alliierten Oberbefehlshabers).

Gesamtsumme der Toten, Sterbenden und Verstümmelten in Nagasaki: 100.000. Admiral Leahy zog die Schlußfolgerung, die Amerikaner „hätten sich auf den ethischen Standard der Barbaren einer finsteren Vergangenheit begeben“.

Niemand sieht diesen Tatsachen gern ins Auge – aber aus den Ereignissen und Gesprächen bei der Potsdamer Konferenz wird eines klar: Der Einsatz der Atombombe gegen Hiroshima und Nagasaki war nackter Mord.

22. KAPITEL

Epilog

Am 9. August, während die zweite Atombombe auf Nagasaki fiel, berichtete Präsident Truman dem amerikanischen Volk über die Potsdamer Konferenz. Über Bulgarien und Rumänien sagte der Präsident in krassem Widerspruch zu allem, was er wußte und als wahr erkannt hatte: „Diese Staaten gehören nicht der Einflußsphäre irgendeiner Macht an." Die Vereinigten Staaten insistierten, daß die Regierungen dieser beiden Länder geändert werden müßten. Premierminister Attlee nahm das Stichwort sogleich auf und teilte dem Parlament mit, daß man, was die Balkanstaaten betreffe, „voller Hoffnung der Bildung demokratischer Regierungen auf der Basis freier Wahlen entgegensehe ..." Sowohl die formellen als auch die zwanglosen Einverständnisse, die in Potsdam erzielt wurden, waren bereits in Auflösung.

Am 17. August, drei Tage nach der Verlautbarung der japanischen Kapitulation, erklärte der Präsident, daß er den Kongreß um dessen Zustimmung zu einer allgemeinen militärischen Ausbildung aller gesunden jungen Amerikaner bitten würde. „Wenn wir uns die Führung unter den anderen Nationen erhalten wollen, müssen wir weiterhin militärisch stark bleiben." Es sah nicht so aus, als hätte man in Potsdam dauerhafte Übereinkommen für eine Generation des Friedens erzielt.

Im August 1945 waren jedoch die meisten Amerikaner unverrückbar gegen eine internationalistische Außenpolitik eingestellt. Die Soldaten kamen heim. Männer, die willig und mit Eifer Soldaten gewesen waren, konnten nun gar nicht schnell genug entlassen werden. Männer, die sich einst freiwillig für Spezialeinsätze gemeldet hatten, belagerten nun ihre Vorgesetzten mit Ansuchen um frühe Entlassung. Der Kongreß begriff den Willen der Mehrheit der Amerikaner – und bereitete Trumans Verlangen für eine allgemeine Militärausbildung eine vernichtende Niederlage. Truman war ein Internationalist, aber, wie es sich herausstellte, in einem Staat, der Mißtrauen vor Verpflichtungen gegenüber dem Ausland hatte.

Während die Soldaten heimkehrten, verstrickten Trumans Leute die Vereinigten Staaten immer stärker in Auslandsangelegenheiten. Im September tagte zum ersten Mal der Rat der Außenminister in London. „Jim Byrnes", notierte Stimson in sein Tagebuch, „war noch nicht ins Ausland abgereist, und so hatte ich vor dem Treffen ein ausführliches Gespräch mit ihm . . . Ich entdeckte, daß Byrnes entschieden gegen jeden Versuch der Zusammenarbeit mit Rußland ist. Er steckt mitten in den Problemen der kommenden Außenministerkonferenz, und er betrachtet den Umstand, daß er sozusagen mit der Bombe in der Tasche auftreten wird, als ein wichtiges Mittel, Dinge durchzubekommen . . . Er erzählte mir auch, was für Treulosigkeiten, wenn man es so sagen will, sie in Potsdam von Stalin erdulden mußten, und meinte, angesichts solcher Erfahrungen könnten wir nicht damit rechnen, daß sie irgendeines ihrer Versprechen halten würden."

Ernest Bevin hatte seine eigenen Methoden, Schwierigkeiten am Kochen zu halten. Er war, wie er Cadogan sagte, fest entschlossen, sich mit Molotow anzulegen. Und Molotow garantierte von sich aus, daß die Außenminister den Konflikt weiterbetreiben würden. Er eröffnete das erste Treffen mit einem Memorandum über „die politische Situation in Griechenland". Die Russen müßten darauf bestehen, führte Molotow aus – wobei er fast wörtlich das wiederholte, was Truman über Bulgarien und Rumänien gesagt hatte –, daß die griechische Regierung ganz neu gebildet werde, bevor „freie Wahlen" abgehalten werden könnten.

Es schien, als hätte die Potsdamer Konferenz nie stattgefunden – und wenn ja, daß sie rein gar nichts gebracht hätte. Im Gegenteil, kurz nach ihrer Vertagung kamen all die ermüdenden haarspalterischen Argumente über die Auslegung des Textes zu größter Bedeutung. Es stellte sich heraus, daß Kompromisse nun keinesfalls Kompromisse waren, sondern viel eher genau bedachte Konstruktionen, die widersprechende Interpretationen zuließen. Wo Stalin kompromißbereit gewesen war, da hieß es nun in Trumans Diktion, die Sowjets hätten den amerikanischen Standpunkt in vollem Umfang akzeptiert; wo Stalin nicht nachgegeben hatte, behauptete Truman nun, die Russen seien nahe daran gewesen, den amerikanischen Standpunkt voll zu akzeptieren. Stalin hielt es ebenso: Wo Truman eine provisorische Grenze oder eine vorläufige Regierung anerkannt hatte, hieß es nun, die Amerikaner hätten die sowjetische Position vollinhaltlich übernommen. Es stellte sich nun heraus, daß ein Kompromiß kein Weg war, sich zu einigen, vielmehr ein Mittel, den Gegenspieler noch ein bißchen näher an die Falle heranzulocken. Alle die Argumente der Potsdamer Konferenz tauchten wieder auf, aber diesmal mit einem entscheidenden Unterschied: Aufgrund der Potsdamer Übereinkommen war jede Seite nun imstande, mit nur geringfügigen Unterschieden nachzuweisen, daß die andere Seite das Abkommen gebrochen habe, daß sie in böser Absicht handle, daß sie nicht vertrauenswürdig sei und sich auf abwegige Weise damit beschäftige, den Frieden für eine Generation, für den sie alle gekämpft und so hart gearbeitet hatten, zu untergraben.

Bei der Tagung der Außenminister brach Molotow alle Regeln der Diplomatie: Er berief eine Pressekonferenz ein. „Sie wissen genausogut wie ich, daß nicht jedermann mit den bestehenden Regierungen in Bulgarien und Rumänien zufrieden ist, aber ich glaube nicht, daß es irgendeine Regierung gibt, mit der jedermann zufrieden ist.“ Freie Wahlen, die auf allgemeinem Wahlrecht beruhen, seien in diesen Ländern bereits vorgesehen. Von Griechenland, um nur ein Beispiel zu nennen, könne man dasselbe nicht sagen.

Byrnes schlug Molotow einen Handel vor. Die Vereinigten Staaten, die der russischen Furcht vor einem wiederbewaffneten Deutschland mit Sympathie gegenüberstünden, seien zum Beitritt zu einem Viermächte-Sicherheitspakt gegen eine Wiederaufrüstung Deutschlands bereit – im Austausch gegen den Rückzug der Sowjetunion aus Osteuropa. Mit anderen Worten: Die Vereinigten Staaten würden sich glücklich schätzen, ihre eigene Einflußsphäre zu behalten, und sie würden dafür sorgen, daß Deutschland daran gehindert werde, Rußland anzugreifen;

die einzige Gegenleistung der Sowjetunion wäre der Verzicht auf die eigene Einflußsphäre.

Molotow kam bei diesem Schlagabtausch am schlechtesten weg. Am 22. September rief er Byrnes an und teilte ihm mit, daß an diesem Tage keine Zusammenkunft stattfinden könnte. Es war ihm aufgefallen, daß die Amerikaner die eigentliche Grundlage der Außenministerkonferenz verletzt hatten. Byrnes hatte darauf bestanden, daß Frankreich und China am Entwurf von Friedensverträgen mitarbeiten sollten. In Potsdam aber war man übereingekommen, daß Frankreich und China sich nicht beteiligen sollten, wenn es um Friedensvertragsverhandlungen mit Ländern ging, mit denen sie sich nicht im Kriegszustand befunden hatten, wie zum Beispiel Rumänien.

Tatsächlich war es nun Molotow, der Byrnes einen Handel vorschlug: Wenn die Amerikaner ihre Einwendungen gegen die rumänische Regierung zurückzögen, dann wäre Molotow bereit, seinen Einspruch in der Verfahrensfrage zurückzuziehen. Wieder einmal war Byrnes Molotow einen Schritt voraus. Wenn Molotow Einwendungen hatte, daß Frankreich und China in einem Rat vertreten waren, in dem solche Entschlüsse getroffen würden, so bedeutete dies, daß die Russen alle Streitfragen bloß zwischen den Großmächten zu regeln wünschten. Wo aber blieben dann die Rechte der kleinen Nationen? Offenbar wollten die Russen geheime Absprachen treffen, ohne die Rechte der kleinen Nationen zu berücksichtigen!

„Unsere Haltung war ein Schock für sie", sagte Byrnes – das war gar nicht verwunderlich, denn in Potsdam war es Byrnes gewesen, der vorgeschlagen hatte, Russen und Amerikaner sollten doch die anhängigen Fragen unter sich ausmachen. „Unser Kampf um Sitz und Stimme Frankreichs und Chinas im Rat fand allgemeinen Beifall, und unser Kampf . . . für das Recht der kleineren Staaten, sich an den Friedensbemühungen zu beteiligen, hat uns die gute Meinung dieser Staaten gewonnen."

Der englische Finanzminister erkundigte sich bei Bevin nach dem Fortgang der Konferenz. „Um die Worte des Streikführers zu gebrauchen", sagte Bevin, „so besteht Gott sei Dank keine Gefahr, daß wir uns einigen."

Die erste Sitzung des Rates der Außenminister wurde wegen Molotows Einwänden in puncto Verfahrensfragen abgebrochen. Die Außenminister brachten es nicht einmal zuwege, sich über ein Kommuniqué über ihre Uneinigkeit zu einigen.

„Was in London passiert ist", schrieb die *Iswestija*, „kann nicht ernst genug genommen werden . . . Es wird an den Grundfesten der Zusammenarbeit unter den drei Mächten rütteln."

Am 27. Oktober, dem „Tag der Marine", hielt Präsident Truman eine Rede in New York: „Wir beanspruchen für uns nirgendwo in der Welt einen Quadratzentimeter Boden", sagte er und beruhigte dadurch die anti-internationalistischen Amerikaner. Oder zumindest beanspruchten die Vereinigten Staaten kaum einen Quadratzentimeter. „Abgesehen von dem Recht, die für unsere Sicherheit notwendigen Basen zu errichten, begehren wir nichts, was irgendeiner anderen Macht gehört."

Die amerikanische Politik, ließ der Präsident durchblicken, war nicht interventionistisch, sie war auf reine Verteidigung abgestimmt und nur von den traditionellen amerikanischen Idealen motiviert. „Wir glauben, daß schließlich alle Völker ihre Souveränität und Selbstregierung zurückerhalten werden, die ihnen mit Gewalt genommen wurden.

Wir glauben, daß alle Völker, die bereit sind, sich selbst zu regieren, das Recht erhalten sollten, ihre eigene Regierungsform ohne irgendwelche äußere Einmischung aufgrund ihres frei ausgedrückten Willens zu bestimmen. Das gilt für Europa, für Asien und Afrika wie für die westliche Hemisphäre." Das besagte also, daß die amerikanische Außenpolitik weltweit nicht interventionistisch war.

Der Präsident ging näher auf seine Außenpolitik ein, wobei er allgemeine Worte gebrauchte, die aber trotzdem spezifische Bedeutung besaßen.

Im Hinblick auf die sowjetische Einflußsphäre: „Wir lehnen es ab, irgendeine Regierung anzuerkennen, die einer Nation durch die Gewalt eines fremden Staates aufgezwungen wurde . . ."

Trumans zurückgewiesene Vorschläge für die Internationalisierung der Binnenwasserwege betreffend: „Wir glauben, daß alle Nationen das Recht freier Seefahrt auf den Meeren haben sollten, und ebensolche Rechte bei der Schiffahrt von Grenzflüssen und Wasserstraßen, die durch mehr als ein Land gehen."

Zum Handel amerikanischer Geschäftsleute und zum Ende des Sterling-Blocks: „Wir glauben, daß alle Staaten, die in die Gesellschaft der Nationen aufgenommen wurden, unter gleichen Voraussetzungen Zugang zum Handel und den Rohstoffen der Welt haben sollten."

Zur amerikanischen Einflußsphäre: „Wir glauben, daß die souveränen Staaten der westlichen Hemisphäre ohne Einmischung von außerhalb der westlichen Hemisphäre als gute Nachbarn bei der Lösung ihrer gemeinsamen Probleme zusammenarbeiten sollten."

Und damit er ja nicht den Eindruck erweckte, die amerikanischen Interessen seien auf die westliche Hemisphäre beschränkt, sagte der Präsident: „Wir glauben, daß volle wirtschaftliche Zusammenarbeit zwischen allen Nationen, seien sie nun groß oder klein, ein wesentlicher Faktor bei der Verbesserung des Lebensstandards überall auf der Welt wie bei der Befreiung von Furcht und Not sein wird."

Tatsächlich war die Rede des Präsidenten eine gedrängte Übersicht aller jener Punkte, in denen er die Absicht hatte, das Übereinkommen, das gerade in Potsdam getroffen worden war, nicht zu honorieren.

Abschließend sprach der Präsident von der Atombombe. „Die Tatsache, daß wir diese Waffen besitzen, wie auch andere neue Waffen, ist keine Bedrohung für irgendeine Nation. Die Welt, die die Haltung der Vereinigten Staaten in den zwei Kriegen der jüngsten Vergangenheit beobachten konnte, weiß das sehr wohl. Wir betrachten den Besitz dieser neuen Zerstörungsgewalt als eine heilige Verpflichtung. Alle Leute auf der Welt, die sich Gedanken machen, wissen, daß diese Verpflichtung nicht verletzt wird, daß sie getreulich eingehalten wird, weil wir den Frieden lieben."

Unter den jungen Denkern im State Department war im Jahr 1945 Louis J. Halle. In Halles Auffassung, und sie dürfte den nicht-ideologischen, realistischen Gedankenansatz des State Departments wiedergeben, befassen sich außenpolitische Beziehungen „mit einer Verteilung der Macht auf verschiedene Schwerpunkte, wodurch hintangehalten wird, daß eines dieser

Zentren so viel Macht ansammelt, daß es die anderen beherrschen kann". Mit anderen Worten: eine komplexe Gleichgewichtssituation. „Das amerikanische Volk", schreibt Halle, „das durch eine lange Tradition geformt wurde, konnte einen Kriegseintritt aus Gründen der Machtpolitik nicht akzeptieren", weder 1945 noch zu einem anderen Zeitpunkt. Weder Halle noch irgendein anderer, der seine Karriere der internationalen Politik gewidmet hatte, würde annehmen, daß das amerikanische Volk mit seinen nicht-interventionistischen Empfindungen möglicherweise recht haben könnte. Also, folgerte Halle, mußte dem amerikanischen Volk, da es nicht bereit war, die realistische Begründung der Außenamtsleute für eine interventionistische Politik zu übernehmen, irgendeine andere Begründung gegeben werden. So wurde beispielsweise der Erste Weltkrieg als ein Krieg angepriesen, der die Welt *safe for democracy* machen würde. Es liegt in diesen Dingen eine „Art Verhängnis", glaubt Halle. Hätte man den Amerikanern 1917 die Wahrheit gesagt, hätte man sie nicht mit Träumen, sondern mit der Realität gefüttert, so würden sie, wie Halle versichert, nicht gekämpft haben. Ergo wäre der Krieg verloren gewesen, Anarchie hätte triumphiert und sich über die Welt ausgebreitet. „So wurde den Amerikanern das Gegenteil der Wahrheit gesagt, sie kämpften dafür, und der Krieg war gewonnen."

Täuschung, so glaubt Halle, ist keine bedauerliche Begleiterscheinung der Außenpolitik, viel eher eine entscheidende Voraussetzung, überhaupt Außenpolitik betreiben zu können; nur auf diese Weise wird ein unwissendes Volk es seinen Führern gestatten, eine „realistische" Interventionspolitik zu betreiben. Es ist nicht unvernünftig anzunehmen, daß die Beamten des State Department interventionistisch denken, weil es ihnen etwas zu tun gibt, und man kann ebenso annehmen, daß die Präsidenten einen Hang zum Interventionismus haben, weil es sie mit einer grandiosen historischen Bühne ausstattet, auf welcher sie sich bewegen, ihre Macht vergrößern können, auf der es ihnen möglich ist, die kleinbürgerlichen Verlangen ihrer Mitbürger zu dämpfen, indem das Volk gegen eine von außen kommende Drohung geeint wird. Man kann sich sogar vorstellen, daß Interventionismus, vorsichtig, wenn nicht global geführt, tatsächlich eine realistische Weltauffassung ermöglicht.

Sei dem wie immer, es ist etwas Fatales im Gedankengang Halles, in dem die Grundlage der Außenpolitik die Täuschung ist; es ist schwierig, vielleicht sogar unmöglich, nicht der Gefangene einer Politik zu werden, der es an Wahrhaftigkeit wie an Realismus mangelt.

Trotzdem war Halles grundsätzliche Vorstellung der amerikanischen Szene nach dem Zweiten Weltkrieg richtig. Aus welchen Gründen nun immer: Der Präsident und seine Berater im State Department waren Interventionisten, der Rest des Landes war größtenteils anti-interventionistisch. Die Interventionisten hatten ein Programm, mit dem sie sich auf der Suche nach einer Begründung befanden, die sich verkaufen ließ.

George F. Kennan war zu dieser Zeit ein vielversprechender, einundvierzig Jahre alter Berufsdiplomat in Moskau. In der Mitte des Februars 1946 hatte er eine Anfrage von Washington erhalten. Das Finanzministerium wollte wissen, warum man mit den Sowjets so schwer zurechtkam. Nicht jeder in Washington hatte die Politik übernommen, auf die Truman hinarbeitete; das Finanzministerium versuchte noch, mit den Russen zusammenzuarbeiten. Die Russen ihrerseits schienen nicht bereit, an den Plänen für die Weltbank und den Internationalen Währungsfonds mitzuarbeiten. „Man muß sich erinnern", sollte Kennan später schreiben, „daß nirgends in Washington die Hoffnung auf eine Nachkriegszusammenarbeit mit Rußland detaillierter gewesen oder mit größerer Hartnäckigkeit und Naivität verfolgt wurde wie im Schatzamt; dort wußte man nichts von Politik, war nur an der Nachkriegsprosperität interessiert."

„Je mehr ich über diese Botschaft nachdachte, desto sicherer war ich, daß das es war. Achtzehn lange Monate hatte ich nichts getan, als Menschen am Ärmel zu zupfen und ihnen verständlich zu machen, was das für ein Phänomen war, mit dem wir in der Moskauer Botschaft täglich konfrontiert wurden . . . und was das offizielle Washington anlangt, war es praktisch so gewesen, als ob man zu Steinen spräche."

Kennan beantwortete die einfache, kleine Anfrage mit einem Kabel von achttausend Worten:

> Was der neurotischen Weltansicht des Kremls zugrundeliegt, ist das traditionelle und instinktive russische Gefühl

der Unsicherheit. Ursprünglich war das die Unsicherheit eines friedlichen, ackerbautreibenden Volkes, das versuchte, auf einer gewaltigen exponierten Ebene zu leben, in der Nachbarschaft kriegerischer nomadischer Völker. Die sowjetischen Führer werden von ihrer eigenen Vergangenheit und ihrer gegenwärtigen Lage mit Notwendigkeit dazu gebracht, ein Dogma vorzulegen, das die Außenwelt feindselig und bedrohend darstellt . . . und diese These gibt die Rechtfertigung für die Zunahme der militärischen und politischen Macht im russischen Staat . . .

Kennans Telegramm klang wie die Einschätzung einer Nation, die in der Tat äußerst gefährlich war. Kennan hatte auch einen Plan, wie man mit der russischen Drohung zu Rande kommen konnte, er klang einleuchtend und relativ risikolos:

1. Die sowjetische Macht ist, im Gegensatz zu der Hitlerdeutschlands, weder in ein Schema gepreßt noch abenteuerlustig . . . Sie geht keine unnötigen Risken ein . . . Sie ist, was die Gebote der Logik anbelangt, sehr sensibel. Aus diesem Grund kann sie sich leicht zurückziehen und zieht sich im allgemeinen zurück, wenn sie an irgendeinem Punkt starkem Widerstand begegnet. Wenn also ein Gegner genügend Kraft hat und es klarmacht, daß er bereit ist, sie zu gebrauchen, so wird er sie im allgemeinen nicht gebrauchen müssen. Wenn die Situation richtig gehandhabt wird, sollte es nicht zu einem Kräftemessen aus Prestigegründen kommen müssen.

2. Gegen die westliche Welt als Ganzes gemessen, sind die Sowjets noch immer bei weitem der schwächere Teil . . .

3. Der Erfolg des Sowjetsystems als einer internen Machtstruktur ist noch nicht endgültig bewiesen. Innere Gesundheit und beständige Weiterentwicklung müssen nicht als gesichert angesehen werden.

All das sah vernünftig aus. Aber nun spielte Kennan seine Trumpfkarte aus:

Zusammengefaßt: Wir haben es hier mit einer politischen Kraft zu tun, die sich dem Glauben fanatisch verschworen hat, daß mit den US kein Modus vivendi von Dauer gefunden werden kann, daß es wünschenswert, ja notwendig ist, die interne Harmonie unserer Gesellschaft zu zerstören, unsere traditionelle Art zu leben aufzulösen und die internationale Autorität unseres Staates zu brechen, all das als Voraussetzung eines sicheren Bestandes der Sowjetmacht.

Das klang recht ähnlich wie die wissenschaftliche Erklärung, die eine interventionistische Außenpolitik braucht. „Ich lese das heute mit entsetztem Amüsement", schreibt Kennan in seinen Memoiren. „Viel davon liest sich so, als sei es in einer Aufklärungsschrift eines aufgescheuchten Kongreßkomitees erschienen oder von den ‚Töchtern der Amerikanischen Revolution' verfaßt worden, um die Bürger auf die Gefahren einer kommunistischen Verschwörung aufmerksam zu machen." Das war sicherlich der Effekt, und es war genau das, was Truman brauchte. „Der Eindruck, den es in Washington machte", bemerkte Kennan, „war geradezu sensationell. Ich glaube, der Präsident las es . . . James Forrestal ließ es vervielfältigen und machte es offenbar zur Pflichtlektüre für Hunderte, wenn nicht Tausende höhere Offiziere der Streitkräfte . . . Meine offizielle Einsamkeit kam so zu einem Ende. Meine Reputation war gemacht. Von nun an trug meine Stimme." Kennan wurde nach Washington berufen und im State Department zum stellvertretenden Leiter des „War College for Foreign Affairs" ernannt, später wurde er Vorsitzender des Politischen Planungskomitees im State Department, die *New York Times* nannte ihn „Amerikas Globalplaner".

Und für den Fall, daß jemand auf den Gedanken verfallen sollte, daß Truman allein für die Ingangsetzung des Kalten Krieges verantwortlich war, muß nun berichtet werden, daß Stalin im März 1946 das Seine leistete, indem er noch einmal über die russische Armee so verfügte, wie er das gerne tat. Wie wir uns erinnern, waren die Großen Drei in Potsdam übereingekommen, ihre Truppen aus dem Iran zurückzuziehen. Die britische Regierung kündigte an, daß ihre Streitkräfte mit dem Endtermin 2. März 1946 zurückgezogen sein würden. Hingegen wollten die Russen sich nicht zurückziehen, bevor sie nicht mit den Persern über eine Ölkonzession abgeschlossen hatten – selbst dann wollte Stalin sich nur aus dem zentralen Iran zurückziehen und seine Streitkräfte im Norden des Landes belassen. Am 1. März erklärte der Kreml, daß russische Truppen über den Endtermin hinaus im Iran bleiben würden, um eine „Klärung der Situation" abzuwarten. Schließlich war der russische Versuch, sich der iranischen Ölfelder zu bemächtigen, erfolglos, und die russischen Truppen wurden abgezogen, während die Amerikaner in Kontrolle von 40 Prozent des iranischen Öls verblieben. Aber im Jahr 1946 schien dieses neue Beispiel, daß die Russen bereit waren, die brutale Gewalt ihrer Armee einzusetzen, mehr als ominös. Iran, das war nicht einfach der Iran, das war auch der Nahe Osten und das Mittelmeer. Stalin bedrohte Westeuropa und er bedrohte das Mittelmeer.

Es war nun acht Monate her, seitdem Präsident Truman der Ideologie ausgewichen war, seitdem er es abgelehnt hatte, die Sowjets zu kritisieren, nur acht Monate, seitdem er so lärmende Rußland-Gegner wie James Forrestal und Winston Churchill im Zaun gehalten hatte. Bis zum März 1946 hatte der Präsident die Fundamente seiner Außenpolitik gelegt; in Potsdam hatte er die entscheidenden Einflußsphären etabliert und die Grundsätze der amerikanischen Außenpolitik verkündet. Auf der Grundlage dieser Prinzipien war er bereit, in der sowjetischen Einflußsphäre Unruhe hervorzurufen. Er war bereit, Weltpolitik so zu betreiben, wie sie bisher nur angedeutet worden war. Zu diesem Zeitpunkt stellte es sein größtes Problem dar, wie man die interventionsfeindlichen Amerikaner für seine Pläne gewinnen konnte. Der Zusammenbruch der Gespräche im Außenministerrat hatte zu zeigen geholfen, daß die Russen unzuverläßlich und aggressiv waren. Dann half auch Stalin dem Präsidenten, indem er Kriegsbeute, Gebiete, sichere Grenzen und Öl haben wollte und indem er die gewaltige Rote Armee fest installiert in jenen Positionen beließ, die sie bei Kriegsende eingenommen hatten.

Am 5. März 1946 war der Präsident bereit, eine Probe zu machen, ob die Amerikaner einem neuen Appell zu den Waffen folgen würden. Und als Redner für einen Vortrag in Fulton, Missouri, lud er – ja wen sonst – Winston Churchill, den Führer der Oppositionspartei in Großbritannien, ein.

„Ein Schatten ist über die Szene gefallen, die erst kürzlich vom Sieg der Alliierten erhellt war“, warnte Churchill. „Niemand vermag zu sagen, was Sowjetrußland und seine internationale kommunistische Organisation in der nächsten Zukunft unternehmen wird und was die Grenzen, so es solche gibt, ihrer expansiven Tendenzen und ihres proselytenmachenden Eifers sein werden ... Von Stettin an der Ostsee bis zu Triest an der Adria ist ein Eiserner Vorhang über den Kontinent niedergegangen. Hinter dieser Linie liegen alle Hauptstädte der alten Staaten von Mittel- und Osteuropa ... in einem Gebiet, das ich die sowjetische Einflußsphäre nennen muß, und sind in der einen oder anderen Form nicht nur dem Sowjeteinfluß ausgesetzt, sondern in einem hohen, in vielen Fällen sich steigerndem Ausmaß der Kontrolle Moskaus ... Welche Schlüsse man nun immer aus diesen Tatsachen ziehen mag – und es handelt sich um Fakten –, so ist das sicherlich nicht jenes befreite Europa, das zu schaffen wir gekämpft haben. Und es ist auch nicht ein Europa, in dem die wesentlichen Voraussetzungen eines dauerhaften Friedens gegeben sind."

Churchill versuchte noch immer vergeblich, eine anglo-amerikanische Allianz zu schmieden. Im Zug, der ihn nach Fulton brachte, verteilten seine Presseleute Kopien seiner Rede mit der suggestiven Überschrift:

CHURCHILL SCHLÄGT ANGLO-AMERIKANISCHE ALLIANZ VOR, WÄHREND SICH DER RUSSISCHE SCHATTEN ÜBER DER WELT VERDÜSTERT.

Aber das war das letzte, was Truman beabsichtigte. Der Präsident hörte die Rede des früheren Premiers an, applaudierte enthusiastisch, aber zehn Tage später fand Jimmy Byrnes eine Gelegenheit, eine Rede zu halten, aus der hervorging, daß die Vereinigten Staaten keine Absicht hatten, mit Großbritannien eine Allianz einzugehen. Trumans Pläne mit der Fulton Rede liefen nicht auf eine Allianz hinaus, es sollte eine Aufforderung an die Amerikaner sein, sich gegen einen gemeinsamen Feind zusammenzuschließen.

Frage: „Wie schätzen Sie Mr. Churchills Rede in den Vereinigten Staaten ein?"

Stalin: „Ich halte sie für eine gefährliche Handlung, darauf abgestimmt, unter den verbündeten Staaten den Samen des Zwistes zu säen und ihre Zusammenarbeit zu gefährden."

Der Reporter schien genau zu wissen, welche Frage er zu stellen habe.

Frage: „Kann man annehmen, daß Mr. Churchills Rede dem Interesse von Frieden und Sicherheit zuwiderläuft?"

Stalin: „Ja, zweifelsohne. Wie die Dinge liegen, nimmt Mister Churchill nun den Standpunkt der Kriegshetzer ein, dabei ist er nicht allein. Er hat Freunde nicht allein in Großbritannien, sondern auch in den Vereinigten Staaten."

Im Frühjahr und im Sommer des Jahres 1946 legten die Vereinigten Staaten der UNO einen Plan zur Kontrolle der Atomenergie vor.

Früher oder später – in drei, fünf, zwanzig Jahren – würden auch andere Nationen herausfinden, wie man Atombomben herstelle. Die Frage, über die sich die Amerikaner den Kopf zerbrachen, war, ob man diesen anderen Nationen bei der Enthüllung der atomaren Geheimnisse helfen sollte – um auf diese Weise eine Art von Vertrauenskredit zu erhalten und so auf eine Art von Zusammenarbeit bei einer gemeinsamen Kontrolle dieser neuen Waffe hinzuarbeiten –, oder ob es besser wäre, die Geheimnisse in den amerikanischen Laboratorien eingeschlossen zu halten und einen genügend großen Vorrat aufzubauen, um die anderen Nationen eingeschüchtert zu halten. Schließlich entschloß sich Truman, so zu tun, als hätte er sich für die erste Möglichkeit entschlossen, während er die zweite verfolgte.

Dean Acheson und David Lilienthal bereiteten die ersten amerikanischen Vorschläge vor, die der UNO unterbreitet werden sollten. Acheson und Lilienthal begannen mit verschiedenen Annahmen: Erstens, daß der Vorsprung, den die Amerikaner in atomaren Waffen erzielt hatten, nur vorübergehend war. Zweitens, daß ein Rüstungswettlauf vermieden werden müßte. Drittens, daß die Amerikaner ihren Vorsprung behalten müßten, bis eine wirksame Kontrolle eingeführt war; schließlich aber, daß jedes breite Programm einer internationalen Inspektion unzureichend war, da es die Amerikaner zwingen würde, Einblicke in die sowjetische Gesellschaft zu nehmen, die diese nicht akzeptieren konnte.

Nach Acheson und Lilienthal lag die Möglichkeit, atomare Waffen zu kontrollieren, in der Kontrolle der Uran- und Thor-Lagerstätten; diese sollten einer internationalen Eigentümerschaft unterworfen werden. Diese Lagerstätten, sagten sie, waren einfach ausfindig zu machen, der Anzahl nach beschränkt, ergo einfach zu kontrollieren. Die internationale

Kontrolle dieser Lagerstätten würde nach und nach eingeführt werden, in Phasen. In der Zwischenzeit würden die Vereinigten Staaten fortfahren, Bomben zu bauen, um so die Führung im atomaren Waffenhandwerk beizubehalten. „Sollte in der Übergangsperiode das Schlimmste eintreten und die ganzen Bemühungen zusammenbrechen, so wären die Vereinigten Staaten, was atomare Waffen anbelangt, zu jedem Zeitpunkt in einer begünstigten Position."

Jimmy Byrnes übergab den Entwurf des Berichtes an Bernard M. Baruch. Acheson und Lilienthal waren empört, sie fürchteten, daß Baruch ihren Plan schlachten würde und, wie sich erwies, hatten sie damit recht.

Baruch schnitt sofort das Herzstück des Acheson-Lilienthal-Planes heraus: Die internationale Kontrolle der Bergwerksbetriebe, sagte Baruch, würde das Privatunternehmen in den kapitalistischen Staaten ernsthaft schädigen oder zerstören. Wie genau der Kapitalismus durch das internationale Eigentum an zwei Rohstoffen zerstört werden könnte, das zu erklären, nahm er sich gar nicht die Mühe. „Dieser Plan würde allen Menschen in der kapitalistischen Gesellschaft nur der erste Schritt zu einem internationalen, sozialistischen Staat sein." Dazu kam, daß Baruch für ein breiteres System internationaler Kontrolle war, weil er der Meinung war, wie es einer seiner Assistenten formulierte, „sollten die Vereinten Nationen fünfzig Zwei-Mann-Gruppen an jeden Punkt der Welt senden können, dann wäre es möglich, herauszubekommen, was in Rußland wirklich vorgeht".

Des weiteren sagte Baruch, daß irgendwelche Bestimmungen nötig waren, um die zu bestrafen, die das Abkommen verletzten. Die einzige Bestrafung, die irgendeinen Sinn habe, wäre eine Kriegserklärung, aber im Sicherheitsrat der Vereinten Nationen könnte Rußland mit seinem Veto jede Kriegserklärung verhindern. Daher müßte jedes Übereinkommen betreffs atomarer Waffen jede Veto-Gewalt der Vereinten Nationen über den Gebrauch atomarer Waffen eliminieren. Eine solche Bestimmung würde, wie Baruch den Präsidenten informierte, natürlich die allgemeine Theorie der Veto-Gewalt unterminieren. Offenbar konnten auch nur die Vereinigten Staaten einseitig Übertreter des Abkommens bestrafen, da nur die Vereinigten Staaten über nukleare Waffen verfügten. Aber ein Vertrag, in dem kein Absatz sich mit einer Strafe befasse, sei nutzlos, sagte Baruch. „Ich stimme mit Ihnen überein", meinte Truman.

Als J. Robert Oppenheimer sich den Baruch-Plan ansah, sagte er, die amerikanischen Planer sollten daran denken, „das amerikanische Volk darauf vorzubereiten, daß Rußland ablehnen würde". Am 14. Juni 1946 legte Baruch seinen Plan den Vereinten Nationen vor.

Am 19. Juni erklärte Andrej Gromyko, daß er unannehmbar sei. Die Tatsache, daß die Russen sich geweigert hatten, den Baruch-Plan anzunehmen, ist später als Beweis dafür angesehen worden, daß die Vereinigten Staaten für atomare Abrüstung gewesen seien, daß aber die Russen ein atomares Wettrüsten vorgezogen hätten. Warum? Weil die Russen, wie Baruch erklärte, „die ganze Kontrolle über die Welt anstrebten".

Andererseits behaupteten die Russen, daß die Vereinigten Staaten die ganze Welt kontrollieren wollten. Bereits 1941 hatten sich die Vereinigten Staaten, zusammen mit Großbritannien verpflichtet, „daß alle Staaten, groß oder klein, siegreich oder besiegt, sich zu gleichen Bedingungen am Handel und den Rohstoffen der Welt beteiligen sollten, die für ihre ökonomische Prosperität erforderlich sind".

Am 10. Oktober 1946 sprach in Paris der russische Außenminister Molotow zum Thema „gleiche Bedingungen".

„Das Prinzip ‚unter gleichen Bedingungen' ist in jüngster Zeit ein aktuelles Gesprächsthema geworden. Was könnte besser sein, so wird argumentiert, als dieser Grundsatz, der gleiche Chancen für alle Staaten ohne Diskriminierung sicherstellt? ... Diskutieren wir dieses Prinzip der gleichen Chance ernsthaft und aufrichtig ... Hier in Paris kann sich jeder eine Kopie des Weltalmanachs des Jahres 1946 verschaffen. In diesem Buch werden Sie die folgenden Angaben entdecken: Das nationale Einkommen der USA wurde im Jahr 1941 auf 96.000 Millionen Dollar geschätzt, 1942 auf 122.000 Millionen Dollar, 1943 auf 149.000 Millionen Dollar und 1944 auf 160.000 Millionen Dollar. Also ist in vier Kriegsjahren das nationale Einkommen der USA um 64.000 Millionen Dollar gestiegen. In demselben Buch ist zu lesen, daß im Jahr 1938 das gesamte nationale Einkommen der Vereinigten Staaten 64.000 Millionen

Dollar gewesen ist. Ergo ist der bloße Zuwachs des nationalen Einkommens der USA während der Kriegsjahre gleich dem gesamten nationalen Einkommen im Jahr 1938. Das sind Tatsachen, die man einfach erwähnen muß . . .

Nun, da Sie die Fakten wissen, können Sie das durch den Krieg geschwächte Rumänien oder Jugoslawien, das durch die deutschen und italienischen Faschisten ruiniert wurde, den Vereinigten Staaten von Amerika gegenüberstellen, dessen Reichtum während des Krieges gewaltig zugenommen hat, und jetzt werden Sie deutlich sehen, was das Prinzip ‚gleicher Chancen' in der Praxis bedeuten würde. Stellen Sie sich nun vor, daß unter diesen Umständen in demselben kriegsgeschwächten Rumänien oder Jugoslawien das amerikanische Kapital unter ‚Gleichheit der Chancen' antritt, das heißt, daß es die Gelegenheit erhält, ungehindert in die rumänische oder jugoslawische Industrie etc. einzudringen: Was wird dann von der nationalen Industrie Rumäniens oder Jugoslawiens übrigbleiben?

Es ist sicherlich nicht schwierig zu verstehen, daß das amerikanische Kapital, wenn es in diesen kleinen, durch den Krieg geschwächten und ruinierten Ländern freie Hand bekäme, wie es die Befürworter der ‚gleichen Chancen' empfehlen, daß dieses amerikanische Kapital die lokalen Industrien aufkaufen und sich die attraktivsten Unternehmen aneignen würde, um auf diese Weise zum Herrn in diesen kleinen Ländern zu avancieren. Diese Situation vorausgesetzt, werden wir wahrscheinlich den Tag erleben, da Sie in Ihrem eigenen Land, wenn Sie das Radio anstellen, nicht so sehr ihre eigene Sprache vernehmen würden, als eine amerikanische Schallplatte nach der anderen.

Ist es nicht klar, daß eine schrankenlose Anwendung des Prinzips der ‚gleichen Chancen' unter den gegebenen Umständen in der Praxis nur die tatsächliche ökonomische Versklavung der kleinen Staaten bedeuten würde, die sich dem Ratschluß und willkürlichen Entschluß von reichgewordenen ausländischen Firmen, Banken und Industriegesellschaften beugen müßten?"

Zu diesem Zeitpunkt war der Kalte Krieg schon richtig im Gange, und jeder, der das noch nicht so ganz verstand, sollte bald darüber aufgeklärt werden. Handelsminister Henry Wallace hatte im Frühjahr 1946 die Vermutung geäußert, daß viel von den Schwierigkeiten, die Amerika mit Rußland hatte, durch Rußlands „schreckliche Wirtschaftsnöte und durch sein gestörtes Sicherheitsgefühl" erklärt werden könnte. Es empfahl „eine neue Annäherung, die sich auf Volkswirtschaft und Handel stützen sollte". Der Präsident ignorierte den Vorschlag. Kurz bevor Molotow seine Rede in Paris hielt, hielt Henry Wallace in New York, Madison Square Garden, eine Ansprache.

Darin sagte er, daß es möglich wäre, mit Rußland zusammenzuarbeiten, wenn die Vereinigten Staaten es klarmachten, daß sie weder daran interessiert sind, „das britische Weltreich zu retten, noch im Nahen Osten Erdöl um den Preis des Lebens amerikanischer Soldaten einzukaufen".

Wallace schlug vor, daß die Amerikaner und Russen einfach ihre gegenseitigen Einflußsphären anerkennen sollten. Laßt sie einen Handel abschließen: Amerika wird sich aus Osteuropa heraushalten, wenn Rußland sich aus Westeuropa ebenso heraushält wie aus der westlichen Hemisphäre. Vier Tage nachdem Wallace diese Rede gehalten hatte, forderte Truman seinen Rücktritt.

Was die Russen anlangt, so verletzten sie Punkt für Punkt die Übereinkommen des Potsdamer Abkommens, festigten ihren Griff auf Osteuropa und weigerten sich, genau wie die Amerikaner, zuzugeben, daß sie ihre Zustimmung zu vielen der Potsdamer Vereinbarungen gegeben hatten. Die Fragen der Reparationen, der Grenzen Polens, des Zugangs zu den Dardanellen – alle diese Themen hatte man in Potsdam nicht als die Grundlage eines dauernden Friedens herausgearbeitet, sondern als Stoff für Unstimmigkeit und Konflikt. Auch die Briten trugen das Ihre zu solchen Verhandlungen bei. Auf einer der Sitzungen des Außenministerrates sprang Bevin auf, wie Charles Bohlen erzählt, seine Hände zu Fäusten verknotet und bewegte sich auf Molotow zu. „Ich hab' das satt, ich hab's . . ." Für einen gloriosen Augenblick sah es aus, als ob die Außenminister Großbritanniens und der Sowjetunion Schläge austauschen würden . . . aber Sicherheitsbeamte traten dazwischen.

Die Frage, die noch immer die Leidenschaft der Historiker

erregt, ist die, ob Truman und Stalin den Kalten Krieg hätten vermeiden können. Wäre Truman weniger streitbar gewesen, hätten die Vereinigten Staaten Rußlands historische Paranoia nicht gereizt, hätte man Rußlands Einflußsphäre einfach anerkannt, wäre dann Stalin weniger aggressiv gewesen, hätte sich der Kalte Krieg vermeiden lassen? Wir können bestenfalls sagen, daß es hätte möglich sein können. Aber die Frage hat nur dann Bedeutung, wenn man annimmt, daß Truman den Konflikt vermeiden wollte und nach einer Taktik gesucht hat, um eine ruhige Welt zu sichern.

Tatsächlich aber kann wenig, was Truman unternommen hat, als ein Versuch, eine beruhigte Welt ins Leben zu rufen, verstanden werden. Zu Beginn des Jahres 1947 nahm der Präsident den Rücktritt seines Außenministers Jimmy Byrnes entgegen. Die Schwierigkeit zwischen den beiden Männern war nicht in dem Umstand gegründet, daß es Byrnes an Kampfeseifer fehlen ließ – er hatte sicherlich genügend Kampfeseifer –, aber Byrnes neigte zu Extratouren und informierte Truman nicht von dem, was er plante. Truman aber war entschlossen, sich eine enge Kontrolle der Außenpolitik zu sichern. Um Byrnes zu ersetzen, ernannte der Präsident General George C. Marshall, einen Mann, der sich auf vielfache Weise ausgezeichnet hatte, nicht zuletzt darin, daß er den Präsidenten darin unterstützt hatte, die Atombombe gegen Japan einzusetzen.

Nur einige Tage nach der Ernennung Marshalls kürzte die britische Regierung die Kohlenzuteilung an die Industrie um die Hälfte. Eine Reihe von Fabriken wurde überhaupt geschlossen. Am 25. Januar wurde Großbritannien von dem ersten Schneesturm einer ganzen Serie getroffen.

Die Elektrizität wurde rationiert, desgleichen Nahrungsmittel, die Heizungen wurden abgestellt; gleichzeitig kam die Nachricht, daß die Stürme den Winterweizen zerstört hätten. Wie Louis Halle bemerkte, „Großbritannien glich einem Soldaten, der im Kampf verwundet worden war und nun, da der Kampf vorbei ist, verblutet".

Freitag, den 21. Februar 1947, rief ein Mitglied der britischen Botschaft in Washington an und bat um eine Unterredung mit dem Außenminister. Marshall war bereits fürs Wochenende abgereist, aber Dean Acheson, damals Staatssekretär im Außenamt, schlug vor, daß die Briten über die Fragen, die sie zu diskutieren wünschten, Unterlagen schicken sollten, so daß das Außenministerium jene Hintergrund-Informationen zusammenstellen konnte, die Marshall bei seiner Rückkehr am Montag brauchen würde. An demselben Nachmittag, nur später, erschien der Erste Sekretär der Botschaft, H.M. Sichel, mit zwei Memoranden für Loy Henderson, dem Direktor der Abteilung für nahöstliche Angelegenheiten. „In diesen Tagen war mein Büro ums Eck von dem Hendersons", erzählt Louis Halle. „Ich könnte mir vorstellen . . . daß der erste Gedanke, den beinahe jeder Mann in Hendersons Position gehabt hätte, der gewesen wäre, daß das Wochenende nun im Eimer war! Was die beiden Memoranden berichteten, war das endgültige Ende der ‚Pax Britannica'."

Bis zu diesem Freitagnachmittag war Großbritannien der wichtigste Unterstützer der griechischen Volkswirtschaft und der Hauptversorger der türkischen Armee gewesen. In dem ersten Memorandum wurde das Außenamt informiert, daß Griechenland in den nächsten Monaten zwischen 240 und 280 Millionen Dollar brauchen würde, die Großbritannien nicht aufbringen könnte. Das zweite Memorandum wies darauf hin, daß Großbritannien die türkische Armee nicht weiter versorgen könnte. Trotz aller schwierigen, versierten und wohlkalkulierten Planungen, die die Amerikaner seit Potsdam unternommen hatten, kamen diese Neuigkeiten aus Großbritannien als völlige Überraschung, als ein Schock für das State Department.

Die Amerikaner hatten vorgehabt, Großbritannien gesundschrumpfen zu lassen, den Sterling-Block aufzubrechen und die Briten zu gefälliger Nachgiebigkeit in der Außenpolitik zu kujonieren – aber es war den Amerikanern nicht in den Sinn gekommen, einen Alliierten aus dem Verkehr zu ziehen. Weder Truman noch irgendeiner seiner Berater hatten Churchill geglaubt, als der frühere Premierminister bat und bettelte. Nun sahen sie, zu ihrem äußersten Erstaunen, daß er die Wahrheit gesprochen hatte.

Henderson, Acheson und, als er Montag zurückkehrte, Marshall waren sich einig, daß die Vereinigten Staaten Großbritanniens imperiale Rolle übernehmen müßten. Recht viele

„Insiders" hatten das auf jeden Fall tun wollen. Wie einer der Mitarbeiter Baruchs im Oktober 1946 an Jimmy Byrnes geschrieben hatte: „Wir sollten die Produktion spaltbaren Materials steigern, unser Programm für Basen und B-36-Bomber vorantreiben, in der Tat sollten wir wissen lassen, daß wir die zukünftige Polizeimacht des Sicherheitsrates sind."

Am 27. Februar trafen sich Marshall, Acheson und Truman mit Kongreßführern im Weißen Haus. Acheson war beauftragt, ein Plädoyer für die Übernahme der Rolle Großbritanniens zu halten. Achesons Ansicht nach war die Frage unheimlich einfach: Es war die Verteidigung der westlichen Zivilisation selbst, die auf dem Spiel stand, und der Staatssekretär hielt eine Rede von zehn Minuten, in der er Athen, Rom und die großen Traditionen und Freiheiten der westlichen Zivilisation erwähnte und die die Kongreßmänner betäubt schweigen ließ. Schließlich ergriff Senator Vandenberg das Wort. Er sei von der Rede Achesons sehr beeindruckt, wenn aber der Präsident dieses Programm wirklich dem amerikanischen Volk verkaufen wollte, so müßte er ihm schon „einen gewaltigen Schrecken einjagen".

Am 2. März des Jahres 1947 begann Hanson Baldwin, nach einem Gespräch mit Dean Acheson, in der *New York Times* mit dieser gewaltigen Schreckenseinjagung. Amerika, sagte er, sei mehr als irgendein anderer einzelner Faktor der Schlüssel zum Schicksal von Morgen. „Wir allein können vielleicht den Abstieg der westlichen Zivilisation aufhalten, einen Rückfall in Nihilismus und das finstere Mittelalter verhindern."

Viele Amerikaner konnten Baldwins These nach ernsthafter Überlegung unterschreiben, gar nicht so wenige waren schon früher zu denselben Schlußfolgerungen gekommen. Die, die diese Haltung eingenommen hatten, wurden ermuntert, herausgehoben und befördert. Am 7. Januar 1947 ernannte Truman John Foster Dulles zum Vertreter der Vereinigten Staaten bei den Vereinten Nationen.

Am 12. März 1947 sprach der Präsident zu einer gemeinsamen Sitzung des Kongresses: „Die Vereinigten Staaten haben von der griechischen Regierung das dringende Ersuchen um finanzielle und ökonomische Unterstützung erhalten . . . Diese Unterstützung ist unumgänglich, wenn Griechenland als freie Nation überleben soll . . . Die Existenz des griechischen Staates überhaupt wird heute von den terroristischen Aktivitäten einiger tausend bewaffneter Männer bedroht, die von Kommunisten geführt werden und der Autorität der Regierung trotzen ... Griechenland muß unterstützt werden, wenn es eine sich selbst versorgende und sich selbst respektierende Demokratie werden soll. Die Vereinigten Staaten müssen diesem Land diese Unterstützung geben ...

Griechenlands Nachbar, die Türkei, verdient ebenfalls unsere Aufmerksamkeit. Die Zukunft der Türkei als ein unabhängiger, wirtschaftlich gesunder Staat ist klarerweise für Menschen, die den Frieden lieben, nicht weniger wichtig als die Zukunft Griechenlands."

Bis jetzt klang die Rede des Präsidenten unheimlich, aber nicht wirklich erschreckend. Dann trug er das vor, was man später als die „Truman-Doktrin" bezeichnet hat. „Im gegenwärtigen Augenblick der Weltgeschichte muß jede Nation zwischen verschiedenen Lebensformen wählen. Und oft genug ist es keine freie Wahl.

Eine Art zu leben ist auf den Willen der Majorität abgestimmt, diese Art verfügt über freie Institutionen, repräsentative Regierungen, freie Wahlen, die Garantie der individuellen Freiheit der Rede und Religion, und der Freiheit von politischer Unterdrückung. Die zweite Art zu leben basiert auf dem Willen einer Minorität, der mit Gewalt der Mehrheit oktroyiert wird. Diese Existenzform stützt sich auf Terror und Unterdrückung, eine kontrollierte Presse, einen kontrollierten Rundfunk, auf Scheinwahlen und die Unterdrückung der persönlichen Freiheiten. Ich glaube, daß es die Politik der Vereinigten Staaten sein muß, freie Völker zu unterstützen ... Wenn wir in unserer Führung unsicher werden, mag es sein, daß wir den Frieden der Welt in Gefahr bringen – und sicherlich gefährden wir damit das Wohlergehen unserer eigenen Nation."

Der Widerstand des Kongresses gegen Trumans Plan war außerordentlich schwach. Während des Zweiten Weltkrieges war der Kongreß bereit, ja eifrig bereit, seine Vollmachten und Vorrechte dem Oberbefehlshaber zu übergeben – so sehr, daß sich nun seine Macht als recht reduziert erwies. Nun verhielt sich der Kongreß wie ein altes Schlachtroß: Als es den Ruf zu einem neuen Krieg hörte, kam es gelaufen, um sich aufzäumen zu lassen. Die letzten Zipfel von Macht, die dem Kongreß Ende des Zweiten Weltkrieges noch geblieben waren, sie wurden alle während des Kalten Krieges verspielt. Lyndon Johnson hat dieses Phänomen vielleicht genauer erkannt als irgendeiner. Er wußte, daß es der Krieg ist, der einem Präsidenten ein Maximum an Macht einräumt, ganz gleich, ob es sich jetzt um einen Kalten oder Heißen Krieg handelt. Von Roosevelt sagte Johnson, daß er, als der Dampf aus dem New Deal abgelassen war, „nie mehr Präsident war – bis der Krieg kam". Truman erging es ähnlich, er war nie Präsident, bis er seinen Krieg hatte.

Angesichts dieses kaum zu übersehenden Verhaltens ist es absurd zu versuchen, Schuld am Ausbruch des Kalten Krieges zuzumessen oder zu versuchen festzustellen, ob Truman oder ob Stalin der erste war, der sich als aggressiv, des Vertrauens unwürdig, mißtrauisch oder herausfordernd erwiesen hat. Sie stolperten förmlich übereinander, als sie versuchten, sich als erster mit einem neuen Vorwurf einzustellen. Sie waren beide darauf aus, ihre Schwierigkeiten zu verschlimmern. Beide fanden schnell zu einer rauhen Sprache, die durch Appelle an das absolut Gute und das absolut Böse gekennzeichnet war. An Bord der *Augusta*, die ihre Heimfahrt angetreten hatte, fragte ein Matrose Truman, was er von Stalin halte. „Ich glaube, er ist ein Schlitzohr", sagte der Präsident und fügte mit einem Lächeln hinzu: „Ich glaube, er denkt das gleiche von mir."

Die Potsdamer Proklamation der Regierungschefs

DER VEREINIGTEN STAATEN, CHINAS UND DES VEREINIGTEN KÖNIGREICHS

1. Wir, der Präsident der Vereinigten Staaten, der Präsident der Nationalen Regierung Chinas und der Premierminister von Großbritannien, die Hunderte Millionen unserer Landsleute vertreten, haben uns besprochen und sind übereingekommen, daß Japan die Gelegenheit erhalten soll, diesen Krieg zu beenden.
2. Die gewaltigen Land-, See- und Luftstreitkräfte der Vereinigten Staaten, des Britischen Empires und Chinas, um ein Vielfaches verstärkt durch ihre Luftflotten und Armeeinheiten aus dem Westen, stehen bereit, Japan den letzten Schlag zu versetzen. Diese militärische Kraft wird in Gang gehalten und inspiriert durch die Entschlossenheit aller alliierten Nationen, den Krieg gegen Japan fortzuführen, bis dieser Staat den Widerstand aufgibt.
3. Das Ergebnis des frucht- und sinnlosen deutschen Widerstandes gegen die erwachten freien Völker der Welt ist für das Volk von Japan ein Beispiel von erschreckender Klarheit. Die Macht, die sich nun gegen Japan zusammenballt, ist unvergleichlich größer als die, die im Einsatz gegen die Widerstand leistenden Nazis notwendigerweise das Land, die Industrie und die Lebensart des ganzen deutschen Volkes zerstört hat.

Der volle Einsatz unserer militärischen Macht, hinter dem unsere Entschlossenheit steht, wird zur unvermeidlichen und vollständigen Zerstörung der japanischen Streitkräfte, und, ebenso unvermeidlich, zur äußersten Verwüstung des japanischen Mutterlandes führen.

4. So ist für Japan die Zeit gekommen, da zu entscheiden ist, ob das Land weiter die Herrschaft jener eigensinnigen militärischen Berater hinnehmen will, deren Fehlkalkulationen das

japanische Kaiserreich an den Rand des Untergangs gebracht haben, oder ob das Land den Weg der Vernunft einzuschlagen gedenkt.

5. Unsere Bedingungen sind wie folgt. Wir werden von ihnen nicht abgehen. Es gibt keine Alternativen. Wir werden keine Verzögerung dulden.

6. Es soll jetzt und für alle Zeit Einfluß und Befehlsgewalt derjenigen gebrochen werden, die das Volk von Japan durch Täuschung und Irreführung auf Welteroberungskurs gebracht haben. Denn wir bestehen darauf, daß eine neue Ordnung von Frieden, Sicherheit und Gerechtigkeit nicht Platz greifen kann, bevor nicht der unverantwortliche Militarismus von der Erde vertrieben ist.

7. Bis eine derartige Ordnung etabliert ist und bis überzeugende Beweise existieren, daß Japans Kriegspotential zerstört ist, werden bestimmte, von den Alliierten festzusetzende Punkte innerhalb des japanischen Territoriums besetzt werden, um sicherzugehen, daß die hier dargelegten grundsätzlichen Ziele erreicht werden.

8. Die Bestimmungen der Deklaration von Kairo sollen ausgeführt und die Souveränität Japans auf die Inseln Honshu, Hokkaido, Kyushu und Shikoku beschränkt werden sowie auf diejenigen kleineren Inseln, die wir bestimmen werden.

9. Den Angehörigen der japanischen Streitkräfte wird nach ihrer vollständigen Entwaffnung die Heimkehr gestattet werden, um ihnen Gelegenheit zu geben, ein friedliches und produktives Leben zu führen.

10. Es ist nicht unsere Absicht, die Japaner zu versklaven oder als Nation zu zerstören. Aber harte Gerechtigkeit wird allen Kriegsverbrechern zuteil werden, jene miteingeschlossen, die Grausamkeiten an unseren Gefangenen beigewohnt haben. Die japanische Regierung soll alle Hindernisse beseitigen, die einer Wiedergeburt und Stärkung der demokratischen Tendenzen im japanischen Volk im Weg stehen. Es sollen Redefreiheit, Freiheit der Religionsausübung, Gedankenfreiheit ebenso wie die Achtung vor den menschlichen Grundrechten hergestellt werden.

11. Japan soll jene Industrien behalten, die es ihm ermöglichen, seine Volkswirtschaft im Gang zu halten und gerechte Repara-

tionen in Waren zu entrichten, nicht aber jene Industrien, die eine Wiederbewaffnung für den Krieg ermöglichen würden. Zu diesem Zweck wird ihm der Zugang, nicht aber die Kontrolle von Rohstoffen gestattet werden. Schließlich wird Japan auch die Teilnahme am Welthandel erlaubt werden.

12. Die Besatzungsstreitkräfte der Alliierten werden von Japan abgezogen werden, sobald diese Ziele erreicht sind und sobald in Übereinstimmung mit dem frei ausgedrückten Willen des japanischen Volkes eine friedlich gestimmte, verantwortliche Regierung eingesetzt werden kann.

13. Wir fordern die japanische Regierung auf, die bedingungslose Kapitulation aller japanischen Streitkräfte zu verkünden und ausreichende Garantien zu geben, daß diese Aktion in gutem Glauben durchgeführt wird. Die Alternative für Japan ist sofortige und völlige Zerstörung.

Potsdam, 26. Juli 1945

Harry S. Truman.
Winston S. Churchill.
Präsident Tschiang Kai-schek
(hat seine Zustimmung auf radiotelefonischem Weg erteilt).

Die Potsdamer Deklaration

I.

Am 17. Juli 1945 trafen Harry S. Truman, Präsident der Vereinigten Staaten von Amerika, Generalissimus Josef W. Stalin, Vorsitzender des Rates der Volkskommissare der Union der Sozialistischen Sowjetrepubliken, und Winston S. Churchill, Premierminister von Großbritannien, sowie Mr. Clement R. Attlee auf der Dreimächtekonferenz von Berlin zusammen. Sie waren in Begleitung von James F. Byrnes, W. M. Molotow und Anthony Eden, den Außenministern der drei Regierungen, sowie der Generalstabschefs und anderer Berater.

Zwischen dem 17. Juli und dem 25. Juli fanden neun Sitzungen statt. Die Konferenz wurde dann für zwei Tage unterbrochen, während die Ergebnisse der allgemeinen Wahlen in Großbritannien verkündet wurden.

Am 28. Juli kehrte Mr. Attlee, der neue Premierminister, zur Konferenz zurück, begleitet von Ernest Bevin, seinem neuen Außenminister. Vier Tage weiterer Gespräche folgten. Während der Konferenz fanden regelmäßige Treffen der drei Regierungschefs statt, die von den Außenministern begleitet wurden, es gab aber auch Sitzungen der Außenminister.

Von den Außenministern eingesetzte Ausschüsse zur Vorbereitung der Fragen, die der Konferenz vorgelegt werden sollten, traten ebenfalls täglich zusammen.

Die Sitzungen der Konferenz wurden in Schloß Cecilienhof bei Potsdam abgehalten. Die Konferenz wurde am 2. August beendet.

Wichtige Entscheidungen konnten erreicht, wichtige Übereinkommen erzielt werden. Über eine Reihe zusätzlicher Fragen fand ein Gedankenaustausch statt, den der auf dieser Konferenz geschaffene Rat der Außenminister fortsetzen soll.

Präsident Truman, Generalissimus Stalin und Premierminister Attlee verlassen diese Konferenz, die das Band zwischen den drei Regierungen verstärkt und das Ausmaß ihrer Zusammenarbeit und ihres Verständnisses erweitert hat, mit der erneuten Zuversicht, daß ihre Regierungen und Völker, zusammen mit den Vereinten Nationen, die Schaffung eines gerechten und dauerhaften Friedens sichern werden.

II.
DIE ERRICHTUNG EINES RATES DER AUSSENMINISTER

Die Konferenz erzielte Einigung über die Errichtung eines Rates der Außenminister, der fünf wesentlichen Mächte. Dieser Rat soll mit den notwendigen Vorbereitungsarbeiten für eine Friedenskonferenz fortfahren und andere Themen aufgreifen, die dem Rat, in Übereinstimmung mit den fünf vertretenen Mächten, vorgelegt werden.

Der Text des Abkommens über die Errichtung eines Rates der Außenminister lautet wie folgt:

1. Es soll ein Rat errichtet werden, der aus den Außenministern des Vereinigten Königreiches, der Union der Sozialistischen Sowjetrepubliken, Chinas, Frankreichs und der Vereinigten Staaten besteht.

2. (i) Dieser Rat wird gewöhnlich in London tagen, dem ständigen Sitz des gemeinsamen Sekretariats, das der Rat einrichten wird. Jeder Außenminister wird von einem Stellvertreter hohen Ranges sowie einem kleinen Stab technischer Berater begleitet werden; der Stellvertreter soll bevollmächtigt sein, die Arbeit im Rat weiterzuführen, wenn der Außenminister abwesend ist.

(ii) Die erste Sitzung des Rates soll in London nicht später als am 1. September 1945 stattfinden. Die Sitzungen können auch in anderen Hauptstädten abgehalten werden; darüber müßte von Zeit zu Zeit ein Einverständnis erzielt werden.

3. (i) Als vordringlichste und wichtigste Aufgabe wird dem Rat Vollmacht erteilt, zur Vorlage vor die Vereinten Nationen Friedensverträge mit Italien, Rumänien, Bulgarien, Ungarn und Finnland zu entwerfen sowie die Regelung territorialer Fragen

vorzuschlagen, die sich aus der Beendigung des Krieges in Europa ergeben haben. Der Rat soll für die Vorbereitung eines Friedensvertrages mit Deutschland herangezogen werden, der von der deutschen Regierung anerkannt wird, sobald eine diesem Zweck entsprechende Regierung gebildet worden ist.

(ii) Zur Bewältigung jeder einzelnen dieser Aufgaben wird der Rat sich aus Mitgliedern jener Nation zusammensetzen, die die den Feindstaaten auferlegten Kapitulationsurkunden unterschrieben haben. Was den Friedensvertrag mit Italien anlangt, so soll Frankreich als einer der Signatarstaaten der Kapitulationsurkunde Italiens angesehen werden. Andere Mitglieder werden zur Teilnahme aufgefordert werden, wenn Fragen behandelt werden, die sie unmittelbar betreffen.

(iii) Andere Angelegenheiten werden von Zeit zu Zeit dem Rat nach Übereinkunft der Regierungen der Mitgliedstaaten vorgelegt werden.

4. (i) Setzt sich der Rat mit einer Frage auseinander, die für einen im Rat nicht vertretenen Staat von direktem Interesse ist, so soll dieser Staat aufgefordert werden, Vertreter zu entsenden, die in der Diskussion und der Untersuchung der Frage teilnehmen sollen.

(ii) Der Rat kann seine Verfahrensweise dem jeweiligen zur Debatte stehenden Problem anpassen. In manchen Fällen wird er vor der Beiziehung anderer interessierter Staaten Präliminardiskussionen im eigenen Kreis abhalten. In anderen Fällen wird der Rat den Staat, der vor allem an der Lösung dieses bestimmten Problems interessiert ist, zu einer offiziellen Sitzung einladen.

In Übereinstimmung mit dem Beschluß der Konferenz ist von jeder der drei Regierungen eine gleichlautende Aufforderung an die Regierung von China und Frankreich ergangen, dem vorliegenden Wortlaut beizustimmen und sich an der Errichtung des Rates zu beteiligen.

Die Errichtung des Rates der Außenminister für die besonderen im Text genannten Ziele soll nicht im Widerspruch zu der Übereinkunft in Jalta, daß die Außenminister der Vereinigten Staaten, der Union der Sozialistischen Sowjetrepubliken und des Vereinigten Königreiches regelmäßige Beratungen abhalten sollten.

Die Konferenz beschäftigt sich auch mit der Situation der Europäischen Beratenden Kommission in Hinblick auf die Übereinkunft über die Errichtung des Rates der Außenminister. Es wurde mit Befriedigung zur Kenntnis genommen, daß die Kommission ihre Hauptaufgabe vortrefflich gelöst habe, nämlich die Ausarbeitung von Empfehlungen, die Bedingungen der Kapitulation Deutschlands betreffend, ferner hinsichtlich der Besatzungszonen in Deutschland und Österreich und dem interalliierten Kontrollsystem in diesen Ländern. Im Hinblick darauf, daß die weiteren Bemühungen um die Koordinierung der alliierten Politik in bezug auf die Kontrolle Deutschlands und Österreichs von nun an in den Kompetenzbereich des Alliierten Kontrollrates in Berlin bzw. der Alliierten Kommission in Wien fallen sollten, kam man überein, die Auflösung der Europäischen Beratenden Kommission zu befürworten.

III.
DEUTSCHLAND

Alliierte Armeen führen die Besetzung von ganz Deutschland durch, und das deutsche Volk fängt an, die furchtbaren Verbrechen zu büßen, die unter der Leitung derer, welche es zur Zeit ihrer Erfolge offen gebilligt hat und denen es bald gehorcht hat, begangen wurden.

Auf der Konferenz wurde eine Übereinkunft erzielt über die politische und wirtschaftlichen Grundsätze in bezug auf das besiegte Deutschland in der Periode der alliierten Kontrolle.

Das Ziel dieser Übereinkunft bildet die Durchführung der Krim-Deklaration über Deutschland. Der deutsche Militarismus und Nazismus werden ausgerottet, und die Alliierten treffen nach gegenseitiger Vereinbarung in der Gegenwart und in der Zukunft auch andere Maßnahmen, die notwendig sind, damit Deutschland nie mehr seine Nachbarn oder den Weltfrieden bedrohen kann.

Es ist nicht die Absicht der Alliierten, das deutsche Volk zu vernichten oder zu versklaven. Die Alliierten wollen dem deutschen Volk die Möglichkeit geben, sich darauf vorzubereiten, sein Leben auf einer demokratischen und friedlichen

Grundlage von neuem wiederaufzubauen. Wenn die eigenen Anstrengungen des deutschen Volkes unablässig auf die Errichtung dieses Zieles gerichtet sind, wird es ihm möglich sein, zu gegebener Zeit seinen Platz unter den freien und friedlichen Völkern der Welt einzunehmen.

Der Text dieser Übereinkunft lautet:

POLITISCHE UND WIRTSCHAFTLICHE GRUNDSÄTZE, DEREN MAN SICH BEI DER BEHANDLUNG DEUTSCHLANDS IN DER ANFANGSPERIODE DER KONTROLLE BEDIENEN MUSS:

A. Politische Grundsätze:

1. In Übereinstimmung mit dem Abkommen über das Kontrollratssystem in Deutschland wird die höchste Regierungsgewalt in Deutschland aufgrund von Anweisungen ihrer Regierungen durch die Oberbefehlshaber der Streitkräfte der Vereinigten Staaten von Amerika, des Vereinigten Königreiches, der Union Sozialistischer Sowjetrepubliken und der Französischen Republik ausgeübt; jeder übt diese Gewalt in der eigenen Besatzungszone aus sowie gemeinsam, in ihrer Eigenschaft als Mitglieder der Kontrollkommission, wenn Angelegenheiten zur Debatte stehen, die ganz Deutschland betreffen.

2. Soweit dies praktisch möglich ist, soll die Behandlung der deutschen Bevölkerung überall in Deutschland gleich sein.

3. *Ziele der Besetzung Deutschlands*, durch welche der Kontrollrat sich leiten lassen soll, sind:

I. Völlige Abrüstung und Entmilitarisierung Deutschlands. Ausschaltung oder Überwachung der gesamten deutschen Industrie für Kriegsproduktion. Zu diesem Zweck:

a) werden alle Land-, See- und Luftstreitkräfte Deutschlands, SS, SA, SD und Gestapo mit allein ihren Organisationen, Stäben und Ämtern, einschließlich des Generalstabes, des Offizierskorps, der Reservisten, der Kriegsschulen, der Kriegervereine und aller anderen militärischen und halbmilitärischen Organisationen zusammen mit ihren Vereinen und Unterorganisationen, die den Interessen der Erhaltung der militärischen Tradition dienen, völlig und endgültig aufgelöst, um damit für immer der Wiedergeburt oder Wiederaufrichtung des deutschen Militarismus und Nazismus vorzubeugen;

b) müssen sich alle Waffen, Munition und Kriegsgerät und alle Spezialmittel zu deren Herstellung in der Gewalt der Alliierten befinden oder vernichtet werden. Der Unterhaltung und Herstellung aller Flugzeuge und aller Waffen, Ausrüstung und Kriegsgeräte wird vorgebeugt werden.

II. Das deutsche Volk muß überzeugt werden, daß es eine totale militärische Niederlage erlitten hat und daß es sich nicht der Verantwortung entziehen kann für das, was es selbst dadurch auf sich geladen hat, daß seine eigene mitleidlose Kriegführung und der fanatische Widerstand der Nazis die deutsche Wirtschaft zerstört und Chaos und Elend unvermeidlich gemacht haben.

III. Die Nationalsozialistische Partei mit ihren angeschlossenen Gliederungen und Unterorganisationen ist zu vernichten; alle nationalsozialistischen Ämter sind aufzulösen; es sind Sicherheiten dafür zu schaffen, daß sie in keiner Form wieder auferstehen können; jeder nazistischen und militaristischen Betätigung und Propaganda ist vorzubeugen.

IV. Die endgültige Umgestaltung des deutschen politischen Lebens auf demokratischer Grundlage und eine eventuelle friedliche Mitarbeit Deutschlands am internationalen Leben sind vorzubereiten.

4. Alle nazistischen Gesetze, die die Basis des Hitler-Regimes darstellen oder eine Diskriminierung aus Gründen von Rasse, Religion oder politischer Überzeugung herbeiführen, sollen abgeschafft werden. Keine Diskriminierung dieser Art, ob auf rechtlicher, administrativer oder sonstiger Art, wird geduldet werden.

5. Kriegsverbrecher und Personen, die an der Planung oder Ausführung nazistischer Maßnahmen, die Greuel oder Kriegsverbrechen miteinschlossen, teilgenommen haben, sind zu inhaftieren und sollen vor Gericht gestellt werden. Die Führer der nazistischen Partei, einflußreiche Anhänger sowie die höheren Funktionäre der Nazi-Organisationen und ihrer Gliederungen sowie alle übrigen Personen, die eine Gefahr für die Besetzung und ihre Ziele darstellen, sind zu verhaften und zu internieren.

6. Alle Mitglieder der nazistischen Partei, welche an deren

Tätigkeit mehr als nominellen Anteil genommen haben, und alle anderen Personen, die den alliierten Zielen feindlich gegenüberstehen, sollen aus den öffentlichen oder halböffentlichen Ämtern entfernt werden, ebenso aus den verantwortlichen Positionen in wichtigen Privatunternehmungen. Sie sollen durch Personen ersetzt werden, die nach ihren politischen und moralischen Eigenschaften fähig erscheinen, an der Entwicklung wahrhaft demokratischer Einrichtungen in Deutschland mitzuwirken.

7. Das deutsche Erziehungswesen soll so überwacht werden, daß nazistische und militaristische Doktrinen völlig ausgeschaltet werden, so daß sich demokratische Ideen erfolgreich entfalten können.

8. Das Gerichtswesen soll entsprechend den Prinzipien der Demokratie, der Gerechtigkeit und der Gleichheit aller vor dem Gesetz ohne Unterschied der Rasse, Nationalität und der Religion reorganisiert werden.

9. Die Verwaltung Deutschlands muß in Richtung auf eine Dezentralisation der politischen Struktur und auf die Entwicklung örtlicher Selbstverwaltung hin angelegt werden. Zu diesem Zweck:

(i) soll in ganz Deutschland nach demokratischen Grundsätzen, insbesondere durch Wahlausschüsse, die örtliche Selbstverwaltung wiederhergestellt werden, so rasch es sich mit der militärischen Sicherheit und den Zielen der militärischen Besetzung vereinen läßt;

(ii) sind in ganz Deutschland alle demokratischen politischen Parteien zu erlauben und zu fördern, ihnen wird das Recht eingeräumt, Versammlungen und öffentliche Diskussionen abzuhalten;

(iii) soll der Grundsatz der repräsentativen Demokratie in die Kreis-, Provinzial- und Landesverwaltungen so rasch eingeführt werden, wie es die erfolgreiche Anwendung dieses Prinzipes in der lokalen Selbstverwaltung zuläßt;

(iv) wird bis auf weiteres keine zentrale deutsche Regierung errichtet werden. Dennoch sollen einige wichtige zentrale deutsche Verwaltungsabteilungen, mit Staatssekretären an der Spitze, errichtet werden, vor allem auf dem Gebiet des Finanz- und Transportwesens, des Verkehrswesens, des Außenhandels und der Industrie. Diese Abteilungen werden unter der Leitung des Kontrollrates arbeiten.

10. Unter Berücksichtigung der Notwendigkeit zur Erhaltung der militärischen Sicherheit wird die Freiheit der Rede, der Presse und der Religion gewährt. Die religiösen Einrichtungen sollen respektiert werden. Ebenso wird die Errichtung Freier Gewerkschaften gestattet werden, gleichfalls unter Berücksichtigung der Notwendigkeit zur Erhaltung der militärischen Sicherheit.

B. Wirtschaftliche Grundsätze

11. Zur Ausschaltung des deutschen Kriegspotentials soll die Produktion von Waffen, Munition und Kriegsgerät ebenso verboten und verhindert werden wie der Bau von Hochseeschiffen und die Herstellung von Flugzeugen. Die Herstellung von Metallen, Chemikalien, von Maschinen und anderen Artikeln, die für eine Kriegswirtschaft direkt erforderlich sind, wird strengstens überwacht und auf den anerkannten deutschen Friedensbedarf beschränkt, um den unter Punkt 15 angeführten Zielsetzungen zu entsprechen. Die Produktionskapazitäten, die diese erlaubte Produktion überschreiten, sollen in Übereinstimmung mit dem durch die alliierte Reparationskomission empfohlenen und durch die beteiligten Regierungen bestätigten Reparationsplan abtransportiert oder zerstört werden.

12. In der kürzest möglichen Frist soll das deutsche Wirtschaftsleben dezentralisiert werden, um die gegenwärtige übertriebene Konzentration wirtschaftlicher Macht, wie sie in Kartellen, Syndikaten, Trusts und anderen monopolistischen Zusammenschlüssen zum Ausdruck kommt, aufzulösen.

13. Bei der Organisation der deutschen Wirtschaft ist das Hauptgewicht auf die Entwicklung der Landwirtschaft und Friedensindustrie für den Eigenbedarf zu legen.

14. Während der Besatzungszeit soll Deutschland als eine wirtschaftliche Einheit aufgefaßt werden. Zu diesem Zweck sind gemeinsame Richtlinien aufzustellen wie folgt:

a) die Erzeugung und Verteilung der Produkte von Bergbau und verarbeitender Industrie;
b) Landwirtschaft, Forstwirtschaft und Fischerei;
c) Löhne, Preise, Rationierung;

d) Import- und Exportprogramme für ganz Deutschland;
e) Währung, Bankwesen, zentrale Besteuerung und Zölle;
f) Reparationen und der Abtransport von industriellem Kriegspotential;
g) Transport und Verkehrswesen.

Bei der Durchführung dieser Richtlinien soll, wo es angebracht ist, auf unterschiedliche örtliche Bedingungen Rücksicht genommen werden.

15. Das deutsche Wirtschaftsleben soll unter alliierte Kontrolle gestellt werden, jedoch nur im notwendigem Maße:

a) um das Programm der industriellen Abrüstung und Entmilitarisierung, der Reparation und der zugelassenen Exporte und Importe zu erfüllen;
b) um die Produktion und Erhaltung jener Güter und Dienstleistungen sicherzustellen, die zur Deckung der Bedürfnisse der Besatzungsstreitkräfte und D.P.s in Deutschland vonnöten sind und die einen durchschnittlichen deutschen Lebensstandard ermöglichen, der den durchschnittlichen Lebensstandard anderer europäischer Länder nicht überschreiten soll. (Unter „europäische Länder" sind hier alle europäischen Länder zu verstehen, ausgenommen das Vereinigte Königreich und die Union der Sozialistischen Sowjetrepubliken);
c) um nach den Richtlinien des Kontrollrats eine gleichmäßige Verteilung lebenswichtiger Verbrauchsgüter zwischen den einzelnen Zonen sicherzustellen, damit ein ausgeglichenes Wirtschaftsleben in ganz Deutschland geschaffen und die Notwendigkeit für Exporte reduziert wird.

16. Zur Durchführung und Aufrechterhaltung der vom Kontrollrat eingeführten wirtschaftlichen Kontrollen soll ein deutscher Verwaltungsapparat ins Leben gerufen werden; die deutschen Behörden sind anzuweisen, die Verwaltung dieser Kontrollfunktion in größtem Umfang zu übernehmen und zu betreiben. So ist dem deutschen Volk klarzumachen, daß die Verantwortung für die Verwaltung dieser Kontrollen und jedes etwaige Versagen auf ihm ruhen wird. Jede deutsche Verwaltung, die den Zielvorstellungen der Besatzung nicht entspricht, wird verboten werden.

17. Es sind sofort Maßnahmen zu treffen:
a) Durchführung der notwendigen Instandsetzungsarbeiten im Transportwesen;
b) Ausweitung der Kohlenproduktion;
c) maximale Ausweitung der Agrarproduktion;
d) rasche Instandsetzung von Wohnungen und wichtigen öffentlichen Einrichtungen.

18. Der Kontrollrat soll geeignete Schritte unternehmen, um die Verfügungsgewalt über die Auslandsguthaben in deutschem Besitz zu erhalten, soweit diese noch nicht unter der Aufsicht der am Krieg gegen Deutschland beteiligt gewesenen Vereinten Nationen stehen.

19. Die Reparationszahlungen sollen dem deutschen Volk genügend Mittel belassen, um ohne Hilfe von außen zu existieren. Bei der Erstellung eines Haushaltsplanes für Deutschland müssen die Mittel bereitgestellt werden, um die vom Kontrollrat in Deutschland bewilligten Importe zu bezahlen. Die Erlöse der Exporte der laufenden Produktion sowie der Warenbestände sollen in erster Linie zur Bezahlung dieser Importe herangezogen werden.

Obige Klausel gilt nicht für die Einrichtungen und Erzeugnisse, die in den Punkten 4a und 4b des Reparationsabkommens erwähnt sind.

IV.
REPARATIONEN AUS DEUTSCHLAND

In Übereinstimmung mit der auf der Krim getroffenen Entscheidung, derzufolge Deutschland gezwungen werden soll, in größtem Ausmaß für das Leid und die Verluste, die es den Vereinten Nationen verursacht hat und für die es die Verantwortung nicht abschütteln kann, Entschädigung zu leisten, wurde folgende Übereinkunft über Reparationen getroffen:

1. Die Reparationsansprüche der Sowjetunion sollen durch Überführung von Sachwerten aus der von der UdSSR besetzten Zone in Deutschland und durch geeignete ausländische Vermögenswerte Deutschlands gedeckt werden.

2. Die UdSSR unternimmt es, die polnischen Reparations-

Ansprüche von ihrem eigenen Reparationsanteil zu bestreiten.

3. Die Reparationsforderungen der Vereinigten Staaten, des Vereinigten Königreiches und anderer Staaten, die ein Recht auf Reparation haben, sollen aus den westlichen Zonen sowie aus entsprechenden ausländischen Vermögenswerten Deutschlands gedeckt werden.

4. Zusätzlich zu den Reparationen, die die UdSSR aus ihrer eigenen Besatzungszone entnimmt, soll die UdSSR noch aus den westlichen Zonen erhalten:

a) 15% der industriellen Grundausstattung, komplette Maschinensätze in gutem Zustand, vor allem auf dem Gebiet der Eisen- und Stahlindustrie, der chemischen Industrie und des Maschinenbaus soweit sie für die deutsche Friedenswirtschaft nicht erforderlich sind, und zwar im Austausch gegen entsprechende Werte an Nahrungsmitteln, Kohle, Pottasche, Zink, Bauholz, Tonwaren, Petroleumprodukten, sowie andere Güter, über die eine Einigung erzielt wurde.

b) 10% der maschinellen Anlagen, die für die deutsche Friedenswirtschaft nicht notwendig sind, sollen der Sowjetregierung aus den westlichen Zonen auf Reparationskosten übergeben werden ohne daß dafür gezahlt oder eine Gegenleistung in Waren erbracht werden muß.

Die unter a) und b) vorgesehene Überführung von industriellen Anlagen soll gleichzeitig vorgenommen werden.

5. Der Umfang der aus den westlichen Zonen zu überführenden Anlagen, die auf das Reparationskonto angerechnet werden, muß spätestens innerhalb von sechs Monaten, vom gegenwärtigen Zeitpunkt an gerechnet, festgesetzt werden.

6. Die Überführung maschineller Anlagen soll so bald wie möglich in Angriff genommen und soll innerhalb von zwei Jahren, von dem in Paragraph 5 spezifizierten Zeitpunkt an gerechnet, abgeschlossen werden. Die Lieferung der in 4 a) beschriebenen Güter soll so bald als möglich beginnen und zwar in vereinbarten Teillieferungen durch die Sowjetunion, die innerhalb von fünf Jahren, beginnend mit dem obenerwähnten Datum, abgeschlossen sein sollen. Die Festlegung des Umfangs und der Art der maschinellen Anlagen, die für die deutsche Friedenswirtschaft nicht erforderlich ist und daher für Repara-

tionen zur Verfügung steht, wird vom Kontrollrat nach Richtlinien der alliierten Reparationskommission unter Beiziehung Frankreichs getroffen, sofern der Oberstkommandierende der Zone, aus welcher die Anlagen überführt werden sollen, seine endgültige Zustimmung dazu erteilt.

7. Vor der Festsetzung des Gesamtausmaßes der zu überführenden Anlagen sollen Vorauslieferungen jener Anlagen erfolgen, die in Übereinstimmung mit dem Verfahren laut letztem Satz des Paragraphen 6 als lieferfähig klassifiziert wurden.

8. Die Sowjetregierung verzichtet auf alle Reparationsansprüche hinsichtlich der Aktien jener deutschen Unternehmungen, die in den westlichen Besatzungszonen gelegen sind, ebenso auf deutsche Vermögenswerte in allen jenen Ländern, die nicht unter Paragraph 9 angeführt wurden.

9. Die Regierungen des Vereinigten Königreiches und der Vereinigten Staaten von Amerika verzichten auf Ansprüche in Hinblick auf Reparationen von deutschen Aktien und Anteilen an deutschen Unternehmungen, die sich in der östlichen Besatzungszone befinden, ebenso auf deutsche Vermögenswerte in Bulgarien, Finnland, Ungarn, Rumänien und dem östlichen Österreich.

10. Die Sowjetregierung erhebt keinen Anspruch auf das Gold, das von den Alliierten Truppen in Deutschland erbeutet wurde.

V.
VERFÜGUNG ÜBER DIE DEUTSCHE KRIEGS- UND HANDELSFLOTTE

Die Konferenz erzielte im Prinzip ein Einverständnis über die Verwendung und Verfügung der übergebenen deutschen Kriegs- und Handelsschiffe. Es wurde beschlossen, daß die drei Regierungen Experten bestellen, die gemeinsam detaillierte Pläne ausarbeiten sollen, um die vereinbarten Prinzipien in die Wirklichkeit umzusetzen. In angemessener Zeit werden die drei Regierungen gleichzeitig eine gemeinsame Erklärung veröffentlichen.

VI.
DIE STADT KÖNIGSBERG UND DAS UMLIEGENDE GEBIET

Die Konferenz überprüfte einen Antrag der Sowjetregierung, daß, vorbehaltlich der endgültigen Entscheidung territorialer Fragen bei der Friedensregelung, derjenige Abschnitt der westlichen Grenze der Union der Sozialistischen Sowjetrepubliken, der an die Ostsee grenzt, von einem Punkt an der östlichen Küste der Danziger Bucht in östlicher Richtung nördlich von Braunsberg-Goldap und von da zu dem Schnittpunkt der Grenzen Litauens, der Republik Polens und Ostpreußens verlaufen soll.

Die Konferenz hat im Prinzip den Antrag der Sowjetregierung hinsichtlich der endgültigen Übergabe der Stadt Königsberg und des umliegenden Gebietes, wie oben beschrieben, zugestimmt, vorbehaltlich der Überprüfung des tatsächlichen Grenzverlaufs durch Sachverständige.

Der Präsident der Vereinigten Staaten und der Premierminister von Großbritannien haben erklärt, daß sie den Antrag der Konferenz bei der kommenden Friedensregelung unterstützen werden.

VII.
KRIEGSVERBRECHER

Die drei Regierungen haben von dem Meinungsaustausch Kenntnis genommen, der in den abgelaufenen Wochen in London zwischen Vertretern Großbritanniens, der Vereinigten Staaten sowie sowjetischen und französischen Vertretern stattgefunden hat, um sich über die Methoden gerichtlicher Verfolgung jener Hauptkriegsverbrecher zu einigen, deren Verbrechen laut der Moskauer Deklaration von Oktober 1943 geographisch nicht genau zu erfassen sind. Die drei Regierungen bekräftigen ihre Absicht, diese Verbrecher einer schnellen und sicheren Justiz zuzuführen. Sie hoffen, daß die Besprechungen in London bald zu einem diesem Zweck nützlichen Abkommen führen werden, und sie betrachten es als eine Angelegenheit von großer Bedeutung, daß der Prozeß gegen die Hauptkriegsverbrecher zum frühestmöglichen Zeitpunkt beginnt. Die erste Liste der Angeklagten wird vor dem 1. September veröffentlicht werden.

VIII.
ÖSTERREICH

Die Konferenz hat einen Antrag der Sowjetregierung überprüft, demzufolge die Befehlsgewalt der provisorischen österreichischen Regierung auf ganz Österreich ausgedehnt werden soll.

Die drei Regierungen kamen überein, daß sie bereit sind, diese Frage nach dem Einzug der britischen und amerikanischen Truppen in die Stadt Wien zu prüfen.

IX.
POLEN

Die Konferenz hat sich mit Fragen bezüglich der provisorischen Regierung Polens und der polnischen Westgrenze beschäftigt. In bezug auf die Polnische Provisorische Regierung der Nationalen Einheit haben sie ihre Haltung in der folgenden Erklärung festgelegt:

Wir haben mit Freude von dem Abkommen Kenntnis genommen, daß die polnischen Vertreter aus Polen mit denjenigen aus dem Ausland erzielen konnten. Dies hat die Bildung einer Polnischen Provisorischen Regierung der Nationalen Einheit möglich gemacht, wie es den Krim-Beschlüssen entspricht: die drei Regierungen haben diese Regierung anerkannt.

Die Aufnahme diplomatischer Beziehungen durch die Regierung Großbritanniens und der Vereinigten Staaten hatte zur Folge, daß der früheren polnischen Regierung in London, die nicht mehr existiert, die Anerkennung entzogen wurde.

Die Regierungen Großbritanniens und der Vereinigten Staaten haben Maßnahmen ergriffen, um die Interessen der Polnischen Provisorischen Regierung als der anerkannten Regierung des polnischen Staates zu schützen; dies betrifft das dem polnischen Staat gehörige Eigentum, das in ihren Gebieten liegt und unter ihrer Kontrolle steht, welcher Art immer dieses Eigentum sein mag. Sie haben des weiteren Maßnahmen getroffen, die eine Überantwortung solcher Eigentumswerte an Dritte verhindern sollen. Die Polnische Provisorische Regierung wird angemessene Unterstützung erhalten, wenn sie auf dem üblichen Rechtsweg Schritte unternimmt, um Eigentum des polnischen Staates, das auf unrechtmäßige Weise übertragen wurde, zurückzuerhalten.

Die drei Mächte sind bestrebt, der Polnischen Provisorischen Regierung bei der Erleichterung der Heimkehr aller heimkehrwilligen Polen, die Mitglieder der polnischen Streitkräfte und der Handelsmarine eingeschlossen, Unterstützung zu gewähren. Sie erwarten, daß denjenigen Polen, die heimkehren, dieselben persönlichen und Eigentumsrechte, wie die der übrigen polnischen Bürger eingeräumt werden.

Die drei Mächte nehmen zur Kenntnis, daß die Polnische Provisorische Regierung in Übereinstimmung mit den Beschlüssen der Krim-Konferenz sich mit der Abhaltung freier Wahlen einverstanden erklärt hat. Sobald als möglich und ohne Nötigung sollen freie Wahlen stattfinden, basierend auf dem Grundsatz des allgemeinen Wahlrechtes und der geheimen Abstimmung, an denen sich alle demokratischen antinazistischen Parteien beteiligen dürfen und bei denen es ihnen erlaubt ist, Kandidaten aufzustellen, während die Vertreter der alliierten Presse jegliche Freiheit der Berichterstattung an alle Welt besitzen sollen, um vor und in der Wahlzeit über die Entwicklung in Polen berichten zu können.

Folgendes Abkommen wurde erzielt:

In Übereinstimmung mit dem bei der Krim-Konferenz erzielten Abkommen haben die Häupter der drei Regierungen die Meinung der Polnischen Provisorischen Regierung der Nationalen Einheit hinsichtlich des Territoriums im Norden und Westen geprüft, das Polen erhalten soll. Die Häupter der drei Regierungen bekräftigen ihre Auffassung, daß die endgültige Festlegung der Westgrenze Polens bis zur Friedenskonferenz zurückgestellt werden soll.

Die Häupter der drei Regierungen stimmen darin überein, daß bis zur endgültigen Festlegung der Westgrenze Polens die früher deutschen Gebiete östlich der Linie, die von der Ostsee unmittelbar westlich von Swinemünde und von dort die Oder entlang bis zur Einmündung der westlichen Neiße und die westliche Neiße entlang bis zur tschechoslowakischen Grenze verläuft, einschließlich des Teiles Ostpreußens, der nicht unter die Verwaltung der Union der Sozialistischen Sowjetrepubliken in Übereinstimmung mit den auf dieser Konferenz erzielten Vereinbarungen gestellt wird, und einschließlich des Gebietes der früheren Freien Stadt Danzig unter die Verwaltung des polnischen Staates kommen und in dieser Hinsicht nicht als Teil der sowjetischen Besatzungszone in Deutschland betrachtet werden sollen . . .

X.
ABSCHLUSS VON FRIEDENSVERTRÄGEN UND ZULASSUNG ZU DEN VEREINTEN NATIONEN

Die Konferenz einigte sich auf die folgende Erklärung über eine gemeinsame Politik zur möglichst unverzüglichen Schaffung der Voraussetzungen für einen dauerhaften Frieden nach der siegreichen Beendigung des Krieges in Europa.

Die drei Regierungen halten es für wünschenswert, daß die im Augenblick abnormalen Positionen Italiens, Bulgariens, Finnlands, Ungarns und Rumäniens durch den Abschluß von Friedensverträgen beendet werden. Sie nehmen zuversichtlich an, daß die anderen alliierten Regierungen diese Ansicht teilen werden.

Für sich haben die drei Regierungen die Vorbereitung eines Friedensvertrages mit Italien unter die vordringlichsten und wichtigsten Aufgaben eingereiht, mit denen sich der neue Rat der Außenminister beschäftigen soll. Italien war der erste Staat der Achse, der mit Deutschland gebrochen hat, es hat zu dessen Niederlage materiell erheblich beigetragen und hat sich jetzt den Alliierten in ihrem Kampf gegen Japan angeschlossen. Italien hat sich selbst vom faschistischen Regime befreit und macht in der Wiedererrichtung einer demokratischen Regierung und demokratischer Institution gute Fortschritte.

Der Abschluß eines solchen Friedensvertrages mit einer

demokratischen, anerkannten italienischen Regierung wird es den drei Regierungen ermöglichen, ihrem Wunsch zu entsprechen, einen Antrag Italiens auf Mitgliedschaft bei den Vereinten Nationen zu unterstützen.

Die drei Regierungen haben den Rat der Außenminister auch beauftragt, Friedensverträge mit Bulgarien, Finnland, Ungarn und Rumänien vorzubereiten. Der Abschluß solcher Friedensverträge mit anerkannten, demokratischen Regierungen in diesen Staaten wird es den drei Regierungen ermöglichen, ihre Anträge auf Mitgliedschaft bei den Vereinten zu unterstützen. Die drei Regierungen sind übereingekommen, jeder für sich möge in naher Zukunft unter Berücksichtigung der herrschenden Gegebenheiten die Aufnahme diplomatischer Beziehungen mit Finnland, Rumänien, Bulgarien und Ungarn untersuchen, wenn irgend möglich noch vor Abschluß der Friedensverträge mit diesen Staaten.

Die drei Regierungen hegen keinen Zweifel, daß angesichts der veränderten Bedingungen, die das Ende des Krieges in Europa mit sich gebracht hat, die Vertreter der alliierten Presse bei ihrer Berichterstattung über die Entwicklung in Rumänien, Bulgarien, Ungarn und Finnland der Welt gegenüber alle Freiheiten genießen werden.

Was die Zulassung anderer Staaten zur Organisation der Vereinten Nationen betrifft, so besagt Artikel 4 der Charta der Vereinten Nationen folgendes:

1. Die Mitgliedschaft in den Vereinigten Nationen steht allen friedliebenden Staaten offen, die die Verpflichtungen der vorliegenden Charta akzeptieren und, nach der Beurteilung der Organisation, willens und imstande sind, diese Verpflichtungen zu erfüllen.

2. Die Zulassung eines solchen Staates zur Mitgliedschaft der Vereinten Nationen erfolgt durch Beschluß der Generalversammlung auf Empfehlung des Sicherheitsrates.

Die drei Regierungen werden, sofern sie damit befaßt sind, den Antrag auf Mitgliedschaft jener Staaten unterstützen, die während des Krieges neutral geblieben sind und die oben genannten Bedingungen erfüllen.

Die drei Regierungen fühlen sich jedoch verpflichtet darauf hinzuweisen, daß sie für ihren Teil einen Antrag auf Mitgliedschaft durch die gegenwärtige spanische Regierung, die mit Unterstützung der Achsenmächte ans Ruder gekommen ist, nicht unterstützen werden, da diese, betrachtet man ihren Ursprung, ihren Charakter, ihre Vergangenheit sowie ihre enge Verbindung mit den Angreiferstaaten, nicht die Eigenschaften besitzt, die für eine Mitgliedschaft dieser Art erforderlich sind.

XI.
TERRITORIALE TREUHÄNDERSCHAFT

Die Konferenz prüfte einen Antrag der Sowjetregierung in bezug auf eine Treuhänderschaft über gewisse Territorien, wie sie in dem Beschluß der Krim-Konferenz und in der Charta der Vereinten Nationen definiert wird. Nach einem Meinungsaustausch über diese Frage wurde entschieden, daß die Verfügung über ehemals italienische Gebiete im Zusammenhang mit der Vorbereitung eines Friedensschlusses mit Italien festgelegt werden sollte und daß die Frage der italienischen Besitzungen in der Septembersitzung des Rates der Außenminister zu behandeln sei.

XII.
VERÄNDERTE VERFAHRENSWEISE BEI DER ALLIIERTEN KONTROLLKOMMISSION FÜR RUMÄNIEN, BULGARIEN UND UNGARN

Die drei Regierungen haben zur Kenntnis genommen, daß die Sowjetvertreter bei den alliierten Kontrollkommissionen in Rumänien, Bulgarien und Ungarn im Hinblick auf die Beendigung der Feindseligkeiten in Europa den britischen und amerikanischen Vertretern Vorschläge unterbreitet haben, die eine Verbesserung der Arbeit der Kontrollkommission zum Gegenstand haben.

Die drei Regierungen sind übereingekommen, daß man auf der Basis der akzeptierten Vorschläge jetzt zur Revision des Verfahrensmodus der alliierten Kontrollkommissionen in jenen

Ländern schreiten sollte, dies unter Berücksichtigung der Interessen und Verantwortlichkeiten der drei Regierungen, die den betreffenden Ländern gemeinsame Waffenstillstandsbedingungen vorgelegt haben.

XIII.
ORDNUNGSMÄSSIGE ÜBERFÜHRUNG DEUTSCHER BEVÖLKERUNGSTEILE

Die Konferenz erzielte folgendes Abkommen über die Ausweisung Deutscher aus Polen, der Tschechoslowakei und Ungarn:

Die drei Regierungen haben die Frage unter allen Gesichtspunkten beraten und erkennen an, daß die Überführung der deutschen Bevölkerung oder Teile derselben, die in Polen, der Tschechoslowakei und Ungarn zurückgeblieben sind, nach Deutschland durchgeführt werden muß. Sie stimmen darin überein, daß jede derartige Überführung, die stattfinden wird, in ordnungsgemäßer und humaner Weise erfolgen soll.

Da der Einstrom einer großen Zahl Deutscher nach Deutschland die Lasten vergrößern würde, die die Besatzungsbehörden bereits jetzt zu tragen haben, sind die drei Regierungen der Meinung, daß der alliierte Kontrollrat in Deutschland das Problem in Hinblick auf die Frage einer gerechten Verteilung dieser Deutschen auf die einzelnen Besatzungszonen prüfen solle. Die Vertreter der drei Regierungen im Kontrollrat sind daher angewiesen, sobald wie möglich über das Ausmaß zu berichten, in dem solche Personen schon jetzt aus Polen, der Tschechoslowakei und Ungarn nach Deutschland eingeströmt sind. Des weiteren sind unter Berücksichtigung der augenblicklichen Lage in Deutschland Schätzungen über den Zeitpunkt und das Ausmaß weiterer möglicher Überführungen vorzulegen.

Die tschechoslowakische Regierung, die Provisorische Polnische Regierung und der Kontrollrat in Ungarn werden zur selben Zeit von obigem in Kenntnis gesetzt und aufgefordert, weitere Ausweisungen hintanzustellen, bis die betroffenen Regierungen die Berichte ihrer Vertreter beim Kontrollrat prüfen konnten.

XIV.
MILITÄRISCHE BESPRECHUNGEN

Während der Konferenz gab es Sitzungen, an denen die Stabschefs der drei Regierungen teilnahmen, um über militärische Fragen von gemeinsamen Interesse zu sprechen.

2. August 1945. Einverstanden.

J. V. Stalin
Harry S. Truman
C. R. Attlee

Bibliographie

Die Hauptquellen für dieses Buch sind die Protokolle („transcripts“) der Potsdamer Konferenz. Die russischen Aufzeichnungen wurden im Jahr 1969 in englischer Sprache unter dem Titel „The Teheran, Yalta & Potsdam Conferences, Documents“ in Moskau veröffentlicht. Die britischen Aufzeichnungen ruhen in den Archiven des Foreign Office (Archiv-Nr. CAB 99-38-8461), die amerikanischen wurden 1960 unter dem Titel „The Foreign Relations of the United States, Diplomatic Papers, The Conference of Berlin, 1945“ vom U. S. Government Printing Office, Washington, D. C., veröffentlicht. Die amerikanischen Bände enthalten neben den Protokollen der Plenarsitzungen eine große Anzahl zusätzlicher Dokumente und Notizen von den Zusammenkünften der Außenminister und der Unterausschüsse in Potsdam. Während alle diese Dokumente gegenseitig auf Richtigkeit überprüft wurden, habe ich mich bei der Schilderung der Plenarsitzungen im allgemeinen auf die russischen Niederschriften gestützt, die diese Besprechungen am detailliertesten wiedergeben. Sie stehen in keinem wichtigen Punkt in Widerspruch zu den amerikanischen oder den britischen Aufzeichnungen. Für andere Konferenzsitzungen gibt es keine russischen Notizen, und ich habe die amerikanischen Unterlagen benutzt, die in keinem wichtigen Punkt von den britischen abweichen.

Im Januar 1972 hat das State Department alle diplomatischen Dokumente des Jahres 1945 frei zugänglich gemacht, so daß nun im amerikanischen Bundesarchiv zusätzliches Material über Potsdam verfügbar ist. Unter der Archivnummern-Serie 740.000 findet man die wichtigsten Unterlagen für die Potsdamer Konferenz.

Weitere wichtige Dokumentensammlungen sind die Aufzeichnungen von Henry L. Stimson in Yale, von William D. Leahy in der Kongreßbibliothek und die von James F. Byrnes in der Universität von Clemson, Süd-Carolina. Die Harry-S.-Truman-Bibliothek in Independence, Missouri, enthält das Logbuch über die Fahrt des Präsidenten zur Potsdamer Konferenz, das von Marineleutnant William M. Rigdon verfaßt und zusammengestellt wurde. In derselben Bibliothek finden sich ferner die Aufzeichnungen von Samuel I. Rosenman, Will Clayton und natürlich auch die von Truman selbst.

Zusätzlich zu diesen Primärquellen möchte ich vorweg einige Werke der Sekundärliteratur erwähnen, aus denen ich häufig zitiert habe (genaue bibliographische Angaben s. u.): das Buch von Gar Alperovitz über „Atomdiplomatie"; von Herbert Feis, den man als den offiziellen Geschichtsschreiber des State Department über die Potsdamer Konferenz bezeichnen könnte, das Werk über die Atombombe und das Ende des Krieges im Pazifik sowie das in deutscher Übersetzung erschienene Buch über das Potsdamer Abkommen; ferner die Abhandlungen von L. C. Gardner, Louis J. Halle und Gabriel Kolko über die amerikanische Außenpolitik der vierziger Jahre.

Was Präsident Truman betrifft, so habe ich mich vor allem auf seine Memoiren und auf das oben erwähnte Logbuch gestützt. Für Informationen über Stalin bin ich in erster Linie A. B. Ulams klassischer Biographie und natürlich auch Milovan Djilas und seinen „Gesprächen mit Stalin" verpflichtet. Zur Charakterisierung Churchills habe ich seine Memoiren sowie die Tagebücher seines Leibarztes Lord Moran und die Sir Alexander Cadogans herangezogen.

A. PRIMÄRLITERATUR

1. POTSDAMER KONFERENZ, PROTOKOLLE

BRITISH FOREIGN OFFICE ARCHIVES. Archiv-Nr. CAB 99-38-8461.

The Teheran, Yalta & Potsdam Conferences, Documents. Moskau 1969.

FISCHER, ALEXANDER (Hg.): *Teheran – Jalta – Potsdam. Die sowjetischen Protokolle von den Kriegskonferenzen der „Großen Drei".* Köln 1985.

GRABERT, WIGBERT (Hg.): *Jalta – Potsdam. Und die Dokumente zur Zerstörung Europas.* Tübingen 1988.

U.S. DEPARTMENT OF STATE: *Foreign Relations of the United States, Diplomatic Papers, The Conference of Berlin, 1945, 2 Bde.* Washington, D.C. 1960.

2. *VERÖFFENTLICHTE REGIERUNGSQUELLEN*

Correspondence Between the Chairman of the Council of Ministers of the U.S.S.R. and the President of the U.S.A. and the Prime Ministers of Great Britain During the Great Patriotic War of 1941–1945. Moskau 1957.

EHRMAN, J.: *Grand Strategy, October 1944-August 1945*, Bd. VI der *History of the Second World War.* London 1956.

GREENFIELD, KENT ROBERTS (Hg.): *Command Decisions.* U.S. Department of the Army, Washington, D.C. 1960.

TRUMAN, HARRY S.: *Public Papers of the President of the United States, April 12 to December 31, 1945.* Washington, D.C. 1961.

U.S. DEPARTMENT OF STATE: *Foreign Relations of the United States, Diplomatic Papers, The Conferences at Malta and Yalta, 1945.* Washington, D.C. 1955.

–, *Postwar Foreign Policy Preparation: 1939–45.* Washington, D.C. 1950.

UNITED STATES STRATEGIC BOMBING SURVEY: *Japan's Struggle to End the War.* Washington, D.C. 1946-07-01.

3. *UNVERÖFFENTLICHTE REGIERUNGSQUELLEN*

U.S. DEPARTMENT OF STATE: *Briefing Book.* 5 Bde., Archiv-Nr. 740.00119 (Potsdam) / 5-2446 Nationalarchiv, Washington, D.C.

U.S. DEPARTMENT OF STATE: Diplomatic Documents for 1945 (vor allem Archivnummern-Serie 740.000). Bundesarchiv, Washington, D.C.

4. *ANDERE UNVERÖFFENTLICHTE QUELLEN*

BYRNES, JAMES F.: Papers. Clemson University, Clemson, S.C.

CLAYTON, WILLIAM L.: Papers. Harry S. Truman Library, Independence, Mo.

GREW, JOSEPH C.: Papers. Houghton Library, Harvard University, Cambridge, Mass.

LEAHY, WILLIAM D.: Diary, 1945. Library of Congress, Washington, D.C.
RIGDON, LT. WILLIAM M., U.S.N.: Log of the President's Trip to the Berlin Conference. Harry S. Truman Library, Independence, Mo.
ROSENMAN, SAMUEL I.: Papers. Harry S. Truman Library, Independence, Mo.
STIMSON, HENRY L.: Diary. Yale University Library, New Haven, Conn.
TRUMAN, HARRY S.: Papers. Harry S. Truman Library, Independence, Mo.

B. SEKUNDÄRLITERATUR

ABELS, JULES: *The Truman Scandals*. Chicago 1956.
ACHESON, DEAN: *Macht und Diplomatie*. Köln 1958.
–, *Present at the Creation: My Years in the State Department*. New York 1969.
ALPEROVITZ, GAR: *Atomic Diplomacy: Hiroshima and Potsdam*. New York 1967.
AMERICAN HERITAGE MAGAZINE und UNITED PRESS INTERNATIONAL: *Churchill, The Life Triumphant*. New York 1965.
ANDERSON, PATRICK: *The Presidents' Men*. Garden City 1968.
ASTLEY, JOAN BRIGHT: *The Inner Circle*. London 1971.
ATTLEE, CLEMENT: *As It Happened*. London 1956.

BIRKENHEAD, LORD: *Walter Monckton: The Life of Viscount Monckton of Brenchley*. London 1969.
BIRSE, A. H.: *Memoirs of an Interpreter*. New York 1967.
BLACKETT, P. M. S.: *Fear, War, and the Bomb: Military and Political Consequences of Atomic Energy*. New York 1948, 1949.
BOHLEN, CHARLES E.: *Witness to History, 1929–1969*. New York 1973.
BROAD, LEWIS: *Winston Churchill*. Bd. II: *The Years of Achievement*. New York 1963.
BRYANT, ARTHUR: *Triumph in the West: A History of the War*

Years Based on the Diaries of Field-Marshall Lord Alanbrooke, Chief of the Imperial General Staff. Garden City und London 1959.

BUTOW, ROBERT J.: *Japan's Decision to Surrender*. Stanford 1954.

BYRNES, JAMES F.: *All in One Lifetime*. New York 1958.

–, *In aller Offenheit*. Frankfurt/Main 1947.

CHURCHILL, WINSTON SPENCER: *Der Zweite Weltkrieg*, Bd. 1–6. Bern 1948–1954; Bd. 6: *Triumph und Tragödie*. Buch 1 (1953), Buch 2 (1954).

CLAY, LUCIUS D.: *Entscheidung in Deutschland*. Frankfurt/Main 1950.

COCHRAN, BERT: *Harry Truman and the Crisis Presidency*. New York 1973.

COMPTON, ARTHUR HOLLY: *Die Atombombe und ich*. Frankfurt/Main 1958.

CRAVEN, WESLEY FRANK und CATE, JAMES LEA (Hg.): *The Army Air Forces in World War II*, Bd. V: *The Pacific: Matterhorn to Nagasaki, June 1944 to August 1945*. Chicago 1953.

CUNNINGHAM, VISCOUNT: *A Sailor's Odyssey*. London 1951.

Current Biography: Who's News and Why, Bd. II–XI, New York 1941–1950.

DANIELS, JONATHAN: *The Man of Independence*. Philadelphia 1950.

DAVIS, NUEL PHARR: *Die Bombe war ihr Schicksal. Die Forscher Oppenheimer und Lawrence im Widerstreit von Wissenschaft und Politik*. Freiburg/Breisgau, Basel, Wien 1971.

DEANE, JOHN R.: *The Strange Alliance: The Story of Our Efforts at Wartime Co-operation with Russia*. New York 1947.

DEANE, JOHN RUSSEL: *Ein seltsames Bündnis. Amerikas Bemühungen, während des Krieges mit Rußland zusammenzuarbeiten*. Wien 1948.

DEUTSCHER, ISAAC: *Stalin. Die Geschichte des modernen Rußland*. Stuttgart 1951.

DILKS DAVID (Hg.): *The Diaries of Sir Alexander Cadogan, O.M., 1938–1945*. London 1971.

DJILAS, MILOVAN: *Gespräche mit Stalin*. Frankfurt/Main 1962.

DURANTY, WALTER: *Stalin & Co.* New York 1949.

EDEN, ANTHONY: *Memoiren*. Köln, Berlin 1960–1964; Bd. 1: *1945–1957*. 1960; Bd. 2: *Angesichts der Diktatoren. Memoiren 1923–1938*. 1964.

Facts on File, Person's Index of World Events, Bd. I–V. New York 1941–1945.

FEIS, HERBERT: *The Atomic Bomb and the End of World War II*. Princeton 1966.

–, *Zwischen Krieg und Frieden. Das Potsdamer Abkommen*. Frankfurt/Main, Bonn 1962.

–, *Churchill, Roosevelt, Stalin: The War They Waged and the Peace They Sought*. Princeton 1957.

–, *From Trust to Terror: The Onset of the Cold War, 1945–1950*. New York 1970.

–, *Japan Subdued: The Atomic Bomb and the End of the War in the Pacific*. Princeton 1961.

FISCHER, LOUIS: *The Road to Yalta: Soviet Foreign Relations 1941–1945*. New York 1972.

FLEMING, DENNA FRANK: *The Cold War and Its Origins, 1917–1960*. 2 Bde. Garden City 1961.

FONTAINE, ANDRE: *History of the Cold War*. 2 Bde. New York 1970.

GADDIS, JOHN LEWIS: *The United States and the Origins of the Cold War, 1941–1947*. New York 1972.

GARDNER, LLOYD C.: *Architects of Illusion, Men and Ideas in American Foreign Policy, 1941–1949*. Chicago 1972.

GREW, JOSEPH C.: *Turbulent Era, A Diplomatic Record of Forty Years, 1904–1945*. 2 Bde. Boston 1952.

GRODZINS, MORTON und RABINOWITCH, EUGENE (Hg.): *The Atomic Age: Scientists in National and World Affairs*. New York 1963.

GROUEFF, STEPHANE: *Manhattan Project: The Untold Story of the Making of the Atomic Bomb*. Boston 1967.

GROVES, LESLIE RICHARD: *Jetzt darf ich sprechen. Die Geschichte der ersten Atombombe*. Köln, Berlin 1965.

HALLE, LOUIS J.: *The Cold War as History*. New York 1967.
HARRIMAN, W. AVERELL: *Frieden mit Rußland?* Frankfurt/Main 1959.
HEWLETT, RICHARD G., und ANDERSON, OSCAR E., JR.: *The New World, 1939–1946 (A History of the United States Atomic Energy Commission*, Bd. 1). University Park, Pa. 1962.
HULL, CORDELL: *Memoirs*. 2 Bde. New York 1948.
HYDE, H. MONTGOMERY: *Stalin: The History of a Dictator*. New York 1971.

ISMAY, HASTINGS: *The Memoirs of General the Lord Ismay*. London 1960.

JONES, F. C., BORTON, HUGH, und PEARN, B. R.: *Survey of International Affairs, 1939–1946: The Far East, 1942–1946*. London 1955.
JUNGK, ROBERT: *Heller als tausend Sonnen. Das Schicksal der Atomforscher*. Bern, Stuttgart, Wien 1960.

KENNAN, GEORGE F.: *Amerikas Außenpolitik 1900–1950 und ihre Stellung zur Sowjetmacht*. Zürich, Stuttgart, Wien 1952.
–, *Impressionen eines Lebens*. Düsseldorf 1990.
–, *Memoiren eines Diplomaten*. Stuttgart 1968.
–, *Sowjetische Außenpolitik unter Lenin und Stalin*. Stuttgart 1961.
KING, ERNEST J., und WHITEHILL, WALTER MUIR: *Fleet Admiral King: A Naval Record*. New York 1952.
KRIEGER, WOLFGANG: *General Lucius Clay und die amerikanische Deutschlandpolitik 1945–1949*. Stuttgart 1988.
KOLKO, GABRIEL: *The Politics of War: The World and United States Foreign Policy, 1943–1945*. New York 1968.

LAFEBER, WALTER: *America, Russia, and the Cold War, 1945–1971*. New York 1972.

–, (Hg.): *The Origins of the Cold War, 1941–1947, A Historical Problem with Interpretations and Documents.* New York 1971.

LAMONT, LANSING: *Eine Explosion verändert die Welt. Die Geschichte der ersten Atombombe.* München 1966.

LANE, ARTHUR B.: *I Saw Poland Betrayed.* Indianapolis 1948.

LAURENCE, WILLIAM L.: *Dämmerung über Punkt Null. Die Geschichte der Atombombe.* Innsbruck 1948.

LEAHY, WILLIAM D.: *I Was There: The Personal Story of the Chief of Staff to Presidents Roosevelt and Truman, Based on his Notes and Diaries Made at the Time.* New York 1950.

LIPPMANN, WALTER: *The Cold War: A Study in U.S. Foreign Policy.* New York 1947.

MADDOX, ROBERT JAMES: *The New Left and the Origins of the Cold War.* Princeton 1973.

MALLABY, GEORGE: *From My Level.* London 1965.

MCNEIL, WILLIAM H.: *Survey of International Affairs, 1939–1946: America, Britain and Russia: Their Co-operation and Conflict, 1941–1946.* London 1953.

MIKOLAJCZYK, STANISLAW: *The Rape of Poland: Pattern of Soviet Aggression.* Westport, Conn. 1972.

MILLIS, WALTER (Hg.): *The Forrestal Diaries.* New York 1951.

MONTGOMERY, BERNARD LAW: *Memoiren.* München 1958.

MORAN, LORD: *Churchill: Taken from the Diaries of Lord Moran, The Struggle for Survival, 1940–1965.* Boston 1966.

MORISON, ELTING E.: *Turmoil and Tradition: A Study of the Life and Times of Henry L. Stimson.* Boston 1960.

MURPHY, ROBERT D.: *Diplomat unter Kriegern. Zwei Jahrzehnte Weltpolitik in besonderer Mission.* Berlin 1965.

PARPLIES, HANS G.: *Das Potsdamer Abkommen und die Deutschlandfrage.* Wien 1987.

PAWLE, GERALD: *The War and Colonel Warden.* London 1963.

PAYNE, ROBERT: *Stalin. Aufstieg und Fall. Eine Biographie.* Stuttgart 1967.

ROSE, LISLE A.: *Dubious Victory: The United States and the End of World War II.* Kent, Ohio 1973.

ROZEK, EDWARD J.: *Allied Wartime Diplomacy: A Pattern in Poland.* New York und London 1958.

RUSSELL, RUTH B.: *A History of the United Nations Charter, The Role of the United States, 1940–1945*. Washington, D.C. 1958.

RYAN, CORNELIUS: *Der letzte Kampf*. Wien 1967.

SMITH, ALICE KIMBALL: "Behind the Decision to Use the Atomic Bomb: Chicago 1944–45", *Bulletin of the Atomic Scientists*. (October 1958.)

SMITH, W. BEDELL: *My Three Years in Moscow*. Philadelphia und New York 1949, 1950.

SMYTH, HENRY DEWOLF: *Atomic Energy for Military Purposes: The Official Report on the Development of the Atomic Bomb under the Auspices of the United States Government, 1940–1945*. Princeton 1945.

STILLMAN, EDMUND und PFAFF, WILLIAM: *The New Politics: America and the End of the Postwar World*. New York und London 1961.

–, *Power and Impotence*. New York 1966.

STIMSON, HENRY L.: "The Decision of Use the Atomic Bomb", *Harper's Magazine*. (February 1947.)

–, und BUNDY, MCGEORGE: *On Active Service in Peace and War*. New York 1947, 1948, 1971.

STRANG, WILLIAM, LORD: *Home and Abroad*. London 1956.

SZILARD, LEO: "A Personal History of the Atomic Bomb", University of Chicago *Roundtable*. (25. September 1949.)

TOTLAND, JOHN: *The Rising Sun: The Decline and Fall of the Japanese Empire, 1936–1945*. 2 Bde., New York 1970.

TRUMAN, HARRY S.: *Memoiren*. Bern 1955–56: Bd. 1: *Das Jahr der Entscheidung (1945)*. 1955; Bd. 2: *Jahre der Bewährung und des Hoffens (1946–53)*. 1956.

–, *Mr. Citizen*. New York 1960.

–, *Truman Speaks*. New York 1960.

TRUMAN, MARGARET: *Harry S. Truman*. New York 1972.

ULAM, ADAM B.: *Stalin. The Man and His Era*. New York 1973.

ZUKOV, G. K.: *Erinnerungen und Gedanken*. Stuttgart 1969.

Zeittafel

1933 *Deutschland:* Machtübernahme Hitlers.
USA: Regierungsantritt F. D. Roosevelts – Reformen zur Überwindung der Wirtschaftskrise („New Deal").
Japan: Austritt aus dem Völkerbund.

1934 *Deutschland:* Nichtangriffspakt mit Polen.
USA: Wiederaufnahme der diplomatischen Beziehungen zur UdSSR.
Großbritannien: Beginn der Wiederaufrüstung.

1935 *Deutschland:* Wiedereinführung der allgemeinen Wehrpflicht – deutsch-britisches Flottenabkommen.
USA: Neutralitätsgesetz: Verbot des Verkaufs und der Lieferung von Waffen an kriegführende Staaten.
UdSSR: Sowjetisch-französisches Beistandsabkommen.
Großbritannien: Regierung Baldwin (1935–1937) verfolgt die Politik der Beschwichtigung („Appeasement").

1936 *Deutschland:* Kündigung des Locarno-Vertrages und Einmarsch in das entmilitarisierte Rheinland – Freundschaftsabkommen mit Österreich – Antikominternpakt: Beginn der Zusammenarbeit mit Japan.
UdSSR: Beginn der stalinistischen Prozesse (1936–1938).
Großbritannien: Tod König Georgs V. (König seit 1910).
Spanien: Beginn des spanischen Bürgerkrieges (1936–1939).
Olympische Spiele in Berlin.

1937 *Deutschland:* Treffen zwischen Hitler und Lord Halifax (engl. Außenminister) zur Aussprache über die deutsch-britische Politik – Staatsbesuch Mussolinis.
USA: „Quarantäne"-Rede Roosevelts: gegen die „Epidemie der Rechtlosigkeit" ist Neutralität nicht möglich.
Großbritannien: Regierung Chamberlain (1937–1940) setzt die Politik der Beschwichtigung fort.
Japan: Beginn des japanisch-chinesischen Krieges (1937–1945).

1938 *Deutschland:* Besuch Hitlers in Rom – „Anschluß“ Österreichs – Münchner Abkommen zwischen Hitler, Mussolini, Chamberlain, Daladier: Abtretung der sudetendeutschen Gebiete an Deutschland – Reichskristallnacht.

USA: seit dem Münchner Abkommen: Aufrüstung. Weltausstellung in Paris.

Otto Hahn entdeckt die Spaltbarkeit des Urankerns durch Neutronen.

1939 *Deutschland:* Einmarsch in die Tschechoslowakei, Errichtung des „Protektorates Böhmen und Mähren“ – Freundschafts- und Bündnispakt mit Italien („Stahlpakt“) – deutsch-sowjetischer Nichtangriffspakt – deutscher Angriff auf Polen – Ausbruch des Zweiten Weltkrieges – mißglücktes Bombenattentat auf Hitler im Münchner Bürgerbräukeller.

USA: seit 1939 Abbau der Neutralitätsgesetzgebung zugunsten der Verbündeten.

UdSSR: Einmarsch der Roten Armee in Ostpolen, Angriff auf Finnland.

Großbritannien: Einführung der allgemeinen Wehrpflicht – Beistandspakt mit Polen – Kriegserklärung an Deutschland nach dem deutschen Angriff auf Polen.

Frankreich: Kriegserklärung an Deutschland (gemeinsam mit Großbritannien).

1940 *Deutschland:* Besetzung der neutralen Staaten Dänemark und Norwegen – Verletzung der Neutralität Hollands, Belgiens und Luxemburgs – deutsch-französischer Waffenstillstand in Compiègne – Dreimächtepakt zwischen Deutschland–Italien–Japan.

USA: Einführung der teilweisen Wehrpflicht – Kündigung des Handelsvertrages mit Japan – Roosevelt wird zum dritten Male zum Präsidenten gewählt – Bildung eines „Nationalen Verteidigungsrates“.

UdSSR: Friede von Moskau im finnischen Krieg.

Großbritannien: Niederlage beim Invasionsversuch in Dünkirchen – Churchill bildet ein Koalitionskabinett.

Italien: Kriegseintritt auf deutscher Seite – italienische Offensive gegen Ägypten – Griechenlandfeldzug.

1941 *Deutschland:* deutscher Angriff auf Jugoslawien – Angriff auf die UdSSR – Kriegserklärung an die USA nach dem japanischen Angriff auf Pearl Harbour.
USA: Verkündung der „4 Freiheiten" (Freiheit der Meinung und Religion, Freiheit von Not und Furcht) – „Atlantik-Charta": Verzicht auf Gebietsgewinn, territoriale Veränderungen nur im Einverständnis mit den Betroffenen, Selbstbestimmungsrecht für alle Völker – Kriegseintritt nach dem japanischen Angriff auf Pearl Harbour – Lieferung von Kriegsmaterial an die UdSSR.
Japan: Nichtangriffspakt mit der UdSSR.
Seit 1941: USA, UdSSR und Großbritannien vereinigen sich zu den Alliierten.

1942 *Deutschland:* Sommeroffensive in Rußland kann die Hilfeleistungen der USA nicht unterbinden – Militärbündnis zwischen Deutschland–Italien–Japan.
Alliierte: Beginn der britischen Gegenoffensive in Nordafrika – Landung amerikanisch-britischer Truppen in Algerien und Marokko – 2. Washington-Konferenz zwischen Stalin, Churchill und Harriman – Beginn der sowjetischen Gegenoffensive.

1943 *Deutschland:* Kapitulation der deutschen Truppen bei Stalingrad – Kapitulation der „Heeresgruppe Afrika".
Alliierte: Casablanca-Konferenz zwischen Roosevelt und Churchill (Forderung der bedingungslosen Kapitulation Deutschlands) – Landung britischer und amerikanischer Streitkräfte in Italien.
Italien: Sturz Mussolinis – Kriegserklärung an Deutschland.

1944 *Deutschland:* Einberufung aller waffenfähigen Männer zwischen 16 und 60 zum „Deutschen Volkssturm" – Bombenattentat Oberst Stauffenbergs auf Hitler.
Alliierte: Invasion der westlichen Alliierten in Nordfrankreich – alliierte Großoffensive im Südwestpazifik – Besprechung in Moskau zwischen Churchill, Eden und Stalin: Festlegung der Einflußsphären auf dem Balkan.

1945 *Deutschland:* Kapitulation der deutschen Streitkräfte in Italien – Ernennung des Groß-Admiral Dönitz zum Reichspräsidenten und Oberbefehlshaber der Wehrmacht – Selbstmord Hitlers – Unterzeichnung der „bedingungslosen Kapitulation" durch General-Oberst Jodl in Reims.

Alliierte: Konferenz von Jalta (Churchill, Roosevelt, Stalin), Festlegung der Nachkriegspolitik im „befreiten Europa" – Tod Roosevelts, Nachfolger: Truman – Abwurf der ersten Atombombe auf Hiroshima – Kriegserklärung der UdSSR an Japan – Potsdamer Abkommen: die drei teilnehmenden Besatzungsmächte verpflichten sich zu einem Friedensvertrag mit Gesamtdeutschland, Einteilung Deutschlands in vier Besatzungszonen.

Japan: Kapitulation – Ende der Kampfhandlungen im Zweiten Weltkrieg.

Ungefähre Gesamtverluste an Menschen im Zweiten Weltkrieg: UdSSR 13,5 Mill., Deutschland 9,5 Mill., Japan 6,5 Mill., Polen 5,6 Mill., Jugoslawien 1,7 Mill., USA 1 Mill., Frankreich 0,75 Mill., Großbritannien 0,57 Mill., Tschechoslowakei 0,50 Mill.

Gründung der UN.

1946 Nürnberger Kriegsverbrecherprozesse – Pariser Friedenskonferenz.

1947 Pariser Friedensverträge mit Finnland, Italien, Ungarn, Rumänien und Bulgarien – Moskauer Außenministerkonferenz: Truman-Doktrin und Marshall-Plan vertiefen die Spannungen zwischen Ost und West.

1948 Londoner Sechs-Mächte-Konferenz: wirtschaftlicher Anschluß der Westzonen an Westeuropa – Berliner Blokkade – Eskalation des „Kalten Krieges" zwischen Ost und West.

1949 Washingtoner Außenministerkonferenz: Westmächte unterzeichnen das Besatzungsstatut für Westdeutschland – Verkündung des Grundgesetzes der Bundesrepublik Deutschland – Proklamation der DDR.

Personenlexikon

Acheson, Dean G., Außenminister der USA; Rechtsanwalt, z. Zt. der Potsdamer Konferenz Staatssekretär im Außenamt, Ernennung zum Außenminister am 7. Januar 1949. Seite 12f., 51, 59, 231f., 280f., 285ff.

Alexander, Sir Harold, Verteidigungsminister im 3. Kabinett Churchill; 1911 Eintritt in die Armee, 1919/1920 Teilnahme am antibolschewistischen Kampf der lettischen Armee, 1934–1938 Brigadekommandeur in Indien, 1940 Divisionskommandeur, März 1942 Oberbefehlshaber in Birma, August 1942 Oberbefehlshaber im Nahen Osten, danach im Mittelmeerraum, seit 1944 Feldmarschall. 1946–1952 britischer Generalgouverneur in Kanada. Seite 41.

Alexandrowna, Nina, Seite 47.

Allen, George V., amerikanischer Diplomat, seit 1944 Leiter der Nahost-Abteilung des Außenamtes. Seite 187, 189.

Alsop, Joseph, Seite 12.

Antonow, Alexej J., sowjetischer General. Seite 164, 198.

Arciszewski, polnischer Politiker. Seite 134.

Arisue, Seizo, japanischer Generalleutnant. Seite 265.

Arnold, H. H., amerikanischer General und Stabschef. Seite 79, 104, 222.

Asquith, Lady, Seite 31.

Attlee, Clement R., englischer Labourführer und Premierminister; Sohn eines Londoner Anwalts, Internatsschule Haileybury und University College Oxford; Rechtsanwalt, Dozent für Sozialwissenschaften; Major im Ersten Weltkrieg, 1922 Unterhausabgeordneter, Privatsekretär des Parteiführers Mac Donald, 1931 Vorstoß in die Führungsgruppe der Partei, 1935 Wahl zum Parteiführer, 1942 Ernennung zum stellvertretenden Premierminister, 1945–1951 Premierminister, 1955 Erhebung in den Adelsstand. Seite 47f., 50f., 95, 190, 213ff., 238f., 245f., 250, 253, 256ff., 260f., 268.

Badoglio, Pietro, italienischer Regierungschef; Angehöriger des Generalstabes seit 1911, Botschafter in Brasilien, trotz Reserviertheit gegenüber Mussolini: Annahme der Ernennung zum Generalstabschef und Marschall unter Mussolini, 1928 Generalgouverneur in Libyen, 1935 Leitung des Abessinien-Feldzuges, Abschied 1940; nach dem Sturz Mussolinis: Berufung zum Regierungschef, Aushandlung des italienischen Waffenstillstands mit den Alliierten, mußte Anfang 1944 der demokratisch gewählten Regierung Bonomi weichen. Seite 141.

Baldwin, Hanson, amerikanischer Journalist. Seite 287.

hower; Studium der Philosophie und der Rechtswissenschaften; 1917 Mitglied des Außenhandelskontrollamts, enger Berater Präsident Wilsons bei den Friedensverhandlungen in Versailles. Seite 287.

Dunn, James C., amerikanischer Diplomat im Außenamt, seit 1928 Chef der Abteilung für internationale Konferenzen und Protokollfragen. Seite 123, 188, 256.

Dunn, Mary Augusta Armour, Seite 188.

Eden, Anthony, englischer Premierminister 1955–1957; konservativer Unterhausabgeordneter seit 1923, 1926–1929 Privatsekretär des Außenministers Chamberlain, 1931 Unterstaatssekretär im Außenministerium, 1934 Lordsiegelbewahrer, 1935 Minister für Völkerbundangelegenheiten, 1940–1945 Außenminister Churchills, 1945–1951 stellvertretender Oppositionsführer, 1951 Außenminister. Seite 47, 49f., 76, 83f., 90, 95, 100, 103, 105, 114f., 117ff., 124ff., 133, 135, 143, 155, 168, 196, 213, 216f., 231, 260.

Eden, Simon, Seite 143.

Eisenhower, Dwight D., amerikanischer Präsident 1952–1960; Ausbildung Westpoint; 1941 Brigadegeneral, 1942 Oberbefehlshaber der amerikanischen Truppen in Europa, Oberbefehlshaber der alliierten Invasionstruppen, 1945 Oberbefehlshaber der Besatzungstruppen in Deutschland, Generalstabschef im Verteidigungsministerium, 1950–1952 Leiter des NATO-Hauptquartiers. Seite 80, 219, 222, 225.

Engels, Friedrich, deutscher sozialistischer Politiker und Theoretiker; Sohn eines Textilindustriellen, Kaufmannslehre; Annäherung an das „Junge Deutschland“, 1841/1842 Eintritt in den Kreis der Junghegelianer, 1843 Kommunist, führte Karl Marx der sozialistisch-kommunistischen Bewegung zu; 1848 zusammen mit Marx: Veröffentlichung des „Kommunistischen Manifests“, 1850 Rückkehr in die väterliche Firma in Manchester, Fortsetzung der Zusammenarbeit mit Marx in England. Seite 73.

Evans, R. M., Seite 82.

Farell, Thomas F., amerikanischer Brigadegeneral. Seite 146.

Fermi, Enrico, Atomwissenschaftler; erhielt 1938 den Nobelpreis für Physik. Seite 79f.

Flynn, Edward, Seite 13.

Forrestal, James, amerikanischer Marineminister unter Roosevelt und Truman; Studium in Princeton; Gegner des Kommunismus. Seite 22ff., 137, 277f.

Franco, Francisco, spanischer Staatsmann; 1907 Besuch der Militärakademie in Toledo, 1910 als Freiwilliger in Marokko, 1920 zweiter Kommandeur der spanischen Fremdenlegion, 1928–1931 Leiter der obersten Militärakademie in Saragossa, 1934 Chef des Generalstabes, 1936 Verbannung durch die Volksfrontregierung, militärischer Führer der Aufständischen gegen die Volksfrontregierung, Ernennung zum Caudillo und Generalissimus, 1938 Errichtung einer nationalen Regierung in diktatorischer Form. Seite 69, 90f., 136ff., 188.

am ersten Parteikongreß der KPCh, ab 1927 Leitung der Bauernabteilung der Kuomintang, Gründung des Kiangsi-Sowjets, Aufstieg zum Führer der Bewegung des Langen Marsches, seit 1949 bis zu seinem Tode 1976 Vorsitzender der KPCh. Seite 72.

Marshall, George Catlett, amerikanischer Außen- und Verteidigungsminister; im Ersten Weltkrieg Stabsoffizier im Generalstab des amerikanischen Hauptquartiers, 1939 Chef des Generalstabes in Washington, von Kriegsende bis Januar 1947 Sonderbotschafter in China, danach Außenminister bis Dezember 1948, 1950 Verteidigungsminister auf ein Jahr, 1953 Friedensnobelpreis. Seite 80, 104, 191f., 198f., 222, 226, 285ff.

Marx, Karl, deutscher kommunistischer Theoretiker und Politiker; Abstammung aus hochangesehener jüdischer Familie; 1835 Studium in Bonn und Berlin (Rechtswissenschaften und Philosophie), in Berlin wird er Führer der Junghegelianer, 1841 Doktorgrad der Universität Jena, Mitarbeit an der „Rheinischen Zeitung", 1845 Übersiedlung nach Brüssel, Verzicht auf die preußische Staatsangehörigkeit, 1848 mit Engels zusammen Verfassung des „Kommunistischen Manifests", nach der Revolution Mitherausgeber der „Neuen Rheinischen Zeitung", Ausweisung aus Preußen 1849, Übersiedlung nach London, Freundschaft und Zusammenarbeit mit Engels. Seite 73, 171.

Matthews, H. Freeman, amerikanischer Diplomat; Chef der europäischen Abteilung im Außenministerium. Seite 17f., 20, 74, 95, 105, 178, 256.

Mikojan, Anastas, sowjetischer Politiker; 1949 Stellvertreter Stalins, 1953 Handelsminister, seit 1958 Erster stellvertretender Ministerpräsident. Seite 60.

Mikolajczyk, polnischer Exilpolitiker. Seite 134, 166f., 170.

Molotow, Wjatscheslaw Michailowitsch, sowjetischer Politiker; 1930–1941 Vorsitzender des Rats der Volkskommissare (Ministerpräsident), 1939–1949 und 1953–1956 Minister für Auswärtiges, bis 1957 Mitglied des Präsidiums des Zentralkomitees der KPdSU und stellvertretender Ministerpräsident. Seite 25, 30, 56ff., 66, 68f., 89f., 92f., 95, 111f., 117ff., 122ff., 135, 141, 168, 179ff., 196ff., 200, 208, 219f., 226ff., 231f., 236ff., 247, 251, 261, 265, 267, 269ff., 282, 284.

Moran, Sir Charles Wilson, Arzt Churchills. Seite 32, 34ff., 52, 76, 83ff., 89, 106, 110, 113, 116, 143, 193, 216f., 231, 266.

Morgenthau, Henry, amerikanischer Finanzminister 1934–1945; enger Freund Präsident Roosevelts, schuf Weltwährungsplan und Weltwährungsbank, September 1944 Vorlage seines „M-Plans" über die Zukunft Deutschlands nach dem Zweiten Weltkrieg. Aufteilung in mehrere Teilstaaten, Entindustrialisierung, Umwandlung in ein Agrarland, Zwangsarbeit der Deutschen im Ausland. Seite 22f.

Murray, James, Seite 75.

Mussolini, Benito, italienischer faschistischer Politiker und Staatsmann; Lehrer und Journalist, 1902 in der Schweiz, 1904 Ausweisung, 1910–1912 Sekretär der sozialistischen Provinzialförderation von Forli, 1914 Gründung der Tageszeitung „Il Popolo d'Italia", 1919 Gründung der „Fasci di Combattimento", seit 1921 Abgeordneter, 1922 Marsch auf Rom, Mini-